高等医药院校创新教材

供医学影像技术及相关专业使用

医学影像成像原理

主　编　王　骏
副主编　雍国富　周选民
编　委　（以姓名汉语拼音为序）

曹宏伟　承德医学院附属医院　　　　王　平　重庆三峡医药高等专科学校
郭晋纲　山西省肿瘤医院　　　　　　姚志峰　南京医科大学第二附属医院
焦德琼　白城医学高等专科学校　　　雍国富　遵义医药高等专科学校
李萌萌　南京医科大学康达学院　　　周选民　湖北医药学院附属太和医院
李卫平　江西卫生职业学院　　　　　朱治文　铜陵职业技术学院
王　骏　安徽医科大学临床医学院

学术秘书　李萌萌

科学出版社

北　京

内 容 简 介

本书采用"大影像观"概念，详细讲述了 X 射线摄影、数字减影血管造影、计算机 X 射线体层摄影、磁共振、超声、核医学、放射治疗、医学图像打印及图像存储与传输系统的相关原理。

本书适用于医学影像技术及其相关领域的学生、同人使用。

图书在版编目（CIP）数据

医学影像成像原理 / 王骏主编. —北京：科学出版社，2019.6
（高等医药院校创新教材）
ISBN 978-7-03-059760-1

Ⅰ．①医… Ⅱ．①王… Ⅲ．①医学摄影–高等学校–教材 Ⅳ．①R445

中国版本图书馆 CIP 数据核字（2018）第 276043 号

责任编辑：丁海燕　田秩静 / 责任校对：张凤琴

责任印制：赵　博 / 封面设计：蓝正设计

版权所有，违者必究。未经本社许可，数字图书馆不得使用

科学出版社 出版
北京东黄城根北街 16 号
邮政编码：100717
http://www.sciencep.com

北京华宇信诺印刷有限公司印刷
科学出版社发行　各地新华书店经销

*

2019 年 6 月第　一　版　　开本：850×1168　1/16
2024 年 1 月第六次印刷　　印张：15 1/4
字数：487 000
定价：49.80 元
（如有印装质量问题，我社负责调换）

前　言

当今的医学影像早已由过去的仅能通过拍片、透视产生二维模拟图像的放射诊断科，发展成为今天拥有数字 X 射线摄影、计算机体层摄影、磁共振成像、数字减影血管造影、超声、核医学，包括放射治疗在内的三维数字化集诊断与治疗为一体的大型、综合性临床科室，在为疾病早发现、早诊断、早治疗的同时，为大数据背景下的精准医疗与循证医学的开展奠定了基础。它在进入分子与功能成像的同时，丰富、发展、完善了临床诊断，增加了教学与科研的含金量，从而致使医院的一大半设备资金都高度集中在医学影像科，成为医院发展所不可或缺的窗口与门面。

正因如此，医学影像在向"大融合"发展的同时，更向纵深推进，名副其实地让医学影像技术学成为真正意义上的独立学科、独立系科。因此，必须拥有《放射物理与防护》《医学影像设备学》《医学影像成像原理》《医学影像检查技术》等。为此，2017 年 7 月，来自全国医学界数以百计的专家、学者齐聚北京，共同研讨新时代背景下医学影像技术学如何向亚学科发展。但归根结底，学科的发展离不开"双师型"教师的"前素质教育"，教师在旁征博引的同时更注重严谨，需要像工兵探雷那样小心、谨慎，也就是通常所述的"严谨治学"。否则，拿什么影响我们的学生？！不仅如此，更为可贵的是，全书所有章节均由我国医学影像学一线专家、学者操刀，这里面不乏拥有博士、硕士学位的专家。他们将长期在医学影像学临床、教学、科研、管理一线"摸爬滚打"所得的一点体会与结晶写进书中，努力做到教学与临床的无缝接轨。

本书采用"大影像观"概念，详细讲述了 X 射线摄影、数字减影血管造影、计算机 X 射线体层摄影、磁共振、超声、核医学、放射治疗、医学图像打印及图像存储与传输系统的相关原理，是来自全国多所高等院校及教学医院的十余位从事医学影像临床、教学、科研、管理的一线专家、学者集体编创的成果。

本书适用于从事医学影像技术及相关领域的学生、同仁使用。

然而，智者千虑，必有一失，更何况我们这些凡夫俗子在极短的时间内高浓度地提炼当代医学影像学的最新成果与精华。如有不足之处，敬请广大老师、同仁和学生在百忙之中多提宝贵的修改意见。

最后，感谢广大编委的巨大支持与鼎力相助，更希望广大学子合理地、创造性地应用本书，早日在国际舞台上出"声"显"影"，让我们一起努力、加油！

王　骏

2018 年 11 月

目 录
CONTENTS

第一章 X射线摄影成像原理 / 1
 第一节 X射线影像基础 / 1
 第二节 X射线的几何投影 / 2
 第三节 X射线的散射线 / 5
 第四节 X射线照片密度 / 7
 第五节 X射线照片的对比度 / 8
 第六节 X射线照片的锐利度 / 10
 第七节 X射线照片的颗粒度 / 13
 第八节 X射线照片失真度 / 14

第二章 数字X射线摄影成像原理 / 17
 第一节 数字影像基础 / 17
 第二节 计算机X射线摄影成像原理 / 22
 第三节 数字X射线成像原理 / 27
 第四节 数字乳腺X射线摄影成像原理 / 31
 第五节 口腔曲面全景体层摄影 / 33
 第六节 数字断层融合成像原理 / 34
 第七节 数字X射线摄影影像质量控制 / 35

第三章 数字减影血管造影成像原理 / 39
 第一节 基本原理 / 39
 第二节 特殊功能 / 42
 第三节 X射线对比剂 / 45
 第四节 高压注射器原理 / 51
 第五节 DSA影像质量控制 / 52

第四章 计算机X射线体层摄影成像原理 / 55
 第一节 基本原理 / 55
 第二节 基本概念 / 61
 第三节 单层螺旋CT成像原理 / 64
 第四节 多排探测器CT成像原理 / 65
 第五节 双源CT成像原理 / 66
 第六节 能谱CT成像原理 / 67
 第七节 CT灌注成像原理 / 68
 第八节 心电门控技术原理 / 69
 第九节 CT图像后处理技术 / 70
 第十节 CT影像质量控制 / 72

第五章 磁共振成像原理 / 78
 第一节 基本原理 / 78
 第二节 磁共振成像基本概念 / 89
 第三节 磁共振成像的脉冲序列 / 90
 第四节 磁共振成像对比剂 / 97
 第五节 磁共振血管成像原理 / 101
 第六节 磁共振水成像原理 / 105
 第七节 磁共振弥散加权成像原理 / 105
 第八节 磁共振弥散张量成像原理 / 108
 第九节 磁共振灌注成像原理 / 109
 第十节 磁共振波谱成像原理 / 109
 第十一节 磁共振磁敏感加权成像原理 / 110
 第十二节 功能磁共振成像原理 / 111
 第十三节 磁共振分子成像原理 / 112
 第十四节 介入磁共振成像原理 / 112
 第十五节 磁共振成像质量控制 / 113

第六章 超声成像原理 / 115
 第一节 超声波的物理特性 / 115
 第二节 超声波探测的物理基础 / 121
 第三节 超声显示方式 / 124
 第四节 A型、B型、M型超声成像及应用 / 125
 第五节 超声多普勒成像 / 127
 第六节 三维超声成像原理 / 131
 第七节 超声组织定征 / 132
 第八节 超声弹性成像 / 134
 第九节 超声造影原理 / 135
 第十节 超声图像质量控制 / 136

第七章 核医学成像原理 / 142
 第一节 放射性核素成像 / 142
 第二节 放射性药物 / 149
 第三节 γ照相机和单光子发射计算机体层摄影 / 153
 第四节 SPECT/CT / 155

第五节　正电子发射计算机体层摄影　/ 157
第六节　PET/CT　/ 159
第七节　正电子发射磁共振成像仪　/ 160

第八章　放射治疗原理　/ 164
第一节　医用电子直线加速器　/ 164
第二节　立体定向放射治疗系统　/ 169
第三节　近距离放射治疗系统　/ 171
第四节　质子、重离子放射治疗系统　/ 174
第五节　普通模拟定位机　/ 178
第六节　CT 模拟定位机　/ 181

第九章　医学图像打印原理　/ 186
第一节　激光成像原理　/ 187
第二节　热敏成像原理　/ 188
第三节　喷墨成像原理　/ 190
第四节　照片自助打印原理　/ 191
第五节　医学图像打印的质量控制　/ 191

第十章　图像存储与传输系统　/ 193
第一节　PACS 的产生与原理　/ 193
第二节　PACS 功能的基本构成　/ 201
第三节　PACS 与医院信息系统　/ 207
第四节　PACS 与互联网　/ 211
第五节　医疗信息数字云技术　/ 219
第六节　医学影像科信息化管理的质量控制　/ 226

参考文献　/ 235

第一章　X射线摄影成像原理

学习目标

掌握：X射线影像信息传递、X射线照片影像的形成、实际焦点、主焦点、副焦点、有效焦点及其标称值、X射线照射野的线量分布、阳极效应、X射线管焦点成像性能、X射线束、焦点和被照体以及胶片摄影之间的关系、散射线的产生及其含有率、散射线的减少与消除、照片密度及其影响因素、X射线对比度、X射线照片光学对比度及其影响因素、照片锐利度及其影响因素、照片颗粒度及其影响因素、照片失真度及其影响因素。

第一节　X射线影像基础

 X射线影像信息传递

1. X射线影像信息的形成　由X射线管焦点辐射出的X射线穿过被照体时，受到被检体各组织的吸收和散射而衰减，使透过后X射线强度的分布呈现差异；随之到达屏-片系统（探测器或成像板）或影像增强管的受光面等，转换成可见光强度的分布，并传递给胶片，形成银颗粒的空间分布，再经显影处理成为二维光学密度分布，形成光密度X射线照片影像（图1-1-1）。

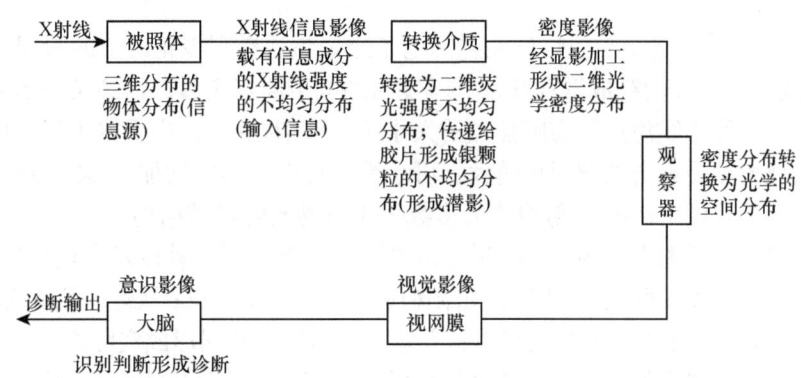

图1-1-1　X射线信息影像形成与传递

2. X射线影像信息的传递　如果把被照体作为信息源，X射线作为信息载体，那么X射线诊断的过程就是一个信息传递与转换的过程。此过程分为五个阶段。

（1）第一阶段：X射线对三维空间的被照体进行照射，取得载有被照体信息成分的强度不均匀分布。此阶段信息形成的质与量，取决于被照体因素（原子序数、密度、厚度）和射线因素（线质、线量、散射线）等。

（2）第二阶段：将不均匀的X射线强度分布，通过接收介质（增感屏-胶片系统、荧光屏或影像增强系统等）转换为二维的光强度分布。若以增感屏-胶片体系作为接收介质，那么这个荧光强度分布传递给胶片形成银颗粒的分布（潜影形成），再经显影加工处理成为二维光学密度的分布。此阶段的信息传递转换功能取决于荧光体特性、胶片特性及显影加工条件。此阶段是把不可见的 X 射线信息影像转换成可见密度影像的中心环节。

（3）第三阶段：借助观片灯，将密度分布转换成可见光的空间分布，然后投影到人的视网膜上。此阶段信息的质量取决于观片灯的亮度、色光、观察环境以及视力。

（4）第四阶段：通过视网膜上的视觉细胞感觉明暗相间的图案，形成视觉的影像。

（5）第五阶段：最后通过识别、判断作出评价或诊断。此阶段的信息传递取决于医师的学历、知识、经验、记忆和鉴别能力。

 X 射线照片影像的形成

X 射线管产生的 X 射线，穿过被检体（三维空间分布）时，由于人体不同组织的原子序数、组织密度和厚度的不同，对 X 射线衰减的程度不同，所以透过人体后的 X 射线强度分布出现了差异，形成了不可见的 X 射线信息影像。这种不可见的 X 射线影像，到达探测器（成像板）、荧光屏（影像增强器）等，经过信息转换，形成可见光强度的影像分布，或者通过屏-片系统使胶片感光，经过化学处理后转换成有一定黑化度的可见光胶片影像。

X 射线照片影像的五大要素：密度、对比度、锐利度、颗粒度及失真度，前四项为构成照片影像的物理因素，最后一项为构成照片影像的几何因素。

第二节　X 射线的几何投影

 X 射线管焦点成像性能

在 X 射线成像系统中，对 X 射线成像质量影响最大的因素之一就是 X 射线管焦点。因此实际工作中对 X 射线管焦点成像性能要求比较严格。X 射线管焦点除与 X 射线机本身的设计有关外，还与焦点的摄影方位及使用的曝光条件有关，焦点的大小是 X 射线管焦点成像性能的主要参量之一。

（一）基本概念

1. 实际焦点　实际焦点是指阴极灯丝发射的电子经聚焦后在阳极靶面上的瞬间轰击面积。目前，医学诊断用 X 射线管的灯丝均绕成螺管状，灯丝发射的电子经聚焦后，以细长方形轰击在靶面上，形成细长方形的焦点，故称为线焦点。实际焦点的大小（一般指宽度），主要取决于聚焦罩的形状、宽度和深度。实际焦点越大（受轰击的靶面积越大，可承受的功率值相应增加），X 射线管的容量就越大，曝光时间就可以缩短。我国生产的 X 射线管大多数采用单槽或阶梯槽结构。

2. 主焦点与副焦点　阴极灯丝在聚焦槽内的位置，对阴极电子流动以及焦点的形成产生重要作用。从灯丝正面发射出的电子先发散，后汇聚，撞击阳极靶面，形成主焦点；从灯丝侧方发射的电子先发散，后汇聚，再发散，撞击阳极靶面，形成副焦点；主焦点与副焦点共同形成实际焦点（图 1-2-1）。焦点大小与灯丝在聚焦槽中的位置有关，当灯丝在聚焦槽内的深度越深、聚焦槽的宽度越小时聚焦作用越大，即灯丝深度大，主焦点变小，副焦点变大。理想的副焦点是处于主焦点内侧，此时热量容易被分散，焦点大小变化不大。

3. 有效焦点及标称值　有效焦点亦称为作用焦点，是指实际焦点在 X 射线摄影方向上的投影。有效焦点与实际焦点之间的关系，如图 1-2-2 所示。设实际焦点宽度为 a，长度为 b，则摄影后的长度为 $b\sin\theta$，宽度不变，即有效焦点$=a \times b\sin\theta$，式中，θ 表示阳极靶面与 X 射线摄影方向的夹角。当摄影方向与 X 射线管长轴垂直时，θ 角称为靶角或阳极倾角，一般为 17°~20°。靶角是一个与容量和 X 射线辐射强度的分布密切相关的重要参数。

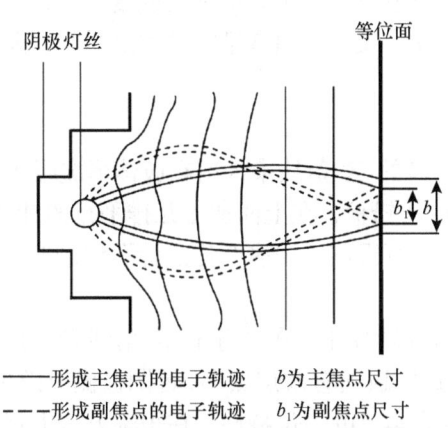

图 1-2-1　主、副焦点形成示意图

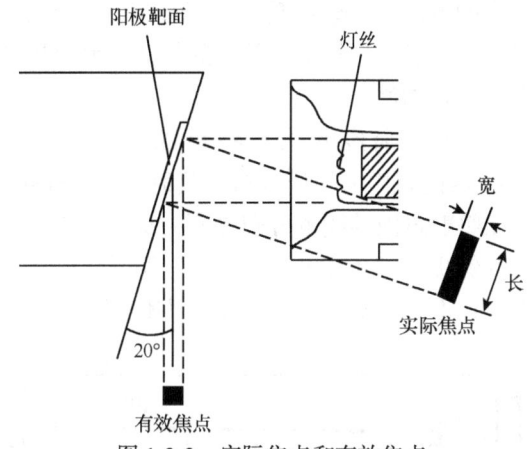

图 1-2-2　实际焦点和有效焦点

实际焦点在垂直于 X 射线管长轴方向的投影，称为有效焦点。X 射线管特性参数表中标注的焦点为标称焦点。有效焦点的标称值为一无量纲的数值（如 1.0、0.3、0.1）。目前，有效焦点的标注方法还可以用习惯标注法，如 2.0mm×2.0mm、1.0mm×1.0mm 或 0.3mm×0.3mm 等。

（二）X 射线管焦点成像性能主要参量

X 射线管焦点是决定 X 射线设备成像质量优劣的主要因素之一。描述 X 射线管焦点成像性能的主要参量包括：焦点的大小、焦点的极限分辨力、焦点的调制传递函数和焦点的增涨值。

1. 焦点的大小（F）　焦点的大小是影响清晰度的主要原因之一。因焦点是一个具有一定面积的发光源，X 射线影像是由物体（G）吸收了 X 射线后，产生的本影（S）和几何原因形成的半影（H）共同组成的。焦点尺寸越大，半影越大，影像越模糊。

2. 焦点的极限分辨力

（1）定义：焦点的极限分辨力（R）是在规定测量条件下不能成像的最小空间频率值，一般以每毫米中能够分辨出的线对数（单位 LP/mm）来表示。即用星形测试卡测试时，在星形测试卡像面上出现第一个模糊带所对应的空间频率值

$$R=1/(2d) \tag{1-1}$$

用式（1-1）可以计算出焦点的极限分辨力，d 值为不能成像时星形测试卡的线径宽度（单位 mm），$2d$ 是测得的模糊区的一对楔条对应的弧长。在 X 射线管焦点小、焦点面上的线量分布为单峰时，R 值大；反之，在 X 射线管焦点大、焦点面上的线量分布为多峰时，R 值就小，说明 R 值大时成像性能好。

（2）测试方法：测试设备主要采用星形测试卡或者矩形波测试卡。摄取星形测试卡照片时，先做好准直，要求基准线与测试卡所成角度必须小于或等于 10^{-3}rad。调节焦点至测试卡和测试卡至胶片的距离，使测试卡照片的两个方向上测得的最外模糊区尺寸 Z_W 和 Z_L，应大于或接近测试卡影像直径的 1/3，但不得小于 25mm。曝光条件应使照片的最大密度值在 1.0~1.4。

3. 焦点的调制传递函数

（1）定义：焦点的调制传递函数（MTF）是描述 X 射线管焦点这个面光源使肢体成像时，肢体组织影像再现率的函数关系。一般地说，在同一个空间频率值时，MTF 值大的焦点成像性能好；MTF 值小的焦点，成像性能差。因此，焦点尺寸越小，MTF 值越大，成像性能就越好。

（2）MTF 域值范围：其最大值为 1，最小值为 0，即 0≤MTF≤1。

MTF=1，表示成像系统的输入对比度与输出对比度相等。

MTF=0，表示成像系统的输出对比度为 0，即影像消失。

4. 焦点的增涨值　X 射线管焦点的增涨值（B）是描述 X 射线管焦点的极限分辨力随着负荷条件的改变而相对变化的量，又称散焦值或晕值。

管电流（单位 mA）增高时，灯丝附近的电子密度较大，由于电子间的库仑斥力的作用，有效焦点

有增大的倾向,当毫安低时此倾向变小。管电压升高时,电子束向阳极靶面撞击的速度加快,该方向矢量增大,电子束向外扩散的时间较短,因此扩散的程度也较小;反之,则有足够的扩散时间,因而引起较大的焦点增涨。

(三) X 射线管焦点的特性

1. 照射野内的线量分布　照射野是指通过 X 射线管窗口的 X 射线束入射在肢体形成曝光面的大小。在照射野内的线量分布是不一样的,用一块厚为 1.0mm 的铅板,在上面加工几排平行的针 6 针孔,并将此铅板置于焦点和胶片正中。用适当的条件进行曝光,便可得到一张多个焦点针孔像的照片。从照片上可以看到:焦点具有一定的方位特性和阳极效应。

2. 焦点的方位特性　在平行于 X 射线管的长轴方向的照射野内,近阳极侧有效焦点小,近阴极侧有效焦点大,这一现象被称为焦点的方位特性。在短轴方向上观察,有效焦点的大小对称相等,如图 1-2-3 所示。

3. 焦点的阳极效应　当阳极倾角约为 20° 时,进行 X 射线的测量,其结果是在平行于 X 射线管的长轴方向上,近阳极侧 X 射线量少,近阴极侧的 X 射线量多,最大值在 110°处(图 1-2-4),分布是非对称性的。这一现象被称为 X 射线管的阳极效应。在 X 射线管的短轴方向上,X 射线量的分布基本上对称(图 1-2-5)。因此,在摄影时应注意将肢体厚度大的组织放在阴极侧,而须重点观察的细致结构组织及厚度小的部位应置于阳极侧。

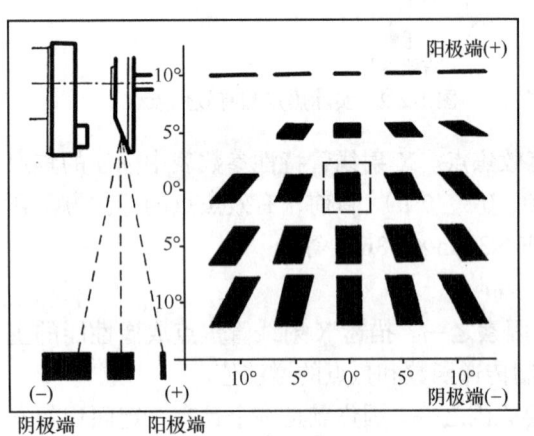

图 1-2-3　焦点的方位特性

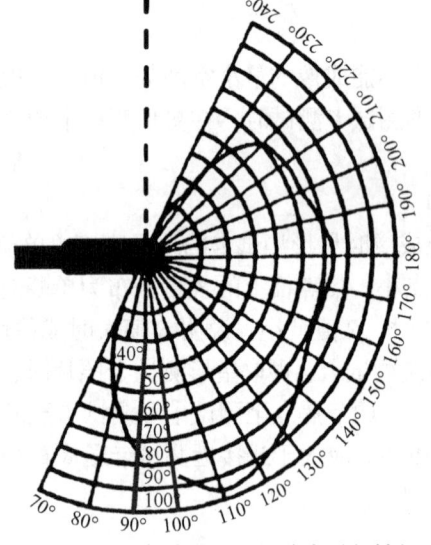

图 1-2-4　X 射线量的空间分布(长轴)

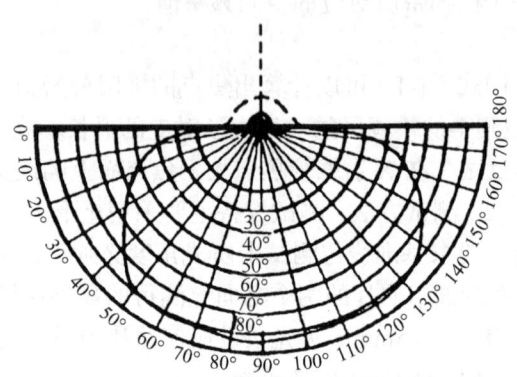

图 1-2-5　X 射线量的空间分布(短轴)

二、X 射线束

X 射线成像中的影像信息载体是 X 射线,X 射线是由 X 射线管产生的。在 X 射线成像中,利用 X 射线的穿透性与被检体发生作用,形成透射 X 射线信息影像。

1. X 射线束的形状　X 射线管将电能转换为 X 射线能,产生 X 射线。X 射线管主要由阴极、阳极、玻璃壳三部分组成。其中 X 射线管阴极发射出的电子流,在管电压的作用下,高速飞向阳极,撞击阳极靶面,发生能量转换,产生 X 射线。阳极靶面可视为由无数微小面积组成,那么每个微小面积都发出一个光锥样的 X 射线束,如图 1-2-6 所示。

X射线管发射的X射线是以阳极靶面的实际焦点为锥顶的锥形射线束，经过管壁玻璃、油层、管套窗口及滤过板的滤过吸收，最终与人体发生作用的是一束波长不等，具有一定穿透能力的混合射线。

2. X射线的中心线　X射线束中心部分的射线称为中心线，中心线是摄影方向的代表。一般情况下，X射线的中心线应通过被检部位的中心与胶片的中心在一条直线上，并与胶片垂直；为了减少肢体影像的重叠，也可采用倾斜一定角度经被检体射入胶片。X射线束中除中心线外的射线称为斜射线，在某些特殊体位摄影时可利用斜射线进行摄影，以减少影像的重叠。

3. X射线的强度　X射线强度是在垂直于X射线束的单位面积上，单位时间内通过的X射线光子数量与能量之总和，即X射线束中的光子数量乘以每个光子的能量。连续X射线波谱中每条曲线下的面积表示连续X射线的总强度。在实际应用中，常以X射线的量与质的乘积表示X射线强度。

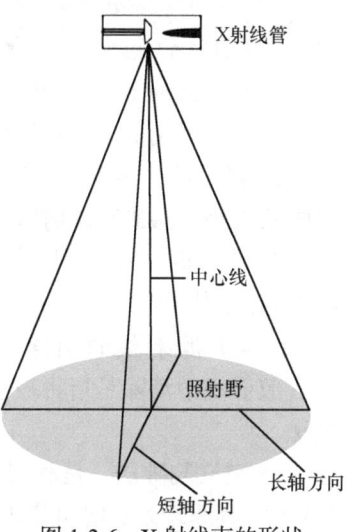

图 1-2-6　X射线束的形状

$$X射线强度 = X线的量（mA·s）\times X线的质（kV） \qquad (1-2)$$

X射线的量就是X光子的数目，即管电流量，取决于X射线管的管电流与照射时间的乘积，通常用毫安·秒（mA·s）为单位。X射线的量越大，X射线强度越大，与人体发生作用的X射线数量越多。

X射线的质则是光子的能量，代表X射线的穿透能力。临床上，一般用管电压千伏（kV）为单位，来表示X射线的质。提高管电压，则X射线的穿透力增加，同时X射线强度增加。

第三节　X射线的散射线

 散射线的产生及其含有率

散射线是指方向不定、波长长、能量低、穿透力弱的射线。

（一）散射线的产生

当X射线管发出的原发射线作用于被检体时，康普顿效应产生方向不定、能量较低的射线（图1-3-1）；或者是X射线照射到被检体、摄影台、建筑物体产生的反射、折射的二次射线。

（二）散射线的危害

（1）使照片产生灰雾，照片对比度下降。

（2）对工作人员和受检者防护不利。

（三）散射线的含有率

散射线量的多少通常用散射线含有率表示。散射线含有率是指散射线在作用于胶片上的全部射线量中所占的比例。影响散射线含有率的因素有：

1. 管电压　散射线含有率随着管电压的升高而增大。当管电压超过80~90kV时，散射线含有率趋于平稳。

2. 被检体厚度　体厚在15cm以下时，散射线含有率随着体厚的增加而增大；体厚超过15cm时，散射线不再增加。

3. 照射野　照射野小于2cm×2cm时，散射线很少；随着照射野的增加，散射线含有率大幅上升，增加到30cm×30cm时，散射线达到饱和。

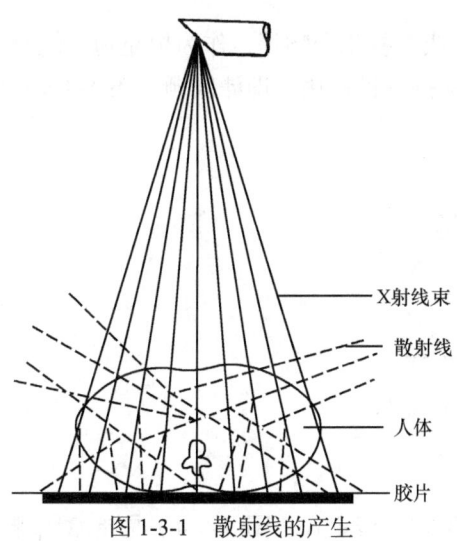

图 1-3-1　散射线的产生

二、散射线的减少与消除

（一）散射线的减少

为免除无用的散射线使胶片感光，将焦点外的 X 射线在到达胶片之前吸收掉。

1. 遮线器　主要通过控制照射野的大小来减少散射线的产生，通常用相互垂直的两对铅板控制照射野的大小，摄影时照射野应尽量缩小，略大于被检部位。

2. 滤过板　将适当厚度的金属薄板，如铝板、铜板等，置于 X 射线窗口处，吸收原发射线中能量较低的无用射线。

（二）散射线的消除

散射线的消除是指将被检体产生的散射线在到达胶片之前吸收掉。消除的方法有空气间隙法和滤线栅法。

1. 空气间隙法　是利用 X 射线衰减与距离的平方成反比的规律，减少到达胶片散射线的方法（图1-3-2）。其原理是：增加肢-片距后，一部分能量较低的散射线不能到达胶片，一部分与原发射线夹角较大的散射线投射出胶片以外，以减少散射线对照片影像质量的影响。空气间隙法在减少散射线的同时，原发射线能量也随之减少，为了达到相同的感光效应，需要选用高速增感屏、高感度胶片等措施予以补偿。同时肢-片距增加，增大了半影，导致影像的几何模糊，需要加大焦-片距来弥补。

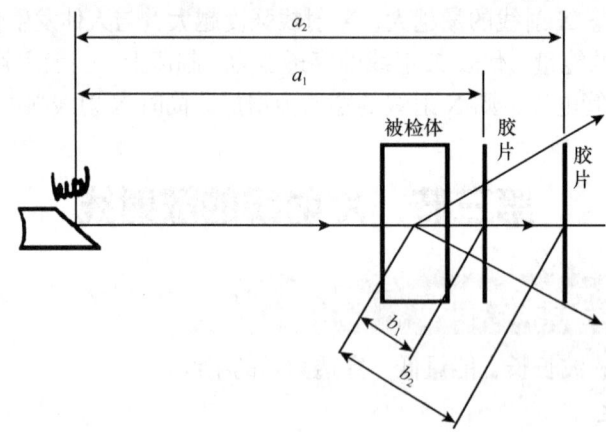

图 1-3-2　空气间隙法示意图

a_1 为 X 线管焦点到胶片之间的距离；a_2 为 X 线管焦点到胶片（增加肢-片距后）之间的距离；b_1 为肢体到胶片之间的距离；b_2 为肢体到胶片（增加肢-片距后）之间的距离

2. 滤线栅法　是直接吸收散射线最有效的方法。

（1）滤线栅的构造：将易透过 X 射线的低密度物质（木、铝或有机化合物等）作为填充物，使铅条相互平行或按一定斜率固定排列，两面附加铝板或合成树脂起支持保护作用，即滤线栅（图 1-3-3）。铅条宽度（d）为 0.05~0.1mm、充填物宽度（D）为 0.15~0.35mm。

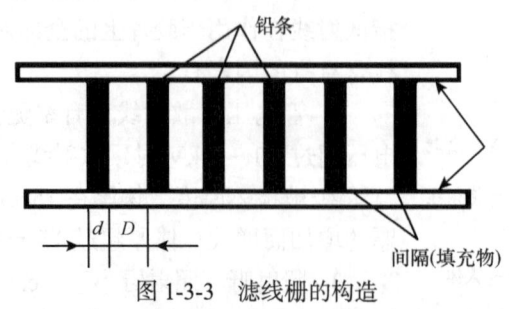

图 1-3-3　滤线栅的构造

d. 铅条宽度；D. 填充物宽度

（2）滤线栅的分类：根据构造特点分为聚焦式、平行式及交叉式。聚焦式（图 1-3-4）是指滤线栅的铅条延长聚焦于一条直线；平行式是指滤线栅的铅条互相平行没有聚焦；交叉式是指滤线栅的铅条相互垂直或斜交叉组成。根据运动性能分为静止式（固定式）和活动式两种。

（3）滤线栅的工作原理：摄影时，将滤线栅置于被检体与胶片之间，焦点至滤线栅的距离应在滤线栅焦距允许范围内，中心线对准滤线栅中心。这样，从 X 射线管发出的原发射线与铅条平行，大部分穿过铅条间隙到达胶片，少部分不能穿过铅条间隙被吸收，减少了到达胶片上的散射线，大大改善了照片对比度（图 1-3-5）。

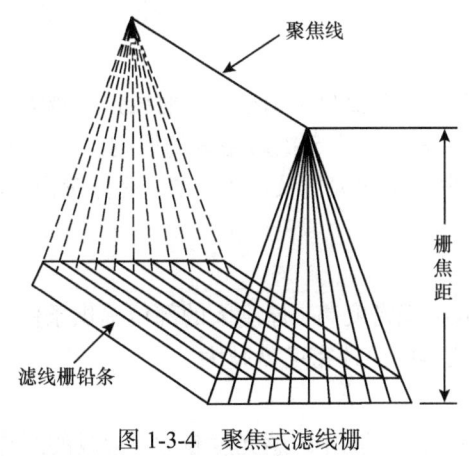

图 1-3-4 聚焦式滤线栅

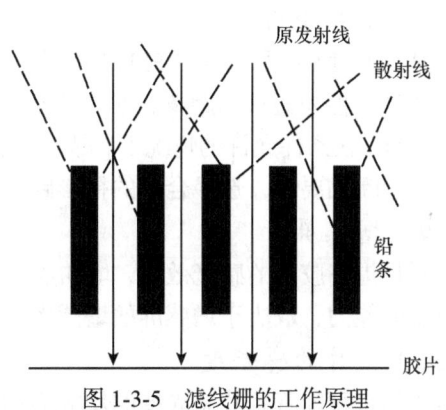

图 1-3-5 滤线栅的工作原理

（4）使用滤线栅的注意事项：使用聚焦式滤线栅时，不能倒置；中心线应对准滤线栅的中线，左右偏差不超过 3cm；倾斜 X 射线管时，倾斜方向只能与铅条排列方向平行；使用聚焦式滤线栅时，摄影距离在允许的焦-栅距离界限内。

第四节　X 射线照片密度

一、照片密度

（一）概念

照片密度又称光学密度或黑化度，用 D 表示，是指 X 射线胶片经过曝光后，通过显影等处理在照片上形成的黑化程度。将 X 射线照片置于观片灯上，可以看到照片密度不同的影像，组织密度高的部位，X 射线胶片感光少，经冲洗后银原子堆积少，照片显示白色；组织密度低的部位，X 射线胶片感光多，冲洗后银原子堆积多，照片显示黑色。照片密度是观察 X 射线照片影像的先决条件，构成照片的密度必须适当，才能符合影像诊断的要求。

（二）光学密度值

光学密度值是一个对数值，无量纲。其大小取决于入射光线强度（I_0）与透过光线强度（I）的比值。光学密度值用照片阻光率的对数值表示，正常值：0.25~2.0，良好的 X 射线诊断照片的密度范围为 0.3~1.5。

二、影响照片密度的因素

（一）曝光量

当管电压一定时，决定 X 射线照片密度的因素是曝光量（单位 mA·s），即管电流和曝光时间的乘积。不同的曝光量，在照片上得到不同的照片密度，两者的关系符合胶片特定的曲线关系。在正确曝光时，曝光量与照片密度成正比。但在曝光不足或曝光过度时，照片密度的变化小于照射量的变化。

（二）管电压

管电压（kV）决定 X 射线的硬度。X 射线胶片的感光效应与管电压的 n 次方成正比。管电压增加，X 射线穿透物体到达胶片的量增多，即照片密度增加。

管电压的 n 值，可因管电压的数值、被照体厚度、增感屏与胶片组合等因素发生改变。管电压的变化为 40～150kV 时，n 的变化从 4 降到 2，所以使用低电压摄影技术时，管电压对照片密度的影响要大于高电压摄影技术。高电压摄影时，摄影条件选择的通融性要大；低电压摄影时，管电压选择要严格。

由于照片密度与管电压的 n 次方成正比，所以管电压（kV）数值变化比曝光量（mA·s）变化对照片密度的影响要大。但是，由于管电压的升高可增加散射光子，降低照片对比度，所以在摄影中，应当利用照射量调节照片密度，利用管电压控制照片对比度。

（三）摄影距离

X 射线强度与摄影距离（FFD）的平方成反比。在摄影中，摄影距离越小，X 射线强度越大，照片的密度越高，但缩短摄影距离，必将增加影像的模糊及放大失真。确定摄影距离的原则：一要考虑 X 射线机容量，在条件允许的情况下，尽量增加摄影距离，减少影像的模糊及放大失真，确保影像的清晰；二要根据诊断的要求，选择合适的摄影距离。

（四）增感屏

主要是提高胶片的感光效率，增加照片的密度，为摄取组织密度高、厚度大的部位提供条件。提高照片密度的能力，取决于增感屏的增感率。增感率越高，获得的照片密度就越大。

（五）胶片的感光度

照片的密度随着胶片感光度的增大而增高。在曝光量一定时，胶片的感光度越大，形成的照片密度越大。

（六）被检体的密度及厚度

照片密度随着被检体的厚度和密度的增加而降低。人体除肺部外，体厚大、密度高的组织，照片显示的密度就低。肺部吸气时，体厚增加，但密度降低，要获得相同照片的密度，吸气位与呼气位曝光量要相差约 30%。

（七）照片冲洗因素

照片冲洗加工不是导致胶片产生照片密度的决定因素，但胶片曝光后，只有通过冲洗加工才能显示出照片的密度。因此，冲洗环境的安全性、显影液的特性、显影温度、显影时间等因素，对照片密度的大小有较大的影响。

第五节　X 射线照片的对比度

一、X 射线对比度

（一）概念

1. 定义　X 射线照射物体时，如果透过物体两部分的 X 射线强度不同，就产生了 X 射线对比度 K_X，也称射线对比度。

$$K_X = \frac{I_2}{I_1} = \frac{I_0 e^{-\mu_2 d_2}}{I_0 e^{-\mu_1 d_1}} = e^{\mu_1 d_1 - \mu_2 d_2} \quad (1-3)$$

式（1-3）中，I_0 为入射线量；I_1、I_2 为不同部位透过的 X 射线强度；μ_1、μ_2 为物体不同部位的吸收系数；d_1、d_2 为物体不同部位的厚度。

2. 影响 X 射线对比度的因素　影响 X 射线对比度的因素有 X 射线吸收系数 μ、物体厚度 d、人体组织的原子序数 Z、人体组织的密度 ρ、X 射线波长 λ。

3. 人体对 X 射线的吸收　人体对 X 射线的吸收按照骨、肌肉、脂肪、空气的顺序变小，所以在这些组织之间产生了 X 射线对比度。而在消化道、泌尿系统器官、生殖系统器官、血管等器官内不产生 X 射线对比度，无法摄出 X 射线影像，但可以在这些器官内注入原子序数不同或者密度不同的物质（对比剂），即可形成 X 射线对比度。

（二）X 射线对比度指数特点

管电压上升，对比度指数下降，软组织之间的对比度指数更小。软组织的对比度指数在 40kV 时仅是 0.07，30kV 时上升到 0.14，若管电压下降，指数上升很快。肺的对比度指数在管电压上升时下降很快，但在 60~80kV，对比度指数几乎不变化（因为 X 射线衰减的主要原因已移到康普顿吸收）。骨因含钙元素（Ca），到高压时才影响到光电吸收，所以骨的对比度保持较高，但到 120kV 时，骨的对比度指数无多大变化。

（三）X 射线对比度观察法

1. 透视法 通过荧光倍增管，将波长为 $0.1 \times 10^{-8} \sim 0.6 \times 10^{-8}$ cm 的 X 射线转换成波长为 $5 \times 10^{-5} \sim 6 \times 10^{-5}$ cm 的可见影像。

2. 摄影法 使 X 射线胶片感光的方法，分直接摄影和间接摄影。

（1）直接摄影法：是胶片接收 X 射线对比度形成潜影后，通过显影处理而成为可见影像的方法。由于胶片感光膜对 X 射线的吸收很少，X 射线 99%穿过胶片，需将 X 射线通过荧光物质制成的增感屏转变为透过力弱的荧光，使胶片感光，医用 X 射线摄影几乎都用这个方法。

（2）间接摄影法：是用荧光倍增管将荧光板像增强为荧光像，然后通过光学系统将荧光摄于胶片上的方法，这种方法可在短时间内进行多次检查。

二、X 射线照片光学对比度

（一）概念

1. 定义 X 射线照片上相邻组织影像的密度差称为光学对比度，又称为照片对比度。照片对比度依存于被照体不同组织吸收所产生的 X 射线对比度，以及胶片对 X 射线对比度的放大结果。X 射线胶片由双面药膜构成，所以观察到的对比度是一面药膜对比度的 2 倍。

2. 照片上光学对比度（K）与 X 射线对比度（K_X）的关系 光学对比度是依存于被照体产生 X 射线对比度 K_X 的。利用胶片特性曲线可以得出

$$K = \gamma(D_2 - D_1) = \gamma \lg \frac{I_2}{I_1} = \gamma \lg K_X = \gamma(\mu_2 d_2 - \mu_1 d_1) \lg e \qquad （1-4）$$

式（1-4）中，γ 表示 X 射线胶片特性曲线的斜率；μ_1、μ_2 表示被照体两部分的线性吸收系数；d_1、d_2 表示被照体两部分的厚度。

（二）影响照片对比度的因素

主要为胶片 γ 值、X 射线质和线量，以及被照体本身的因素。

1. 胶片因素 胶片的反差系数（γ 值）直接影响着照片对比度，因 γ 值决定着对 X 射线对比度的放大能力，故称其为胶片对比度。应用 γ 值不同的胶片摄影时，所得的照片影像对比度是不同的，用 γ 值大的胶片比用 γ 值小的胶片获得的照片对比度大。此外，使用屏-片系统摄影，与无屏摄影相比，增感屏可提高照片对比度。同样，冲洗胶片的技术条件也直接影响着照片对比度。

2. 射线因素

（1）X 射线质的影响：照片对比度的形成，实质上是被照体对 X 射线的吸收差异，而物质的吸收能力与波长（受管电压影响）的立方成正比。在高千伏摄影时，骨、肌肉、脂肪等组织间 X 射线的吸收差异减小，所获得的照片对比度降低；在低千伏摄影时，不同组织间 X 射线的吸收差异大，所获得的照片对比度高。

（2）X 射线量（单位 mA·s）的影响：一般认为毫安·秒（mA·s）对 X 射线照片的对比度没有直接影响，随着线量的增加，照片密度增高时，照片上低密度部分影像的对比度有明显好转。反之密度过高，将线量适当减少，也可使对比度增高。

（3）灰雾对照片对比度的影响：由 X 射线管放射出的原发射线，照射到人体及其他物体时，会产生许多方向不同的散射线，在照片上增加了无意义的密度，使照片的整体发生灰雾，造成对比度下降。灰雾产生的原因为胶片本底灰雾，焦点外 X 射线和被检体产生的散射线，显影处理。

3. 被检体本身的因素

（1）原子序数：在 X 射线诊断中，被检体对 X 射线的吸收主要是光电吸收。特别是使用低千伏时，光电吸收随物质原子序数的增加而增加。人体骨骼由含高原子序数的钙、磷等元素组成，所以骨骼比肌肉、脂肪能吸收更多的 X 射线，它们之间也就能有更高的对比度。

（2）密度：组织密度愈大，X 射线吸收愈多。人体除骨骼外，其他组织密度大致相同。虽然肺就其构成组织的密度来讲与其他脏器相似，但是活体肺是个充气组织。气体与血液、肌肉对 X 射线的吸收比例为 1∶1000，因此肺具有很好的对比度。

（3）厚度：在被检体密度、原子序数相同时，照片对比度为厚度所支配，如胸部的前、后肋骨阴影与肺部组织形成的对比度不一样，原因是后肋骨厚于前肋骨。另外，当组织出现气腔时也能造成组织厚度的差别，因为空气对 X 射线几乎没有吸收，在软组织中出现空腔等于把厚度减薄。

第六节 X 射线照片的锐利度

一、X 线射线照片的锐利度简述

（一）概念

1. 锐利度　锐利度（S）是指在照片上所形成的影像边缘的清楚程度。若以 X 射线照片相邻点的密度差 D_2-D_1 为照片对比度（K），从 D_1 到 D_2 移行距离 H 为照片影像的模糊度，则锐利度 S 为

$$S = \frac{D_2 - D_1}{H} = \frac{K}{H} \tag{1-5}$$

2. 模糊度　模糊度（H）是锐利度的反义词，是指 X 射线照片影像轮廓边缘不锐利。它表示从一个组织的影像密度，过渡到相邻的另一组织影像密度的幅度大小。当移动幅度超过 0.2mm 时，人眼即可识别出影像的模糊。H 值越大，表示两密度移行幅度越大，其边缘越模糊（图 1-6-1）。

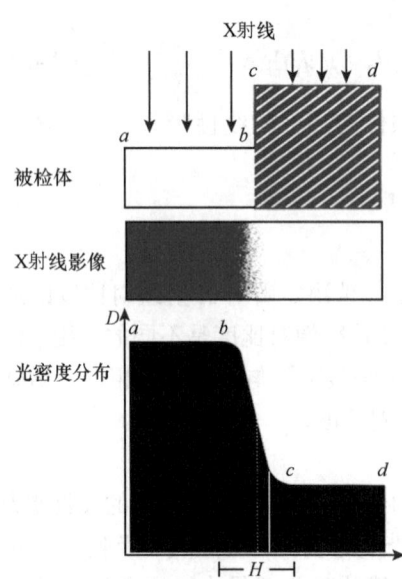

图 1-6-1　X 射线照片模糊度示意图

a、b 为一种组织结构的密度值，c、d 为另一种组织结构的密度值，H 为从一种密度值（I_1）到另一种密度值（D_2）移行的距离。D 为密度值。

（二）照片锐利度与对比度、模糊度之间的关系

模糊度的概念多用于对某些图像质量下降因素的评价。在分析影像锐利度时，均以模糊度的概念分析影响锐利度的因素。

1. 照片对比度　在照片的模糊度（H）一定时，照片锐利度与照片的对比度（K）成正比，即随着照片对比度增加，锐利度越来越好。

2. 模糊值　照片对比度（K）一定时，照片锐利度与模糊值（H）成反比，即随着照片模糊度增大，锐利度越来越差。

一般情况下锐利度与照片对比度（K）成正比，与模糊度（H）成反比。理论计算与人眼感觉并不完全一致。当对比度（K）与模糊值（H）同时增加时，锐利度（S）虽然不变，但人眼感觉锐利度（S）降低。又如当 $H=0$ 时，不论 K 如何小，S 都是无限大的，即 X 射线影像应该非常锐利，但实际给人的印象并非如此。当 K 值小时，人眼无锐利之感；K 值大时，人眼才有锐利度变好的感觉。

二 影响照片锐利度的因素

X射线照片锐利度是由多种原因引起的综合效果,其中影响较大的是焦点引起的几何模糊、运动模糊和屏-片系统产生的模糊。

1. 几何模糊　X射线焦点不是理想的点光源,而是具有一定面积的点光源。因此,在X射线摄影时,由于几何学原因可形成半影(H),即几何模糊(图1-6-2)。半影是影响影像清晰度的重要因素之一。

（1）半影大小的计算:取决于焦点的尺寸(F),肢-片距(b),焦-肢距(a),即

$$H = F \cdot \frac{b}{a} \tag{1-6}$$

（2）影响半影大小的因素

1）焦点的大小:半影的大小与焦点的大小成正比,焦点越大则半影就越大。因此,在X射线摄影中,为了使影像清晰,应尽量采用小焦点摄影。

2）放大率:是指照片影像对被检组织和器官的放大能力。照片上的影像(S)与肢体(G)的比值(图1-6-3)称为影像的放大率(M)。

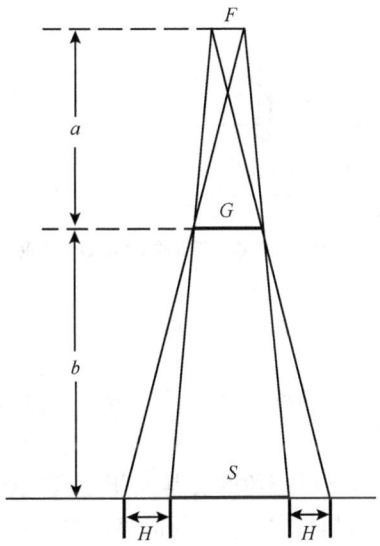

图1-6-2　半影形成示意图

F为焦点的尺寸;G为肢体;S为影像;H为半影;a为焦-肢距;b为肢-片距

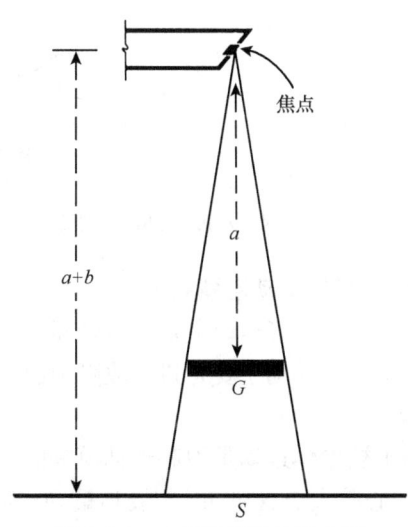

图1-6-3　X射线影像的放大率

G为肢体;S为影像;a为焦-肢距;$a+b$为焦-片距

影像的放大率为

$$M = \frac{S}{G} = \frac{a+b}{a} = 1 + \frac{b}{a} \tag{1-7}$$

式(1-7)中,a为焦-肢距;b为肢-片距。当a越小,b越大时,影像的放大率越大;反之相反。

3）焦点允许放大率:国际放射学界公认的人眼的模糊值为0.2mm,即半影在0.2mm以下时,人眼观察影像没有模糊之感,当半影大于0.2mm时,观察影像开始有模糊之感。

焦点允许放大率(M),即

$$M = 1 + \frac{0.2}{F} \tag{1-8}$$

式(1-8)中,M为焦点允许的放大率;0.2为人眼的模糊值。如果已知焦点的大小(F),即可求出该焦点所允许的最大放大率(M)。

（3）减少半影的方法:在X射线摄影过程中,为了减少半影,提高影像清晰度,可采取:①尽量采用小焦点摄影;②缩短肢-片距,尽量使被检体紧贴胶片;③在X射线负荷允许情况下,增加摄影距离。

2. 运动模糊　X射线摄影过程中，X射线管、被照体及胶片三者之间任何一个发生移动，所得摄影必然出现模糊，称为运动模糊（H_m）。在一般情况下，运动模糊是影像模糊最主要的因素。

（1）运动模糊的计算：取决于物体运动的幅度（M）（图1-6-4），即

$$H_m = m(1+b/a) = m \times M \qquad (1\text{-}9)$$

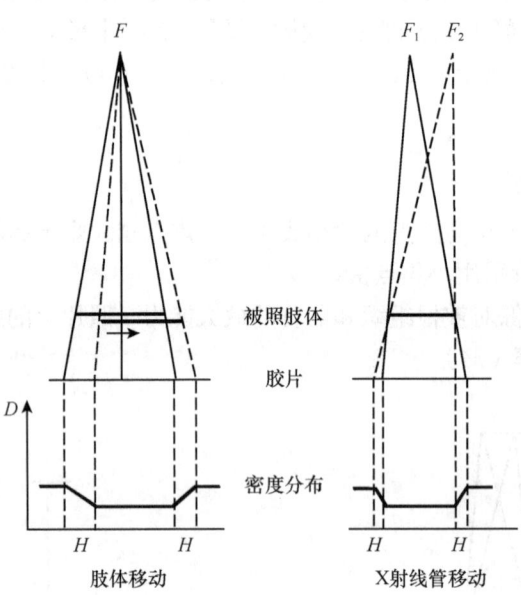

图1-6-4　运动模糊产生过程

F为焦点；F_1为原先焦点的位置；F_2为移动的焦点的位置；H为半影；H'为焦点移动所致的半影；D为密度值

（2）影像运动模糊的因素

1）X射线管运动主要是球管固定不牢固或发生机械故障。

2）胶片移动主要是机械故障引起活动滤线栅托盘、摄片架的稳定性变差，或被检体运动引起胶片移动等。

3）被检体运动是引起运动模糊的主要因素，有些运动是不可避免的，常见于生理性运动，如呼吸运动、心脏大血管搏动、胃肠道蠕动；病理性运动，如哮喘、肢体震颤、胃肠道痉挛等；受检者不合作，如婴幼儿哭闹、精神疾病患者等。

（3）减少运动模糊的方法

1）保证X射线管、诊视床以及滤线器托盘的机械稳定，发现故障及时维修。

2）固定受检者肢体、屏气、缩短曝光时间或选择活动度较小的时机曝光。

3）尽量缩小肢-片距，使被检体紧贴胶片。

4）配用高灵敏度探测器、高感光度胶片、高增感率增感屏、强力显影液，减少曝光时间。

3. 屏-片系统产生的模糊

（1）定义：屏-片组合系统对照片影像产生一定程度的模糊。

（2）影响屏-片系统模糊的因素：增感屏、屏-片接触及中心线斜射效应等均能引起照片影像的模糊。

1）增感屏性模糊：产生模糊是光扩散现象造成的（图1-6-5）。增感屏荧光颗粒越大，发光效率越高，扩散现象越严重，产生的模糊越大。另外，荧光到达胶片之前有各种程度的反射，反射层越大，荧光层越厚，模糊度就越大。

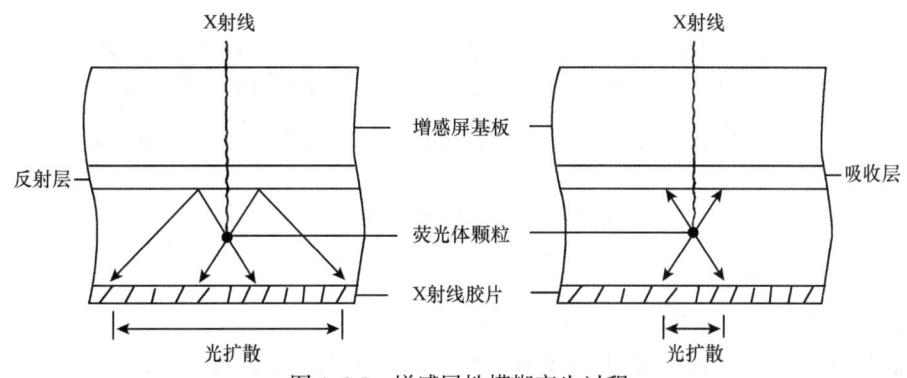

图 1-6-5　增感屏性模糊产生过程

②屏-片接触性模糊：X 射线摄影一般均使用屏-片系统，若两者接触不良，产生的屏-片接触性模糊（图 1-6-6），对影像质量的影响更明显，因此屏-片系统必须紧密接触，要求增感屏粘贴后必须进行屏-片接触性测试，合格者方可使用。

③中心线斜射效应：中心线倾斜照射时，胶片前后乳剂层形成的影像将错开一定的距离，中心线倾斜角度越大，影像模糊度就越大，这种现象即 X 射线对屏-片系统的斜射效应（图 1-6-7）。特别是使用双屏和双面乳剂胶片时，中心线斜射效应更明显。

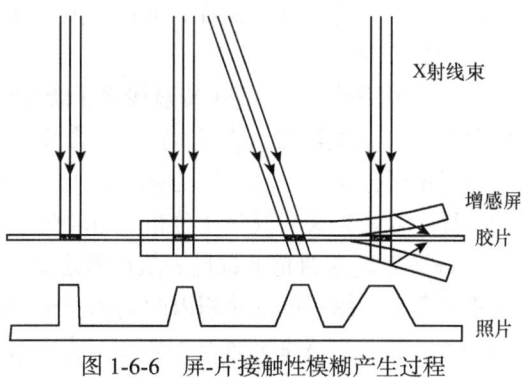

图 1-6-6　屏-片接触性模糊产生过程

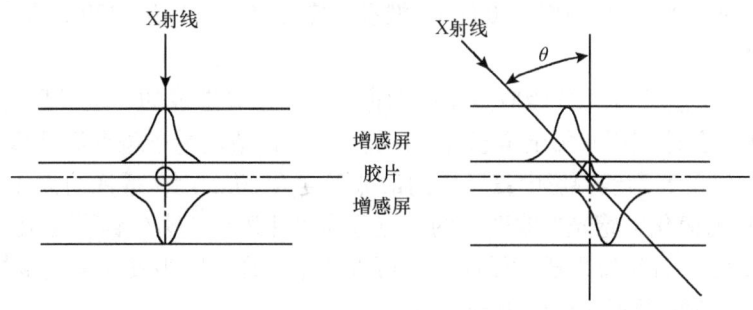

图 1-6-7　中心线斜射效应性模糊产生过程

（3）减少屏-片系统产生模糊的方法：在 X 射线摄影中，为了减少屏-片系统产生的模糊，常采用措施：①使用银盐颗粒小的低感光度胶片，荧光颗粒小的低增感率增感屏；②使用密着较好的屏-片系统；③尽量使中心线垂直于屏-片系统摄影。

第七节　X 射线照片的颗粒度

 照片的颗粒度

均匀的 X 射线束照射探测器（成像板）或屏-片系统之后，在照片上观察光学密度约为 1.0 时，照片出现不规则斑点，这种由小密度差形成的不均匀结构，呈现粗糙或沙粒状的效果称照片斑点，或称照片颗粒性（图 1-7-1）。颗粒性差，可造成一定程度的影像模糊。

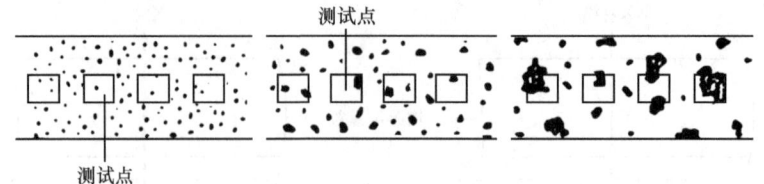

图 1-7-1　X 射线照片的颗粒度

二、影响颗粒度的因素

在 X 射线摄影中影响颗粒度的因素主要有增感屏结构斑点、X 射线量子数和胶片的感光颗粒。

1. 增感屏结构　由增感屏结构方面引起的斑点统称为增感屏结构斑点，产生的因素包括荧光物质性能方面和工艺方面。例如，增感屏荧光颗粒大小不等、分布不均匀、涂布厚度不同等，均可导致斑点多少发生变化。

2. X 射线的量子　由 X 射线量子统计涨落引起的照片斑点称为量子斑点。通过被检体的 X 射线量可以形成 X 射线影像，若到达胶片上的 X 射线量子数无限多，单位面积上量子可以认为处处相等，或认为 X 射线量子分布"均匀性"较好；然而当 X 射线量子总数相对较少时，像面的单位面积上量子数产生分布的差异，或认为 X 射线量子分布"均匀性"较差，称为 X 射线量子的"统计涨落"。计算方法如下：

每平方毫米的光子数量服从概率定律，以 X 射线束总截面除以光子的总数，可以求出单位面积光子平均数 n。每一单位面积内的实际光子数虽然不等于平均光子数，但是在平均值的一定范围内波动。根据概率定律，这种波动的大小为 $\pm\sqrt{n}$，则任一平方毫米内光子数的范围为 $n\pm\sqrt{n}$，平均光子数越小，实际光子数的波动百分比就越大。例如，平均光子数为 100，则波动范围为 $100\pm\sqrt{100}$，即 90～110，波动百分比为 10%；如果平均光子数为 10 000，波动范围为 $10\,000\pm\sqrt{10\,000}$，即 9 900～10 100，波动百分比为 1%。

综上所述，量子斑点是单位面积吸收量子的数据统计学波动造成的，量子数越少，量子斑点越大。随着高千伏摄影技术的普遍应用和稀土增感屏的广泛使用，形成的量子斑点显著增多，为了减少量子斑点对照片质量的影响，在 X 射线摄影中量子数的最低限度为 10mm^{-2}，透视约为 40mm^{-3}。

3. 胶片　由胶片内卤化银感光颗粒造成的斑点称为胶片斑点。卤化银颗粒大，则影像颗粒粗，即产生模糊。这种模糊在屏-片系统形成的模糊中，可以忽略不计，因为胶片卤化银的颗粒比荧光物质的颗粒小得多，且胶片厚度不及增感屏的十分之一。

第八节　X 射线照片失真度

 照片失真度

照片影像较原物体大小及形状的改变称失真，其变化的程度称为照片影像的失真度。

 照片影像失真的种类

根据影像失真的原因，照片影像失真主要包括放大失真、歪斜失真和重叠失真三大类。

1. 放大失真

（1）定义：X 射线摄影的照片影像均有放大，由于被照体各部与胶片的距离不同，所以被检体各部位的放大率不一致，称为影像的放大失真（图 1-8-1）。

（2）计算方法：例如图 1-8-1 在体内有 A、B 两点，A 点离焦点近，B 点离焦点远。焦点离 A 点的距离为 a，A、B 之间的距离为 b，B 点到胶片的距离为 c，则 A 点的放大率（α）为

$$\alpha = (a+b+c)/a \quad (1\text{-}10)$$

B 点的放大率（β）为

$$\beta = (a+b+c)/(a+b) \quad (1\text{-}11)$$

如果用 w 表示放大率的比值，即引起的失真，则

$$w = \alpha/\beta = 1 + \frac{b}{a} \quad (1\text{-}12)$$

由式（1-12）可知，当两个物体位于体内，相距较大，且焦点至物体的距离较小时，失真度是不能忽略的；当焦-片距增大，肢-片距较小时，w 值近似 1，这时可以认为 X 射线几乎是平行的，失真度可以被忽略。

（3）减少方法：被检查的组织或器官与胶片平行；被检查的组织或器官尽量贴近胶片；被检体置于焦点正下方，中心线垂直射入。

2. 歪斜失真

（1）定义：摄影时 X 射线中心线、胶片与被检体的位置关系不合理，被检体不在焦点的正下方引起的失真，称为歪斜失真，又称形状变形（图 1-8-2）。歪斜失真除诊断上的特别要求外，主要是指被检体影像被拉长或缩短。

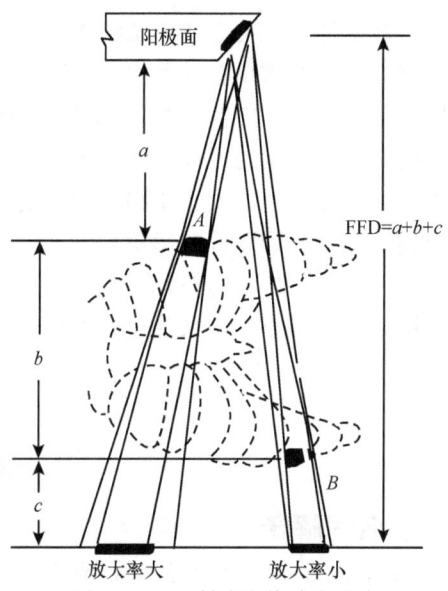

图 1-8-1　X 射线影像放大失真

a 为焦-肢距；b 为肢体的厚度；c 为肢-片距；a+b+c 为焦-片；A 为远离胶片的组织结构；B 为靠近胶片的组织结构

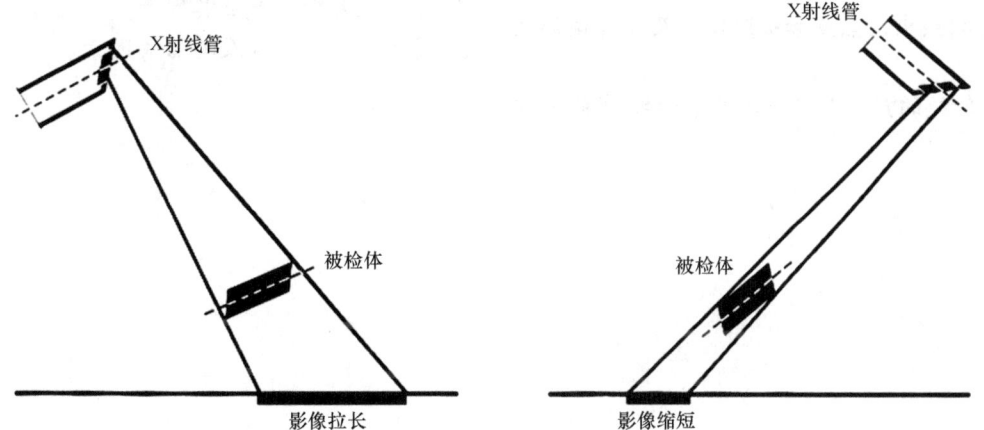

图 1-8-2　X 射线影像歪斜失真

（2）减少方法：被照物体置于焦点正下方，中心线应垂直被检体及胶片；尽量使被检体与胶片平行；缩短肢-片距；在 X 射线机负荷允许的情况下，增加焦-片距。

3. 重叠失真

（1）定义：由于被检体组织结构相互重叠，在影像上形成的光学密度减低，对比度下降，乃至影像消失的现象叫重叠失真（图 1-8-3）。

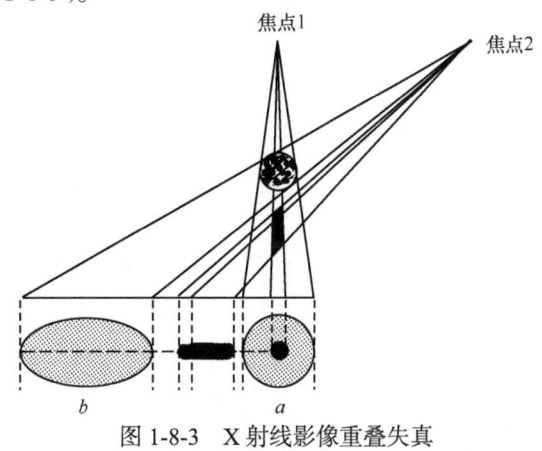

图 1-8-3　X 射线影像重叠失真

被检体为三维立体复杂结构,而照片影像则是二维平面影像,所以必然会存在影像重叠现象。X射线照片影像的重叠有三种情况:其一,大物体密度小于小物体,且相差很大,其重叠的影像中对比度较好,可以看到小物体的影像,如胸部肺野中的肋骨阴影;其二,大小物体组织密度相等,且密度较高时,重叠后小物体隐约可见,对比度差,如膝关节正位照片中髌骨的影像;其三,大小物体组织密度相差很大,且大物体密度大于小物体的密度,重叠后小物体的阴影由于对X射线吸收很少,不能显示,如正位胸片中看不到胸骨的影像。

(2)减少方法:选择合理的摄影体位,采用多体位摄影;调整中心线的摄影方向,采用多方位摄影;采用切线位摄影,使某些边缘表面病灶显示清晰。

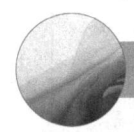

思考与练习

一、名词解释

1. 实际焦点 2. 主焦点 3. 副焦点 4. 有效焦点 5. 阳极效应

二、简答题

1. 简述X射线照射野的线量分布。
2. 简述X射线束、焦点和被照体以及胶片摄影之间的关系。
3. 简述散射线的产生及其含有率、散射线的减少与消除方法。
4. 简述照片密度及其影响因素。
5. 分析X射线对比度、X射线照片光学对比度及其影响因素。
6. 简述照片锐利度及其影响影像的因素。
7. 分析照片颗粒度及其因素。
8. 简述照片失真度及其影响因素。

(朱治文)

第二章　数字X射线摄影成像原理

> **学习目标**
> 1. 掌握：数字图像的采集、量化、转换、显示，掌握CR成像原理，掌握直接转换型平板探测器及间接转换型平板探测器的成像原理。
> 2. 熟悉：影响数字成像质量的因素，熟悉数字图像的常用术语，熟悉CR成像的四象限理论，熟悉数字乳腺摄影成像原理。
> 3. 了解：数字图像的优点，了解CR图像的处理，了解数字断层融合成像的原理。

　　X射线摄影是临床上常规的诊断手段，传统的X射线影像一旦产生，其图像质量就不能进一步改善，且因信息为模拟量，不便于计算机处理，也不便于图像的存储、管理和传输，所以其发展受到限制。

　　传统X射线摄影在医学影像学领域中应用最早、最普遍，但实现图像信息数字化最晚。1983年，日本富士公司首先推出存储荧光体方式的计算机X射线摄影（computed radiography，CR）系统，率先进入临床应用，解决了常规X射线摄影数字化的问题。1997年以后，数字X射线摄影设备相继问世，为医学影像全面实现数字化奠定了基础。

　　随着电子技术、计算机技术及数字图像处理技术的发展，能够对X射线图像进行量化、存储、处理、显示和传输的数字成像技术进入了X射线影像领域。传统的X射线成像技术与现代计算机技术结合形成了数字X射线成像技术。

第一节　数字影像基础

模拟与数字

（一）模拟图像与数字图像的概念

　　模拟是以某种范畴的表达方式如实地反映另一种范畴的虚拟，是时域上数字形式为连续的函数。如我们在日常生活中接触到的变量是连续变化的，这些连续变化的量称为模拟量，由模拟量来表示的图像称为模拟图像。X射线照片、光学图像及人的眼睛看到的一切景物图像都是模拟图像。

　　在X射线透视摄影范围内，荧光屏、X射线照片所显示的是从几乎完全透明（白色）到几乎不透明（黑色）的一个连续的灰阶范围。它是X射线透过人体内部组织结构的投影，这种不同的灰度差别即任何一个局部所接收的X射线辐射强度的模拟，也即人体相应的成像组织结构对X射线衰减程度的模拟。传统的X射线透视荧光屏影像，普通X射线照片以及影像增强器——电视影像均属于模拟图像。这类图像无法直接用计算机处理。为了使图像能在计算机上进行处理，必须将模拟图像转换为数字图像，即用离散数字表示的图像，这一转换的过程称为图像数字化。

　　传统X射线影像中的密度（或亮度）是空间位置的连续函数，影像中的点和点之间是连续的，中间没有间隔。感光密度（或亮度）随着坐标点的变化是连续改变的。形成模拟影像的设备称为模拟系统。

若在一个正弦（或非正弦）信号周期内取若干个点的值，取点的多少以能恢复原信号为依据，再将每个点的值用若干位二进制数码表示，这就是用数字量表示模拟量的方法。将模拟量转换为数字信号的介质为模/数（A/D）转换器。模/数转换器把模拟量（如电压、电流、频率、相移、脉宽等）通过采样转换成离散的数字量，该过程称为数字化。转换后的数字信号送入计算机图像处理器进行处理，重建出图像，该图像是由数字量组成的，称为数字图像。

数字图像是将模拟图像分解成有限个小区域，每个小区域中图像密度的平均值用一个整数表示。数字图像是由许多不同密度的点组成的。数字的概念在这里不仅意味着数码，还是以某种人为规定的量级且能够定量化地反映另一种概念范围。数字成像系统也称为离散系统。

模拟信号与数字信号可以相互转换，完成这种转换的元器件是转换器，它分为模/数（A/D）转换器和数/模（D/A）转换器两种。数/模转换器把离散的数字量转换成模拟量，还原成原来的信息。

对于同一幅图像可以有两种表现形式，即模拟方法和数字方法，这两种方法各有特色，在解决某一具体问题时，往往两种方法混合使用。而一幅图像显示后，到底是模拟图像还是数字图像，肉眼很难分辨，若用精密的密度阅读器扫描，两者是有差异的。

模拟图像是以一种直观的物理量来连续地、形象地表现另一种物理量的情况，数字图像则是以一种规则的数字量的集合来表示物理图像的。

（二）数字图像的优点

数字图像相对于模拟图像来说有很多优点，数字图像对机器设备的参数变化不敏感，可以预先决定精度，有较大的动态范围，更适合于非线性控制，对环境温度变化敏感性低、可靠性高，系统依据时间划分出多路传输时有较大的灵活性。总之，数字图像的最大特点是抗干扰能力强。

从应用角度分析，数字图像的密度分辨力高，屏-片组合系统的密度分辨力只能达到 2^6 灰阶，而数字图像的密度分辨力可以达到 $2^{10}\sim2^{12}$ 灰阶。虽然人眼对灰阶的分辨力有一定的限度，但是数字图像可以通过改变窗宽、窗位、转换曲线等技术，使全部灰阶分段得到充分显示，从而扩大了密度分辨力的信息量。

数字图像可以进行后处理，图像后处理是数字图像的最大特点，只要保留原始数据，就可以根据诊断需要，并通过软件功能有针对性地对图像进行处理，以提高诊断率。处理内容有窗技术、参数测量、特征提取、图像识别、二维重建、三维重建、灰度变换、数据压缩等，这些均是数字技术在医学影像学领域中应用的重要体现。

数字图像可以存储、调阅、传输或拷贝。数字图像可以存储在硬盘、光盘及各种记忆体中，并可随时进行调阅、传输。影像数据的存储和传输是 PACS 系统建立的最重要部分，为联网、远程会诊、实现无胶片化等奠定了良好的基础。

二 数字影像常用术语

1. 矩阵　是一个数学概念，它表示一个横成行、纵成列的数字方阵。采集矩阵是指每幅画面观察视野所含像素的数目。显示矩阵是指显示器上显示的图像像素数目。为了保证显示图像的质量，显示矩阵一般等于或大于采集矩阵，通常为 512×512 或 1024×1024。

2. 像素　又称像元，指组成图像矩阵中的基本单元，图像实际上包含有人体某一部位的一定厚度，我们将代表一定厚度的三维空间的体积单元称为体素，体素是一个三维的概念,像素是一个二维的概念。像素实际上是体素在成像时的表现，像素的大小可由像素尺寸来表示，如 129μm×129μm。

3. 原始数据　由探测器直接接收到的信号，这些信号经过放大后通过模/数转换得到的数据称为原始数据。

4. 采集时间　又称成像时间或扫描时间，系指获取一幅图像所花费的时间。

5. 重建与重建时间　用原始数据经计算而得到显示数据的过程称为重建。重建的数学处理是一个相当复杂的数学过程。重建能力是计算机功能中的一项重要指标，重建一般采用专门的计算机——阵列处理器来完成，它受主控计算机的指挥。

重建时间是指阵列处理器用原始数据重建成显示数据矩阵所需要的时间。重建时间与重建矩阵的大小有关，重建矩阵大，所需的重建时间要长。同时又取决于阵列处理器的运算速度和内存容量。阵列处理器的运算速度快，重建的时间短，内存容量大相对也能缩短重建时间。

6. 滤波函数　又称重建算法，是指图像重建时所采用的一种数学计算程序。其运算方法有多种，如反投影法、分析法——傅里叶反变换法、滤波反投影法、卷积投影法及二维傅里叶变换法等。不同的数字成像设备采用的计算机程序也各不相同，在实际应用中，因采用的算法不同，所得到的图像效果也有很大差别。

7. 噪声与信噪比　不同频率和不同强度的声音，无规律地组合在一起即成噪声。在电子电路中，由于电子的持续杂乱运动或冲击性的杂乱运动，而在电路中形成频率范围相当宽的杂波称作"噪声"。

在 X 射线数字成像中，噪声是指影像上观察到的亮度水平中随机出现的波动。从本质上分析，噪声主要是统计学的而不是检测性的概念。

信噪比是信号与噪声之比的简称。在实际的信号中一般都包含有两种成分，即有用信号和噪声。噪声是无处不在的，用来表征有用信号强度同噪声强度之比的一个参数称为"信号噪声比"。这个参数值越大，噪声对信号的影响越小，信息传递质量就越高。信噪比是评价电子设备的一项重要的技术指标。

8. 灰阶　在照片和显示器上，所呈现的黑白图像上的各点表现出不同深度的灰色。把白色与黑色之间分成若干级，称为"灰度等级"。表现出的亮度（或灰度）信号的等级差别，称为灰阶。

9. 比特（bit）　是信息量的单位，在数字通信中，使用一些基本符号来表示信息，这种符号称"位"或"码元"。在二进制中，一码元所包含的信息量称为 1 比特。

10. 伪影　指在成像过程中产生的错误图像的特征。

11. 亮度响应　换能器能把光能转化为电流，这种亮度-电流转换功能称为该换能器的亮度响应。

12. 动态范围　对光电转换器而言，亮度响应并非从零水平开始，也不会持续至无限大的亮度，其响应的最大与最小亮度值之比即为动态范围。

13. 窗口技术　是分析数字化图像的一种重要方法。即选择适当的窗宽和窗位来观察图像，使所需要的组织或病变部位明显地显示出来。窗宽表示所显示信号强度值的范围。窗位又称为窗水平，是图像显示过程中代表图像灰阶的中心位置。

14. 模/数转换器与数/模转换器　把模拟信号转换为数字形式，即把连续的模拟信号分解为彼此分离的信息，并分别赋予相应的数字量级，这一过程称为模/数转换，完成这种转换的元器件称模/数转换器（analog to digital converter，ADC）。

数/模转换实际上是模/数转换的逆转，它把二进制数字影像转变为模拟影像，即形成视频影像显示在电视屏幕上，这一过程称为数/模转换，完成这种转换的元器件称为数/模转换器（digital to analog converter，DAC）。

15. 硬件与软件　硬件是指成像设备的机械部件、计算机及电子部分的元器件。软件是用于控制计算机运行过程的程序。程序由计算机语言写成，它是能被计算机识别的一系列数字。软件包括管理程序、数据获取程序、数据处理程序及显示程序等。

三、数字图像的形成

数字图像的形成需要借助于计算机，由于计算机接收和输出的信息必须是数字的形式，所以模/数转换器和数/模转换器是计算机对外联系的门户。

1. 图像数据采集　数字图像一般不像常规 X 射线照片那样直接形成，它们必须经过一个将图像的模拟信号转换成数字信号的过程才能形成数字图像。这种转换是利用模/数转换器的电子装置完成的。模/数转换器把视频图像的每条线都分成一行像素，这一过程称为图像的抽样或采样。经抽样，图像被分解成在时间和空间上离散的像素，但像素的灰度值仍是连续值，还需把每个像素连续的灰度值变成离散值，即分成有限个灰度级，这个过程称为图像灰度的量化。然后将形成的数字图像存在存储器里。

应当注意的是，图像抽样的空间像素矩阵的大小，不是随意确定的。它必须保证抽样后的数字图像能不失真地反映原始图像信息，这是确定数字图像像素矩阵大小的依据。另一方面，为了获得图像更多的细节和更高的分辨力，人们希望使用更大的像素矩阵。但是像素矩阵越大，数据量就会成倍增加，像素占据计算机内存空间就越大，一幅完整的图像从图像处理到完全显示全部过程就会越慢。同时，这种图像矩阵的增大还受到图像数字化前模拟图像视频制式的限制。目前常见的数字图像矩阵为 512×512、1024×1024。

图像数据采集过程就是通过各种接收器，如探测器、电荷耦合器件（CCD）摄像机、探头、成像板（IP）等，通过曝光或扫描等将收集到的模拟信号转换成数字形式（也称为数字化）。无论哪种数字成像设备，尽管它们的采集方式各不相同，数字图像的形成大体都要经过以下三个步骤。

（1）分割：将图像分割成若干个小单元，这种处理称为空间取样。图像分割过程如图 2-1-1 所示。扫描或曝光过程中把这幅图像分割成许多相等的小区域（像素），扫描又是图像行和列格栅化的过程，格栅大小通常决定了像素的数量。图 2-1-1 中格栅大小为 10×10=100 个像素。行和列对像素而言，起到识别和寻址的作用。

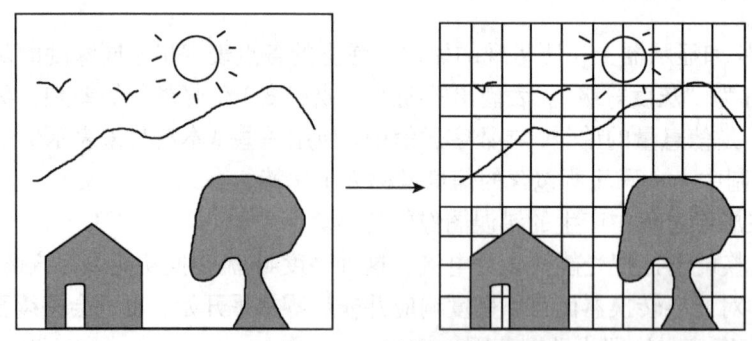

图 2-1-1　图像分割

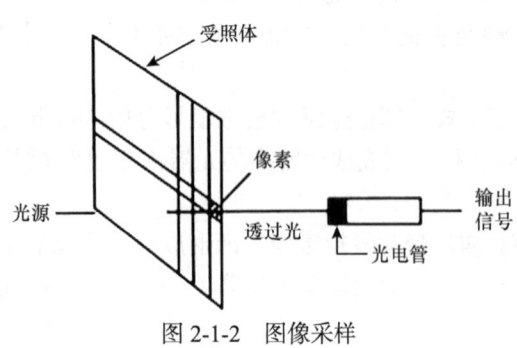

图 2-1-2　图像采样

（2）采样：采样是图像数字化过程的第二步（图 2-1-2）。对一幅图像采样时，该图像中像素的每一个亮点被采样，亮点通过光电倍增管转换成电子信号（模拟信号）。如果是反射图像，则由光电倍增管在图像前接收采样信号，如果是透射图像，光电倍增管则在图像后采样。

（3）量化：最后一步是图像的量化。图像灰度的量化是把原来连续变化的灰度值变成量值上离散的有限个等级的数字量。量化过程中，每一个被采样像素的亮度值都取整数，其所取的数值决定了数字图像的灰度值，并且精确地对应于像素的原点，灰度值的总和称为灰阶。一幅图像可以由任何一个灰度值组成。整个量化过程，以整数表示的电子信号完全取决于原始信号的强度，并且与原始信号的强度成正比。

量化的级数越多，数字化过程带来的误差就越小。因此人们在进行模/数转换时希望用尽可能多的量化级数来精确表示原来的灰度，以保持图像的不失真。但是，如果无限量地增加灰度级数，则是一种不切合实际的要求。这是因为模拟信号电路中存在电子噪声，X 射线影像中存在 X 射线的量子噪声，两者加在一起，使模拟视频信号本身包含了一定的随机误差，只有用适当的、有限的灰度级去量化模拟信号才不会明显增加附加的误差，因此片面地追求过高的灰度级数是一种浪费。目前常用的灰度级数有 8 位 256 个灰度级、10 位 1024 个灰度级，但医学图像具有较高的需求，通常为 16 bit。

2. 图像重建　这项工作由计算机完成。计算机接收数据采集系统的数字信号后，立即进行数据处理，重建出一幅图像，再经计算机输出，于显示器上显示出来。同时将所接收到的图像数据进行存储，以备随时调用、处理或显示。

四 数字图像的基本处理

数字图像形成以后，还需要进行一定的处理，才能得到比较满意的图像，而数字图像的后处理也是数字图像的一大特点。常用的医学数字图像处理技术有：图像增强、图像运算、图像变换、图像分割及三维重建等。

1. 图像增强　图像增强是增强图像中某些有用信息，削弱或去除无用信息，如增强图像对比度、提高信噪比、强调组织边缘等。

（1）增强图像对比度：可以通过使用灰阶变换曲线修改图像原始灰阶，放大或压缩原有对比度。常用的方法包括线性转换、非线性转换、窗口技术、γ校正、灰度反转等。这些方法基于图像矩阵，直接按照数学方法处理像素的灰度值，因此也称为空间域处理方法。常用的空间域处理方法还有直方图调整和直方图均衡化。

（2）提高信噪比：增强影像信息，降低噪声对影像诊断的干扰。

图像平滑技术是常用的降噪方法，可以针对噪声灰度突变，通过邻域平均，低通滤波，平滑噪声区域的像素灰度值。邻域平均法是空间域方法，将噪声点灰度值用周围像素点灰度的平均值代替。低通滤波法属于频率域处理方法，需要将图像进行傅里叶变换，在频率域内进行滤波处理，由于图像噪声属于高频信息，所以对图像进行低通滤波后，变换回空间域，就会有效滤除部分噪声信息，提高信噪比。需要注意的是，图像中的组织边缘也存在灰度突变，同时在频率域中也属于高频信息，因此无论在空间域还是在频率域降噪均会降低图像边缘的锐利度。

锐化：强调组织边缘技术即锐化技术，能增强组织器官的图像轮廓，使图像中组织边缘清晰锐利。锐化的基本处理方式及所得图像效果与平滑正好相反。常用方法有高通滤波等。

2. 图像运算　图像运算分为代数运算和几何运算。图像代数运算是指对两幅或两幅以上的图像进行加、减、乘、除运算，处理的基本单位是像素，通过运算改变像素灰度值，但不改变像素之间的相对位置关系。图像相加常用于多幅图像相加后平均降噪；图像相减则可以减去某些组织的影像而突出一些组织的影像，如数字减影血管造影中减去了骨、肌肉的影像而获得充盈对比剂后的血管图像；图像相减还可用于运动物体的检测。

图像几何运算是指对图像进行缩放、平移、旋转、错切、镜像等改变像素相对位置的处理。医学图像的几何运算也常应用于图像兴趣区域，如对图像兴趣区域进行放大显示、镜像观察进行组织对比等。

3. 图像变换　图像变换指将图像转换到频率域或其他非空间域的变换域中进行处理。在这些变换域中往往能体现出图像在空间域中表现不出来的信息，对这些信息进行处理可以获得更好的图像效果。在医学应用中，图像变换常用于医学图像重建、图像信息压缩或图像编码。

4. 图像分割　图像分割是按照某种原则将图像分成若干个有意义的部分，使得每一部分都符合某种一致性要求。图像分割属于较为复杂的图像处理技术，常用于医学图像的深入处理与分析。图像分割的方法很多，常用的有灰度阈值分割法、微分算子边缘检测、区域生长等。

5. 三维重建　三维图像重建指利用获得的连续二维断层图像信息，按照体绘制、面绘制等运算方法，重建出反映组织三维信息的三维影像。三维重建可以充分利用断层图像的海量数据，从接近真实视角的三维角度观察组织形态和相互空间关系，有利于临床诊断和手术计划制订。

三维重建目前常用的方法为面绘制和体绘制。面绘制适于重建单个脏器组织，重在显示组织外观形态和空间结构，但是不描述组织内部信息，信息利用率较小。体绘制适于多个脏器组织的重建，尤其对于相互包含的多重组织显示效果较好，其算法充分利用图像数据，反映的诊断信息更多。三维重建需要有原始的断层像序列，普通的透射像无法进行三维重建。

第二节　计算机 X 射线摄影成像原理

计算机 X 射线摄影（CR）是 X 射线照片数字化比较成熟的技术。计算机 X 射线摄影系统是使用可记录并由激光读出 X 射线影像信息的成像板（imaging plate，IP）作为载体，经 X 射线曝光及信息读出处理，形成数字图像。CR 系统实现了常规 X 射线摄影信息数字化，使常规 X 射线摄影的模拟信息转换为数字信息，提高了图像的分辨、显示能力，突破了常规 X 射线摄影技术的固有局限性。采用计算机技术实施各种图像后处理，增加了显示信息的层次；可实现 PACS 及远程医疗；成像板替代胶片可重复使用，可与原有的 X 射线摄影设备匹配使用。

计算机 X 射线摄影系统也存在不足之处，主要是时间分辨力较差，不能满足动态组织器官的显示。同时在细微结构的显示上与常规的 X 射线屏-片系统比较，其空间分辨力稍低，需通过其他方式弥补。

计算机 X 射线摄影系统中入射到成像板的 X 射线量子被成像板的成像层内的荧光颗粒吸收，释放出电子，其中一部分电子散布在成像层内呈半稳定状态，形成潜影。当用激光照射已形成的潜影时，半稳定状态的电子释放出光量子，发生光激励发光（PSL）现象，光量子随即由光电倍增管检测到，并被转化为电信号，这些代表模拟信息的电信号再经模/数转换器转换为数字信号，然后数字信号被传送到存储元件中作进一步处理与显示。

一、成像板

1. 成像板的结构　成像板是 CR 成像技术的关键设备。作为采集影像信息的载体，成像板可以重复使用，但没有显示影像的功能，其结构如图 2-2-1 所示。

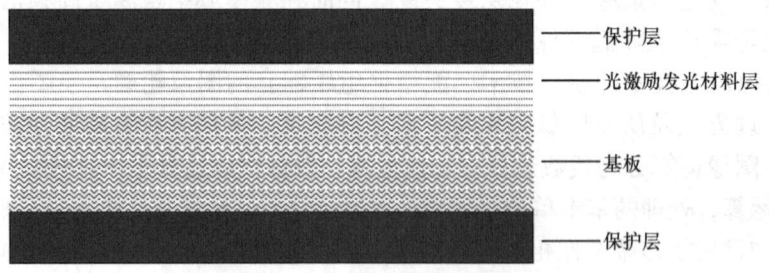

图 2-2-1　成像板的结构示意图

（1）保护层：作用是防止光激励发光材料层在使用过程中受到损伤。因此它不能随外界温度、湿度的变化而发生变化，并且在非常薄的条件下能弯曲、耐磨损、透光率高。常用聚酯树脂类纤维制造。

（2）光激励发光材料层：将光激励发光材料混于多聚体溶液中，涂在基板上干燥而成。多聚体溶液的作用是使光激励发光材料均匀分布在基板上形成均匀的膜，并具有适度的柔软性和机械强度，不因湿度、温度、放射线、激光等因素的影响而发生物理性质的变化。多聚体材料一般为硝化纤维素、聚酯树脂、丙烯及聚氯酸酯等。

光激励发光材料晶体颗粒的直径多在 4~7μm，晶体颗粒的直径增大，发光量增强，但影像的清晰度降低。

（3）基板：基板的作用是保护光激励发光物质层免受外力的损伤。因此要求具有很好的平面性、适度的柔软性及机械强度，材料是聚酯树脂纤维胶膜，厚度在 200~350μm。为了避免激光在光激励发光物质层和基板之间发生界面反射，影响影像清晰度，要将基板制成黑色。此外，为了防止光透过基板而影响到下一张成像板，可以在基板上加一个吸光层。

此外还有为避免在输运过程中产生静电干扰的导电层。

2. 成像板的特性　成像板的主要成分是光激励发光材料层，它对放射线、紫外线的敏感度远高于普通 X 射线胶片，摄影后成像板的潜影会因光的照射而消退，避光不良或漏光的成像板上的图像会因储存的影像信息量减少而发白。成像板具有以下特性。

（1）发射与激发光谱：当 X 射线初次照射掺杂二价铕离子的氟卤化钡晶体（BaFX：Eu^{2+}晶体）时，其吸收光谱在 37keV 处有一锐利、锯齿形的不连续吸收，这是晶体中钡原子的 K 缘所致。被 X 射线激活的 BaFx：Eu^{2+}晶体在受到二次激发光照射时，作为发光中心的 Eu^{2+}可发出波长峰值为 390～400nm 的紫色荧光，荧光的强度主要取决于作为一次激发光的 X 射线的照射量。

成像板第二次读出光线以 600nm 左右波长的红光最佳，它可最有效地激发光激励发光，称为激发光谱。发射光谱与激发光谱波长的峰值间需有一定的差别，以保证两者在光学上的不一致，从而达到影像最佳的信噪比。但是，光激励发光的光谱与 X 射线激发成像板后在荧光体内产生的色彩中心的吸收光谱是一致的。

（2）成像板的时间响应特征：光激励发光的强度还与二次激发光的功率有关，在一定的范围内，光激励发光的强度随二次激发光的功率增大而增大。荧光体被第二次激发后，其发射荧光的强度达到初始值的 1/e 所用的时间称为光发射寿命期，成像板光发射寿命期为 0.8μs。

最理想的发光时间是当被 X 射线激活的光激励发光物质受到二次激发光照射时，能立即产生光激励发光；一旦停止照射，光激励发光立即消失。但实际上光激励发光不会立即消失，而是在逐渐衰减。光激励发光消失的速度对于快速读取影像信息至关重要，这是因为如果光激励发光衰减速度慢，在二次激发光束的移动扫描、读取信号的过程中，已经扫描过的地方仍在发光，这会对正在被读取的信号形成干扰，降低信噪比而影响图像质量。以 Eu^{2+}为发光中心的 BaFX：Eu^{2+}的光激励发光寿命为 0.8μs，由于这个时间极短，所以能在很短的时间内，以很高的密度读取大面积成像板上的影像信息，而不发生采集信息与读出信息的重叠干扰，也就是说，成像板具有可满足医学成像需要的极好的时间响应特征。从而满足医学影像的要求。

（3）成像板的动态范围：当 X 射线第一次激发成像板中的光激励发光材料时，其吸收特征与激光二次激发时发射荧光的特征无关。

成像板发射荧光的量依赖于第一次激发时的 X 射线量，在 1：10^4 的范围内具有良好的线性。故成像板用于 X 射线摄影时，具有良好的动态范围，可精确地检测组织结构间极小的 X 射线吸收差别。

（4）成像板存储信息的消退：储存在光激励发光物质中的影像信息随储存时间（读取前的时间）的延长而衰减，这是因为一部分被俘获的电子会在读取信号前逃逸，从而使第二次激发时荧光体发射出的光激励发光强度减少，这种现象称为消退。成像板的消退现象很轻微，读出前储存 8 小时，其荧光体的光激励发光量减少约 25%。时间延长、存储温度升高消退速度增快。由于 CR 系统对光电倍增管增益的电子补偿和自身补偿，用标准条件曝光的成像板在额定的存储时间内几乎不会受到消退的影响。若成像板的曝光不足或存储过久（大于 8 小时），则会由于检测到的 X 射线量不足和天然辐射的影响而发生颗粒衰减，以致影像噪声加大。所以，最好在第一次激发后的 8 小时内读出成像板内的信息。

（5）天然辐射的影响：成像板不仅对 X 射线敏感，对其他形式的电磁波等也敏感，如紫外线、α射线、β射线、γ射线以及电子等，因而会受到自然界放射性物质的照射而储存能量，在读取影像时出现一些微小的黑点，对影像形成干扰。

3. 成像板使用注意事项　成像板可以重复使用，在成像板再次使用前，为避免天然辐射的影响，应当用光照射，消除任何可能存在的潜影。在使用中应注意避免成像板出现擦伤，定期清洁，以延长成像板的使用寿命。

由于成像板中的光激励发光材料对放射线、紫外线的敏感度远高于普通 X 射线胶片，所以摄影前、后的成像板都要屏蔽。避光不良或漏光的成像板上的图像会因储存的影像信息量减少而变得发白，这与普通胶片正好相反。

CR 成像基本原理

CR 系统的成像过程为：X 射线机产生的 X 射线穿过人体后，照射到成像板上，成像板中的光激励发光材料，将穿过人体的 X 射线的能量以潜影的方式储存下来，完成影像信息的采集。用激光束扫描带有潜影的成像板，光激励发光物质被激励，释放其储存的能量，发出的荧光被集光器收集送到光电倍增管，由光电倍增管将其放大并转换成电信号，经模/数转换器转换成数字信号，完成影像信息的读取与数字化。数字信号被送入计算机和数字图像处理系统，经处理后，形成最终的 CR 数字图像被显示与储存。将 CR 的成像原理归结为四象限理论。

1. 影像信息采集（第一象限）　CR 系统的影像不是直接记录在胶片上，而是通过一种涂在成像板上的特殊材料——光激励发光材料来完成影像信息采集的。

某些材料在第一次受到光照射时，能将一次激发光所携带的信息储存下来，当再次受到光照射时，能发出与一次激发光所携带信息相关的荧光，这种现象被称为光激励发光（photostimulable luminescence，PSL），这种材料就称为光激励发光材料。

研究发现，在已知的光激励发光材料中光激励发光作用最强的是掺杂二价铕离子（Eu^{2+}）的氟卤化钡（BaFX：Eu^{2+}，X=Cl、Br、I）的结晶，因此它被选为成像板的光激励发光材料。

光激励发光原理：掺杂 Eu^{2+} 的 BaFx：Eu^{2+} 晶体被 X 射线或紫外线长时间照射后，形成 F 中心（F-center），F 中心是晶体的一种点缺陷，是一个在 X^- 晶格空位加上一个被束缚在其库仑场的电子，能吸收特定波长的可见光。掺杂的 Eu^{2+} 能置换 BaFx：Eu^{2+} 的钡离子而形成发光中心。

当掺杂 Eu^{2+} 的 BaFx：Eu^{2+} 受到 X 射线照射时，产生电离，形成电子-空穴对，空穴被光激励发光材料络合体俘获，电子则被以往形成的 X^- 空位捕获，形成亚稳态的 F 中心，这个过程储存了 X 射线的能量，即将 X 射线携带的影像信息记录下来，形成潜影。此后当用特定波长的二次激发光照射受到 X 射线激活的 BaFX：Eu^{2+} 晶体时，F 中心吸收二次激发光，将捕获的电子释放，并把能量转移给 Eu^{2+}，Eu^{2+} 向低能级状态跃迁发出荧光。这个过程是通过二次激发光的激励，将储存的 X 射线能量释放出来，即读出影像信息。

第一象限表示成像板的固有特征，即 X 射线辐射剂量与激光束激发的光激励发光强度之间的关系。两者的关系在 1：10^4 范围内是线性的，该线性关系使 CR 系统具有高的敏感性和宽的动态范围（图 2-2-2）。

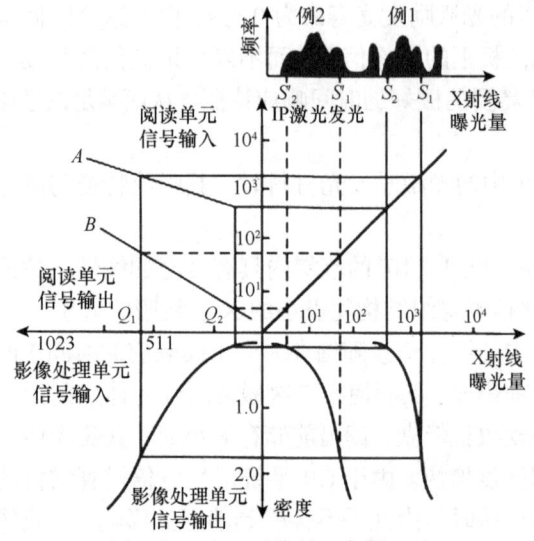

图 2-2-2　CR 系统的四象限理论
S_1、S_2 为例 1 的 X 线曝光量的范围，S_1'、S_2' 为例 2 的 X 线曝光量的范围；IP 为成像板；A 为例 1 阅读单元信号输入，B 为例 2 阅读单元信号输入；Q_1、Q_2 为影像处理单元的线性范围

2. 影像信息读取（第二象限）　储存在光激励发光物质中的影像信息是以模拟信号的形式记录下来的，要将其读出并转换成数字信号，需使用激光扫描仪，又称光激励发光扫描仪（图 2-2-3）。

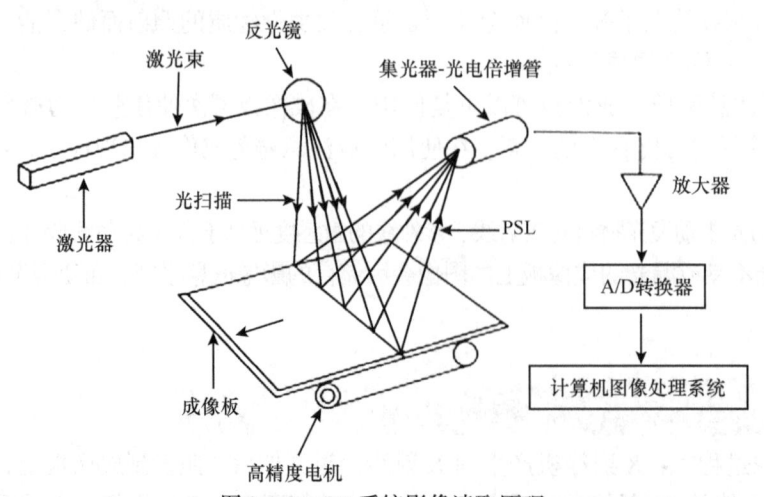

图 2-2-3　CR 系统影像读取原理

随着由高精度电机带动的成像板匀速移动，激光束（二次激发光）经摆动式反光镜或回旋式多面体

反光镜的反射,在与成像板垂直的方向上,依次对成像板进行精确而均匀地扫描。与此同时,随着激光束的扫描,成像板上释放出的光激励发光被自动跟踪的集光器收集,经光电倍增管转换成相应强度的电信号,并被进一步放大,再由模/数转换器转换成数字化的影像信号。扫描完 1 张成像板,便可得到一幅完整的数字图像。

第二象限表示输入到影像读出装置(IRD)的信号和输出信号之间的关系。IRD 的作用如图 2-2-2 所示:例 1 的读出条件由 A 线指示,使用了较高的 X 射线剂量和较窄的动态范围;例 2 的读出条件由 B 线指示,使用了较低的 X 射线剂量和较宽的动态范围。由于第二象限的自动设定机制,显示的特征是独立控制的。读出的影像信息被馈送到第三象限的影像处理装置中。

3. 影像信息处理(第三象限)　馈送到第三象限的影像信息经影像处理装置(IPC)处理,显示出适用于诊断的影像,其特征是可以独立控制的,可根据诊断要求进行谐调处理、频率处理和减影处理等。

CR 系统由于影像信息被转换为数字信号,成为数字图像,因此可以根据不同的诊断要求对图像进行处理,在较大的范围内自由改变影像特性,具有很强的图像处理功能。

4. 影像再现(第四象限)　馈入影像记录装置(IRC)的影像信号重新被转换为光学信号以获得 X 射线照片。IRC 对 CR 系统使用的胶片特性曲线自动实施补偿,以使相对于曝光曲线的影像密度是线性的。这样第四象限决定了 CR 系统中输出的 X 射线胶片的特性曲线。CR 系统的特性曲线是依据 X 射线剂量和成像范围自动改变的。

储存在光激励发光物质中的 X 射线影像是一种潜影,由激光扫描仪读取并输入计算机进行数据处理后,还需要变换成人眼能看见的影像。常用的方法有:荧光屏显示,用激光照相机直接将影像信号记录下来。

四象限理论中,第一象限涉及成像板的固有特性,在系统运行中是不能调节的,第二至第四象限则在系统运行中可充分调节,实施图像处理功能。

CR 图像处理

实际运行中实施图像处理功能分为三个主要环节:第一个环节是与系统的检测功能有关的处理,即第二象限功能。该环节基于适当的影像读出技术,保证整个系统在一个很宽的动态范围内自动获得具有最佳密度与对比度的影像,即采用最佳阅读条件,并使其数字化。这个处理环节称为曝光数据识别器(EDR)技术。第二个环节是与显示的影像特征有关的处理,即第三象限功能。这一环节的功能在于通过各种特定处理(如谐调处理、频率处理、减影处理等)为医生提供可满足不同诊断要求的、具有较高诊断价值的影像。第三个环节是与影像信息的存储、传输功能有关的处理,即第四象限功能。这个功能是获得质量优良的照片记录,并在不降低影像质量的前提下实施影像数据的压缩,以达到高效率的存储与传输。

(一)与检测功能有关的处理

为了克服由于曝光过度或曝光不足产生的影像密度的不稳定性,影像读出装置建立一个自动设定每幅影像敏感性范围的机制,根据摄影部位(如胸、腹、骨骼等)和摄影技术(如平片、体层摄影、造影检查等)的不同分别具有特定的形状。在把受检者的具体 X 射线摄影信息(部位、摄影方法等)输入 CR 系统后,在 IRD 正式读出影像之前,进行曝光区域识别,先用一束微弱的激光束读出一次激发(X 射线曝光)后的成像板,得到一组抽样数据,形成一个预读出影像的直方图。然后,使用输入的 X 射线摄影信息和自动检测到的每幅影像的敏感性范围来调整直方图的特征。

曝光数据识别处理流程:①分割标识范围的识别处理;②曝光区域的识别处理,是从被照体内的某一点起,向外侧顺序进行积分处理,把积分值的最大点作为照射野的边缘;③直方图分析,在最后修正的曝光区域内,基于影像数据制成直方图。

直方图分析中,有五种类型用于不同的诊断目的:①用于骨骼-皮肤的显示;②用于骨骼-软组织的显示;③用于胃肠道钡剂造影检查的显示;④着重突出软组织信息的软组织显示;⑤着重突出骨骼信息的骨骼显示。

在直方图分析方法中，均利用了每个摄影程序中的直方图分析参数，预读出影像密度直方图信息。仅由于定位不精确，即可显著影响直方图的形状；此外，即使直方图的形状相同，直方图上图像兴趣区域范围所占据的位置也可显著改变；摄影程序的一些变化也可在较小程度上造成影响。

（二）与显示功能有关的处理

为提高诊断的准确性，以及扩展诊断范围，其显示功能的处理是富士CR常用的方法，包括：动态范围压缩处理、谐调处理、空间频率处理、能量减影和多灰阶对比度增强。

1. 动态范围压缩处理　需在谐调处理与空间频率处理之前施行。通过CR的压缩处理，在胸部影像中可以清楚地显示出纵隔内的细微结构。在胃肠道双重对比造影检查的影像中，对高密度区域的动态范围控制处理有利于显示充满空气部位组织结构的细节。在乳腺摄影中，对高密度区域的动态范围压缩处理可以良好地显示邻近皮肤边缘部分的结构。

2. 协调处理　也叫层次处理。主要用来改变影像的对比度、调节影像的整体密度。以16种协调曲线类型（GT）作为基础，以旋转量（GA）、旋转中心（GC）、移动量（GS）作为调节参数，来实现对比度和光学密度的调节，从而达到影像的最佳显示。CR系统利用成像板有很宽的曝光宽容度，即对每一个部位的曝光条件有一个范围，即使曝光量高一点或低一点，通过协调处理技术，都能把读出的影像调节为符合诊断要求的图像。

（1）谐调曲线类型：谐调曲线是一组非线性的转换曲线，其作用是显示灰阶范围内各段被压缩和放大的程度，针对不同的部位有不同的配置。16种谐调曲线的作用是：

A线，产生大宽容度的线性层次。

B～J线，属系统性变化的非线性层次曲线，类似于屏-片系统，肩部是高密度区，足部是低密度区。

K～L线，为血管数字减影所设置的高对比度的非线性曲线。

M线，线性黑白反转。

N线，为胃肠造影专门设定的非线性曲线。

O线，主要用于优化骨骼的非线性曲线。

P线，主要用于优化胸部肺野区域产生的微小密度变化的影像。

在实际应用中，针对不同影像部位的密度和对比度差异，在CR系统中相对应地匹配不同的转换曲线，以获得最佳的影像效果。

（2）旋转中心：为谐调曲线的中心密度，其值依照医学影像的诊断要求设定为0.3～2.6。改变旋转中心即改变了曲线的密度中心，甚至可由正像变成负像，或相反。实际应用中，诊断医生总是追求图像兴趣区域最清晰的显示，那么，首先就要选择好旋转中心，若图像兴趣区域在激光阅读完后已经达到了诊断的要求，就没有必要再调整旋转中心值了。

（3）旋转量：亦称转换灰度量，曲线的旋转主要用来改变影像的对比度。旋转量有一定的数值范围，旋转量的值是-4～4（不包括0）。当旋转量为1时，表示所选择的谐调曲线上无对比度的变化，相当于屏-片系统中H-D曲线的$\gamma=1$时，输入与输出影像的对比度无变化；旋转量大对比度大，旋转量小对比度小。在实际应用中，旋转量总是围绕着旋转中心进行调节。

（4）移动量：亦称灰度曲线平移。移动量的范围为-1.44～1.44，利用微细调节来获得最优化密度。移动量用于改变整幅影像的密度。降低移动量值曲线向右移，减小影像密度；增加移动量值曲线向左移，增加影像密度。

借助这4个参数可以获得适用于诊断目的的影像对比度、总体光学密度及黑白反转的效果等。在进行图像处理时，一般谐调曲线类型不作改变，其他3个参数依图像兴趣区域的密度、对比度特征再做调整或不做调整。调整过程中，先确定旋转中心，然后再调整旋转量和移动量。层次处理依系统的敏感性范围自动设定机制，即使摄影中X射线量与X射线质有某些改变，在一定的敏感性范围内，也可读出影像的信号。CR系统中的谐调处理可独立控制影像的显示特征，决定用何种密度再现影像，谐调处理是在频率处理之后施行的。

用同一种谐调处理技术处理所有影像的方式是不理想的，故一些 CR 系统设置有对不同的成像目的的各种谐调处理程序。

3. 空间频率处理　是指系统对空间频率响应的调节，空间频率响应处理影响影像的锐利度。

CR 系统中使用的空间频率处理为模糊掩模滤波法，处理中使用一个模糊图像作为蒙片影像，以增加空间频率响应。1 幅影像中，主要增强成分的频率是由模糊蒙片的大小决定的。即如果使用了 1 个大的蒙片，模糊影像在较低频率上的响应将变得较少，这样响应峰值将移向低频侧，低频成分将被增强。相反，若使用 1 个小的蒙片，则将增强高频成分。通过调节蒙片的尺寸，选择性地增强低频或高频成分的频带，得到适于诊断的影像。决定频率处理的频率响应方式有三个参数。

（1）频率等级（RN），即对空间频率范围的分级。涉及由频率处理所增强的影像频率成分的频带。RN＝0～9，可按结构尺寸设置：

1）低频等级（0～3），用于增强大结构，如软组织、肾脏和其他内部器官的轮廓。

2）中频等级（4～5），用于增强普通结构，如肺部脉管和骨骼轮廓线。

3）高频等级（6～9），用于增强小结构，比如微细骨结构、肾小区等。

（2）频率类型（RT），用于调整增强系数，控制每一种组织密度的增强程度。

（3）频率增强程度（RE），指增强程度的最大值，用以控制频率的增强程度。

在某些影像处理中，为了充分显示正常组织或病变结构，往往是谐调处理和空间频率处理结合起来应用。如较低的旋转量与大的空间频率增强结合产生的影像可覆盖较宽的信息范围，并使组织器官的边缘增强，用于显示软组织；若较大的旋转量与较小的频率增强程度结合使用，就可产生类似于屏-片系统的影像。

4. 减影处理　CR 系统也可完成血管造影与非造影影像的减影功能。CR 系统中减影方式有两种：时间减影和能量减影。时间减影通常不具备较高的时间分辨力。能量减影方式又分为两次曝光法和一次曝光法，前者是在曝光中切换 X 射线管输出的能量，得到两幅不同能量的照片进行减影；一次曝光法是在暗盒中放置两块成像板，中间放一块铜板，两块成像板在同一时间曝光，但两幅影像的曝光能量不同，两块成像板的影像加权相减实施能量减影。

5. 灰阶处理　CR 系统中，读取影像时将影像信号在需要的范围内变成数字化信号，从而可以调整某一数字信号以黑白密度再现，这一过程即为灰阶处理。灰阶处理即为窗口调节技术，是数字化影像所共有的。通过对窗宽、窗位的调节，使显示的影像符合诊断的需要。

第三节　数字 X 射线成像原理

数字 X 射线摄影（DR）是指在具有图像处理功能的计算机控制下，采用一维或二维的 X 射线探测器直接把 X 射线影像信息转化为数字信号的技术。DR 与 CR 系统的成像过程大致相同，主要区别在于影像接收器，DR 的影像接收器为平板探测器（FPD）。

平板探测器是将薄膜晶体管（TFT）阵列技术应用于二维平面 X 射线探测元阵列而制成的 X 射线接收装置。它分为直接转换型平板探测器和间接转换型平板探测器。用于数字透视和摄影的 30 帧/秒的大面积平板探测器应用于临床，可获得空间分辨力和高对比度的数字动态影像和静态影像。

DR 与 CR 相比，具有五个优点：①曝光剂量降低，受检者受照射剂量更小；②时间分辨力明显提高，曝光后几秒内即可显示图像；③具有更高的动态范围，量子检出效率和调制传递函数性能好；④能覆盖更大的对比度范围，使图像层次更丰富；⑤操作快捷方便，省时省力，能够提高工作效率。

  直接转换型平板探测器

直接转换型平板探测器主要由导电层、电介层、非晶硒（a-Se）层、顶层电极、集电矩阵层、玻璃衬底、保护层，以及高压电源和输入输出电路组成，其中非晶硒层和集电矩阵层最为重要。

（一）基本结构

1. X射线转换单元　应用非晶硒为光电材料，将X射线转换成电子信号。当X射线照射非晶硒层时，光电导性使非晶硒层产生一定比例的正负电荷。通过使用几千伏的电压，产生的电荷以光电流的形式沿电场移动，并且探测元阵列的存在使电荷无丢失或散落地聚集起来。

2. 探测元阵列单元　用薄膜晶体管技术在一玻璃基层上组装几百万个探测元的阵列，每个探测元包括一个电容和一个薄膜晶体管，且对应图像的一个像素。诸多像素被安排成二维矩阵，按行设门控线，按列设图像电荷输出线（图2-3-1）。

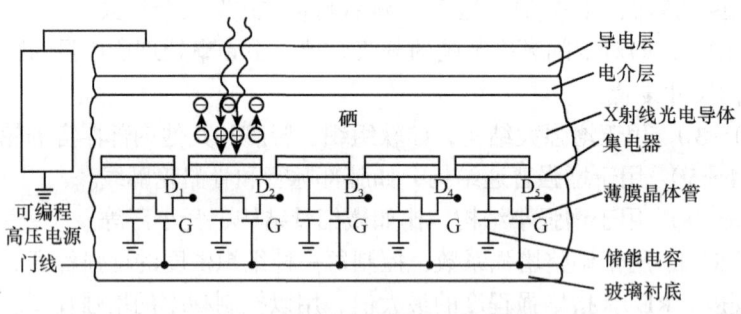

图2-3-1　数字矩阵截面结构示意图
+：正电荷；-：负电荷

3. 高速信号处理单元　产生地址信号并随后激活探测元阵列单元中探测元的薄膜晶体管。作为对这些地址信号的响应而读出的电子信号被放大后送到模/数转换器。

4. 数字影像传输单元　对数字信号的固有特性进行补偿，并将数字信号传送到主计算机。在X射线透视中，动态影像的采集达到30幅/秒，相应的数据传输速度应超过10^9位。

（二）工作原理

集电矩阵由按阵元方式排列的薄膜晶体管组成，非晶硒涂覆在集电矩阵上。当X射线照射非晶硒层时，由于光电导性产生一定比例的电子-空穴对，在顶层电极和集电矩阵间外加高压电场的作用下，电子和空穴以电流形式沿电场移动，导致薄膜晶体管的极间电容将电荷无丢失或散落地聚集起来，电荷量与入射光子成正比。这样，每个薄膜晶体管成为一个采集图像的最小单元（像素）。每个像素区域内形成一个场效应管，起开关作用。读出时，某一行被给予电压，这一行的开关就被打开，电荷从被选中行的所有电容中按顺序逐一送到外电路。由于正负电荷主要沿电场线运动，所以只有在X射线直接吸收的像素上才发生对电荷的收集，每个X射线光子产生的电荷不会扩散到相邻像素中去。

在大型电路中，这样产生的几个信号必须同时被读出，薄膜晶体管被来自高速处理单元的地址信号激活时，聚集的电荷就会被以电信号形式读取到高速信号处理单元中，经读出放大器放大后被同步地转换成数字信号。像素信息的读取方式如图2-3-2所示。

由于放大器和模/数转换器都置于平板探测器暗盒内，所以从外部看，平板探测器暗盒接收X射线图像而直接输出数字图像信息。信号读出后，扫描电路自动清除非晶硒层中的潜影和电路存储的电荷，以保证平板探测器的反复使用。

总之，直接转换平板探测器是直接将X射线光子通过电子转换为数字图像。X射线透过人体后有不同程度的衰减，当作用于直接型平板探测器内的非晶硒层时，由于X射线的强弱不同，非晶硒层光电导体按吸

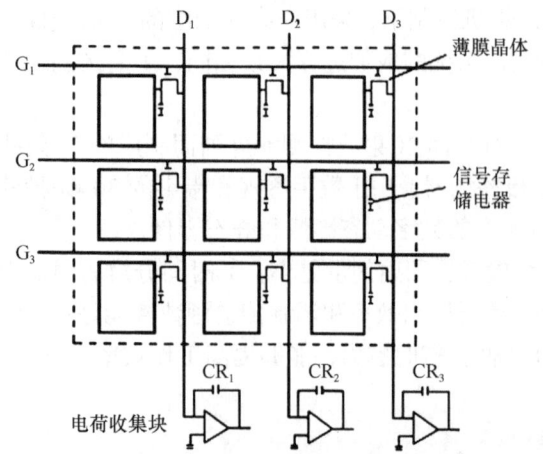

图2-3-2　直接转换型平板探测器像素矩阵的读出方式

收X射线能量的大小产生正负电荷对，顶层电极与集电矩阵间的高电压在非晶硒层产生电场，使X射线产生的正负电荷分离，正电荷移向集电矩阵储存于电容器内，矩阵电容器所储存的电荷与X射线强度成正比。随后扫描控制器扫描电路，读取一个矩阵电容单元的电荷，将电信号转换为数字信号，数字图像数据在系统控制器内储存、处理，最后重建图像在显示器上显示。上述过程完成后，扫描控制器自动对直接转换型平板探测器内的感应介质进行恢复。

二 间接转换型平板探测器

间接转换型平板探测器是一种以非晶硅（a-Si）光电二极管阵列为核心的X射线影像间接转换探测器。在X射线照射下，平板探测器的闪烁体或荧光体层将X射线光子转换为可见光，而后由具有光电二极管作用的非晶硅阵列转变为电信号，通过外围电路检出及模/数转换，获得数字图像。由于其经历了X射线-可见光-电荷-数字图像的成像过程，所以通常称作间接转换型平板探测器。

间接转换型平板探测器具有成像速度快、较好的空间分辨力和密度分辨力、高信噪比、直接数字输出等优点，从而被广泛地应用于各种数字化X射线成像装置。

（一）基本结构

间接转换型平板探测器基本结构由碘化铯（CsI）闪烁体层、非晶硅光电二极管阵列、行驱动电路以及图像信号读取电路四部分构成。

1. 荧光材料层　即碘化铯闪烁体。闪烁体是一种吸收X射线并把能量转换为可见光的化合物。好的闪烁体对每个X射线光子可以产生许多个可见光光子，每1keV X射线输出20～50个可见光光子。闪烁体通常是高原子序数的物质，有高X射线接收能力。因为铯具有高原子序数，所以是X射线接收器的好材料。

平板探测器所采用的碘化铯闪烁体材料由连续排列的针状碘化铯晶体构成，针柱的直径约6μm，外表面由重元素铊包裹，以减少漫射。为防潮，闪烁体层生长在薄铝板上，应用时铝板位于X射线的入射方向，同时还可起到反射光波的作用。闪烁体层的厚度为500～600μm，通常将碘化铯晶体的这种针状结构称作碘化铯闪烁体。

碘化铯的X射线吸收系数是X射线能量的函数，随着X射线能量的增加，碘化铯的吸收系数逐渐降低；厚度增加吸收系数升高。在常规诊断用X射线能量范围内，碘化铯材料具有优于非晶硒材料及其他X射线荧光体材料的吸收性能。

2. 探测元阵列层　每个探测元包括一个非晶硅光电二极管和起开关作用的薄膜晶体管（图2-3-3）。在运行时薄膜晶体管关闭，给光电二极管一个外部反向偏置电压，通过闪烁体的可见光产生的电荷聚集在二极管上。读取时给薄膜晶体管一电压使其打开，电荷就会由二极管沿数据线流出，以电信号的形式"读"到信号处理单元。

非晶硅光电二极管阵列完成可见光图像向电荷图像转换的过程，同时还实现了连续图像的点阵化采样。作为平板探测器的核心，其性能特征是决定平板探测器成像质量的关键因素。

典型的非晶硅光电二极管阵列，由间距为143μm的非晶硅光电二极管按行列矩阵式排列，17in×17in（1in=2.54cm）的平板探测器阵列由3000行×3000列共900万个像素构成，根据临床应用的不同要求也可采用不同的像素尺寸以及不同的阵列大小。

每一像素由非晶硅光电二极管、不能感光的开关二极管、行驱动线和列读出线构成。位于同一行所有像素

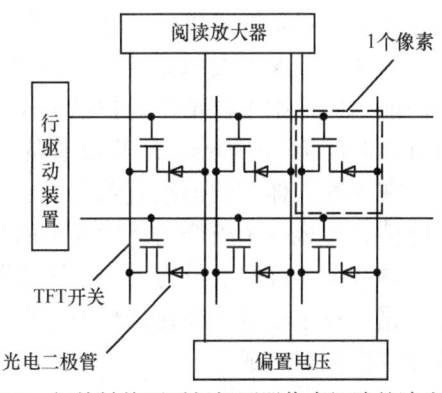

图2-3-3　间接转换型平板探测器像素矩阵的读出方式

的行驱动线相连，位于同一列所有像素的列读出线相连，则构成了平板探测器矩阵的总线系统。每一探测器像素均由负极相连的一个光电二极管和一个开关二极管对构成，通常将这种结构称作双二极管结构（2XD），也有采用光电二极管-晶体管对构成平板探测器像素的结构形式，称作薄膜探测器阵列。双二极管结构平板探测器是通过检出每一像素的充电电荷量而获取图像信息的。

3. 探测器外围电路　由时序控制器、行驱动电路、读出电路、模/数转换电路、通信及控制电路组成。在时序控制器的统一指挥下，行驱动电路将像素的电荷逐行检出。读出电路由低功耗 CMOS 模拟集成电路构成，该芯片集成多路开关，将并行的列脉冲信号转换为串行脉冲信号。读出电路上包含的模/数转换电路将脉冲信号转换为数字信号，并通过数字接口发送到图像处理器。

4. 探测器系统接口　包括：①图像数据光纤接口，图像数据被编码为 160Mbit/s 的串行数据流，通过光电转换器发送给数据光纤。900 万像素图像矩阵的读出时间为 1.2s，图像采集循环的典型时间间隔为 5s；②双向通信接口用于控制及状态信息的传输。

（二）工作原理

位于平板探测器顶层的碘化铯闪烁晶体将入射的 X 射线图像转换为可见光图像。位于碘化铯层下的非晶硅光电二极管阵列将可见光图像转换为电荷图像，每一个像素的电荷量变化与入射 X 射线的强度成正比，同时该阵列还将空间上连续的 X 射线图像转换为一定数量的行和列构成的点阵式图像，点阵的密度决定了图像的空间分辨力。在中央时序控制器的统一控制下，居于行方向的行驱动电路与居于列方向的读取电路将电荷信号逐行取出，转换为串行脉冲序列并量化为数字信号。获取的数字信号经通信接口电路传送至图像处理器，从而形成 X 射线数字图像。

三、多丝正比电离室型

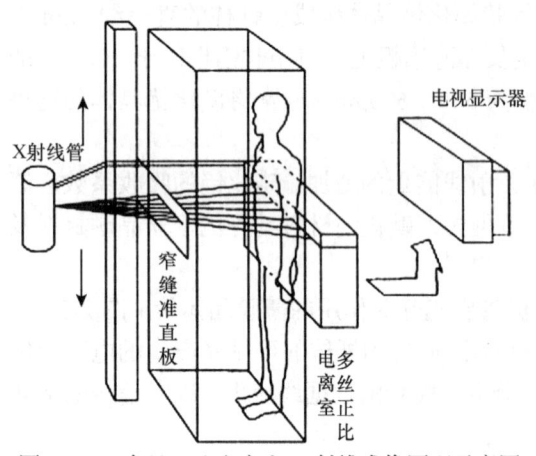

图 2-3-4　多丝正比电离室 X 射线成像原理示意图

1999 年研制成功低剂量数字 X 射线机（LDRD），或称为低剂量 X 射线机。它采用一种狭缝式的线扫描装置，扫描剂量低、动态范围宽、重建图像快、具有当今数字化 X 射线摄影装置中最大的探测面积（120cm×40cm），实现了实质上的直接数字化成像。

多丝正比电离室的成像原理是 X 射线管发射的锥形 X 射线束经水平狭缝准直后形成了平面扇形 X 射线束。通过受检者的透射线射入水平放置的多丝正比室窗口，被探测器接收后，扫描器使 X 射线管、水平狭缝及探测器沿垂直方向作均匀的同步平移扫描，到达新位置后再作水平照射投影；如此重复即完成了 1 幅图像的采集（图 2-3-4）。多丝正比电离室的每根金属丝都与放大器相连，经模/数转换器数字化后，输入计算机进行图像处理。

低剂量数字 X 射线机系统的工作程序是在控制台准备工作就绪后，选好曝光条件，用鼠标点击采集功能，即开始 1 幅图像的扫描工作，整个扫描支架从定位由下向上运动采集影像数据，图像的每行曝光时间为 5~6ms。X 射线管的射出窗口被屏蔽材料阻挡成一个水平缝隙，经过限束器使 X 射线束在入射人体前的前准直器上形成一个约 200mm×20mm 的窄条。再经前准直器上 1mm 的准直器缝隙，形成一个极窄的线状断面的扇形波束。当射线经人体后再经过一个约 1mm 的准直器缝进入探测系统，每根阳极连至一个计数器，记录 X 射线光子所引起的计数脉冲。然后把每个像素的统计数据（数字信号）高速传输至计算机，重建图像、变换处理和存储，从扫描到显示图像和存储在数秒钟内便可完成。

四 DR 特殊成像技术

1. DR 断层融合技术　DR 断层融合技术也称为三维断层容积成像技术，是在传统体层摄影的基础上，基于 DR 动态平板与图像后处理软件相结合的一种体层成像技术。成像原理是一次扫描、多次曝光，可以获得多幅不同角度、连续、独立的数字图像，计算机对采集图像应用位移叠加算法，将序列图像分别进行适当的位移后再叠加融合，重建出检查区内不同深度层面的图像。由于每幅图像的厚度可以人机交互进行调整，选择不同的起始和终末层高度，调整层厚、重叠百分比及层间距，最终重建出任意深度层面的图像。

2. DR 图像拼接技术　DR 图像拼接是在自动控制程序模式下，一次性采集不同位置的多幅图像，然后由计算机进行全景拼接，合成为大幅面 X 射线图像。该技术一次检查能完成大幅面、无重叠、无拼缝、最小几何变形、密度均匀的数字图像。例如，骨科、矫形外科等需要对人体的大范围结构做整体显示，精确测量全脊柱、全肢体的解剖结构改变，特别是对脊柱侧弯及前、后凸术前诊断、术后检查、治疗效果分析等方面具有重要的作用。

3. DR 组织均衡技术　DR 组织均衡技术是利用后处理软件将厚度大、密度高的区域与厚度小、密度低的区域分割开，分别赋予各自的灰度值，使厚薄和高低密度组织的部位形成对比良好的图像，使高密度组织与低密度组织在 1 幅图像上同时显示出来。最后得到的图像层次丰富，在增加图像信息量的同时，不损失图像的对比度。运用组织均衡技术处理图像，不但要选择恰当的组织均衡技术参数，还需足够的曝光剂量，以便得到丰富的图像层次。

第四节　数字乳腺 X 射线摄影成像原理

乳腺摄影概述

20 世纪 80 年代后，西方发达国家陆续开始使用乳腺 X 射线摄影进行乳腺癌筛查，通过早期发现、早期治疗，病死率下降约 30%。随着数字 X 射线技术的发展，乳腺 X 射线摄影进入数字化时代。由于成像方法的根本改变，新型 X 射线乳腺摄影机具有更优质的图像、更低的辐射剂量和更高效的工作流程。

乳腺摄影的图像分辨力取决于像素尺寸。乳腺平板探测器的像素尺寸，从最早的 100μm（700 万像素）逐步缩小到目前最小的 50μm（2800 万像素）。单纯无限缩小像素尺寸会增加辐射剂量。为了能两者兼顾，目前的 50μm 像素尺寸已是乳腺摄影最合适的像素尺寸。

由于乳腺正常解剖结构与病变之间的吸收差异小，所以要提高图像显示的精度，必须提高图像的对比度。目前高精度的乳腺 X 射线摄影机可达 16bit（32768×32768）。

早期乳腺摄影曾采用钨靶 X 射线机但效果不理想，主要原因是当时影像记录介质是 X 射线胶片，受制于胶片感光特性、动态范围的影响，无法记录全部信息。1969 年法国科学家首先将钼靶 X 射线机应用于乳腺摄影，此后在相当长的时期内被认为是检查乳腺癌的有效方法，特别对显示中老年妇女腺体部分退化的乳腺对比良好。但钼靶 X 射线摄影对密实型乳腺的细节显示效果差，且辐射剂量较高。随着数字化成像技术的发展，数字化摄影探测器的动态范围远较钼靶时代的增感屏-胶片系统宽，从而为采用钨靶提供了必要的技术条件。

在钼靶乳腺 X 射线摄影机的基础上增加钨靶，主要是针对致密型乳腺摄影，因为钨靶 X 射线对致密型乳腺具有良好的穿透力。钨靶 X 射线能量比钼靶高，穿透力更强，它能在保证图像质量的前提下，减少受检者 40%~60% 的辐射剂量。

尽管钨靶有优势存在，钼靶仍是目前应用最广泛的乳腺摄影 X 射线源。对于脂肪较多、组织较疏松的乳腺，钼靶 X 射线为检查首选。因此，钼/钨双靶设计的乳腺机能为临床提供全面的应用选择。

钨靶与非晶硒平板探测器及光子探测器结合应用，在诊断乳腺微小钙化灶方面存在明显优势。非晶硒平板探测器及光子探测器对于较低管电压值钨靶射线的吸收良好，信号强，能使图像分辨力显著提高，从而显著提高诊断的敏感性。各种新型探测器件及优化的图像处理软件能有效提高影像的采集速度，从而缩短了检查时间，可较传统器件成像速度提高 1 倍，同时能减少乳腺压迫造成的不适感觉。

数字乳腺机重新引入钨靶，具有扩展数字乳腺断层融合摄影（DBT）的优越性。这种成像方式使乳腺摄影由单点静态的二维成像阶段进入多点动态的三维成像阶段。乳腺 X 射线三维断层摄影通过对乳腺进行不同角度多次摄影，并由系统重建得到三维容积数据，最终克服平面摄影的局限性，传统乳腺摄影所固有的组织重叠效应得到减轻或消除，有利于乳腺癌的早期检测，从而争取最佳治疗时机。

乳腺平板探测器采用非晶硒作为成像材料，在低于 40kV 的低能量 X 射线摄影时，非晶硒的 X 射线转换利用率高于非晶硅。

随着乳腺摄影技术的发展，乳腺成像的后处理技术也得到不断改进。专门针对早期乳腺癌微钙化点的增强，可有效提高对钙化的形态及分布的显示。通过对不同频率范围的信号做增强处理，可不破坏组成图像的结构，自然地显示不可视区域，改善诊断图像质量。通过多种同步处理功能，让左右侧乳腺同步调整，实现左右侧乳腺同步对比诊断。通过提高目标区域的局部对比度，提高显示局部细节的能力。

光子计数数字化乳腺 X 射线摄影

光子计数数字化乳腺 X 射线摄影系统于 2003 年起应用于临床。

（一）扫描结构与方式

光子计数数字化乳腺 X 射线摄影系统的扫描结构由 X 射线管前准直器、后准直器和光子计数探测器组成。扫描过程中 X 射线管产生的扇形 X 射线束在散射线屏障内传输，抵达前准直器后被转换为若干束等距射线，穿透乳腺组织后，由后准直器转换为与探测器相匹配的射线束，最后被探测器接收而完成信号采集。其中，探测器与准直器均为多狭缝结构，且呈平行排列，该结构不仅有利于降低散射辐射和噪声，同时还使得扫描过程中 X 射线间断投射于乳腺组织，整个系统的 X 射线输出呈脉冲式，这种脉冲式 X 射线的发射形式较传统的连续发射方式所产生的辐射剂量会大幅降低。

扫描结构中最关键的组件——光子计数探测器则由等距晶体硅条构成，每一硅条背面均与应用型专用集成电路（ASIC）元件相连；当 X 射线抵达探测器后，会激发晶体硅产生电子-空穴对，电子-空穴对在加于硅条的高压电场下形成脉冲信号，最终由 ASIC 元件采集处理。ASIC 元件由前置放大器、整流器、比较器以及计数器构成，通过设置阈值的方式有效过滤噪声，最终获取高低两种不同能级的 X 射线脉冲计数，直接应用于数字化处理。

在光子计数数字化乳腺 X 射线摄影系统的扫描过程中，X 射线管与探测器同步旋转，扇形射线束、前准直器、后准直器及探测器轨迹均以连续运动的方式构成与 X 射线管焦点共轴的弧形的同步运动，以类似计算机体层摄影（CT）的扫描方式获取多次重复成像，有利于解决 X 射线使用效率低下、易出现像素缺失等缺陷。

（二）自动曝光控制

数字化乳腺 X 射线摄影系统通常根据乳腺压缩厚度和乳腺组成来估算最优扫描条件，由于乳腺的组成在照射 X 射线之前很难预估，因而大部分机器须在正式照射前经由一个低剂量预照射 X 射线来估算最优扫描条件。而光子计数数字化乳腺 X 射线摄影系统采取调节扫描速度以及扫描时间进行辐射剂量和图像质量的实时调整。当扫描至致密乳腺组织时，通过增加扫描时间或降低扫描速度的方式实现图像质量的最优化。当扫描至脂肪等疏松组织时，则经由加快扫描速度和减少扫描时间来实现辐射剂量的降低。光子计数数字化乳腺 X 射线摄影系统能够在扫描过程中根据乳腺腺体厚度和密度情况对照射参数进行实时调整，从而确保照射准确性以获取最优化的图像质量。

(三) 临床功能

光子计数探测器的技术特征使系统具有能量区分能力,能够在一次扫描内实现双能量成像并进行物质鉴别。相当于通过两次扫描减影所得的双能量成像技术,前者可以避免两次扫描过程中由移位导致的伪影配准不良,提高了扫描精度,并有利于定量分析。

光子计数数字化乳腺 X 射线摄影系统因其独特的扫描结构与扫描方式,可以大幅提高低能级 X 射线利用率并降低散射效应,有利于实现低剂量条件下的高质量成像。

第五节　口腔曲面全景体层摄影

口腔曲面全景体层摄影是将曲面分布的颌部通过 X 射线管与胶片的相对旋转,获得 1 张展开排列成平面影像的一种特殊摄影技术,又称颌面全景体层。在这张 X 射线照片上不仅可以显示出全口牙齿,而且可以同时显示下颌骨、上颌骨、颞颌关节、上颌窦及鼻腔等部位。还能观察全部牙列的咬合情况,牙齿倾斜角度,乳恒牙交替及牙根形成情况。对于上、下颌骨及髁状突的骨折尤其是多发性骨折的诊断与定位具有较大的优势,对上颌窦炎、囊肿、颌面部肿瘤、畸形的诊断有很大的帮助。目前,口腔曲面全景体层摄影随着时代的发展,也进入数字化医学影像时代。

一、成像原理

全景摄影技术从 1946 年诞生起,经历了从单一固定的旋转中心发展到三轴连续转换;由受检者旋转发展到受检者不动,机架旋转;由单一摄影程序发展到可根据不同颌弓解剖形态进行调节的多方式摄影;从屏-片系统发展为数字化系统的过程。到目前为止,发生了很大的变化。目前大部分口腔曲面全景体层摄影采用的是受检者不动,X 射线球管与 X 射线接收器同轴运动。即受检者被固定在一个专用的支架上,接收器采用屏-片系统,而胶片装在一个软性增感屏中,并固定在一个与 X 射线管同步运动的转轴上。在胶片与颌部之间设置一块带有狭缝的铅板,阻挡其他部位的投影对图像质量的影响,如图 2-5-1 所示。X 射线管围绕颌部从 A 点旋转时,X 射线管发出很窄的射线束,通过狭缝,穿过颌部的某一点到达胶片接收器的相应点 A′,同时 X 射线接收器以与 X 射线管相同的角速度作同步、同相运动,当旋转到 B 点时,其 X 射线的投影在胶片的 B′点上。这样,窄束 X 射线通过狭缝后,曲面分布的颌部就成为平面的图像。曝光结束后,旋转部分将自动或人工复位,以待下次摄影使用。目前大部分的机器把屏-片接收器改为 CCD 或数字平板,使口腔曲面全景体层摄影图像变为数字化图像,提高了摄影效率。

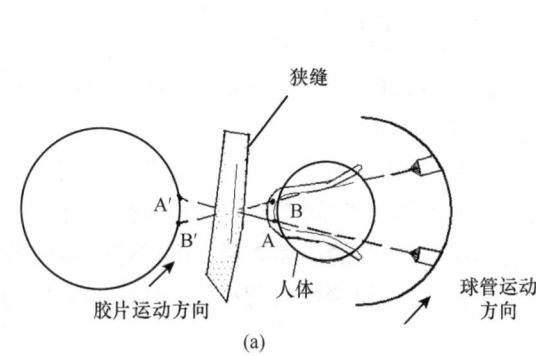
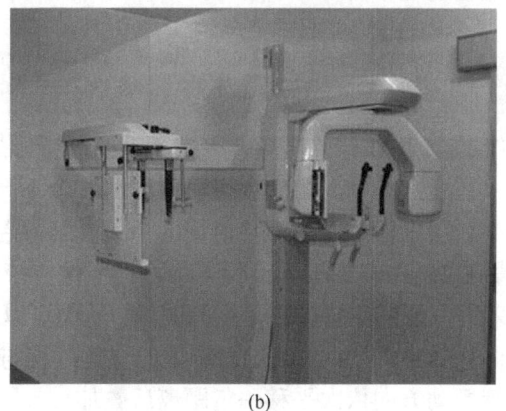

图 2-5-1　口腔曲面全景体层摄影原理 (a) 和设备 (b) 图

二、临床应用

1. **常规检查**　口腔全景摄影是口腔临床医疗的常规检查,如颌部外伤、炎症及肿瘤的影像学检查。

2. 牙科检查

（1）观察牙齿的排列，了解牙齿的全貌：对儿童、青少年受检者的牙齿发育情况进行全面的评价。明确恒牙胚的有无及其解剖形态、乳牙与同名恒牙胚的解剖关系、相邻恒牙胚之间的解剖关系。对成年受检者，可进行全部牙齿的观察，全面了解牙齿间的关系与危害。如对阻生牙的拔除，采用常规的牙齿摄影，口内放置胶片时导致受检者恶心、呕吐，无法忍受，不能拍出牙齿的全貌，无法提供准确的解剖信息。通过全景片的摄影，减少了受检者的痛苦，有利于牙齿的治疗。

（2）对牙齿治疗方法、治疗效果进行评价：很多疾病因病因不同，治疗方法截然不同。一位牙周炎受检者通过口腔全景摄影，可以了解炎症是否波及牙槽骨的边缘、牙槽硬骨板、骨小梁等结构，残留在受检者牙龈、牙槽骨内的小根片、残根，对其疾病是否有影响等，根据不同的情况采取相应的治疗措施。因疾病涉及的范围不同，治疗方式不同。1 张全景片 1 次曝光即可显示全部牙齿、牙周及骨质，使分析更加准确、全面、直观。

（3）作为治疗前的原始记录：口腔全景片能清晰地显示全口牙齿、牙周及颌骨的整体情况，给每位受检者建立一套治疗前后的口腔全景片，对提高口腔影像诊断水平有很大的帮助。

第六节　数字断层融合成像原理

数字断层融合成像系统也称三维断层容积成像技术、层析 X 射线融合技术，它由 DR 动态平板探测器、运动的 X 射线管组件、计算机后处理工作站及软件组成。DR 动态平板探测器具有快速采集能力，X 射线管组件在机械运动装置驱动下以直线运动完成对受检部位的多角度多次曝光，通过一次扫描可以获得检查区域内任意深度的多层面断层图像，其空间分辨力高，照射剂量相对较低，操作简单便捷。

数字断层融合成像技术可获得受检部位任意冠状层面的数字化图像，也可通过一些特殊的体位操作，获得人体某些部位的轴位及矢状位图像。数字断层融合成像技术弥补了常规 DR 重叠成像的不足，所能观察的影像信息量大为增加，扩大了临床的应用范围，相对于 CT 扫描成像辐射剂量大为降低。

当数字化成像技术和计算机技术达到一定水平后，数字断层融合成像进入实用阶段。目前在很多临床应用领域，如胸部、骨科、腹部和乳腺等部位的 X 射线影像检查都开始采用数字断层融合成像技术。

数字化 X 射线机增加数字断层融合成像功能，硬件配置要求甚高，技术也相当复杂，系统配置必须具备以下条件：①X 射线管具有自动和受控运动能力；②X 射线管的运动具有一定的速度，并且运动平滑；③X 射线机能快速进行脉冲照射；④平板探测器的残影小，数据读出速度快；⑤工作站计算机的运算处理速度足够快。

一 数字断层融合成像原理概述

传统的 X 射线体层摄影，一次运动照射摄影过程仅能对物体 1 个层面进行成像，而数字断层融合成像技术在一次扫描采集后，可以重建出多个不同深度的层面图像。

数字断层融合成像过程与传统的 X 射线体层摄影相同，也是通过改变摄影角度，对物体进行多次平片摄影（25～60 次拍摄），但采集过程不像传统体层摄影那样长时间连续照射，而是以脉冲式的断续照射，采集一系列不同摄影角度的图像，从而可以重建出不同深度的层面影像。可重建的层面数量受总的采集图像数量的限制，其层面影像的重建过程与传统的几何体层摄影过程类似，将序列采集的图像沿 X 射线管摆动方向依次平移一定距离后叠加。

目前进行数字断层扫描的采集时间为 9s，可以得到 67 层最小层厚为 0.5mm 的图像，重建时间为 3min。

数字断层融合成像技术与 CT 的主要不同在于：①CT 的 X 射线管与探测器的相对位置是不变的，数字断层融合成像中 X 射线管与探测器的相对位置是不断改变的；②CT 产生的图像是平行于 X 射线方向的,数字断层融合成像产生的图像是垂直于 X 射线方向的;③CT 的采样率高,图像质量好,数字断层融合成像使用平板探测器,由于其动态特性的限制,采样率受到影响,所以图像质量不如 CT;④由于取样的运动方式不同,所以重建方法也有差别。

 图像采集及操作流程

在进行图像采集前,先摄取定位像。根据定位像设定采集序列及照射参数,图像采集过程与传统体层摄影相类似。X 射线管改变摄影角度,对同一部位拍摄 25～60 幅图像,这些图像传送至工作站,通过专门软件,重建出距离探测器不同高度位置的层面影像。

数字断层融合成像的检查流程与常规 X 射线摄影基本一致,受检者的体位操作与传统 X 射线摄影相同,唯一的区别是数字断层融合成像检查的摄影过程较长(15～30s),X 射线管要移动到起始位置,然后进行扫描采集。

数字断层融合成像具有下述优点:①数字断层融合成像检查的信息量大,一次扫描可以取代 4～6 次常规摄影;②对于一些操作较困难体位的摄影,可以用数字断层融合成像检查替代;③对于那些需要进行多次摄影的检查项目(如尿路造影检查,过去往往需要进行多次断层),用数字断层融合成像技术进行一次扫描即可,工作效率显著提高;④数字断层融合成像的影像重建过程是在工作站的后台进行自动处理的,不影响摄影机房的工作。

每次数字断层融合成像扫描可以重建多少层面是根据临床诊断需要设置的(一般为 25～60 层),由于数字断层融合成像的影像数量远比传统 X 射线摄影多,在阅读时读片过程要比传统 X 射线摄影长。

 临床应用

1. 胸部摄影　数字断层融合成像技术对肺结节的诊断敏感度明显高于普通胸片检查,几乎与 CT 相当,并有可能在后期的 CT 随诊中取代 CT 扫描。对于平片中发现的可疑结节,应用数字断层融合成像技术进一步确诊,可以准确确定结节影像的深度信息,判断其位于肺内还是胸外。胸片上存在肋骨、心脏和膈等结构的重叠影像,数字断层融合成像可以有效排除重叠影像对肺结节诊断的干扰。

2. 静脉尿路造影　常规静脉尿路造影检查前受检者一般要进行清肠处理,对于某些受检者,通常没有时间进行胃肠道处理,为了减少肠内容物的干扰,采用数字断层融合成像技术时,不需要进行胃肠道处理,并且检查时间明显缩短。

3. 骨骼摄影　一些部位的细微骨折在单张平片摄影不能确诊的情况下,采用多角度 X 射线平片摄影是复诊的首选方案。多角度摄影检查技术对骨折的检测敏感性一般在 80%左右,但在石膏固定的情况下,其敏感性会显著下降。而数字断层融合成像技术可以提高确诊率。因此,数字断层融合成像技术可以取代多次普通摄影检查作为二次检查的首选技术方案。

4. 乳腺摄影　近年来应用较广泛的数字化乳腺断层融合摄影是乳腺摄影的一种新的技术方法。它主要的优势在于消除二维影像中重叠组织对乳腺疾病诊断的干扰。在乳腺三维断层成像过程中,X 射线管在一个弧形范围内匀速移动,采集一系列不同角度生成的图像。这些从不同角度获得的原始图像在计算机中重建成断层图像,可供单幅阅读或动态显示。

第七节　数字 X 射线摄影影像质量控制

 影响数字成像质量的因素

(一)基本因素

1. 空间分辨力　又称高对比分辨力,指对物体空间大小(几何尺寸)的鉴别能力。通常用 LP/mm

来表示，或用可辨别最小物体的直径来表示。

数字图像的空间分辨力是由像素大小决定的。如果构成图像矩阵的像素数量多，像素尺寸小，图像的分辨力高，观察到的原始图像细节就多。反之像素太少，图像分辨力就降低。根据矩阵与像素的关系

像素大小＝视野大小/矩阵大小

①当视野大小固定时，矩阵越大像素尺寸越小；②矩阵不变，视野增大，像素尺寸随之增大；③1幅图像需要的像素量是由每个像素的大小和整个图像尺寸决定的；④像素数量与像素大小的乘积决定视野。

像素的几何形状多为正方形，当视野的大小不变时，若像素边长减小一半，则像素的总数量就要增加4倍。当像素总量增加时，所占据的计算机内存空间加大，致使1幅完整的图像从图像处理到显示全过程的速度减慢，检查时间延长，对计算机性能的要求增加。所以像素尺寸的减少不应该是无限制的。

2. 密度分辨力　又称低对比分辨力，指在低对比情况下分辨物体密度微小差别的能力，以百分数表示。例如，某设备的密度分辨力为0.35%，即表示两物质的密度差大于0.35%时，该设备能将它们分辨出来。决定密度分辨力的主要因素是位深。

数字图像的密度值是由计算机二进制的数字表示的。模/数转换器将原始连续的密度转换为一系列离散的灰阶，此过程称为数字化。将所有的密度值转换为相应的灰阶，黑白之间灰阶值有许多级，可用的灰阶等级或灰阶水平由2^N决定。N是二进制的位数，常称为位深。该位深数值表示着每个像素的密度。

位深又可称为比特。比特值越大，表示信息量越大，量化的精度越高，密度分辨力越好；比特值越小，量化精度越低，密度分辨力越差。目前常见的成像设备的比特值参量多为8、12或16。

3. 噪声　噪声是影响图像质量的不利因素。但噪声无处不在，不能完全消除。数字成像有许多数值与过程会影响和形成图像的噪声，主要有量子噪声、电子元件形成的噪声及重建算法形成的噪声。每一幅模拟图像均有一个内在的对比分辨力和空间分辨力，噪声限制了这种分辨力。在数字图像中，只能用更多的位深来改变像素内的数字，提高密度分辨力，而不调整原始图像的噪声含量。数字化前的噪声加到图像时比数字化后的噪声所包含的信息量多，出现在图像上的噪声越多，则像素上信号加噪声的值将有可能越过灰阶界限，因而同周围结构易区分。

为了调整原始图像的噪声含量，采用增加曝光量的方式，可使影像中亮度（或密度）的随机波动减小，噪声量降低。当曝光量增加4倍时，噪声水平减至1/2。也可通过调整滤线板或提高探测器的灵敏度，达到降噪目的。在图像处理过程中，有时为了提高空间分辨力，采用锐利算法（骨算法）重建图像，此时牺牲了一些影像信息，增加了噪声含量，换取了边缘增强的效果。

（二）影响CR图像质量的因素

在CR系统成像的过程中，影响影像质量的因素有许多，它们主要存在于信息的采集、读出、处理与显示四个环节，尤以成像板的特征和阅读器的性能最为重要。

1. 空间分辨力　CR影像的空间分辨力主要取决于光激励发光物质晶体的颗粒度和影像读出系统的电、光学特性。由于二次激发的激光点是以点扫描的方式来激发荧光，因此激光束光点的直径、激光与其激发产生光激励发光在成像板中的散射程度会对CR影像的模糊度产生影响，进而影响其对比度和空间分辨力。

2. 噪声　在CR影像中，存在着X射线量子噪声、光量子噪声和固有噪声。

（1）X射线量子噪声：在CR系统中，X射线量子噪声是在X射线被成像板吸收的过程中所产生的。入射的X射线剂量越大，噪声就越小，即噪声与成像板检测到的X射线量成反比。在低剂量区噪声量的值对X射线辐射量响应近于直线样递减，该区域主要是量子噪声；在高剂量区，噪声量大致接近一恒定值，几乎不依赖于X射线剂量，该区域的噪声主要是固有噪声。由此可见，若入射的X射线剂量在允许剂量下限之上且恒定，则CR影像噪声由成像板的吸收特性来决定。提高成像板对X射线量子的检测能力，就可以提高CR系统的影像质量。

（2）光量子噪声：是光电倍增管在成像板荧光层被二次激发时产生的光激励发光转换为电信号的过程中产生的，它与入射的 X 射线剂量、成像板的 X 射线吸收效率，成像板的光激励发光、光激励发光的光导器的集光效率及光电倍增管的光电转换效率成反比。在激光阅读器中，增加激光束输出功率，可以增加成像板的光激励发光，使用集光效率更高的光导系统及光电转换效率更高的光电倍增管，都是降低光量子噪声的有效措施。

（3）固有噪声：CR 系统中的固有噪声包括成像板的结构噪声、激光噪声、模拟电路噪声和模/数转换器转换过程中的噪声。其中成像板的结构噪声是最重要的起支配作用的噪声，是由成像板中光激励发光物质的荧光体颗粒层内荧光体分布的随机性产生的。

3. 决定 CR 系统响应性的因素　包括：①进入成像板的散射线：入射的 X 射线被成像板的荧光层吸收，也有部分散射线被成像板的荧光体吸收，而使影像变模糊，这些散射线占整个入射线很小的比例，所以它对整个 CR 响应性产生相对轻微的影响。②激光束在成像板荧光层上的散射：在阅读器中，CR 的响应特征很大程度上是由激光粒子的扩散决定的。这种激光束的扩散结果，依赖于成像板的响应特征和激光束的直径。③电子系统的响应特征：从光电倍增管输出的信号被传送到模/数转换器，这些电路的响应特征一定要设计为高效率的，目的是不降低整个系统的响应性。

（三）影响 DR 图像质量的因素

1. 直接光电转换　直接转换型平板探测器采用非晶硒作光电材料，直接将入射的 X 射线光子转换成电信号，并读出数字化图像信号，中间没有光的散射，电荷不会扩散到相邻的像素中去，且在光电子转换、电荷流动和收集、数字图像的形成等环节中，都在一块电子板中完成，没有中间环节，避免了信息量的丢失和噪声的增加。

2. 曝光宽容度　探测器的动态范围是能够显示信号强度不同的最小到最大辐射强度的范围。探测器的转换特性在 1∶10 000 范围内是线性的，非晶硒的吸收效率很高。

从对 X 射线吸收分布曲线可见，硒探测器的吸收效率明显高于荧光屏，且在很宽的 X 射线曝光范围内显示出良好的线性。DR 系统生成的原始影像数据覆盖的动态范围超过了最复杂的检查所需要的宽度，因此即使是过量曝光或曝光不足，通过全自动的影像处理都能产生高质量的影像。加之应用自动曝光控制，可杜绝由曝光方法不当而造成的重新摄影。

3. X 射线敏感度特性　高 X 射线敏感度是 X 射线透视的首要条件。直接转换方法的敏感度取决于非晶硒层的 X 射线吸收效率。电子信号在很宽的 X 射线曝光范围内可显示出良好的线性，在 X 射线曝光量过高的特殊情况下达到饱和。这些优秀的 X 射线敏感度特性，在探测器从 X 射线透视到摄影的宽范围内都有。

4. 空间分辨力　X 射线胶片有较高空间分辨力的响应曲线。尽管数字 X 射线探测器具有局限性的空间分辨力特性，但是在中频区直接转换方法优于屏-片体系。

5. 噪声　对于平板探测器图像系统来说，系统的噪声水平是影响最终成像质量的关键因素，因此对探测器噪声及其相关因素的分析和控制，亦成为平板探测器设计及质量评价的重要指标。

平板探测器的噪声主要来源于两个方面：①X 射线量子噪声；②探测器电子学噪声。在普通 X 射线摄影条件下，电子学噪声要远小于量子噪声。

二　数字图像质量评价

（一）数字化与数字图像质量

1. 数字化对于成像过程的影响　医用 X 射线数字成像技术包含了图像信息的产生、获取和显示 3 个过程。

数字化对于成像过程的影响表现在：①在图像获取的过程中增加了采样及量化的环节，即经过 X 射线-电信号-采样-量化的过程，将空间上、密度上连续的 X 射线图像信息转换为离散的数字信息，以满足图像存储及处理的需要。而采样及量化的过程对 X 射线图像质量影响较大。②数字信息存储及再现:由于数字信息可以方便地进行存储及再现,所以图像信息的获取与显示可以成为完全独立的两个环节。

2. 数字图像后处理对于图像质量的影响　在传统的屏-片X射线成像过程中,图像细节对比度下降是影响图像信息获取的主要障碍;在数字影像系统中,图像的后处理可以通过适当的算法来提升图像的对比度及边缘锐利度,从而达到改善图像效果的目的。

随着高速数字图像处理的发展,数字图像后处理已可同时应用图像的灰度域和空间频率域变换来改善图像的显示效果。

图像后处理可以明显提升图像系统的信息显示能力,但是图像后处理不能逆转成像过程中图像信息劣化的趋势,因此,如何提高图像信息获取的能力仍然是提高成像质量的关键。

3. 图像的点阵化采样对于图像质量的影响　在数字图像系统中经常采用图像点阵的大小表示图像的分辨力,实际上起决定作用的是像素的大小及像素间距。在一定的检查照射野内矩阵越大,像素越小,图像分辨力越高。

（二）数字图像质量评价

数字图像质量客观评价应包含对成像全过程的分析,但是由于在图像信息产生环节,数字图像系统与传统模拟成像并无区别,而图像信息显示的环节,在前面讨论图像后处理时已有所涉及,同时由于此环节以图像显示为目标,对于图像感观质量的要求涉及对于临床的要求,难以进行量化的分析。

数字图像质量的主观评价是指数字化X射线摄影生成的图像在视读过程中采用ROC曲线法评价。但是由于视读习惯与个人偏好不尽一致,所以在设备安装时用户可与厂商工程师共同建立采集协议。采集协议涉及各部位的采集参数设置和相应的图像处理参数设置等。

由于不同品牌的机器有各自的图像处理软件,并提供一定程度的调节范围,以适应各种不同的专业需求,所以影像专业人员应与工程技术人员合作,在有关图像处理效果的参数设置方面达成共识。例如,影像技术专业人员能在图像处理过程中融入诊断思路,或诊断人员能深入理解图像处理的过程,根据诊断需要,改进图像处理技术,则图像质量及价值将能更进一步得到提升。

思考与练习

一、名词解释

1. 矩阵　2. 像素　3. 原始数据　4. 采集时间　5. 重建时间　6. 信噪比　7. 伪影　8. 窗宽　9. 窗位　10. 模/数转换　11. 数/模转换　12. 空间分辨力　13. 密度分辨力

二、问答题

1. 简述成像板结构、成像板在使用过程中的注意点、CR成像原理、CR成像的四象限理论及CR的后处理。

2. 直接转换型平板探测器有哪些?间接转换型平板探测器又有哪些?直接转换型平板探测器与间接转换型平板探测器最核心的区别是什么?

3. 影响图像空间分辨力、密度分辨力、信噪比的因素有哪些?

（雍国富）

第三章 数字减影血管造影成像原理

学习目标

1. 掌握：数字减影血管造影（DSA）的成像原理、成像方式，掌握影响 DSA 影像质量的因素及改善 DSA 影像质量的措施。掌握对比剂的分类、对比剂使用规范。
2. 熟悉：高压注射器在使用过程中哪些参数与图像质量有关。
3. 了解：DSA 减影方式、旋转、岁差和钟摆运动、步进 DSA 等。了解对比剂的理化与药理特性。

本章主要叙述 DSA 成像原理，分别介绍了 DSA 基本原理、DSA 的成像与减影方式、DSA 特殊功能、成像对比剂、高压注射器原理及 DSA 图像质量控制。

第一节 基本原理

成像原理

数字减影血管造影（digital subtraction angiography，DSA）是通过计算机把血管造影影像上的骨与软组织影像消除，而突出显示血管的一种影像技术；其成像原理因 DSA 设备的探测器类型的不同而不同。目前 DSA 造影设备探测器有非晶硅碘化铯平板、非晶硒平板、影像增强器-摄影管系统和 CCD 系统，临床上使用最多的是非晶硅碘化铯平板成像系统和影像增强器-摄影管成像系统。

（一）非晶硒平板探测器

非晶硒平板探测器为直接转换型平板探测器，由非晶硒 X 射线转换层、非晶硅薄膜晶体管（thin film transistor，TFT）阵列层、电解质连接层、顶部电极、玻璃底板、数模转换电路、数据通信电路等组成。其中采用涂料技术黏合在 TFT 阵列上人工合成的半导体合金膜，对 X 射线具有高敏感性，能在一定的能量范围内大量吸收 X 射线，并将捕获到的 X 射线光子直接转换成电荷。

非晶硒 X 射线探测器信号读出电路采用 TFT 阵列信号读出电路，信号读出由门控电路控制，信号线以阵列方式排列在 TFT 阵列各像素之间，横行是门控线（栅极控制线），纵列线是电荷输出线，每个像素在电学上等效于 3 个电容串联电路。整个非晶硒探测器采用板层结构，由多层薄膜叠加制成大面积平板像素阵列。整套多层电路结构连同信号传输电缆采用坚固的保护性材料进行封装。

非晶硒平板探测器的成像过程可分为四步：①曝光前对非晶硒两面的偏置电极板间预先施加 0～5000V 正向电压形成偏置电场，像素矩阵处于预置初始状态；②X 射线曝光时在偏置电场作用下形成电流，电流信号以垂直方向运动至电荷采集电极，给存储电容充电；③由门控信号控制读取 TFT 储存电荷内的电荷，每次读取一行，经电荷放大器和乘法器放大输出，再经模/数转换器转换成数字信号，由计算机运算处理，重建出数字图像；④储存的电荷信号全部读出后，控制电路将自动消除各像素矩阵的残留电荷信号，使其恢复到曝光前的初始状态。

（二）非晶硅平板探测器

非晶硅平板探测器是一种以非晶硅光电二极管阵列为核心的 X 射线影像探测器。它使用的碘化铯闪烁晶体都采用空心柱状结构，类似光纤束的微晶柱结构（也称针状结构），具有光能转换和光导管的双重功能，即碘化铯晶体既能将 X 射线转换为可见光，又能引导荧光沿垂直方向直接传送到光电探测器。

非晶硅平板探测器的基本结构为：碘化铯（CsI）闪烁体层、非晶硅（a-Si）光电二极管阵列、行驱动电路，以及图像信号读取电路四部分。

非晶硅平板探测器成像的基本过程可分为以下三个步骤：①入射的 X 射线光子通过碘化铯晶体转换为可见光；②可见光信息经非晶硅光电二极管阵列转换成电荷信息；③形成的信息电荷由读取电路放大后经模/数转换器转换形成数字信号，再传送到计算机运算形成 X 射线数字图像。

上述可见，非晶硅平板探测器的成像经历了 X 射线-可见光-电荷信息-数字图像的过程，因此也被称为间接转换型平板探测器。

（三）影像增强器型 DSA

影像增强器由增强管、管容器、电源、光学系统及支架部分组成。主要部分是增强管，前端面积大的一端为输入屏，它接收 X 射线辐射产生的电子流；管壁内有聚焦电极；尾端面积小的一端为输出屏，它接收电子轰击发光，使输入屏的图像亮度增强数千倍在输出屏上成像，输出屏的前方是锥筒形的加速电极（即阳极）；增强管用玻璃制成，内部保持 $10^{-8} \sim 10^{-6}$ mmHg[①] 高度真空。金属外壳即管容器具有保护增强管、防爆、防散射、防外磁干扰、防高压电击的作用。影像增强器的电源包括增强管电压电源、聚焦电源及离子泵的电源。

影像增强器型 DSA 原理：利用影像增强器将透过人体的已经衰减但未造影的 X 射线信号增强，再用高分辨力的摄像机对增强后图像按一定的矩阵作系列扫描，把所得到的信息经模/数转换器转换成不同数值先予以存储，再把造影后图像的数值信息减去造影前图像的数值信息，得到的差值信号经数/模转换器转换成不同灰阶的图像。由此得到的图像骨骼和软组织影像被消除，只留下了含有对比剂的血管影像。

DSA 减影过程按以下步骤进行：①摄制普通片；②制备 mask 片，即蒙片，与普通片图像相同，密度相反；③摄制血管造影片；④把 mask 片与血管造影片重叠在一起翻印成减影片。需要注意的是，摄制普通片和血管片需要同部位同条件曝光。

二 成像方式

DSA 的成像方式分为静脉 DSA（IV-DSA）和动脉 DSA（IA-DSA）。

IV-DSA 是指经静脉途径置入导管或套管针，通过静脉注射方式显示感兴趣区的动脉影像。根据导管置入位置的不同，可以分为中心静脉法和外周静脉法。

外周静脉法 DSA 是经肘部正中静脉或贵要静脉穿刺，造影采集图像的方法。此方法操作简便，受检者易于接受，但减影图像质量较差。

中心静脉法 DSA 是选择肘部较粗的静脉或股静脉进行穿刺插管，经透视下定位，将导管前端置于上下腔静脉近右心房处，造影显示感兴趣区血管图像。

由于 IV-DSA 对比剂团块特性曲线的峰值与注射碘的总量成正比，与心输出量成正比，与中心血量成反比，动脉显影的碘浓度是静脉所注射对比剂浓度的 1/20，每次检查需要多次注入大量对比剂，多次序列曝光方能显示感兴趣区的全貌；且该方法易受诸多因素影响，导致图像分辨力低，血管影像易重叠，易产生运动伪影，影像质量差，目前已基本废弃，仅用于门静脉、髂静脉、四肢静脉的检查。

IA-DSA 是指经皮穿刺股动脉或肱动脉，放置导管前端，通过设置高压注射器参数和图像采集参数，显示感兴趣区的血管影像。IA-DSA 应用广泛，对比剂直接注入兴趣区动脉或接近兴趣区动脉处，不需

[①] 1mmHg≈0.133kPa。

经过体循环稀释，使用的浓度低，并在注射参数的选择上有许多灵活性。同时影像重叠少，成像质量高，成像时受受检者的影响减少，辐射剂量也低。

DSA 成像时，由于 DSA 显示血管的能力与血管内碘浓度和曝光量平方根的乘积成正比，若想使一直径 2mm 的血管及其内径 1mm 的狭窄，与一直径 4mm 的血管及其内径 2mm 的狭窄成像一样清晰，可将血管内的碘浓度加倍或将曝光量增强 4 倍。从设备的负荷与受检者的辐射剂量方面考虑，采用提高血管内碘浓度的方式更为可取。

减影方式

DSA 减影方式有多种，根据成像过程中所涉及的物理学变量的不同可以分为时间减影、能量减影、体层减影、混合减影及动态减影。

1. 时间减影　是目前 DSA 最常用的减影方式，是在注入的对比剂达到感兴趣区之前，先采集蒙片图像并存储，与按时间顺序出现的含有对比剂的充盈像一一进行相减，这样图像中相同的部分被消除，而对比剂通过血管的高密度部分被突出地显示出来。因造影像和蒙片像两者获取的时间先后不同，故称为时间减影。

时间减影的各帧图像是在成像过程中得到的，由于减影中所用蒙片图像和造影图像的帧数、对应时间不同，所以又分为 6 种不同的方式。

（1）常规方式：是取蒙片和造影图像各一帧，然后相减，蒙片和造影图像根据导管至造影部位的距离、血液循环时间、注药充盈时间等因素的设定而确立，然后作减影处理。

（2）脉冲方式：采用间隙 X 射线脉冲曝光，每秒进行数帧摄影，持续时间（脉冲宽度）在几毫秒到几百毫秒之间，选定蒙片像与各帧充盈像分别减影，得到一系列连续的减影图像。此方式以一连串单一曝光为特点，射线剂量较强，所获得的图像信噪比较高，图像质量好，是一种普遍采用的方式。这种方式主要适用于活动较少的部位，如头、颈、四肢、胸腹部和盆腔等。

（3）超脉冲方式：是在短时间进行每秒 6~30 帧的 X 射线脉冲采像，然后逐帧高速度重复减影。此方式比脉冲方式能获得更多的减影图像，具有频率高、脉宽窄的特点。由于每帧的 X 射线量较低，噪声相应增加，对比分辨力降低。因在短时间内一连串单一曝光，故对 X 射线机要求较高，它使 X 射线管的负荷增大，需用大容量的 X 射线管及高浓度对比剂的补偿。这种方式适用于心脏、冠状动脉、不配合的胸腹部检查，减少运动性模糊。

（4）心电图触发脉冲方式：是利用 X 射线脉冲信号与心电图同步，以保证图像采集的时点与心脏大血管的搏动节律同相位，从而避免血管搏动产生的边缘模糊，获得高对比高分辨力的图像。此方式用于心脏和冠状动脉的 DSA 检查。

（5）连续处理方式：利用连续 X 射线的同步信号进行减影处理，采用每秒 30 帧以上的速度，先连续摄取一组动态蒙片，再以同样速度连续摄取若干秒的造影片，最后将蒙片与造影片连续相减，得到连续的减影图像。此方式得到的图像频率高，可以显示快速运动的物体，常用于心脏大血管的动态观察。

（6）时间差处理方式：与上述减影方式不同，不固定蒙片图像，而是顺次取出一帧图像作为蒙片，再与其后一定间隔的图像进行减影，获得一个序列的差值图像。由于蒙片的时刻变化，边更新边减影的方式方便了对延迟时间难以掌控的造影检查。并且相减的图像之间时间间隔小，增加了高频部分，减少了运动伪影的影响。

2. 能量减影　是在极短的时间内，对同一部位，用两种不同能量采集的影像作减影处理，得到保留碘信号而削弱背景组织的 DSA 减影方式。它利用碘对比剂与周围组织间的能量衰减差别特性分离出碘信号，消除气体影像，适用于腹部 DSA。

3. 混合减影　是基于时间与能量的两种物理变量，先作能量减影再作时间减影。能量减影可有效消除气体，保留少量软组织信号、明显的碘信号和骨信号；时间减影可进一步消除骨信号和软组织信号。

但此方式可能在能量减影阶段丢失碘信号，因而对碘信号弱的小血管不利。

第二节 特殊功能

随着 DSA 成像技术的发展，数字平板探测器应用日益广泛，近几年 DSA 的一些新功能也应用于临床。

旋转 DSA 技术

旋转 DSA 技术又称三维数字减影血管造影技术，它是利用血管造影机的 C 形臂旋转来达到检查要求的新技术，它可以多方位显示兴趣区的减影血管解剖。在进行旋转 DSA 成像时，心血管造影机的 C 形臂做两次旋转运动，第一次旋转采集一系列蒙片像，第二次旋转采集含有对比剂的影像，在相同运动轨迹采集的 2 帧图像进行减影，以获取序列减影图像。

旋转 DSA 技术的优点在于一次造影可获得不同角度的多维空间血管造影图像；增加了血管影像的观察视度，从多方位观察血管的正常解剖和异常改变，提高病变血管的显示率，具有三维成像的功能，方便了术者对感兴趣区血管情况的观察，尤其对于迂曲重叠的血管，能够充分展开其重叠部分，显示血管走形的角度、方向，从而大大提高了诊断准确率，减少了漏诊的发生。

旋转 DSA 技术实际是对正侧位 DSA 检查的重要补充，而旋转起始位置及方向的设定、旋转角度的设定、对比剂注射参数及对比剂总量与旋转角度匹配等都影响病变血管的显示效果，而旋转速度的大小与图像质量有关。

旋转 DSA 目前主要应用于：①头颈部血管性病变，尤其是颅内动脉瘤的诊断，应用旋转 DSA 可提高病变检出率，并可清晰地显示动脉瘤的瘤颈，利于治疗方法的选择和治疗方案的确定。②明确腹部血管病变的诊断，尤其是肝脏疾病的诊断中应用此项技术可以清楚地显示肝脏肿瘤的供血动脉。③能清晰地显示兴趣区的血管走向，有利于选择性和超选择性插管，提高了选择性插管操作的成功率。

岁差运动 DSA 技术

岁差运动 DSA 技术是旋转 DSA 技术的另一种运动形式，利用 C 形臂支架两个方向的旋转，精确地控制 C 形臂支架转动方向和进度，形成了 X 射线焦点在同一平面内的四周运动，探测器则在支架的另一端做相反方向的圆周运动，从而形成岁差运动。在运动中注射对比剂、曝光采集，形成系列减影像。它对于观察血管结构的立体关系十分有利。

岁差运动 DSA 技术在临床上主要用于观察腹部和盆腔重叠的血管，以显示血管的立体解剖图像。在肝脏肿瘤的治疗中，应用岁差运动可清晰地显示肿瘤的供血动脉、肿瘤染色，并利于指导超选择性插管，而行肝段亚肝段栓塞质量。

实时模糊蒙片 DSA 技术

实时模糊蒙片（real-time smoothed mask，RSM）DSA 技术是 DSA 技术的另一特殊功能，它是利用间隔很短的两次曝光，第一次曝光时增强器适当散焦，获得一幅适当模糊的图像，间隔 33ms 再采集一幅清晰的造影图像，两者进行减影可以获得具有适当骨骼背景的血管图像，它可以在运动中获得减影图像，免除了旋转 DSA 需要两次运动采集的麻烦和两次采集间受检者移动造成失败的可能。由于蒙片像随时更新，且间隔仅为 33ms，因此不会产生运动伪影。基于这一特点，RSM 可用于腹盆部出血的诊断，尤其适合于：①头部（脸盆部）出血，受检者因其他特殊情况如高龄、小儿等，不能屏气，必须行 DSA 检查者；②胸部疾病，受检者不能屏气又必须行 DSA 检查；③腹部（腹盆部）出血，受检者处于休克前期；不能屏气而需要行 DSA 检查者；④下肢血管性病变，受检者不能控制下肢颤动者。

四 步进 DSA 技术

步进 DSA 技术采用快速脉冲曝光采集，实时减影成像。在注射对比剂前摄制该部位的蒙片，随即采集造影图像进行减影，在脉冲曝光中，X 射线管组件与探测器保持静止，检查床携人体自动匀速地向前移动，以此获得该血管的全程减影图像，即为下肢血管造影的跟踪摄影。为了控制床面移动速度，分段采集血管造影图像，计算机减影后拼接连成整体图像，并实时显示 DSA 图像。

该技术提供了一个观察全程血管结构的新方法，解决了以前的血流速度与摄影速度不一致，而出现血管显示不佳或不能显示的问题。该技术在不中断实时显示血管对比剂中进行数据采集，在减影或非减影方式下都可实时地观察摄影图像。操作者可采用自动控制速度进行造影跟踪摄影，或由手柄速度控制器人工控制床面的移动速度，以适应对比剂在血管内的流动速度。

该技术特点是对比剂用量少，一次序列曝光显示全程下肢血管影像，尤其适用于不宜多用对比剂的受检者。目前应用于临床的步进 DSA 有单向的，即从头侧至足侧；亦有双向的，既能从头侧向足侧，也可以从足侧向头侧观察受检者。该技术适用于双下肢血管性病变的诊疗。

五 用自动最佳角度定位 DSA 技术

自动最佳角度定位 DSA 技术是从两个投影角度大于 45°的血管图像，计算出两条平行走向的血管在 360°球体范围内的最佳展示摄影角度。在临床应用中可利用 DSA 的正侧位图像，测算出某一段迂曲走行的血管的摄影角度，一次可调整显示此血管的最佳角度。这样，在临床上可以清晰显示此段血管有无病变。若有狭窄性病变，可有助于制订实行球囊扩张术或内支架置入术。

六 C 形臂 CT 的技术

DSA 的类 CT 技术是平板探测器 DSA 与 CT 结合的产物，不同的厂家名称各不一样。它们是利用 DSA 的 C 形臂快速旋转采集数据，然后重建成像，一次旋转可获得多个层面的图像。

该技术图像采集与旋转血管造影基本类似，旋转角度一般大于 180°，图像采集过程中也需注射对比剂。所采集到的系列图像存放在存储单元中，在后处理工作站上由技术人员根据要求选择不同的处理技术以获得不同的三维图像，可以从任意角度观察，或获取去骨血管三维图像，或只有骨骼与血管的图像，或只有骨骼的图像，还有虚拟内窥镜、导航等诸多技术，使过去只能在 CT 上可以实现的许多功能，现在能在 DSA 成像设备上实现，所以叫做类 CT 成像技术。

由于平板探测器每个像素的面积很小，所以采集数据的信噪比差，其空间分辨力优于 CT，但密度分辨力不及 CT 图像，可与 3D 血管图像相重叠，更直观。目前临床上主要用于头部的 DSA，它可以观察栓塞效果，尤其是在脑动脉瘤栓塞中，有无再次出血及显示微弹簧圈的位置，有无外逸出动脉瘤腔显示更为清晰。该成像技术与导航技术结合应用，解决了介入治疗过程中须进行 CT 检查的不便，为介入治疗带来了极大的方便。

七 三维路径图技术

最初的路径图采用"冒烟"和峰值保持技术，将导管前端血管分布图像与连续透视图像重合，利于指引导管及导丝便捷地送入病变部位的血管内。新近的三维路径图技术则是对该部位进行血管重建，形成三维血管图像后，随着三维图像的旋转，C 形臂支架则自动地跟踪，自动调整为该投射方向的角度，使透视图像与三维图像重合，以便最大程度地显示血管的立体分布，利于指引导管或导丝顺利地进入目标血管内。

另外，由于三维血管成像，所以更容易选择性地进入病变区的 C 形臂的工作位，这样易于显示病变形态。例如颅内动脉瘤，可清晰地显示瘤颈，便于确定微导管进入瘤腔内的角度和动脉瘤颈与载瘤动脉的关系；指导体外对微导管前端进行弯曲塑形，使导管更容易进入动脉瘤内，并可在载瘤动脉内形成最大的支撑力。这样，在送入微弹簧圈时，弹簧圈才不易弹出，使之容易致密地填塞动脉瘤。

除此之外，还有实时动态三维路径图功能。它是将重建的三维容积图像与实时透视二维数据集相套叠，就如同一个立体的路径图一般。该技术对神经放射临床起到了重大意义，如实时导管头导航和监视输管过程中的缠绕。三维路径图功能是完全动态的，操作医师可在术中自由改变视野、机架旋转参数等。

八、虚拟支架置入术

应用血管内介入治疗技术可使狭窄或闭塞的血管再通，在治疗大动脉瘤方面也有很大优势，创伤小、恢复快、并发症少、死亡率低，其治疗效果可与传统的外科手术相媲美。但取得手术成功的关键是正确选择合适的置入支架，对于大动脉的动脉瘤，支架的选择一般根据 CT 测量的数据。而脑动脉和头颈部动脉的狭窄性病变，支架的选择则主要依据血管造影的测量结果，不管是 CT 测量还是血管造影的测量，两者都受到主观因素的影响。

根据临床上的实际需要，虚拟支架置入系统应运而生，该系统可在有待进行支架置入的病变血管部位形象地展示支架置入的效果，可清晰地模拟显示内支架置入后的情况，包括支架置入的位置、大小是否合适、支架贴壁情况、封闭部位是否合适，如不合适可再次更换支架，直至欲置入支架十分适合，再选择同样支架置入体内，就会取得一个良好的治疗效果。

另外，对于颅内动脉瘤，尤其是宽颈动脉瘤，在虚拟支架置入系统操作下，除了可以显示支架置入后的情况外，还可以利用图像工作站的处理，清晰地显示瘤腔的大小，这样更容易确定第一次微弹簧圈置入的大小。因为微弹簧圈过小不能充分成篮，过大则可挤压支架使之变形。因此，利用虚拟支架系统可达到事半功倍的效果。

临床应用认为虚拟支架置入系统，在提高有待置入支架的几何学数据方面具有有效快速和可观性等优点，能更好地指导临床血管内介入治疗的操作。另外，该系统还可用于神经介入治疗的医师培训，尤其是对在颈动脉狭窄性疾病的血管内支架置入术和脑动脉瘤的填塞术。

九、DSA 图像融合技术

图像融合（image fusion）是指将各种影像设备获得的数字影像信息，关于同一目标的图像数据经过计算机及图像处理技术的计算、处理等，最大限度地提取各自的数字影像的有效信息，最后融合成高质量的图像，提高图像信息的利用率，以形成对目标清晰、完整、准确的信息描述。DSA 图像融合技术是将 CT、MR 等图像与 DSA 采集三维图像，或是 DSA 采集的不同类型的三维图像之间融合在一起的技术。其弥补了单一成像模式的局限性，可以更直观地显示解剖及病变结构，提高了治疗的精准性。

DSA 图像显示血管具有较大优势，但无骨性标记对病变部位及手术的精确指导具有很大的局限性。三维影像融合技术是利用计算机技术将各种影像设备获得的医学数字成像与通信（digital imaging and communications in medicine，DICOM）通过接口传输到一个特定的工作站进行数字化综合处理，并进行空间配准，以获得全新的影像。也就是说将各自单一的影像融合成一个影像，显示更多的具有各自特点又在一个图像上显示的一种特殊成像技术。既能显示解剖结构，又能显示功能，提高影像诊断的精准度，也能更准确地指导微创手术。

（一）开展 DSA 图像融合技术必须具备的条件

（1）医院必须建有 PACS 系统，有数字影像网络化平台。

（2）DSA 设备必须配置图像融合软件，相关影像设备具备 DICOM 接口。

（二）融合方式

根据信号源及融合的结果，融合方式有：自身融合、其他融合和实时三维影像融合。

1. 自身融合　信号源来自DSA设备，即术前DSA检查同时采集类CT图像与三维图像，在后处理工作站进行图像融合。

2. 其他融合　信号源来自外部的不同影像设备，通过PACS系统进入目标DSA设备的后处理工作站，进行图像融合。

3. 实时三维影像融合　新型的DSA设备通过一键融合技术实现对所有厂家的CT、磁共振成像、正电子发射计算机体层显像仪（PET）和超声等影像信息进行无缝融合，实现三维影像的实时融合，直接指导介入手术，缩短手术时间，减少辐射剂量，降低手术风险。

（三）融合过程

当设备完成了3D-DSA数据采集，明确病变解剖结构时需要进行图像融合，进行类CT扫描，获得CT图像。若需要外部影像资料必须通过PACS系统把需要的同一部位的影像资料（如CT、MRI或DSA）调入本机后处理工作站，根据目的进行相应的图像融合。以Philips为例，血管机自身融合——Overlay，Xper-CT图像与3D-DSA图像融合。点击Overlay，出现CT和3D-DSA图像选项，因与CT融合，点击CT图标；出现CT和3D-DSA图像，选择需要融合的层面，调节相应的配准点，调节蒙片、亮度和对比度进行配准，正侧位都要进行配准调节，确认后进入下一步，提示自动或人工配准，配准后确认完成，这样在DSA的图像上融合有CT的图像。调节窗宽、窗位，血管病变就显示在CT的相应层面上。

第三节　X射线对比剂

以医学成像为目的将某种特定物质引入人体内，以改变机体局部组织的影像对比度，这种被引入的物质称为"对比剂"（contrast media），也称为"造影剂"。

对比剂的条件与分类

（一）对比剂应具备的条件

无害、无刺激，在嗅觉、视觉、味觉上无特别感受；能在检查的时间内，受检器官对比剂的蓄积有充分的浓度；检查完毕能迅速排出体外；理化性能稳定，久储不变质；使用方便，成本低廉。

（二）对比剂的分类

（1）钡类对比剂。硫酸钡干粉、硫酸钡混悬剂。

（2）碘类对比剂。按在溶液中是否分解为离子，又分为离子型对比剂和非离子型对比剂；按分子结构分为单体型对比剂和二聚体型对比剂，按渗透压分为高渗对比剂、低渗对比剂和等渗对比剂。

（3）CO_2对比剂。

对比剂引入体内的方式

（一）对比剂引入体内的方式

1. 直接引入法　通过人体自然管道、病理性瘘管或穿刺方式，将对比剂直接引入受检组织或器官。

（1）口服法：口服硫酸钡消化道造影，如食管、胃、肠道造影等。

（2）灌注法：如经导尿管引入的逆行肾盂造影，支气管造影，子宫输卵管造影，直肠、结肠的灌注造影等，属于经自然管道直接灌入法；肠道瘘管造影，软组织瘘管造影，术后胆道造影等，属于经病灶瘘管直接灌入法。

（3）穿刺注入法：如关节造影、盆腔充气造影、腹膜后充气造影、椎管造影、肝胆管造影、浅表血管造影等，属于体表穿刺直接注入法；心腔造影、大血管及各种深部血管造影等，是直接穿刺利用导管将对比剂注入。另某些部位的脓肿、囊肿亦可用直接穿刺方法，抽出腔内所含液体而注入对比剂进行造影。

2. 间接引入法　将对比剂有选择地经口服或血管注入体内，使其聚集于拟显影的器官或组织并使之显影的方法。主要有生理排泄法，它是在对比剂进入体内后，经过生理功能的吸收、聚积或排泄，使得受检器官显影。如排泄性胆道造影，系口服或静脉注入胆系对比剂，经肝脏排泄至胆汁中，可使肝、胆管和胆囊显影；静脉肾盂造影是由静脉注入对比剂，经肾小球滤过，将对比剂排泄至尿中，可使肾盂、肾盏、输尿管和膀胱显影。此外，生理吸收法，如间接淋巴管造影，也是一种间接引入法。

三　对比剂理化及药理特性

（一）阴性对比剂

临床上常用的有空气、氧气和二氧化碳，它们之间的差别主要在于溶解度不同。

1. 空气　空气在组织或器官内溶解度小，不易弥散，停留时间较长，可以反复地进行检查，但不良反应是持续时间较长，进入血液循环会有气栓的危险。由于采集方便，应注意空气的过滤清洁，预防感染。

2. 二氧化碳　二氧化碳溶解度大，易于弥散，停留在组织和器官内的时间短，不良反应小，即使进入血液循环也不至于发生气栓。但是由于吸收快，检查操作必须迅速完成。

3. 氧气　氧气的溶解度介于空气和二氧化碳之间，停留在组织与器官内的时间较二氧化碳长，产生气栓的机会较空气小，但不能完全避免。

（二）阳性对比剂

阳性对比剂（positive contrast media）通常分成四类：①难溶性固体对比剂；②主要经肾脏排泄的对比剂；③排泄性胆道对比剂；④油脂类对比剂。后三类阳性对比剂主要是含碘化合物，其显影效果与碘含量成正比。

1. 医用硫酸钡　分子式为$BaSO_4$，其分子含钡量为54%。为白色粉末，无味，性质稳定，耐热，不怕光，久储不变质，难溶于水、有机溶剂及酸碱性溶液。它能吸收较多的 X 射线，是良好的胃肠道对比剂，能较好地涂布于腔道黏膜表面，若同时与气体对比剂合用，即气钡双重造影（double contrast），则更能清晰地显示腔道内表面的细微结构。口服或灌注医用硫酸钡后，在胃肠道内不吸收，以原形从粪便中排出。

医用硫酸钡有粉剂和钡胶浆两种，粉剂使用时临时配制，对于不同造影目的，其钡、水重量比应有区别，通常食道造影为3：1～4：1，胃与小肠造影为1：1，结肠造影约为1：4。若做瘘管造影，应根据情况决定用量。

2. 泛影葡胺　化学名3,5-二乙酰胺基-2、4、6-三碘苯甲酸葡胺盐，为无色透明溶液，分子含碘量为47%，浓度60%、65%、76%，常用于静脉肾盂造影、心血管及脑血管造影。成人用量，静脉肾盂造影用60%或76% 20ml；逆行肾盂造影时稀释成15%～25%，一侧5～10ml；心血管造影1次40ml；脑血管造影用60%对比剂，每次10ml，共注2次；周围动脉或静脉造影，一次10～40ml。该药黏稠度较大，不易做高浓度快速注射。

3. 复方泛影葡胺　为微黄色透明的水溶液，黏稠度低，含碘量高，浓度有66%及76%两种，该对比剂毒性低，反应少，故应用广泛。成人静脉肾盂造影用60%～76% 20ml，周围血管造影用60%或76% 15～40ml，心血管造影用76% 40ml，脑血管造影用60% 20ml。此外还常用于 CT 增强及瘘管和关节腔造影。

4. 碘酞葡胺　化学名 5-乙酰胺基-2、4、6-三碘-3-N 甲基异酰胺酸-N-甲基葡胺盐，系泛影葡胺的同分异构体，为无色透明的水溶液，黏稠度低，毒性小，分子含碘量47%，浓度为60%。用于静脉肾盂造影、血管造影等。成人静脉肾盂造影用60% 25～30ml，静脉滴注尿路造影因用药量较大，应按每千克体重2ml计算，但总量不应超过120ml。儿童用量应酌情减少或按体重计算。60%的康锐可进行腰麻下腰段椎管造影，但应慎重。

5. 甲泛葡糖（碘葡酰胺，阿米培克，室椎影） 化学名2-（3-乙酰胺-5-N-甲基乙酰胺-2、4、6-三碘苯酰胺）-2-去氧-D-葡萄糖，为非离子型对比剂，白色结晶体，易溶于水，但溶液不稳定，故注射液宜在用前临时配制，分子含碘量48.25%。用于椎管、心血管等重要部位造影，也用于CT增强。椎管造影可用30%～60%溶液，颈段5～10ml，胸段12～14ml，腰段10ml，能清晰显示蛛网膜下腔及神经根鞘膜，对脊髓内外病变的诊断优于碘苯酯。由于甲泛葡糖以分子形式存在，渗透压近于人体血浆，黏稠度低，毒性小，入血后几乎不与血浆蛋白结合，所以，在体内不影响生物细胞的正常代谢，对脑、脊膜刺激轻微，是一种较好的血管和中枢神经系统对比剂，并适用于高危受检者做静脉尿路造影及心血管造影。

6. 碘苯六醇 为非离子型对比剂，即在溶液中不分解成离子，具有多种浓度和规格，分子含碘量为46.36%。因具有低渗透压和低化学毒性，对红细胞、内皮细胞及体液影响小，对心律无影响，对血脑屏障影响小，速注后很少引起血液循环障碍，故可直接用于心血管造影。由于此药较甲泛葡糖的神经毒性更低，不良反应更少，且不需要临时配制，常取代甲泛葡糖。多用于椎管、心血管、尿路造影、数字减影血管造影和CT增强检查等。

7. 碘曲仑（伊索显） 碘曲仑分子含碘量46.82%，较稳定，渗透压接近体液，系第一个研制成功的非离子型二聚体对比剂。渗透压与脑脊液和血液几乎相等，是目前临床上较理想的椎管对比剂，各段椎管造影用浓度300mg/ml，10～15ml；也常用于选择性血管造影等。

8. 碘番酸（三碘氨苯乙基丙酸） 化学名β-（3-氨基-2、4、6-三碘苯基）-α-乙基丙酸，为白色粉末，不溶于水，但溶于乙醇及碱性溶液，分子含碘量为66.6%，该药为片剂，每片0.5g，应避光密闭保存。用于胆囊造影，口服后在胃内不溶解，在小肠内溶于碱性肠液中，依靠被动弥散透过肠黏膜吸收，其蛋白结合率高，主要与血浆蛋白结合运行至肝脏，在肝脏代谢中，主要转化为不透X射线的葡萄糖醛酸结合物（糖苷体），流入具有浓缩功能的胆囊，使胆囊显影。造影时每5min服1片，每次用量3～6g，口服后12～14h胆囊显影最佳，然后进脂肪餐，胆囊内对比剂随胆汁排入胆总管，使胆总管显示。

9. 胆影葡胺（biligrafin） 化学名己二酰（氨基-2、4、6-三碘苯甲酸）葡胺盐，为无色透明或微黄色水溶液，分子含碘量49.8%，浓度为30%、50%，它是由两个含碘三碘原子的苯甲酸环组成的，中间连以多亚甲基链，用于胆管造影。静脉注射进入血流后，大部分与血浆蛋白结合运行，随血流运行至肝细胞间隙，由于它与肝细胞亲和力很强，通过肝细胞的运转，透过微胆管膜迅速排泄至胆管系统，可不经过浓缩过程而直接使胆管显影。约20min及2h即可使胆道及胆囊显示。成人用量为30% 20ml，肥胖者50% 20ml，儿童用量1.5ml/kg，成人静脉滴注用量30% 20～30ml。

10. 碘化油 为植物油与碘化合的澄清、微黄、黏稠的油状物，稍有蒜臭味，在空气或日光中逐渐分解变为深棕色，不溶于水，可溶于乙醚。分子含碘浓度为37%～41%，浓度有30%及40%两种。主要用于支气管造影、子宫输卵管造影及其他腔道和瘘管、泪道造影，直接注入检查部位形成密度对比，显示出所在腔道的形态结构，几乎不被人体吸收，绝大部分直接由注入部位排出体外。若少量碘化油残留在肺泡内可长达数月到数年之久，引起组织异物反应，形成肉芽肿，部分由吞噬细胞移去，但相当缓慢。注入子宫输卵管内的碘化油大部分从阴道排出，小部分经输卵管进入腹腔，主要由吞噬细胞缓慢移去，一般需数月到数年。子宫输卵管造影用量40% 3～10ml。

11. 碘苯酯（myodil，lophendylate） 化学名11-（对位-碘苯）十一酸乙酯及10-（对位-碘苯）十一酸乙酯的混合物，为微黄的油状液体，不溶于水，可溶于有机剂中，黏稠度低，比较稳定。注意密封避光保存，用于椎管造影，用量3～6ml。

综上所述，有机碘对比剂含碘量少于无机碘，但对组织的刺激性小，并可通过增加浓度提高总的含碘量，因此，用途广泛；无机碘对比剂仅用于直接引入的腔道造影，不能作血管内注射。经肾排泄的钠盐对比剂，其钠离子影响组织的渗透压，对局部组织的刺激性较葡胺盐类对比剂大，但含碘量较葡胺盐类对比剂高；葡胺盐类对比剂在水中溶解度大，稳定性较好，电离成分亦小，因此，对组织刺激性小，通过提高葡胺盐制剂的浓度可增加含碘量。经肝排泄的碘对比剂因大部分须经肝主动转运，因此，明显比经肾排泄的碘对比剂具有更大的毒性，故应用范围狭窄，仅用于胆系造影。非离子型对比剂在水溶液中不离解，呈分子状态，渗透压近于人体血浆，对脑组织和心肌刺激性小，毒性明显低于离子型对比剂，可用于重要部位的造影，是一类较理想的对比剂。离子型对比剂由于渗透压大于人体血浆及本身的化学毒性，不良反应大于非离子型对比剂，因此，心脏、冠状动脉、大血管、脑血管等造影以选用非离子型对比剂为宜，四肢血管及内脏管腔造影可用离子型对比剂。对比剂用量一般按体重计算，1.5～2ml/kg。根据不同的检查部位、扫描方法、受检者的年龄、体质等，其用量、流速略有不同。

（三）对比剂药理特性

对比剂的临床使用主要与对比剂的碘浓度、渗透压和黏稠度有关，离子型对比剂在水溶液中会分解成大量的阴、阳离子，故具有高渗性、高离子性和弱亲水性的特点。

高渗性可以使血浆渗透压升高和血容量增加，并导致人体一系列的生理和病理改变；高离子状态使其分子与血液中钙离子结合，可引起低血钙，导致心功能紊乱；弱亲水性增加了药物的化学毒性。非离子型对比剂在结构上去除了羧基和阳离子，使对静脉及蛛网膜下腔的毒性显著降低，并且由阳离子高渗引起的不良反应发生率明显降低。另外，非离子型对比剂有许多亲水的羟基，均匀地分布在对比剂分子周围，增加了水溶性。

四 对比剂管理和使用规范

（一）碘对比剂使用方法

1.绝对禁忌证　有明确严重甲状腺功能亢进表现的受检者不能使用含碘对比剂。

2.慎用碘对比剂

（1）肺动脉高压、支气管哮喘、心力衰竭等，与此同时要避免短期内重复使用，对比剂应选用次高渗或等渗。

（2）疑为嗜铬细胞瘤的受检者，在注射碘对比剂前须口服肾上腺受体阻滞剂。

（3）妊娠和哺乳孕妇可使用含碘对比剂，但不宜行X射线、CT检查，据资料报道碘对比剂极少分泌到乳汁中，因此使用对比剂不影响哺乳。

（4）骨髓瘤和副球蛋白血症：此类受检者易发生肾功能不全，必须用时，则应充分水化。

（5）重症肌无力：碘对比剂可能使重症肌无力症状加重。

（6）高胱氨酸尿：碘对比剂可引发高胱氨酸尿受检者血栓形成和栓塞。

3.碘对比剂血管外使用　由于碘对比剂血管外应用可能被吸收，产生与血管内相同的不良反应和过敏反应，故应予以注意。

（1）用途：窦道或瘘管造影、关节腔造影、子宫输卵管造影、胆道T管造影、逆行胰胆管造影。

（2）禁忌证：既往对碘对比剂有严重不良反应者，明显的甲状腺功能亢进症，严重的局部感染或全身感染可能形成菌血症及急性胰腺炎的受检者禁止使用碘对比剂。

4.准备工作

（1）碘过敏试验：一般无须碘过敏试验，除非产品说明书注明特别要求。

（2）签署知情同意书：①告知适应证、禁忌证和可能发生的不良反应；②询问是否有使用碘对比剂后出现重度不良反应的历史以及哮喘、糖尿病、肾脏疾病、蛋白尿等病史，应和相关医师联系。

5.肾功能正常受检者血管内使用碘对比剂原则

（1）使用剂量和适应证，按说明书中确定的剂量和适应范围。

（2）受检者水化，建议在使用碘对比剂前4h至使用后24h给予水化，输液量最大100ml/h，可口服或静脉滴注。

6. 具有对比剂肾病高危因素受检者注意事项

（1）对比剂肾病概念：在排除其他原因的情况下，应用对比剂后3天内，血清肌酐升高至少44mmol/L或超过基础值的25%。

（2）对比剂肾病高危因素：肾功能不全有慢性肾病史、糖尿病肾病、血容量不足、心力衰竭、使用肾毒性药物、低蛋白症、低血红蛋白症、高龄（大于70岁）、低钾血症、副球蛋白症。

（3）具有高危因素受检者碘对比剂肾病的预防：补足液体，给受检者水化，心力衰竭的情况应根据临床医师决定；停用肾毒性药物至少24h后，才能使用对比剂；尽量选择其他不用碘的影像检查，确实需要则使用能达到诊断的最小剂量，避免重复使用，两次间隔至少大于等于14天；不适用高渗或离子型对比剂；应择期检查，检查前7天内检查肌酐，若为急诊情况，可不进行肌酐检查；糖尿病肾病受检者在造影前48h必须停用双胍类药物，造影后至少48h且肾功能恢复正常才能再次使用。

（二）碘对比剂不良反应及处理

1. 对比剂血管外渗

（1）原因：①高压注射器压力和流率过高；②化疗、老年、糖尿病受检者血管硬化；③使用下肢和远端小静脉或血管引流受阻。

（2）处理：①首先是预防，要选择合适的与靶静脉匹配的高压注射流率，针头恰当固定，和受检者沟通，取得配合；②轻度外渗，无须处理，若外渗加重疼痛明显，局部可普通冷湿敷；③中、重度外渗，表现为局部组织肿胀，皮肤溃破，软组织坏死和间隔水肿等，抬高患肢，促进血液回流，早期可使用50%硫酸镁保湿冷敷，24h后改为保湿热敷或用0.05%地塞米松局部湿敷；④外渗严重者，在外用药物的基础上口服地塞米松5mg/次，连用3天。

2. 碘对比剂全身不良反应

（1）机制和相关因素：①剂量依赖性反应——表现为物理化学反应和渗透性、亲水性、电荷性、黏滞度和化学毒性等；②非剂量特异性反应——表现为过敏反应，如介质释放、抗体抗原反应、补体系统的激活和精神因素。

（2）临床表现：①过敏反应型——表现为荨麻疹、支气管痉挛、黏膜水肿甚至呼吸困难、窒息；②神经系统障碍型——表现为抽搐、癫痫；③心血管系统——表现为血压下降、心动过速（为过敏反应）、心动过缓（迷走神经反应），休克或心搏骤停。

（3）预防和处理

①使用非离子型对比剂，特别是动脉内必须是次高渗和等渗对比剂。

②注意高危因素和药物过敏史、哮喘病史、糖尿病肾功能不良等，询问病史并有知情同意书签字备案。

③注意延迟反应，检查结束后留在影像科观察30min，并大量饮水。

④科室必须制订应急预案，科内必备抢救设备，如氧气、血压计、专线急诊以及必备的相关药物（肾上腺素、地塞米松）等。

⑤ABCD现场措施。A（airway，气道）：保持呼吸道通畅、拉舌、头低、清除黏液；B（breathing，呼吸）：给氧；C（circulation，循环）：测心搏、血压、呼吸；D（definitive drug，确定性药物），确定性药物：配备关键性药物，如地塞米松、肾上腺素等。

（三）钡类对比剂使用规范

1. 适应证

（1）X射线检查：食管、胃、十二指肠、小肠及结肠的单对比和气钡双对比造影检查。

（2）CT检查：胃肠道CT检查（需要产品说明书标注本适应证）。

2. 禁忌证

（1）禁用口服钡剂胃肠道检查的情况：①有使用钡剂不良反应的既往史；②急性胃肠道穿孔；③食管气管瘘；④疑有先天性食管闭锁；⑤近期内有食管静脉破裂大出血；⑥咽麻痹；⑦有明确肠道梗阻。

有以上禁忌证的受检者，可以考虑使用水溶性碘对比剂。

（2）慎用口服钡剂胃肠道检查的情况：①急性胃、十二指肠出血；②习惯性便秘。

（3）慎用钡剂灌肠检查的情况：①结肠梗阻；②习惯性便秘；③巨结肠；④重症溃疡性结肠炎；⑤老年受检者（如必须检查，建议检查后，将肠道钡剂灌洗清除）。

（4）慎用钡剂的情况：①孕妇及哺乳期妇女（用药安全性尚缺乏资料）；②新生儿及儿童，应减少用量（根据产品说明书标出的安全剂量）。

3. 使用钡剂的注意事项　钡剂检查前3天禁用铋剂及钙剂。

4. 并发症及处理措施

（1）有禁忌证受检者：建议用水溶性碘对比剂。

（2）不良反应及处理：①胃肠道活动能力下降，鼓励受检者口服补液；②误吸，大量误吸需要立即经支气管镜清洗，同时胸部理疗并预防性应用抗生素；③静脉内渗，注射对比剂时应密切观察注射部位，早期识别并仔细观察。如出现此种情况，应用抗生素及静脉补液，同时紧急对症处理。

（四）CO_2对比剂使用规范

1. 适应证

（1）部分碘对比剂禁忌者：肾功能不全或对碘对比剂有不良反应而需造影检查的受检者。

（2）动脉DSA：降主动脉以下各部位的动脉血管DSA检查、锁骨下动脉以远的上肢动脉DSA检查。

（3）静脉DSA：各部位的外周静脉、下腔静脉DSA检查。

（4）经皮超细针（26～21G）穿刺实质器官引流静脉DSA检查：经皮肝穿刺门静脉或肝静脉DSA，经皮脾穿刺门静脉DSA，外周软组织血管畸形病变穿刺DSA等。

（5）具有优势的适应证：消化道出血、经颈静脉肝内门腔静脉分流术（TIPS）术中门静脉造影、需要使用大量对比剂的介入手术。

2. 禁忌证

（1）膈肌以上部位的DSA检查，如升主动脉DSA及头颈部、颅内动脉血管DSA等。有严重的肺功能不全或吸氧后血氧饱和度仍不能维持正常者。

（2）右向左分流的先天性心脏疾病。

3. 慎用CO_2检查的情况

（1）肺通气功能不良（肺动脉栓塞、严重肺气肿等），但吸氧能维持正常血氧饱和度者。

（2）试验性注射CO_2后受检者不能耐受者。

4. 并发症的防治

（1）预防：①术前应评价受检者心肺功能和肝肾功能，了解有无腹水等。②经皮穿刺实质性脏器时，训练受检者配合屏气，穿刺成功后呼吸活动度保持平缓，以免造成脏器撕裂伤。③每次注入CO_2气体50～60ml，休息约1min后如无异常情况再行第二次造影检查；如有不适反应，可延长休息时间至不适反应缓解后再行检查。如有血氧饱和度下降，可予以吸氧缓解。

（2）并发症的处理：①血管内注射CO_2后如出现一过性血氧饱和度降低，可让受检者暂时休息或予以吸氧，待血氧饱和度恢复正常后再次造影检查。②腹部脏器造影过程中可有一过性腹部不适，短暂休息可缓解。③腹部实质性脏器经皮穿刺可能出现脏器包膜下血肿或出血，予以监测血压、止血、补液等对症处理。

五　对比剂的评价

优质的X射线对比剂不仅能提高影像的对比效果，同时可减少对人体的毒性反应。X射线对比剂的优劣，主要从以下几个方面进行评价。

（一）水溶性

血液中的主要成分是水，对比剂必须要有较高的水溶性，水溶性与对比剂的分配系数有关，系数越小，水溶性越高。

（二）黏滞性

对比剂的黏滞性因检查的部位和目的的不同而不同，对于要求快速注射和迅速通过毛细血管时，需用低黏滞性的对比剂，高黏滞性可损伤微循环。故一般血管造影对比剂需要低黏度，脊髓造影则需要高黏度。对比剂的黏滞度随碘浓度的增加而呈指数性增加，当浓度不变时，黏滞度随温度增加而降低。有些对比剂在低温下黏滞度高，但加热至体温时，黏滞度明显降低，因而易于血管内注射。

（三）渗透压

渗透压大小与单位体积中溶质的颗粒数成正比，离子型对比剂较非离子型对比剂的渗透压高。对比剂渗透压高，易导致血容量增加，红细胞变形、皱缩，血管通透性增加等，出现不良反应。低渗对比剂的渗透压稍高于或等于血浆渗透压，人体对其耐受性好，不良反应少。

（四）电荷

离子型对比剂在水溶液中离解的带电荷的正、负离子，增加了体液的传导性，干扰体内电解质的平衡，影响神经组织的生物学过程，还可引起负性肌力。另外，这些带电荷的离子易与蛋白质结合，发生变态反应的概率明显增加。

（五）化学毒性

对比剂的化学毒性除各种分子的固有因素外，主要与对比剂的亲水性和亲脂性有关，亲脂性越大，与血浆蛋白结合率越高，毒性就越大。其化学毒性可以在对比剂排出体外后维持很长时间。对于诊断用X射线对比剂的毒性评估应进行临床前的各种试验，常用于评价化学毒性的标准为LD_{50}，即动物的半数致死剂量，它与动物的种类、注药速度和容量、对比剂浓度等有关。

第四节　高压注射器原理

高压注射器是一种具有大推力、高速度、满足心血管造影和介入治疗要求的自动推注系统，能精准控制推注速度和剂量，确保在短时间内将对比剂注入靶血管，从而获得更佳的血管造影图像。其性能参数包括对比剂的用量和浓度，注射的流率和斜率，注射压力和注射延迟。DSA减影图像质量好坏与注射参数的选择直接相关，注射参数的确立直接决定DSA的碘信号。

高压注射器通过控制对比剂剂量、流率、注射压力等满足心血管的造影需求。其工作原理由以下部分协作完成：通过多圈电位器转动反馈推注时所在的位置，并由机械限位装置控制最前和最后位置，以此控制注射量，防止过量发生。微波处理器处理设定的速度后，经控制电路控制注射电机速度。当设定的速度与实际速度不等时，电机转动。电机后端具有反馈线圈，把电机转动的信息反馈给控制板，超速时，停止电机转动，终止注射。注射压力是由控制电路来监测与限制主电路采样电机电流，通过速度的反馈计算出压力值，并与预置的压力极限比较，如果达到压力极限，电机会以10%的速度减速，注射继续进行。如果在短时间内速度无法下降，则报错并停止注射。在整个注射结束后，控制制动交换器切断电机电源，使电机停转。

血管造影中，对比剂注射参数的选择需根据造影部位血管的直径大小和受检的血管范围而定，同时受对比剂浓度和温度、导管尺寸和类型等相关因素的影响，正确设置注射参数对DSA图像起着重要的作用。

1. 注射流率　注射流率指单位时间内经导管注入的对比剂的量，一般以ml/s表示。对比剂流率的选择依据导管前端所在的靶血管的血流速度，一般流率应等于或略大于其血流速度；如流率过低，对比剂将被血液较多地稀释；流率过大，将增加血管内压力，有血管破裂的危险。在选择对比剂流率时，还应考虑血管病变性质，如夹层动脉瘤、室壁瘤或脑出血等病例，应采用较低的对比剂流率为宜。对比剂流率大小与导管的半径4次方成正比、与导管长度成反比，导管半径的微小变化将会引起对比剂流率的显著变化。

2. 注射剂量　为获得优质的 DSA 图像，在造影时应根据不同的造影方法选择不同的浓度和剂量。一般 IV-DSA 每次采集所需对比剂剂量较大、浓度较高，40~50ml，浓度采用 76%复方泛影葡胺或相应浓度的非离子对比剂；IA-DSA 每次所需对比剂剂量较 IV-DSA 低，特别是行选择性 IA-DSA 检查时对比剂量明显降低。DSA 信号随血管直径增大而信号增强，即血管显影所需对比剂最低含碘量与血管直径成反比。因此，对直径大的血管检查时，增加对比剂量与浓度无助于血管的显示；而对直径小的血管检查时，增加对比剂浓度及剂量将改善血管的显示效果。

对比剂剂量按体重计算，成人一次为 1.0ml/kg，儿童为（1.2~1.5）ml/kg。注射总剂量成人（3~4）ml/kg，儿童为（4~5）ml/kg。以 350mgI/ml 为例，成人一次用量 1.38mmol/kg，儿童为 1.65~2.07mmol/kg，注射总量成人为 4.14~5.52mmol/kg，儿童为 5.52~6.90mmol/kg。在实际应用中，对比剂的每次总量根据造影方式、造影部位和病变情况等全面考虑。肾功能不良者，对比剂的用量应当慎重。

3. 注射压力　注射所需压力与注射速度、对比剂浓度、对比剂温度、导管尺寸等因素有关。选择注射速度快，所需压力大。对比剂浓度越高，所需压力越大。同一对比剂在不同温度下所需压力不同，温度在 25℃比 30℃所需压力要大。导管越长或越细，产生的阻力越大，所需的压力也就越大。

4. 注射时机　DSA 造影检查时，根据造影要求设定曝光延迟或注射延迟。IA-DSA 特别是选择或超选择性造影，常采用注射延迟，便于摄制蒙片，达到减影的目的。IV-DSA 或导管顶端距兴趣区较远时，应选曝光延迟，因为机器的曝光时间最长为 20s。造影时还须设定对比剂上升速率，即注射的对比剂达到设定的注射流率所需要的时间，一般上升速率时间设定在 0.5s 较合适。对比剂注射维持时间依检查部位血管及诊断需求而定，如腹腔动脉造影且须观察门静脉、颈内动脉造影且需观察静脉窦，髂外动脉注射对比剂观察足背动脉等，采集时间须达到 15~20s。

第五节　DSA 影像质量控制

  影响 DSA 影像质量的因素

DSA 图像的形成须经过较为复杂的成像链才能获得，其影像质量的影响因素与成像链中的每个环节、每项因素、每个参数以及设备的各个部分和性能都密切相关。

（一）设备结构

1. X 射线源与显像系统

（1）X 射线系统：DSA 以每秒几帧至几十帧的速度快速成像，这要求 DSA 设备具有产生稳定高压、脉冲时序和稳定脉宽的 X 射线发生器；具备 80 万 HU（heat unit，热单位）以上的大功率 X 射线球管；配置功能完善的遮光栅和 X 射线滤过装置。

（2）影像增强器（image intensifier，II）或数字平板探测器：应具有每秒 25 帧以上的显像能力、理想的光敏度、足够的亮度、较高的分辨力和对比度以及最小的失真度，有适应不同部位使用的可变输出视野和稳定的光路分配器。

（3）光学系统：为了适应输入光量变化范围（X 射线剂量范围）大和防止摄入强光，要求用大孔径、光圈可自动调节、内含电动滤光片的镜头。

（4）电视摄像（管）机：应具有很高的分辨力和最适宜的合成时间（integration time 或 C-time），确保 II 输出屏上 1 毫伦 X 射线产生的微弱荧光都能无遗漏地采集到；系统动态幅度的信噪比在 1000：1 左右；每帧图像的水平稳定度差异（variation in horizontal stability）要小于 1%。

2. 计算机与显示系统　在 DSA 系统中，计算机担负着整机运行控制和图像处理的多项任务，应具备准确启动高压注射对比剂、X 射线脉冲曝光甚至是床体、机架的规则运动；数据采集、转换、快速完成运算、存储、减影和图像处理等系列程序。显示器要求配备逐行扫描 1024 线以上的高清晰、大屏幕显示器。

（二）成像方式和操作技术

1. 成像方式　目前 DSA 大多是用"时间"物理变量减影法，成像方式常用的有脉冲成像（PI mode）、超脉冲成像（SPI mode）、连续成像（CI mode）和心电图触发脉冲成像。PI 方式单位时间内摄影帧频低，每帧图像接收的 X 射线剂量大，图像对比分辨力较高；CI 方式则恰相反。因此，造影时应根据受检部位和诊断要求选择相应的成像方式，以获取高信噪比的减影像。例如，四肢、头、颈等不易活动的部位常用脉冲成像方式，而心脏大血管等易活动的部位则常用超脉冲成像方式，以获取高对比、高分辨力的动态减影像。

2. 操作技术

（1）摄影条件：X 射线剂量与密度分辨力成正比。DSA 设备的曝光参数常设有"自动曝光"和"手动曝光"两种技术选择。一般来说，对密度高且体厚的部位选用自动条件比较理想，而对密度低且体薄的部位采用手动条件，并经曝光测试后选择最适宜的曝光条件，以避免过度曝光或曝光不足。

（2）摄影体位：DSA 图像不仅要有很好的密度分辨力，还要有合适的体位。DSA 检查技术中常把标准正、侧位视为基本体位。有时附加一些特殊体位，如左、右斜位和头、足向倾斜的多种复合角度的摄影体位。正确的摄影体位，对显示心、脑血管病变及指导介入治疗显得十分重要。

（3）摄影技术因素：合理应用遮光器和密度补偿装置以使影像密度均衡；正确选择照射野，焦点至人体距离、人体至探测器距离和焦点至探测器距离，可防止图像放大失真和模糊。

（4）后处理技术：充分利用再蒙片、图像配准、图像合成、边缘增强和窗口技术等多种后处理技术来消除伪影、减少噪声、提高兴趣区信噪比，以改善 DSA 图像质量。

（三）造影方法和对比剂

1. 造影方法　动脉 DSA 可明显减少对比剂浓度和用量，提高影像密度分辨力和空间分辨力，缩短曝光时间，获取重叠少和信噪比高的图像，以选择性 IA-DSA 和超选择性 IA-DSA 成像尤佳。除了穿刺后经导管直接在静脉血管内（腔静脉、髂静脉等）注射对比剂造影外，其他经静脉注射对比剂到体循环和肺循环再观察动脉系统，图像质量基本上难以达到要求。

2. 对比剂　DSA 信号是感兴趣区（region of interest，ROI）的对比剂团流（bolus flow）到达之前采集的蒙片，与对比剂充盈最佳时获得的造影片相减后，分离出的对比剂的差值信号。此差值信号随血管内碘浓度和血管直径的增加而增加；而血管显影所需的对比剂最低碘含量又与血管直径成反比。因此，使用对比剂时，应根据不同的造影方法和部位、注射速率和持续时间、导管的大小与前端位置等情况选择所用对比剂浓度和用量。换言之，对比剂浓度和用量与 DSA 图像质量直接相关。

（四）受检者本身因素

在 DSA 检查过程中，受检者自主和不自主地移动、心脏跳动、吞咽、呼吸或胃肠蠕动等可形成运动性伪影（motion artifact）。为此，术前对受检者要进行呼吸控制等配合性训练；对意识差或无意识的受检者给予镇静剂或适当麻醉，对受检部位施行附加固定等，并正确把握曝光时机，以避免 DSA 图像的运动模糊影响。

 改善 DSA 影像质量的措施

DSA 的影像质量与其成像链中的每项因素都密切相关，改善 DSA 图像质量要从 DSA 成像链中的可控因素入手。

（1）术前与受检者说明检查过程和注意事项，争取受检者术中配合，尽可能地减少运动性伪影的产生。

（2）根据 X 射线摄影学原理和诊断要求，设计最佳摄影体位。

（3）根据病变部位结构特点，制订合理的曝光程序，选择恰当的曝光参数、合适的成像方式和减影方式，适宜的帧频等。

（4）根据病情和病变部位，决定造影导管前端的放置位置、对比剂的浓度、用量、流率、注射压力以及延迟方式。

（5）正确使用遮光栅、密度补偿器以减少空间过度对比，防止饱和性伪影的产生。

（6）充分发挥DSA设备的设计效能和图像后处理功能，使影像符合诊断要求。

（7）合理应用曝光测试方法，在保证影像质量的同时尽量减少不必要的照射。

（8）正确匹配激光相机，并定期检测。

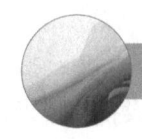

思考与练习

简答题

1. 简述DSA成像原理。
2. DSA有哪些成像方式？
3. 影响DSA影像质量的因素有哪些？如何加以克服？
4. 简述对比剂的分类。
5. 简述碘对比剂应用的适应证、禁忌证、注意点、不良反应及其处理方法。
6. 高压注射器在使用过程中哪些参数与图像质量有关？

（周选民）

第四章 计算机X射线体层摄影成像原理

> **学习目标**
> 1. 掌握：CT 的基本成像原理、图像重建方法、CT 图像后处理技术。
> 2. 掌握：CT 的基本概念与术语，掌握各类型 CT 的基本成像方法。
> 3. 熟悉：CT 的优点与缺点。
> 4. 了解：影响 CT 图像质量的因素与控制图像质量的方法。

CT 是计算机体层摄影（computed tomography，CT）的简称。第一台 CT 是 1968 年由英国工程师 Hounsfield 与神经放射学家 Ambrose 一起设计，于 1971 年由英国 EMI 公司成功制造的用于头部扫描的电子计算机体层装置。CT 技术应用到临床医学 40 多年来，历经硬、软件技术的几次重大变革，已从普通 CT 发展到目前广泛使用的螺旋 CT 和多层螺旋 CT 以及主要用于心脏大血管检查的电子束 CT 等。

第一节 基 本 原 理

CT 的基本结构主要包括硬件结构和软件结构两大部分。硬件结构主要包括扫描系统（主要由扫描架、检查床、X 射线管、探测器、高压发生器、准直器和滤过设备等组成）、计算机系统、CT 图像显示和存储系统。软件结构包括基本功能软件和特殊功能软件。

CT 成像的基本原理是运用一定的物理技术，以测定 X 射线在人体内的衰减系数为基础，采用一定的数学方法，经电子计算机处理，求解出衰减系数值在人体某剖面上的二维分布矩阵，再应用电子技术把此二维分布矩阵转变为图像上面的灰度分布，从而建立断层图像。其主要过程是：自 X 射线管发出的 X 射线首先经过准直器形成窄扇形束，穿透受检体体层，经人体体层内组织器官衰减后射出到达探测器，探测器将含有一定衰减系数值的 X 射线光信号转变为相应的电信号，通过测量电路放大，再由模/数转换器变为数字信号，送给计算机进行运算，计算机系统进行图像重建后，再由数/模转换器将数字信号变成模拟信号，以不同的灰阶形式显示在显示器上或用激光打印机打印出 CT 图像。

一 X 射线的衰减和衰减系数

X 射线束具有一定的能量和穿透能力，当 X 射线束遇到物体时，物体对射入的 X 射线具有衰减作用，即物体对 X 射线的吸收和散射，如图 4-1-1 所示。物体对 X 射线吸收和散射的多少与物体的密度（ρ）、物体元素的原子序数（Z）及 X 射线能量（keV）等密切相关。在 CT 成像中，物体对 X 射线的吸收起主要作用，因此忽略对 X 射线的散射作用。

物理实验证明，在均匀物体中，X 射线的衰减服从指数规律。如图 4-1-2 所示，X 射线束沿坐标 x 轴穿透厚度为 d 的一个均匀物体，设入射的 X 射线强度为 I_0，经物体吸收后射出的 X 射线强度为 I。由朗伯-比尔（Lambert-Beer）定律可得到 X 射线通过均匀物体时的衰减表达式：

$$I=I_0e^{-\mu d} \quad (4-1)$$

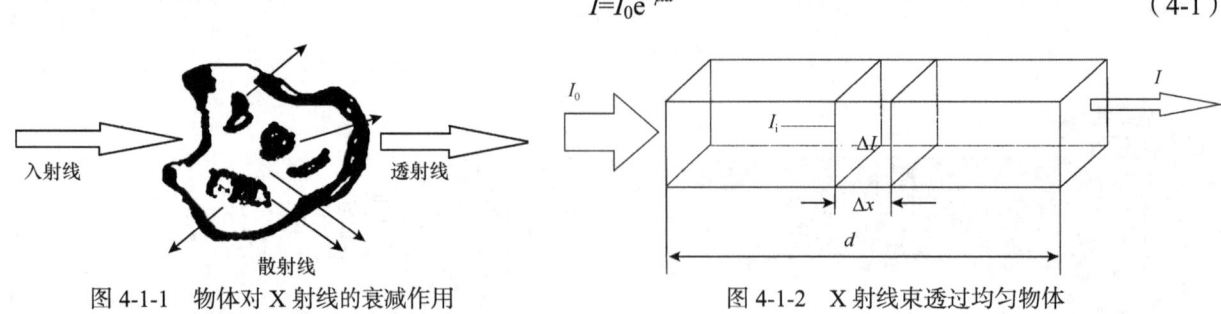

图 4-1-1 物体对 X 射线的衰减作用　　图 4-1-2 X 射线束透过均匀物体

由式（4-1）可知，d 或 μ 值越大，射出的 X 射线强度 I 越小，即物体对 X 射线的衰减越大。在 X 射线穿透人体组织、器官时，由于人体组织、器官是由多种物质成分构成的，所以各点对 X 射线的吸收系数是不同的。为了便于分析，将沿着 X 射线束通过的物体分割成许多小的体积单元（即体素），令每个体素的厚度相等，记为 d。设 d 足够小，使得每个体素内物质的密度均匀，即为单质均匀密度体，用 μ 表示体素的吸收系数（衰减系数），如图 4-1-3 所示。

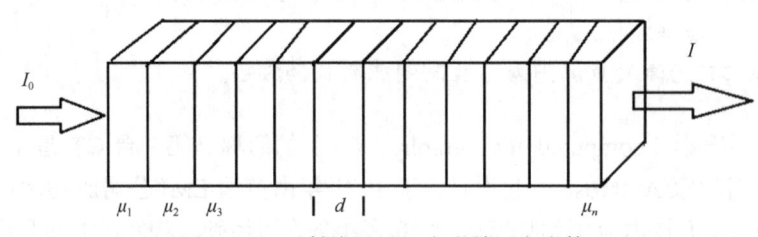

图 4-1-3　X 射线透过 n 个小单元密度体

当入射第一个体素的 X 射线强度为 I_0 时，透过第一个体素的 X 射线强度 I_1 为

$$I_1 = I_0 e^{-\mu_1 d}$$

μ_1 是第一个体素的吸收系数。对于第二个体素来说，I_1 就是入射的 X 射线强度。设第二个体素的吸收系数为 μ_2，X 射线经第二个体素透射出的强度 I_2 为

$$I_2 = I_1 e^{-\mu_2 d}$$

将 I_1 的表达式代入上式，有

$$I_2 = (I_0 e^{-\mu_1 d}) e^{-\mu_2 d} = I_0 e^{-(\mu_1+\mu_2)d}$$

最后，从第 n 个体素透射出的 X 射线强度 I_n 为

$$I = I_n = I_0 e^{-(\mu_1+\mu_2+\cdots+\mu_n)d} \quad (4-2)$$

将上式中的吸收系数经对数变换，并移至等式的左边得

$$\mu_1 + \mu_2 + \cdots + \mu_n = -\frac{1}{d}\ln\frac{I}{I_0} \quad (4-3)$$

从上式可以看出，如果 X 射线的入射强度 I_0、透射强度 I 和体素的厚度 d 均为已知，那么沿着 X 射线通过路径上的吸收系数之和（$\mu_1+\mu_2+\cdots+\mu_n$）就可以计算出来。

为了建立 CT 图像，必须先求出每个体素的吸收系数 μ_1，μ_2，μ_3，…，μ_n。从数学角度上讲，为求出整个图像中的每一个体素的吸收系数，需要建立式（4-3）那样 n 个或 n 个以上的独立方程。因此，CT 成像装置要从不同方向上进行扫描，来获取足够的数据建立求解吸收系数的方程。

吸收系数 μ 受 X 射线波长、物质原子序数 Z 和密度 ρ 的影响。对于一定能量的 X 射线，物质 Z 越小，μ 越小；反之则越大。对于相同 Z 的物质来说，物质 ρ 越大，μ 越大；反之则越小。因此，吸收系数 μ 可反映出物质的原子序数、密度等物质的构成特征。但是，X 射线能量也影响 μ，如图 4-1-4 所示，X 射线能量越低，μ 越大，μ 随 X 射线能量的增大而减小。这意味着 X 射线在穿透物体的路径过程中，强度会逐步降低，特别是能量较低的软射线，将比高能射线更快地被过滤掉，这种现象称为 X 射线束

的硬化效应。即使是 X 射线穿过均匀物质,在单位体积内的吸收系数也会不同,造成图像的不均匀性,如图 4-1-5 所示。因此,必须对 CT 图像重建过程中的 X 射线硬化效应进行校正,减小由 X 射线束硬化效应造成的 CT 图像不均匀性,如图 4-1-6 所示为有硬化校正水模,图 4-1-7 为无硬化校正水模。

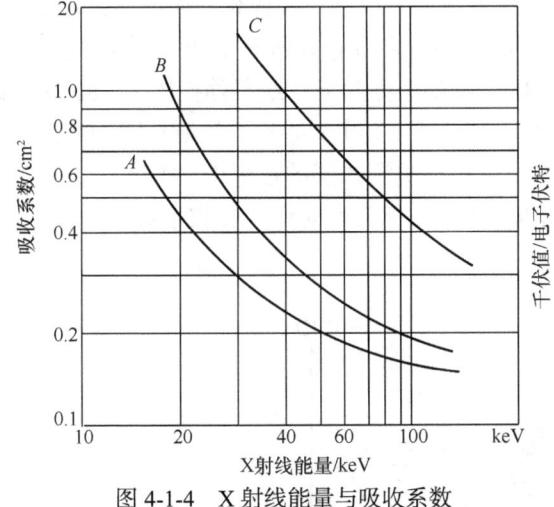

图 4-1-4　X 射线能量与吸收系数

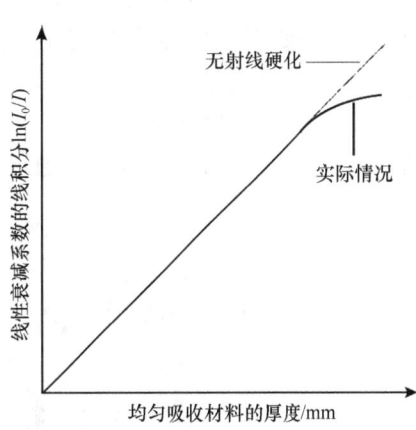

图 4-1-5　硬化效应引起吸收系数非线性

图 4-1-6　有硬化校正水模

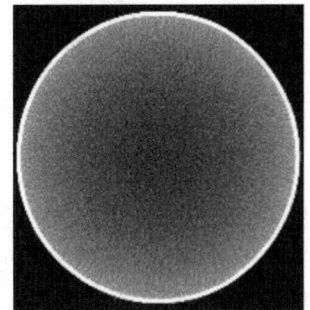

图 4-1-7　无硬化校正水模

二、CT 数据采集基本原理

CT 成像与普通 X 射线摄影的主要区别是要进行复杂的数据采集过程,目的是获取重建图像的原始数据。CT 成像的数据采集是利用 X 射线管和探测器等的同步扫描来完成的,是根据 CT 成像的物理原理进行的。首先要选出被检体的一个体层平面,它的厚度由 X 射线管发出的 X 射线经准直器来限定,如图 4-1-8 所示。下面以 X 射线管发出的一直线波束和单一探测器为例,说明数据采集的基本原理。

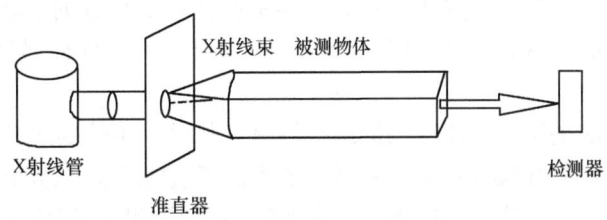

图 4-1-8　X 射线管发出直线波束

X 射线入射强度(I_0)在进行整个被测体层扫描过程中,始终保持不变,这时的吸收系数之和通过检测出的 X 射线透射强度求得。如图 4-1-9(a)所示,第一次扫描先采用等间隔的直线平移,使直线以单位长度为步长进行平移等间隔运动,被测体层被分割的体素的宽度等于这个单位长度。X 射线束对被测体层每扫描一个间隔,检测透射出的 X 射线强度,按式(4-3)可得到该处衰减系数之和的数值,这个数值不仅与 X 射线束穿透物体的性质有关,而且还与 X 射线束的空间位置有关。当直线平移扫描一个体层后,就获得一个方向上的一组衰减系数之和与 X 射线束扫描位置的曲线,如图 4-1-9(b)所示,我们把这个曲线称作 X 射线束经被检体吸收后在该方向上的投影,投影上各点数值称为投影值。第一次直线平移扫描后,扫描系统需要旋转一个小角度来改变方向,作第二次直线平移扫描,又可得到另一个方向上的投影。重复此过程,就能得到被检体整个体层平面在所有方向上 X 射线束的投影。从而可获取 X 射线束扫描被测体层的各个方向上的投影数据。设每一方向上直线平移扫描为 180 次,即一个方向上的投影可得到 180 个投影值。如果把被测体层分成 180×180 个体素,就须旋转 180 次,为了不进行重复扫描,每次旋转角度为 1°。因此,从 X 射线束扫描被测体层的过程中,能得到 180×180 个投影值,建立 180×180 个方程,并通过计算求解出 180×180 个体素所对应的吸收系数。

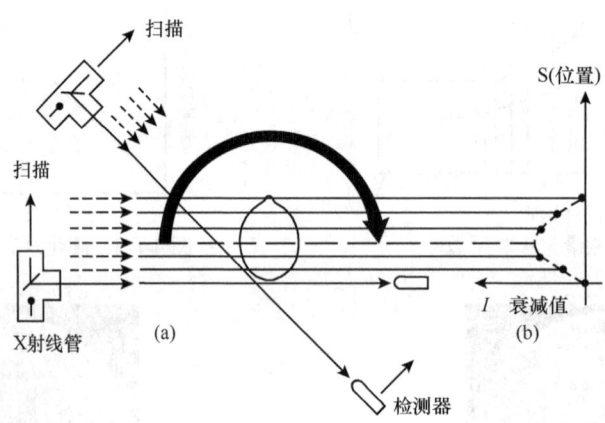

图 4-1-9 X 射线束平行扫描的数据采集

由上可见,不同组织器官对 X 射线的线性衰减系数不同,线性衰减系数是 CT 成像的基础。通过计算机对获取的投影值进行一定的算法处理,可求解出各个体素的衰减系数值,获取衰减系数值的二维分布(衰减系数矩阵)。再按 CT 值的定义把各个体素的衰减系数转换为对应像素的 CT 值,于是就得到 CT 值的二维分布(CT 值矩阵)。然后将各像素的 CT 值转换为灰度,就得到图像的灰度分布。此灰度分布就是 CT 影像。

CT 成像的数据采集为重建图像提供依据,是 CT 成像过程中的第一个环节,也是最关键的环节之一。数据采集应遵循以下原则。

1. 投影是 X 射线束扫描位置的函数　由于被测体层中各点对 X 射线的吸收系数是不一样的,X 射线束的投影也是不一样的,因而从不同方向上得到的投影值必然与 X 射线束的扫描位置有关。因此,数据采集须按照被测体层平面的空间位置有规律地进行,图像重建过程也是按数据采集中确定好的空间位置来重建的。

2. 扫描应毫无空隙地覆盖或局部重叠　X 射线束的扫描是实现数据采集的途径。将被测体层预先划分好各个体素后,X 射线束的扫描要通过各个体素一次以上,才能保证得到各个位置上的投影值,计算出各个体素的吸收系数。

3. 提高扫描速度　一般是说被测体层内的组织器官总是处于不停的运动之中,将会影响到数据采集的准确性。根据人体正常的生理状态,将扫描速度提高于这些组织器官的运动速度,在它们某一段时间内未来得及变化之前扫描过程已完成,这样,可使数据采集受被测体层内的组织器官的运动影响较小。

4. 数据采集要精确　CT 图像重建和图像处理等都是以数据采集为依据的,所以提高数据采集过程中的精确度,是保证获取高质量的 CT 图像的关键。

三、CT 图像重建

CT 图像重建是利用各方向探测采集的数据阵列,求解出图像矩阵中各个像素单元的衰减系数(μ),

然后构建出 μ 的二维分布图像的过程。图像重建的方法主要有方程法、迭代法和解析法等，解析法包括傅里叶变换法和滤波反投影法，其中滤波反投影法是目前比较常用的方法。

CT 图像重建的基本要求：①真实反映被测体层解剖结构信息，采集的数据要准确，图像重建要不失真地求解还原出图像矩阵分布，再现被测体层的图像信息，提供清晰的 CT 图像；②重建时间要短，一方面由于 CT 图像重建是经过计算机重建图像，所以计算时间要尽可能短，达到快速即时成像；另一方面又可以对某些缓慢运动的器官进行动态成像，观察它们在缓慢运动中的变化情况；③理论技术可靠，图像重建从理论上讲是一个数学问题，在实际应用中应根据现有的工程技术和计算机水平进行图像重建，以满足临床诊断要求为原则。

数理基础如下。

1. 衰减系数分布的数学描述　图像重建过程是建立在数理方程及求解的基础上的，窄 X 射线束通过不均匀路径 l 时，各体素叠加对 X 射线的衰减系数为

$$\mu_1 + \mu_2 + \cdots + \mu_n = -\frac{1}{d}\ln\frac{I}{I_0} \tag{4-4}$$

或为

$$d\sum_{i=1}^{n}\mu_i = -\ln\frac{I}{I_0} = P \tag{4-5}$$

式（4-4）、（4-5）中，d 是体素的尺寸，体素 d 内可认为是均匀介质；I_0 为入射 X 射线的强度（已知）；I 为某一方向透过 l 路径（n 个 d 叠加组成的路径）后的 X 射线强度，只要用探测器测出 I 就可求出对应的投影 P。

在 X 射线束扫描通过的路径 l 上如果介质不均匀，则衰减系数值连续变化，是路径 l 的函数，可表示为连续变化的求和，即积分形式

$$P = \int_{-\infty}^{+\infty}\mu_i dl \tag{4-6}$$

式中，μ_i 是随路径 l 变化的连续函数；P 为投影函数。

投影值是图像重建过程中通过探测器采集到的数据，每采集到一个数据就得到一个以线性衰减系数 μ_i 为未知数的多元一次线性方程，多方向投影得到一系列方程组，进一步可求解出 μ_{ii} 的二维分布矩阵，这就是 CT 重建图像。由于图像矩阵大，这种解方程求 μ_{ii} 分布矩阵的运算费时，实际中并不采用。

对受检体组织器官的体层进行数据采集，需要将这一体层设定在直角平面坐标系（x，y），体层每一点的吸收系数 μ_{ii} 与坐标（x，y）一一对应，是坐标（x，y）的函数，设为 $\mu(x,y)$，投影函数 P 应是体层所在的 xy 平面坐标的函数 $P(x,y)$，则

$$P(x,y) = \iint \mu(x,y)dxdy \tag{4-7}$$

当 X 射线束在体层进行扫描时，是围绕着体层的中心点进行平移或旋转的，由于 X 射线束在扫描中，X 射线的投影 P 总是与 X 射线束路径 l 有关，所以引进一个新的坐标系（极坐标 R-θ）来描述 μ_{ii} 在 X 射线束路径 l 的位置。设 X 射线束路径 l 到极坐标中心 O 的垂直距离为 R，与轴的夹角为 θ，则 X 射线束路径 l 用直线方程表示为

$$x\cos\theta + y\sin\theta - R = 0 \tag{4-8}$$

式中，θ 在 $0 \sim 2\pi$ 内变化；R 为被测人体断面最大外缘至中心点的距离。X 射线投影 P 是随着 X 射线束扫描方向和路径不同而变化的，经过坐标变换后，X 射线束穿过吸收系数为 $\mu(x,y)$ 的断面后，在 R-θ 坐标平面上的投影是坐标（R，θ）的函数，记为 $P(R,\theta)$。

当在某一 θ 角度时，平面坐标上的投影 $P_\theta(R,\theta)$ 为

$$P_\theta(R,\theta) = \iint \mu(x,y)dxdy \tag{4-9}$$

由上述讨论可知，X 射线束在各个方向上的投影函数通过扫描检测获得，图像重建的过程是从积分方程

(4-9)中求解出各像素（R，θ）的吸收系数 μ（x，y）的，根据投影来求解线性衰减系数分布的各种数学方法称为"算法"。

2. δ-函数 δ-函数又称单位脉冲函数或狄拉克（Dirac）函数。δ 函数具有筛选性质，即

$$\int_a^b f(x)\delta(x-x_0)\mathrm{d}x = \begin{cases} f(x_0), & a<x_0<b \\ 0, & x_0\text{为其他值} \end{cases} \quad (4\text{-}10)$$

式（4-10）的意义是：函数 $f(x)$ 把 x_0 从区间（a，b）中筛选出来。若用 δ 函数筛选 X 射线束扫描的某一路径 l，或者说路径 l 用 δ 函数来限制，这样就可以纠正 CT 图像重建中重建图像的模糊问题。

3. 卷积计算 卷积计算是 CT 图像重建中重要的数学算法之一，是进行积分变换的有效方法。若 $\mu(x)$ 是 $v(x)$ 和 $\omega(x)$ 的卷积函数，即

$$\mu(x) = v(x)*\omega(x) = \int_{-\infty}^{\infty} v(x-t)\omega(t)\mathrm{d}t \quad (4\text{-}11)$$

式中，*是卷积符号，可以将 $\mu(x)$ 看成是 $v(x)$ 在 x 轴上反转平移为 $v(x-t)$ 后与 $\omega(t)$ 函数乘积的积分。卷积计算是图像重建中比较重要的方法，它的作用是滤去反投影图像重建产生的模糊。为了尽可能地减少计算时间，在卷积计算中多采用快速傅里叶变换（fast Fourier transform，FFT）实现高速运算。

四 CT 重建算法

（一）解方程法

CT 图像重建方法是求解图像矩阵的方法，按照 CT 成像原理，如有 256×256 的图像矩阵，应有 256×256 个独立的线性方程组，并且求解 256×256 个矩阵中各体素的衰减系数（μ）。对于 256×256 个独立的线性方程组求解，可以采用解方程法（直接矩阵法）和迭代法（逐次近似法）等，这些方法是数学中常用的求解方法，但由于这些方法计算时间长，所以不能满足图像重建的基本要求。

（二）反投影法

反投影法（back projection）又称总和法，此法是利用投影值近似地复制出 μ 值的二维分布。它的基本原理是将测得的投影值按其原路径 l 平均分配到每一个点上，各个方向上投影值反投影放回矩阵后，在像素点处进行叠加，从而推断出原层面的 μ 值的二维分布图像。我们考察一个矩形被测体在 x、y 轴上的投影（图 4-1-10）。在重建图像时，根据反投影法的原理，从 x、y 轴方向上分别按原路径平均分配投影值，其结果在像素点处是两个方向反投影值的叠加，加重了影像部位的显像值；再经过处理或调整原显像灰度值，突出了投影相重叠部分，使影像近似地重现原来的组织对 X 射线的衰减值分布。

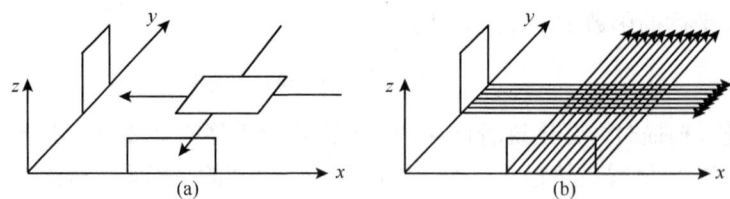

图 4-1-10 矩形物体投影和反投影
（a）投影；（b）反投影

反投影法的缺点是会造成图像边缘的不清晰。如果在一均匀组织密度内,存在吸收系数特异的部分，那么反投影图像与真实图像会出现伪影。

（三）滤波反投影法

滤波反投影法是解析法中的一种，采用卷积计算的滤波反投影法在当前 CT 成像装置中应用最为广泛，也称卷积反投影法。

此方法是把获得的投影函数进行卷积处理，即人为设定一种滤波函数 $h(x)$，用它对投影函数 $P(R$，$\theta)$ 进行卷积处理，消除由于投影方向 θ 改变而使 $P_\theta(R,\theta)$ 变动的影响（R 一定时，对均匀圆柱体各

θ 方向的投影值应相等），然后再把改造过的投影函数进行反投影处理，就可以达到消除星状伪影的目的。卷积函数算法有平滑、锐化、标准等算法，可根据不同的扫描部位选择，卷积的具体处理过程要应用傅里叶变换。

（四）傅里叶变换法

傅里叶变换法（FT）是解析法中的一种，是基于图像矩阵的求解与图像投影的傅里叶变换间建立的确定关系，或为修正反投影法中模糊因子，从频域上校正图像模糊部分的图像重建方法。

二维傅里叶变换法：傅里叶变换是将任意周期信号或非周期信号变换成与自身频率特性有关的表达形式，使信号的变化与频率变化之间建立内在的联系，从分析频率特性的角度来提示信号本身的变化规律。如图 4-1-11 所示的矩形波信号，经过傅里叶变换成频率变化的形式。图中 $F(\omega)$ 随着频率增加，其幅度变小，这表现出矩形信号频域中主要是由基频或低频幅度分量组成的。

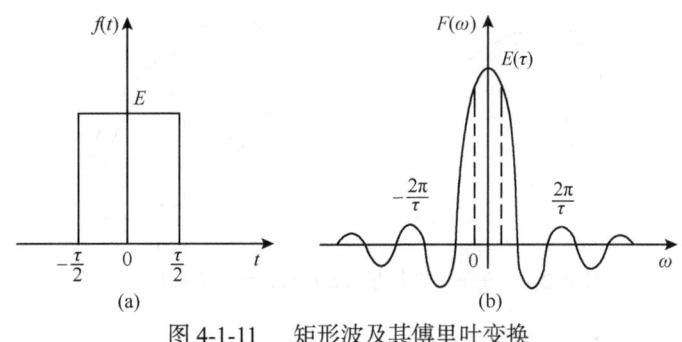

图 4-1-11 矩形波及其傅里叶变换
（a）矩形波 $f(t)$；（b）$f(t)$ 的傅里叶变换 $F(\omega)$

二维傅里叶变换法被认为是最理想的图像重建方法，但因为该方法需要进行正反两次傅里叶变换，计算量比较大，在实际应用中不易实现。

第二节 基本概念

一、层厚、层间隔、体素

1. **层厚** 层厚即由准直器设定的 X 射线束的厚度，多层螺旋 CT 中等于所用探测器总宽度/层数。
2. **层间隔** 受检体中的一个薄层称为断层，断层的两个表面可粗略地视为平行的平面，相邻两个层面间的距离即层间隔。
3. **体素（voxel）** 是指在受检体内欲成像的层面上按一定大小和一定坐标人为划分的小体积元。对划分好的体素进行空间位置编码，形成体素阵列。体素阵列有：256×256（65 536 个体素）、320×320（1024 00 个体素）、512×512（26 2144 个体素）等。阵列中的每个数字经数/模转换器转为由黑到白不等灰度的小方块，称为像素（pixel），并按原有矩阵顺序排列，即构成 CT 图像。

二、螺距

螺距（pitch）定义为扫描架旋转一周（360°）进床距离与透过探测器的 X 射线束厚度的比值，是一个无量纲的量。计算式为

$$\text{pitch} = \frac{d}{s} \qquad (4\text{-}12)$$

式中，d 为扫描架旋转 1 周的进床距离；s 为透过探测器的 X 射线束厚度。在单层螺旋 CT 中，X 射线束厚度等于探测器准直宽度，即等于采集层厚。

在螺旋扫描过程中，由于 X 射线管和探测器相对于受检体做螺旋状运动，螺旋扫描的覆盖区域是

对某一区段进行连续采集的（图4-2-1）。可见，对于任一层面，螺旋扫描轨迹仅有一点与该平面相交，其余各点均落在该平面之外，这就需要对原始螺旋投射数据进行插值处理，才能得到足够多的重建平面投射数据。常用的插值方法为线性内插法（linear interpolation，LI），线性内插法包括全扫描内插法（full-scan with interpolation，FI）和半扫描内插法（half-scan with interpolation，HI），FI和HI法又分别称作360°线性内插和180°线性内插。

螺距不但决定CT的容积覆盖速度，还影响图像的质量。使用较小的螺距可以增加原始扫描数据量，提高重建断层图像的质量，但增加了扫描时间和对受检体的辐射剂量。使用较大的螺距，可以在相同时间内增加扫描范围，缩短曝光时间，但所获得的原始扫描数据量减少，重建图像质量下降。螺距选择通常介于1和2之间，以便获得较快的扫描速度并降低辐射剂量。螺距小于1时，类似于非螺旋方式的重叠扫描，在对图像质量要求较高时采用。

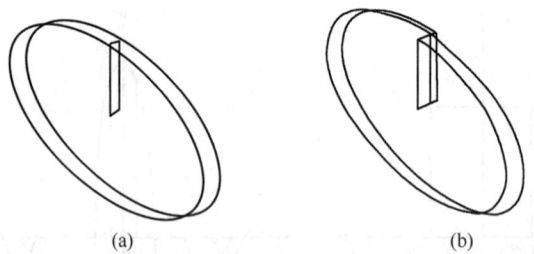

图4-2-1 普通CT扫描（a）和螺旋CT扫描（b）

三 窗口技术

CT值：是CT影像中每个像素所对应的物质对X射线线性平均衰减量的大小。实际应用中，均以水的衰减系数作为基准，故CT值定义为：人体被检组织的衰减系数 μ_x 与水的衰减系数 μ_w 的相对差值，即

$$\text{CT 值} = \frac{\mu_x - \mu_w}{\mu_w} \times K \qquad (4\text{-}13)$$

式中，K 是分度因数，常取为1000。规定水的衰减系数 μ_w 是73keV能量的X射线在水中的线性衰减系数，$\mu_w = 1\text{m}^{-1}$。CT值的单位为HU。

CT值可以通过测量不同组织的衰减系数来计算。例如，选用73keV能量的X射线，水的衰减系数为1，按CT值的定义可得到水的CT值为0HU。人体各种组织的CT值可大致划分在骨和空气的CT值范围内，图4-2-2给出了一些组织的CT值大概范围。

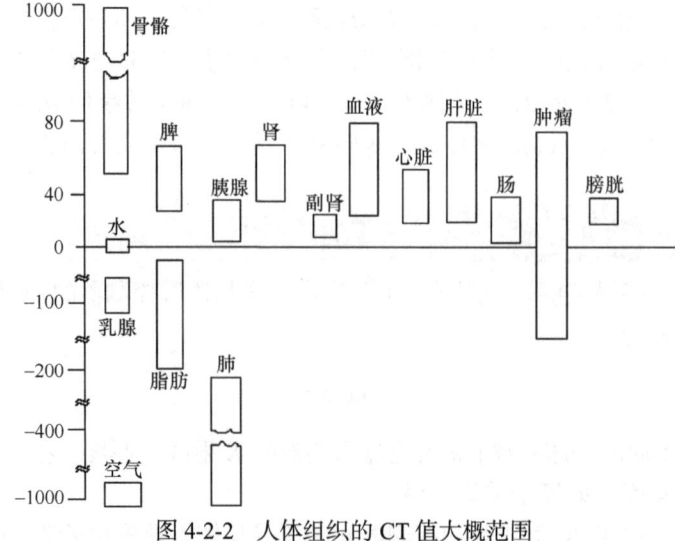

图4-2-2 人体组织的CT值大概范围

CT 图像用灰度显示，人体中不同密度的组织 CT 值介于 –1000～+1000HU 的 2000 个分度内，如果图像从全黑到全白用 2000 个灰阶来表示，每个 CT 值对应显示一个灰阶，其图像层次非常丰富，但人眼只能分辨出 16 个灰阶，每个灰阶对应的 CT 值有 125 个，也就是相邻两灰阶间 CT 值相差 125HU 时，人眼才能分辨。为了能观察出 CT 值所具有的高密度分辨力，CT 显示图像时，根据所观测人体不同组织的 CT 值范围，作出与显示灰阶相对应的安排，使之更符合人眼观测。

窗口技术：将体层某局部范围内 CT 值分布用相对应的 16 灰阶显示。CT 值分布与 16 个灰阶一一对应，把局部范围内 CT 值的上限增强为全白（灰度为 0），把 CT 值的下限压缩为全黑（灰度为 16），灰阶对应的 CT 值数目减小，灰阶间的 CT 值相差变小，人眼能分辨出这细微差异，这相当于放大或增强了局部 CT 值范围内灰度显示的黑白对比，更容易区分出 CT 值分布的细微差异。

被放大或增强的 CT 值灰度显示范围叫做窗口，上限 CT 值和下限 CT 值之差称为窗宽（WW），也就是显示器所显示的 CT 值范围。CT 值范围的中心 CT 值叫窗位（WL）。

$$WW = CT_{max} - CT_{min} \tag{4-14}$$

$$WL = \frac{CT_{max} + CT_{min}}{2} \tag{4-15}$$

如图 4-2-3 所示的某一选定的窗宽（window width，WW）、窗位（window level，WL）及显示灰阶，图中所示 CT 值 "+" 的方向是显示亮的方向；"–" 的方向显示暗的方向。图中骨窗显示 WW=1500，WL=450。

窗位通常以欲观察组织的 CT 平均值为参考；选择窗宽要考虑窗口中组织结构密度差异，窄窗显示的 CT 值范围小，每级灰阶代表的 CT 值跨度小，有利于低对比组织或结构（如脑组织）的显示；宽的窗宽每级灰阶代表的 CT 值跨度大，适用于密度差别大的组织或结构（如肺、骨质等）的显示。

例如，欲观察脑部的血液（CT 值约为 12HU）及凝血（CT 值约为 60HU），需把 CT 值的上限定为 80HU，下限定为 0HU，即 WW、WL 分别为 80，40，这时 CT 图像中的血液和凝血灰度差异很明显，很容易区分；若选取 WW、WL 分别为 300、40，这时还可以区分，但不如第一种锐利；若 WW、WL 为 40，–20，凝血与血混在一起，不能区分。

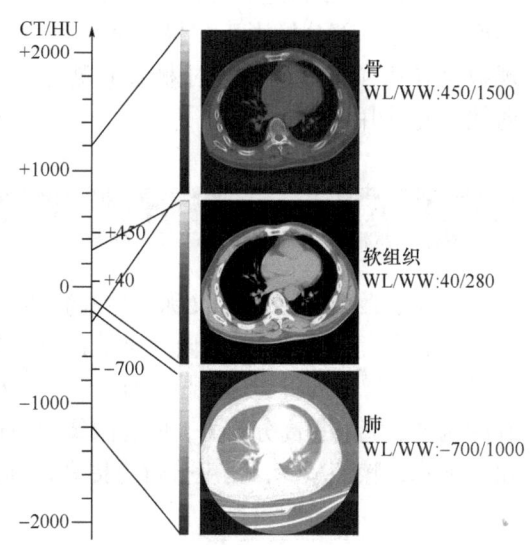

图 4-2-3 窗宽、窗位及灰阶显示

人体不同的病变组织需不同的窗口显示技术，CT 机设计和设置了许多窗口显示方法，如肺窗、软组织窗、骨窗，以便分段观察 CT 值范围差异较大的复杂组织结构；对于胸腔纵隔和肺可用肺窗和软组织纵隔窗双窗显示（图 4-2-4）；也可设窗中窗以迅速捕捉到 CT 值范围不同段的病变组织；还可在窗宽范围内重点强调某 CT 值（调整 WL）并给以明显标记等。

需要明确窗口技术纯属一种显示技术。合理地使用窗口技术，只是能获取组织结构差异的最佳显示方式，不会改变人体组织或结构上的真实差异。

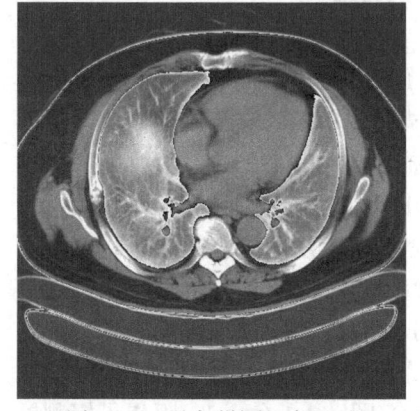

图 4-2-4 肺与纵隔双窗显示

四 视野

视野（field of view，FOV）分扫描视野和显示视野（重建视野），是 CT 等成像设备的重要性能参数之一，为成像时的可见范围，其基本含义是重建图像的范围，用于衡量成像设备能够进行有效成像的空间尺寸。为了具体观察图像中的某一区域，可以设定某一区域作为兴趣区（region of interest，ROI），ROI 可以选择矩形、圆形、椭圆形或任意形状，然后进行区域内图像放大、CT 值分析、距离测量，面积或体积计算等。CT 成像装置提供 ROI 数据测量及分析功能，使图像可以进行定量分析，这和数字图像功能一样。还可进行夹角、面积测定及分析，以及标注箭头等，这些功能是数字图像的共性，而体积的分析计算是 CT 图像相对于一般数字图像具有的特点。

五、部分容积效应

如果划分的体素内包含几种不同的组织成分，则该体素的 CT 值是所含各种成分的加权平均值。在这种情况下，平均 CT 值不能准确地与体素内任何一种组织成分的密度相对应，这种现象称为部分容积现象（partial volume phenomenon）。如一个体素内包含有三个相近组织，如血液、灰质、白质（CT 值依次为 40、43、46）时，该体素 CT 值的计算是将这三种组织的 CT 值平均，最后上述测量的 CT 值被计算为 43。CT 中的这种现象被称为"部分容积均化"。如果射线束同时通过衰减差较大的骨骼和软组织，CT 值就要根据这两种物质平均计算，由于这两种组织的衰减差别过大，所以 CT 图像重建时计算会产生误差，部分投影于扫描平面并产生伪影被称为部分容积伪影。部分容积伪影最常见和典型的现象是在头颅横断面扫描时颞部出现的条纹状伪影，又被称为"Houndsfield"伪影，这种现象也与射线硬化作用有关。

六、重建函数核

重建函数核（kernel）又称重建滤波器、滤波函数。CT 扫描通常会包含一些必要的参数，如球管的电压、电流、层厚等，重建函数核是其中一个重要内容。它是一种算法函数，决定或影响图像的分辨力和噪声等。常见的重建函数核有高分辨力、标准和软组织 3 种模式：高分辨力模式是一种强化边缘、轮廓的函数，能够提高分辨力，但是图像噪声也相应增加；软组织模式是一种平滑、柔和的函数，图像对比度下降，噪声减少，密度分辨力提高；标准模式则是没有任何强化或柔和作用的算法。

第三节　单层螺旋 CT 成像原理

螺旋 CT 最重要的突破是使用滑环技术。采用滑环技术不仅缩短了工作周期时间，并在此基础上设计出了螺旋 CT。CT 机以铜制的滑环和导电的碳刷代替电缆，使机架能做单向的连续旋转，此即滑环技术。在连续扫描的同时，病床承载受检者连续送入机架扫描孔。扫描轨迹为螺旋形曲线，可以一次收集到扫描范围内全部容积的数据，所以也称螺旋容积扫描。在扫描的同时，受检者随扫描床匀速运动，而 X 射线球管和探测器组则相当于电机的转子一样，不停地围绕受检者的 ROI 做快速连续 360°旋转，同时探测器组连续采集数据，如此扫描若干周后，其结果是球管相对受检者 ROI 体表的扫描轨迹是一螺旋形路径，故称为螺旋容积扫描（helical or spiral volumetric scanning）。螺旋扫描得以实现的关键之处是采用了滑环技术（slip ring technique），传统的 CT 球管系统的电力及信号传递是由电缆完成的。在扫描时球管做往复圆周运动，电缆也随之来回缠绕，并发生拉伸和绞合[图 4-3-1（a）]。阻碍了探测器组的持续旋转，使得扫描无法连续进行。因而明显地影响了扫描速度，获取数据的范围也受到了限制。滑环技术的发展解决了上述电缆连接的缺点。该技术的实现主要解决了如下问题：第一，它应用了中频技术将高压发生器制作得很小，并与球管连在一起形成组合固定在机架内随机架旋转而同步运动；第二，它运用高速旋转的封闭滑环来代替机架运动器件的供电和传送数据的电缆。所谓滑环，实际上是一个圆形宽带状封闭的铜条制成的同心环。其一面与探测器、控制器、控制电路及检测电路相连接并固定于机架的旋转部分，另一面则与一组固定的碳刷头紧密接触，每个碳刷头对应一个滑道。这样在扫描时滑环与机架一起高速同步旋转，数据则通过滑环与机架相连的一面及时传递到滑环[图 4-3-1（b）]。滑环另一面的各个滑道也就实时获取了各自所需负责传递的数据。这些数据再通过各个滑道同与之对应的碳刷头紧密接触。这就能及时、准确、无误地传送给数据处理系统。X 射线管和探测器相当于电机的转子，滑环系统相当于碳刷和集电环。由于像这样电源和数据的传递不是通过电缆而是通过封闭的滑动的铜环来连接的，所以称为滑环技术。正是由于这种技术的实现保证了扫描系统可以连续旋转，从而消除了传统 CT 扫描机的加速、减速和回位的过程，大大提高了扫描速度，并使扫描获取的信息更加广泛。

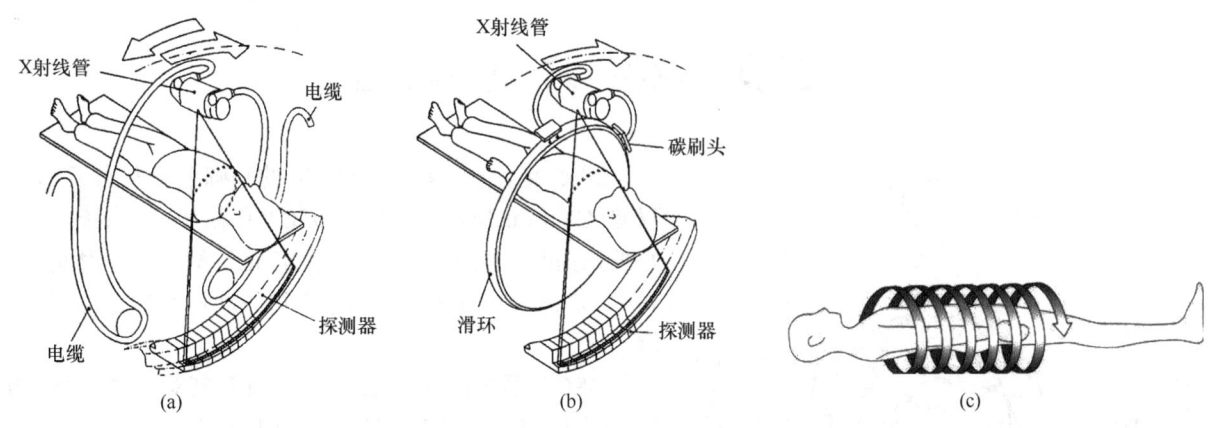

图 4-3-1　CT 扫描球管移动
（a）传统 CT 扫描；（b）螺旋 CT 扫描；（c）螺旋扫描轨迹

第四节　多排探测器 CT 成像原理

多排探测器 CT（multi detector CT，MDCT）又称多层 CT（multi slice CT，MSCT），它与单层 CT 相比，其核心变化体现在探测器构成和数据采集系统。MSCT 在 z 轴上设有多排探测器，并有多个数据采集系统。而 MSCT 图像重建所采用的计算方法也与单层和双层 CT 不同。

探测器排列组合：MSCT 与单层螺旋 CT 最明显的差异在探测器的排列和组合上。单层 CT 仅有一排探测器与球管直线对应，探测器随球管同步旋转并记录透射过受检者的 X 射线剂量，层面厚度由 X 射线准直器调节，球管曝光时所有探测器处于激发状态因而增加了部分容积效应，使扫描架每旋转 1 周，仅采集的一层数据边缘模糊，影响了图像质量。MDCT 的多排探测器则排成多列，可分为固定阵列和可变阵列。单个探测器宽度在 0.15～5.10mm 内不等，探测器的排数与阵列决定扫描覆盖的最大区域，最薄扫描层厚由中心区的探测器决定。最佳层厚组合由探测器排列方式决定，探测器的排数越多它选择扫描层厚的组合越灵活，但由于探测器排数越多，探测器之间的间隙也越多，从而降低了 X 射线利用率，丢失一定的信息，造成图像质量下降。因此，MSCT 多采用大容量球管和高毫安扫描来增加信息量以提高图像质量。单个探测器的最小宽度决定 z 轴分辨力，宽度越小，z 轴分辨力越高。

数据采集系统（date acquisition system，DAS）：有多个数据采集系统，每一个系统所获得的数据产生一层图像，每个系统都独立与探测器相连。所以增加数据采集系统对于增加 CT 成像速度同样重要。当前商品化的 MDCT 具有 4～16 个数据采集系统。因此球管每旋转一周可以最多获得 16 层图像。如中央区 4 排 0.15cm 探测器的 MDCT 可获得 4 层 0.15cm 层厚的图像，而 16 排 0.15cm 探测器的 MSCT 可得到 16 层 0.15cm 层厚的图像。

图像重建：与单层螺旋 CT 采用 180°线性内插法和 360°度线性内插法进行图像重建不同，MSCT 采用一种新的计算方式，即扇形束反投影，它主要由 3 个部分组成，即最优化抽样扫描、过滤内插入和扇形束重建。最优化抽样扫描的目的是改变非常小的层面补充数据和直接数据采样间隙，所以扫描层面越薄，补充数据的采样间隙越大，从而导致重建图像质量下降。过滤内插入是在 z 轴方向上用过滤器滤过大量采样数据的过程，目的是减少图像不连续转化的作用。过滤内插入时宽度（即扫描层厚）及螺距的大小共同对噪声产生影响。所以再利用锥形束重建计算程序即可得到良好的图像。

螺距：是螺旋 CT 扫描中的一个重要参数，其与螺旋 CT 扫描的图像质量密切相关，并影响着 z 轴上的扫描范围和时间。螺距是指球管旋转 1 周时床所移动的距离和 X 射线束宽度（X 射线束准直）的比值。单层 CT 的 X 射线束宽度就是扫描层厚，而对于 MDCT 来说是指一排探测器的宽度。因此对 MDCT 的螺距的定义各生产厂家各有不同。当螺距值在一定范围内变化时其对图像质量影响不是很大。但当螺距大于 6 时，图像有效层面厚度增加从而导致图像的空间分辨力下降，因而图像质量也明显下降。

第五节　双源 CT 成像原理

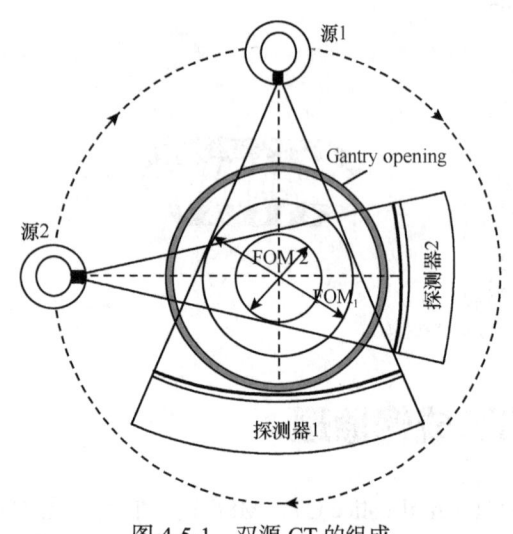

图 4-5-1　双源 CT 的组成

source1 为"球管 1"，detector1 为"探测器 1"；source2 为"球管 2"，detector2 为"探测器 2"；gantry opening 扫描机架的孔径；FOM1 为扫描野的直径 1；FOM2 为扫描野的直径 2

2005 年，在 64 层螺旋 CT 的基础上开发出了 64 层双源 CT（dual-source CT，DSCT）系统。该系统在用于心脏扫描时，图像采集时间为 83ms，最高采集时间甚至高达 42ms，在常规心率状态下可以获得心脏运动冻结图像。

DSCT 系统由两套 X 射线球管及其对应的探测器组成（图 4-5-1），它们呈 90°安置在机架上，其中一组探测器的扇形角覆盖整个扫描野（直径 50cm），针对心脏扫描的需要及机架空间位置的限制，另一组探测器扇形角较小，只覆盖等中心扫描野直径 26cm 的范围。探测器的结构与西门子 64 层单源 CT 相同，由不等宽的 40 排探测器单元排列，中央 32 排为 0.6mm，等中心两侧分别为 1.2mm，40 排探测器阵列 z 轴向总宽度为 28.8mm。通过探测器单元组合，可获得 32mm×0.6mm 或 24mm×1.2mm 层厚图像。采用飞焦点技术 z 轴双倍采样，利用中央 32mm×0.6mm 排探测器可同时获得 64 层 0.3mm 层厚的图像。机架转速最高为 0.33s/360°（通常用于心脏扫描），其他部位扫描时还可选择 0.50s/360°或 1.00s/360°的机架转速。DSCT 的两只球管均采用电子束控金属球管，峰值功率为 80kW，不仅实现了 z 轴双倍采样，散热能力也大大提高，既可以满足常规部位扫描，又可以满足高分辨力大范围扫描的需要，如心血管、胸腹部血管、外周血管等。在临床应用中，既可开启两只球管（心脏及冠状动脉成像时）及其相应探测器组，也可只开启 1 只球管及其相应的探测器。在仅启用单源数据采集系统时该系统即为常规 64 层 CT，主要用于心脏以外的其他部位成像。此外，两只球管还可各自独立设置电压值和电流值，从而实现双能量数据采集。无论是选择单球管还是双球管进行扫描及数据采集，扫描模式都可以选择螺旋式或步进断层式。

DSCT 心脏及冠状动脉成像时，图像重建仍采用部分扫描图像重建算法，也称半扫描图像重建算法。这种图像重建算法在 EBCT 及 MSCT 心脏及冠状动脉成像中已经应用，主要目的是缩短数据采集时间，提高时间分辨力。传统的 CT 图像重建需采集 360°扫描的数据，而半扫描图像重建法只需采集 180°扫描的数据。180°扫描的实际投影范围为 180°+δ，式中 δ 为线束扇形角。根据系统的几何设计，扇形角为 50°~60°。采取这种图像重建算法可使时间分辨力提高 1 倍，即数据采集时间缩短为全周扫描时间的 50%。

在心脏模式扫描时，DSCT 机架转速通常采用 0.33s/360°螺旋方式连续扫描，同步记录心电信号，回顾性心电门控半扫描图像重建算法重建图像。重建 1 幅图像所需的原始数据分别来自两组独立的、呈 90°排列的探测器。两组数据通过拼接、融合形成重建 1 幅图像所需的完整数据，使时间分辨力明显提高。虽然同一幅图像的重建数据来自相互独立的两个探测器，但由于两个探测器处于z轴同一位置，且为同一R-R间期采集。所以，图像数据仍为被扫描器官同一解剖位置、运动期相的信息。传统CT及多层螺旋CT的图像重建需要采集360°的扫描数据，即使是心脏专用部分的数据重建算法也需采集180°的扫描数据，DSCT之所以能够提高时间分辨力，关键在于它只采集了90°的扫描数据，相当于缩短了采集一幅图像数据时X射线球管的扫描行程。当球管A由位置A绕人体旋转90°到A'时，球管B也同步由位置B旋转到B'，行程时间为全周扫描的1/4，其投影数据为两个连续的90°投影，它们的相位差为90°，将两个投影数据融合，即得到一个完整的180°投影数据，也就是说DSCT机架只需旋转90°，即可得到180°+δ的投影数据，满足了半扫描图像重建法对投影数据量的要求。基于上述原理，可以认为DSCT心脏扫描模式的硬件时间分辨力可达到83ms，如果采用两节段数据（两个R-R间期），重建图像还可实现42ms的时间分辨力。只需旋转90°，即可得到180°+δ的投影数据，满足了半扫描图像重建法对投影数据量的要求。基于上述原理可以认为DSCT心脏扫描模式的硬件时间分辨力可达到83ms，如果采用两节段数据（两个R-R间期），重建图像还可实现42ms的时间分辨力。

第六节　能谱CT成像原理

2008年北美放射学年会上，GE公司正式向全球推出了全新的宝石能谱CT，这款产品的问世开创了一个全新的CT能谱成像的全新领域。创造性地采用了宝石作为探测器的原材料，从而引领了一场包括球管（动态变焦球管）、高压发生器（瞬时变能高压发生器）、探测器（宝石探测器）、成像原理、重建算法（自适应迭代重建）、高速数据采集系统等一系列CT影像链核心技术的全面革命，开创了一个CT分子影像的全新领域。能谱CT与常规CT最为明显的区别就是能够实现单能量成像，任何时间、任何角度都能采集140kVp、80kVp两种能量数据，根据这两种能量范围内的衰减系数，还可以通过对比噪声比获取101个单能量图像，具有更高的图像质量和信噪比。

X射线和微波、可见光、紫外线等本质一样，都是电磁波。由X射线管产生的X射线并非单一能谱，而是包括特征谱和连续谱两部分。X射线的特征谱可用量子理论作出完美解释，即当X射线管所产生的高能束流电子轰击靶极时，靶极原子的内层电子脱离原轨道，外层电子填充该空位时产生辐射跃迁，辐射光子的能量取决于跃迁前后的能级差，辐射光子的频率或波长对确定的物质有确定的数值。X射线的连续谱源于轫致辐射，即高能电子进入靶原子核附近，受原子核电场作用急剧减速，损失的能量以X光子的形式辐射出去，因高速电子与原子核电场相互作用的情况不同，辐射出的X光子具有各种各样的能量，从而形成连续谱。

CT能谱成像的物理基础为：X射线通过物质的衰减能够客观反映X射线的能量；X射线经过物质后产生的光电效应与康普顿效应共同决定了物质的衰减曲线；物质的衰减曲线呈线性关系（不包括K峰区域），可以选择两种物质作为基物质进行物质分离。能谱CT能够将X射线吸收系数转化为任意两种基物质的吸收系数，而且衰减系数不受影响。因此，可以将一种物质的衰减转化为两种物质的衰减，根据已知物质的吸收系数就可以计算出其空间分布和密度，从而实现原始物质的分离与定量分析，生成的物质分离图像可以更加直观地反映计算分析结果。在基物质对组成上，通常是选取两种衰减不同的物质（如水和碘）。物质分离之后的分析可以借助单色光源数据分析实现，由于能谱CT的物质分析目的并不是确定物质成分而是分析基物质的衰减效应，所以，在分离物质时也并不是以某种固定的物质作为基物质进行分离，而是任意选择两个基物质。

双峰电压技术能够得到单能量的图像，任何一种组织的吸收都可以由相应比例的基物质对组合来表示。通常选择衰减高低不同的物质组成基物质对，碘和水就是常用的医学成像组合，因为它包含了从软组织到含碘对比剂以及医学中常见物质的范围，并且通过物质密度图像易于解释，以水和碘作为基物质对。组织在某种单能量下的CT值通过两组峰电压的数据就可以得出。根据高低能量的原始数据求解出用于基物质对图像重组的两组原始数据（碘-水），然后根据其基物质的原始数据重组得到基物质对的图像。最后根据相对应的已知的基物质的吸收曲线计算出特定水平的单能量（keV）图像。同时，也可得到常规的混合能量（峰电压）图像。水和碘的密度与 X 射线的能量无关，因此在能谱成像中，通过求解基物质对密度值就可以求解 CT 值。

双能能谱成像：衰减系数 μ 是光子能量 E 的函数即 $\mu(E)$，传统的 CT 计算出的 μ 值是混合能量等效值，即采用平均辐射能的计算方法得到的 μ 值。利用不同能量的单能量 X 射线，理论上可以得到一系列相应能量水平的能谱 CT 图像。因此，要实现能谱（能量）成像首先想到的解决方案是产生单能量的 X 射线，同步辐射被认为是一种单能量成像，可以产生一个连续范围的光谱，但尚处于实验阶段。目前，临床应用的主要为双能能谱成像，双能量成像方法主要有两种：一种以西门子公司的双源 CT 为代表，采用两套互相垂直的 X 射线球管及探测器，它们通过产生两种不同的辐射能量实现双能成像；另一种以 GE 公司的高分辨 CT 为代表，采用单个 X 射线球管，顺时实现高低能切换，达到双能成像。

能谱 CT 成像图像途径：最佳对比噪声比，能帮助快速查找单能量图像中的能量点，从而在众多单能量中快速找出最佳能量点；直方图，可用于有效原子序数和单能量图像分析，各个参数分别代表不同的含义；散点图，可以确定组织结构特性。

第七节　CT 灌注成像原理

灌注（perfusion）是血流通过毛细血管网，将携带的氧和营养物质输送给组织细胞的重要功能。灌注成像（perfusion imaging）是建立在流动效应基础上的成像方法，观察分子的微观运动。利用影像学技术进行灌注成像可测量局部组织血液灌注，了解其血液动力学及功能变化，对临床诊断及治疗均有重要的参考价值。灌注成像主要有两个方面的内容，一是采用对水分子微量运动敏感的序列来观察人体微循环的灌注状况，二是通过对比剂增强方法来动态地研究器官，组织或病灶区微血管灌注情况。肿瘤的灌注研究可以评价肿瘤的血管分布，了解肿瘤的性质和观察肿瘤对于放射治疗和/或化疗后的反应。

CT 灌注（CT perfusion）技术最早由 Miles 于 1991 年提出，并先后对肝、脾、胰、肾等腹部实质性脏器进行了 CT 灌注成像的动物实验和临床应用的初步探讨。所谓 CT 灌注成像(computed to mography perfusion imaging）是指在静脉注射对比剂的同时，对选定层面通过连续多次同层扫描，以获得该层面每一像素的时间-密度曲线（time-density curve，TDC），其曲线反映的是对比剂在该器官中组浓度的变化，间接反映器官灌注量的变化，图 4-7-1 显示右侧基底节区缺血低灌注时间-密度曲线。根据该曲线利用不同的数学模型计算出血流量（blood flow，BF）、血容量（blood volume，BV）、对比剂平均通过时间（mean transit time，MTT）、对比剂峰值时间（transit time to peak，TTP）、毛细血管通透性等参数，对以上参数进行图像重建和伪彩染色处理可得到上述各参数图。

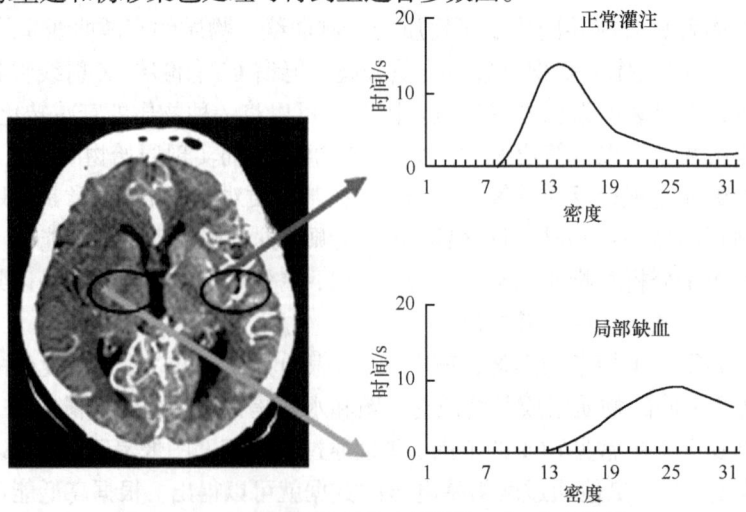

图 4-7-1　右侧基底节区缺血低灌注时间-密度曲线

CT 灌注成像的理论基础为核医学的放射性示踪剂稀释原理和中心容积定律（central volume principle）：BF= BV/MTT。BF 指在单位时间内流经一定量组织血管结构的血流量[ml/（min·ml）]；BV 指存在于一定量组织血管结构内的血容量（ml/g）；MTT 指血液流经血管结构时，包括动脉、毛细血管、静脉窦、静脉所经过的路径不同，其通过时间也不同。因此，用平均通过时间表示，主要反映的是对比剂通过毛细血管的时间（s）；TTP 指 TDC 上从对比剂开始出现到对比剂达峰值的时间（s）。

增强 CT 所用的碘对比剂基本符合非弥散型示踪剂的要求，所以可以借用核医学灌注成像的原理。CT 灌注成像使用的数学方法主要有两种：非去卷积法和去卷积法。前者忽略对比剂的静脉流出，假定在没有对比剂外渗和消除对比剂再循环的情况下，即对比剂首过现象（对比剂由动脉进入毛细血管到达静脉之前一段时间内，没有对比剂进入静脉再次循环的现象）去计算 BF、BV、MTT 等参数。而去卷积数学模型概念复杂，主要反映的是注射对比剂后组织器官中存留的对比剂随时间的变化量，其并不用对组织器官的血流动力学状况预先做一些人为的假设，而是根据实际情况综合考虑了流入动脉和流出静脉进行数学计算处理，因此更真实地反映组织器官的内部情况。总之，非卷积数学方法概念相对简单，便于理解，但易低估 BF，注射对比剂要求注射流率大，增加了操作难度和危险性。而去卷积数学方法计算偏差小，注射速度要求不高（一般 4~5ml/s）。

第八节　心电门控技术原理

为了减少或消除心脏大血管的搏动对 CT 图像造成的运动伪影，通常采用心电门控技术，主要用于心脏冠状动脉 CTA 的检查。常用的心电门控技术主要有两种：回顾性心电门控技术与前瞻性心电门控技术。心脏一次收缩和舒张，构成一个机械活动周期，称为心动周期（cardiac cycle）。心房与心室的心动周期均包括收缩期和舒张期。由于心室在心脏泵血活动中起主要作用，故心动周期通常是指心室的活动周期。为给快速运动的心脏成像，CT 数据采集必须尽可能快，以冻结心脏的跳动。

前瞻性心电门控类似于常规 CT 的步进触发扫描模式，受检者放置心电极后开始扫描，扫描期间受检者的心搏通过心电图信号监测。根据心动周期 R-R 间隔时间，开始曝光指令被设置在扫描协议中，如 R-R 间期的 60%或 70%。与受检者的心电脉冲相一致，CT 机在 R-R 间期某一预设点启动扫描。心脏或冠状动脉 CTA 的扫描数据采集只是完全扫描的一部分（即部分扫描），因为重建一幅横断面图像所需最少的投影数据为机架 180°旋转加上 CT 探测器轴向平面的扇形角。所以，扫描采集时间还受机架旋转时间的影响，即该时间分辨力等于机架旋转略大于半周的时间。采集一个层面数据后，检查床移到下一个位置，在心率合适和稳定时，采集其他层面的图像。该周期不断重复，直到整个扫描完成（根据心脏大小，覆盖范围为 12~15cm）。随着多层螺旋 CT 的 z 轴方向探测器排数的增加，扫描机架可在一次旋转获得更大的覆盖范围。例如，16 排探测器 0.625 mm/排，一次旋转可扫描 10mm。64 层螺旋 CT，每个探测器 0.625 mm，一次旋转可扫描约 40mm，通常心脏的覆盖范围为 120~150 mm，那么 3~4 次旋转即可覆盖整个心脏，可明显减少扫描运动伪影。前瞻性触发扫描数据的采集不是覆盖整个心动周期，而是在舒张期的短时间内，辐射剂量低。要求心率规整，否则图像会在每个心动周期的不同时相生成，从而导致错层伪影，故常用于钙化计分。

回顾性门控是多层螺旋 CT 采集冠状动脉图像数据的主要方法。该扫描模式时，受检者的心电信号被连续监测，同时以螺旋扫描方式采集数据，扫描投影的数据和心电信号被同步记录。扫描完成后，受检者的心动周期信息被回顾性地用于图像重建，因而该方法又称为回顾性心电门控。图像的重建可采用单扇区或多扇区扫描数据。在多扇区重建方法中，心动周期不同部分的数据被选用，各扇区数据的总数等于图像重建所需最少部分的扫描数据，结果冠状动脉成像的时间分辨力得到改善，该方法的时间分辨力一般可达 80~250ms。回顾性心电门控扫描方法提供了受检者长轴方向的连续覆盖，并且图像的空间分辨力较高，故可在扫描范围的任意位置重建图像和进行重叠重建，但辐射剂量明显增加。随着宽探测器，如 320 层螺旋 CT（0.5mm×320 排探测器，一次旋转可获得覆盖 16cm 的各向同性图像）的推出，整个心脏可由宽 X 射线束一次旋转扫描覆盖，仅一次心搏就能采集完整的心脏数据，能更大幅度地降低辐射的剂量。

第九节　CT 图像后处理技术

CT 图像的后处理技术主要是对 MSCT 容积扫描的图像数据通过一定的计算机软件进行处理和重组，形成人体的表面、任意切面，甚至曲面图像，以弥补 CT 断面图像的局限，进行多方位观察，使图像具有一定的解剖形象，尤其是对于比较复杂的部位，可表示出各个组织器官在三维空间上的位置关系，适用于神经外科、矫形外科手术、模拟手术效果等，主要方式有多平面重组（multiplanar reconstruction，MPR）、曲面重组（curved multiplanar reformation，CMPR）、最大密度投影（maximum intensity projection，MIP）、最小密度投影（minimum intensity projection，MinIP）、表面阴影显示（shaded surface display，SSD）、容积再现（volume rendering，VR）、仿真内镜（virtual endoscopy，VE）等。

一、多层面重组

多层面重组技术是在横断面图像上，任意画线使横断面的二维体素单元重组，得到该断面的二维重组图像，主要有冠状面、矢状面及任意角度的图像，通常采用 MSCT 进行小间隔重叠处理的容积扫描信息，得到的多层面图像比重组的多层面图像清晰（图 4-9-1）。曲面重组技术是 MPR 的一种特殊形式，沿感兴趣器官画一曲线，体素沿此曲线重建，从而形成曲面的图像，用于行径迂回的血管、支气管等器官，使它伸展在同一平面上。

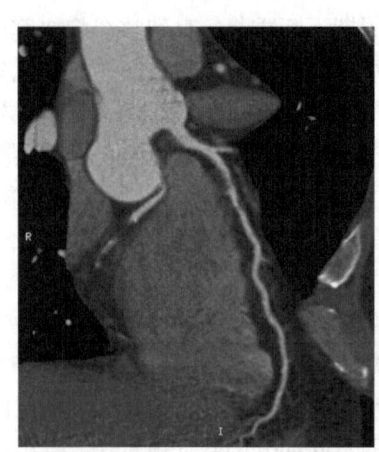
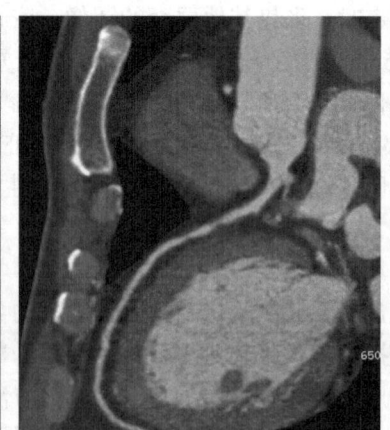
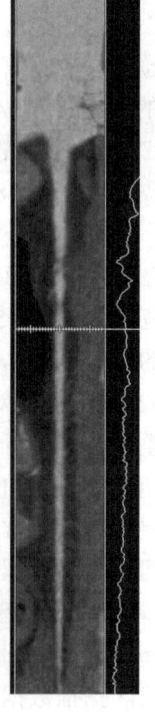

图 4-9-1　冠状动脉多平面重组图像

二、最大密度投影与最小密度投影

最大密度投影是指在容积数据中，以视线方向作为投影线，把该投影线上遇到的最大像素值，投影到与视线垂直的平面上,将全部投影数据通过计算机重组处理,形成最大密度投影图像,常用于有相对高密度的组织结构,如 CT 血管造影、骨骼等,能区别血管壁上的粥样钙化斑和血管腔内的对比剂,如图 4-9-2(a)所示为冠状动脉最大密度投影。反之,最小密度投影是对通过的容积组织中最小像素值(CT 值)进行编码、投影观察,主要用来显示气管、肠道内的病变,图 4-9-2(b)所示为气灌肠道最小密度投影,图 4-9-2(c)为气管最小密度投影。

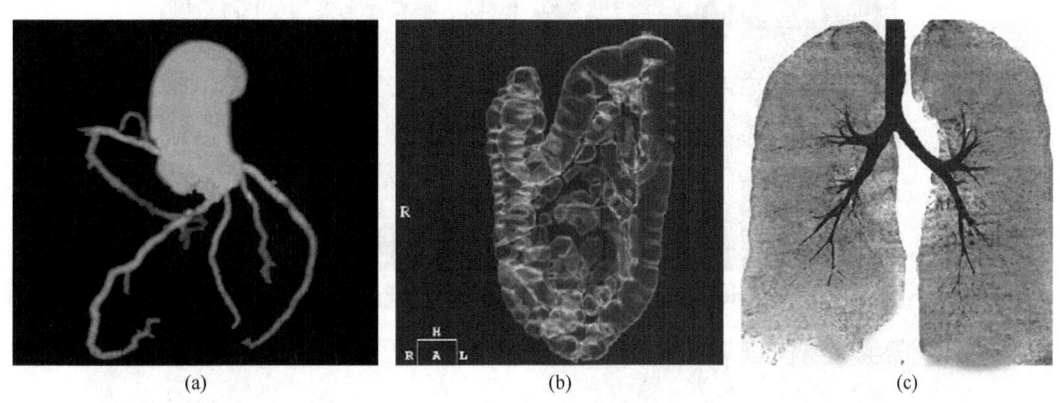

图 4-9-2　冠状动脉最大密度投影(a)与气灌肠最小密度投影(b)、气管最小密度投影(c)

三　表面阴影显示

表面阴影显示(SSD):预先确定 ROI 内组织结构的最高和最低 CT 阈值,然后标定 ROI 内的组织结构,经计算机重建图像。此图像是组织结构表面(或体表)的反映,是以图像灰阶编码描绘而成的表面显示图像。SSD 可设定不同的 CT 阈值,对应不同 CT 值的结构组织,描绘出复杂的三维解剖结构重叠的关系,常用于颌面部、骨盆、脊柱等解剖结构复杂的部位,其立体感强,解剖关系清楚,有利于手术中的定位(图 4-9-3)。

四　容积再现

容积再现技术(VR)是利用全部体素的 CT 值,通过功能转换软件,进行表面遮盖技术并与旋转相结合,图上假彩色编码与不同程度的透明化技术,使表面与深部结构同时立体地显示。常用于支气管、肺、纵隔、肋骨和血管的成像,图像清晰、逼真。图 4-9-4 所示为冠状动脉容积再现。

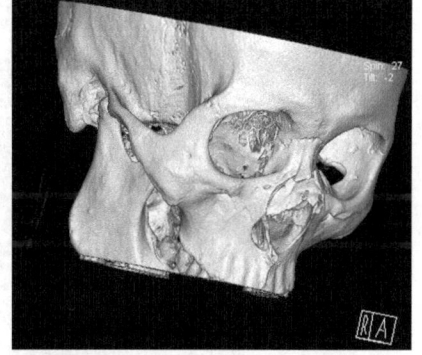

图 4-9-3　颌面部骨折表面阴影显示

五　仿真内镜显示

仿真内镜(VE)技术是计算机技术与 CT 结合而开发出的仿真内镜功能。容积数据与计算机领域的虚拟现实结合,如管腔导航技术或漫游技术可模拟内镜检查的过程,即从一端向另一端逐步显示管腔器官的内腔。仿真内镜技术用假彩色编码,使内腔显示更为逼真,有仿真血管镜、仿真支气管镜、仿真喉镜、仿真鼻窦镜、仿真胆管镜和仿真结肠镜等,效果较好。目前几乎所有管腔器官都可行仿真内镜显示,无痛苦,易为受检者所接受。仿真结肠镜可发现直径仅为 5mm 的息肉,尤其是带蒂息肉(图 4-9-5)。

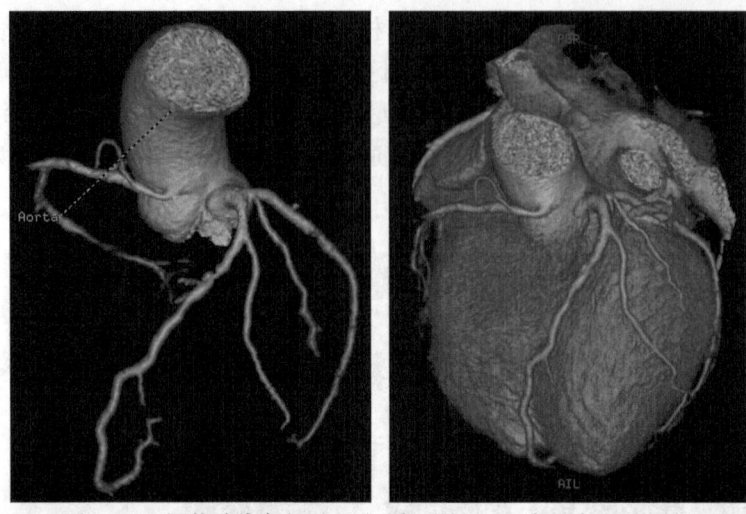

图 4-9-4　冠状动脉容积再现（"爱一课"APP 扫一扫见彩图）

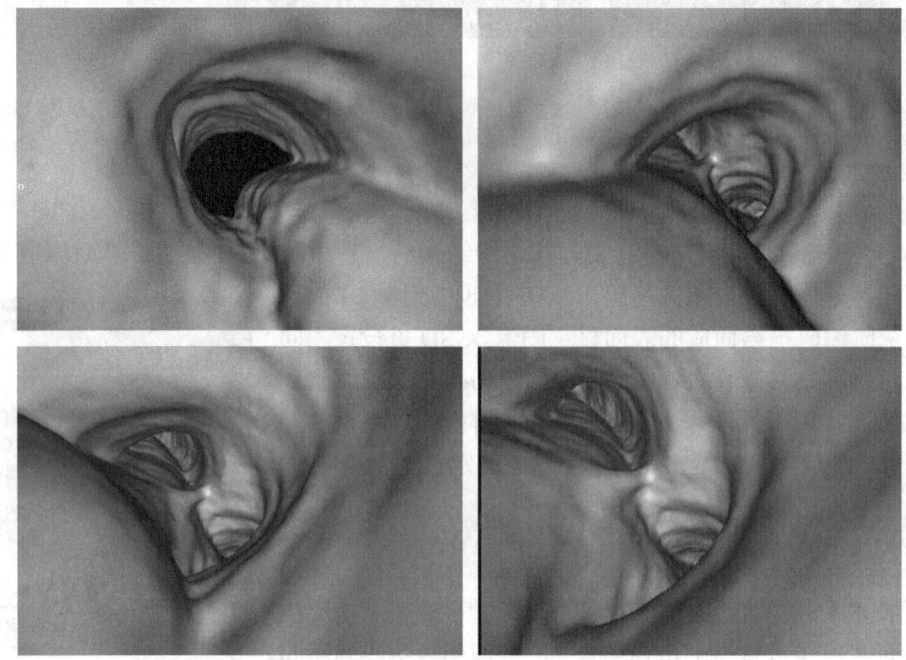

图 4-9-5　正常气管仿真内镜图像（"爱一课"APP 扫一扫见彩图）

第十节　CT 影像质量控制

一、影响影像质量的因素

影响 CT 图像质量的因素很多，有软件的也有硬件的，有主观的也有客观的，有内部的也有外部的，有设计制造的也有安装调试的，有与操作有关的，也有与维修保养有关的。简单地讲，包括：①机器硬件方面的 X 射线球管（X-ray tube）、高压发生器、探测器阵列、数据获取系统、数据处理系统、图像重建-卷积和反投影、图像显示-显示器和窗电路；②安装与调试方面的 X 射线球管定位与精度、准直器的精度、旋转速度的精度与稳定性、探测器的定位、检查床运动的精度、扫描架倾斜角度的精度、各部分低压电源的精度及稳定性；③扫描参数即模式方面球管的千伏（kV）与毫安秒（mA·s）、矩阵尺寸、断层厚度、卷积函数、投影数、特殊重建算法、扫描时间、扫面野大小、放大倍数；④环境条件方面电网电压的精度及稳定性、电网内阻及地线、室内温度与湿度；⑤操作使用与维修保养方面机器的定期维护与保养、图像质量的定期检测与校正、打印机的定期维护与保养等。作为一名放射工作人员要能及时分析、判断及检测出影响 CT 图像质量的因素，利用现有的手段选择各种合理参量及处理功能，改善 CT 图像质量。

CT 图像质量评价指标与改善图像质量的措施

CT 图像必须正确地反映被扫描人体的解剖结构，反映的正确程度为图像质量。反映的能力即是整个系统对被扫描体的分辨能力，即被扫描的解剖结构中有的组织在图像中必须反映出来，而解剖结构中没有的组织必须不存在于图像中。任何被扫描物体被显示的程度具有一定的限度，超过这个限度的一些细微结构就不能被显示，这个限度就是分辨力，对分辨力加以量化就是图像质量的指标。

CT 图像质量的评价要比传统 X 射线照片复杂得多。在实际应用或操作中，比较常用的评价指标有：扫描时间、扫描周期、体层厚度、螺距、算法、扫描野、密度分辨力（低对比度分辨力）（low contrast resolution）、空间分辨力（spatial resolution）（高对比度分辨力）、伪影（artifacts）、噪声（noise）、均匀性（homogeneity）。等。具体指标如表 4-10-1 所示。

表 4-10-1　CT 图像质量评价指标

项目	范围	项目	范围
扫描时间	0.5～10s	对比分辨力	0.1%～1%
计算时间	10～30s	空间分辨力	5～10LP/cm
扫描野	40～50cm	噪声	±4HU
层厚	1～10mm	均匀度	±2HU
对比度	2～4HU		

（一）扫描时间

扫描时间是指完成某体层数据采集 X 射线束扫描所需要的时间。CT 扫描时间内，器官蠕动使指定薄层的位置偏移，导致采集的数据偏离了原来的层面，重建出的 CT 图像不是指定的薄层，严重的甚至形成伪影。为此，减少扫描时间有适当地减少部分伪影。目前比较好的螺旋 CT 最快的单层扫描时间是 0.3s，屏气一次可完成腹部的连续多层扫描。普及型全身 CT 在 3～5s，腹部扫描每一层都得屏气一次，需采用间隔扫描。

（二）扫描周期

扫描周期（scan cycle）是指对一个体层扫描开始，完成一次扫描到下一次扫描开始所需的时间。扫描周期通常包括扫描时间、数据采集系统的数据处理、显示时间和恢复时间、扫描床重新定位时间等，其中扫描时间在扫描周期中占的比重最大，约为 60%。扫描周期越长，扫描一个部位所需的时间越长，肢体的蠕动引起体层的位置与原来设定位置产生偏差，造成图像与定位像定位的层面不一致。目前，普通全身 CT 扫描周期在 5s 左右，每分钟可在一个体层进行 12 次连续扫描。

普通 CT 设有连续扫描功能，它是把数据处理及恢复时间延后。首先，扫描，床移动定位，再扫描，……，重建图像延迟。螺旋 CT 由于采用床面连续行进，X 射线连续旋转容积扫描，可以缩短扫描时间。

（三）扫描范围

扫描范围是指 CT 扫描受检体的最大区域。临床上在保证不降低 CT 图像质量的前提下，总希望增大扫描范围。然而由于 X 射线束是以扇形束照射被测体层，所以射线到达体层中心与边缘处的距离不相等，随着扫描范围增大将会使 X 射线强度在受检体上的分布不均匀，从而产生图像噪声。从临床角度上看，一般检查被测人体的胸部和脊柱等部位，扫描范围在 400～500mm 即能满足。

（四）体层厚度

体层厚度是指受检体在 CT 扫描中成像层的厚度。普通 CT 的体层厚度由准直器宽度决定，一般将体层厚度选择在 5～10mm，对微细组织结构（如听小骨）扫描，可将体层厚度选到 1～2mm。若体层厚度选择很小，层面内的 X 射线量也减小，这样会引起 X 射线量子统计涨落，造成量子斑点，所以必须增加层面内 X 射线量毫安秒（实际操作时增加管电流），才能减小量子斑点，最终受检体的总照射剂量也随之增加，所以一般薄层扫描要增加管电流才能体现出效果。

（五）对比度与密度分辨力

组织器官对 X 射线吸收的差异，在 CT 图像上表现为灰度差异，用 CT 值差异表示。对比度分辨力也叫密度分辨力，通常用能分辨的最小差异值来表示。

表现在 CT 图像上为像素间的对比度，是它们灰度间的黑白程度的对比度，通常采用两种定义方法：一种是根据调制度 M 给出的，设 a 和 b 分别为两组织的 CT 值，则定义对比度为

$$M = \frac{(a+b)}{(a-b)} \times 100\% \qquad (4\text{-}16)$$

另一种定义是相对对比度为

$$\Delta = \frac{(a-b)}{a} \times 100\% \qquad (4\text{-}17)$$

例如，水与有机玻璃的相对对比度约为 12%。

对比度分辨力是在低对比度时，CT 图像将一定大小的细节从背景中鉴别出来的能力。

可观察对比低的组织器官结构是 CT 的优势，典型的 CT 对比度分辨力为 0.1%～1.0%，这比普通 X 射线摄影要高得多。对比度分辨力与 X 射线的能量有关；还受探测器噪声的影响，噪声越大，对比度分辨力越低；窗宽和窗位的选择也影响图像的对比度分辨力。对比度分辨力分为高对比度分辨力和低对比度分辨力。按中华人民共和国国家标准（GB），高对比度分辨力的定义是：物体与匀质环境的 X 射线线性衰减系数差别的相对值大于 10% 时，CT 图像能分辨该物体的能力。低对比度分辨力的抽象定义是：物体与匀质环境的 X 射线线性衰减系数差别的相对值小于 1% 时，CT 图像能分辨该物体的能力。GB 对上述两种分辨力的检测方法是，通过对适合于直接进行图像视觉评价的各种规格体模进行扫描（图 4-10-1），然后对所得图像进行视觉评价。验收检测、状态检测，以及稳定性检测都有合格的标准和具体的数值规定。按国家标准，每月都要检测一次，检测中，要求单次扫描的 X 射线剂量≤50mGy（脑组织扫描）。

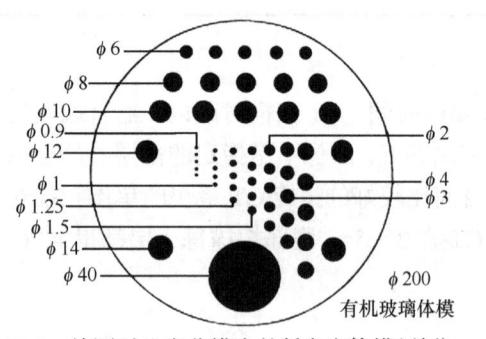

图 4-10-1　检测对比度分辨力的低密度体模（单位：mm）

（六）空间分辨力

空间分辨力是指 CT 图像能分辨断层面上相邻两点的能力，常用能分辨两点间最小距离表示，普通 CT 图像的空间分辨力为 1～2mm。一般所说的空间分辨力是指表现在断层面上的横向空间分辨力，与表现在沿断层轴向上的纵向空间分辨力不同，纵向空间分辨力主要由层厚决定，传统 CT 的纵向空间分辨力为 3～15mm，多层 CT 的纵向和横向空间分辨力相近，如 16 层 CT 横向空间分辨力为 0.5mm，纵向空间分辨力为 0.6mm。

对于单层螺旋 CT，CT 图像的空间分辨力主要决定于探测器的有效受照宽度（传统 CT 与扇束宽度相对应）和有效受照高度（传统 CT 与扇束高度相对应）的大小，或者说取决于后准直器的准直孔径。准直器的宽度和高度越小，探测器的有效受照宽度和有效受照高度越小，则相应的空间分辨力越高。探测器的有效受照宽度基本上决定了在体层上的横向空间分辨力；而探测器内的有效受照高度决定了层厚，也就基本决定了沿体层轴向上的纵向空间分辨力。

传统的空间分辨力检测方法是选用一个带有不同孔径的测试体模，这种测试体模通常是在直径为 200mm，厚为 15mm 的有机玻璃上，排列直径 0.5～4.0mm 的圆孔，各排圆孔之间孔距与圆孔直径一样，每组圆孔按彼此间的中心距离等于该组圆孔径 2 倍的方式排列。利用这种测试体模可以检测出 CT 扫描装置对测试体模上圆孔的分级，其分级的程度也就决定了该装置的空间分辨力。CT 成像装置能区别的

最小孔径，即该装置最高的空间分辨力。

除了用上述测试体模检测空间分辨力以外，还有许多方法来评价 CT 扫描装置的空间分辨力，其中比较有代表性的是调制传递函数（modulation transfer function，MTF）。选择矩形波测试卡测试，这种测试卡条纹与条纹间隙对 X 射线吸收有差异，并且随着条纹宽度变小，在单位距离（mm）内的条纹数越多。用 CT 成像装置照射测试卡时，可以测量出条纹和条纹间隙的 CT 值。

目前，CT 成像系统用传统测试卡测出空间分辨力最好的可达到直径 0.35mm，一般可达到直径 0.5～0.7mm；用 MTF 方法的截止频率表示空间分辨力，在调制对比度为 5%时，空间分辨力可达 10LP/cm 以上。

影响空间分辨力的因素很多，比较典型的有：①X 射线束与探测器受照有效宽度，CT 图像的空间分辨力主要由探测器的有效受照宽度和有效受照高度决定，有效受照宽度和有效受照高度又由 CT 的后准直器决定。在相同有效受照宽度情况下，准直器扇形宽度越小（张角越小），体层上的横向空间分辨力越高。有效受照高度越小（层厚），体层纵向空间分辨力越高。CT 的放大扫描，就是在探测器有效受照宽度、图像矩阵不变的情况下，通过收缩准直器扇形张角，提高局部组织的图像空间分辨力，是单纯重建图像放大显示无法比拟的。②图像重建算法选用不同的图像处理方法能够得出不同质量的图像，采用标准算法的 CT 图像要比用高分辨力算法的图像空间分辨力低（图 4-10-2）。合理选择图像重建算法及图像矩阵能提高图像分辨力，采用高分辨算法和增大图像矩阵将需要更长的重建图像时间，在实际应用中应根据临床的需要来选择这些参量。③图像矩阵是显示图像的组成要素的，图像矩阵越大，组成图像像素点越多，图像的空间分辨力也越好。用同一组测量数据和同样的重建算法重建图像时，用 512×512 图像矩阵显像比用 256×256 图像矩阵显像的图像清晰度高，图像平滑效果好。

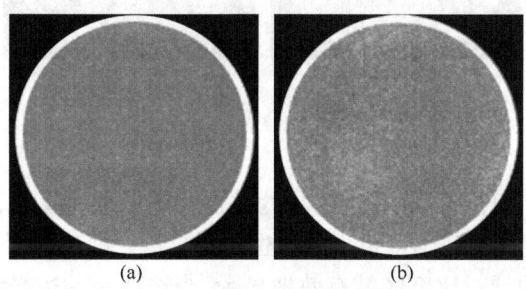

图 4-10-2　图像重建算法对 CT 图像的影响
（a）平滑算法；（b）锐化算法

（七）噪声

图像的噪声也是评价图像质量的有用参量。在 CT 成像过程中，有许多数值变换和处理过程会形成图像的噪声，影响图像质量。这些噪声主要有 X 射线量子噪声、电子元件及测量系统形成的噪声以及重建算法等造成的噪声等。

1. 概念　噪声（moise）指均匀均质的图像中某一确定区域内 CT 值偏离平均值的程度。噪声大小用感兴趣区域内均匀均质的 CT 值标准偏差表示。

利用上述标准差可以衡量成像系统总体的噪声水平。在多种图像噪声中，X 射线的量子噪声占的比重最大。X 射线的量子噪声与 X 射线剂量大小、采用的过滤方法、体层厚度、物体对 X 射线的衰减及探测器的检测能力等有关。

2. 测量　图像噪声表现的 CT 值的统计涨落，可用一个均匀物体的 CT 图像来考察，图 4-10-3 是扫描某一水模所得各体素的 CT 值的典型随机分布，可以看到该水模 CT 图像上各像素点的 CT 值不是一个固定值。

按国家对 CT 影像质量保证检验规范的要求，每天都应对 CT 值做检测。上述的检验规范：水模的 CT 值，验收检验要求为±4HU，状态检验要求为±6HU；稳定性检验要求是：与基础值（验收检验合格的数值为基础值）差：±3HU。

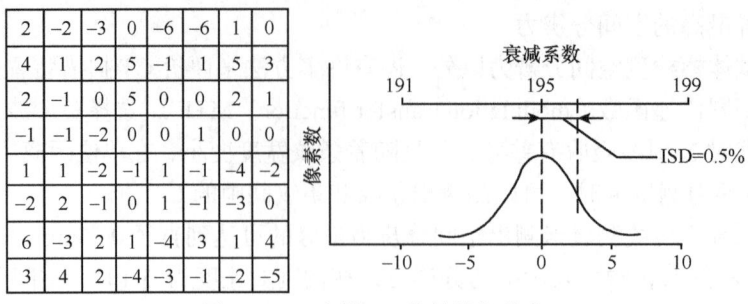

图 4-10-3 水模 CT 值的随机分布
ISD 为 CT 值的标准偏差

3. 噪声对 CT 图像的影响　噪声主要来源于投影的 X 射线光子密度在时间和空间的随机变化,一般称这种噪声为量子噪声。此外,还有电子测量系统工作状态的随机变化而产生的热噪声,以及重建算法等所造成的噪声。噪声的存在使得匀质物体的 CT 图像上各像素点的 CT 值不相同,噪声的存在由 CT 值的统计涨落表现出来。适当提高 X 射线剂量可以减小这些噪声的影响,如图 4-10-4 所示,剂量越小,噪声越大,特别是在薄层扫描时,一定要适当加大管电流量。

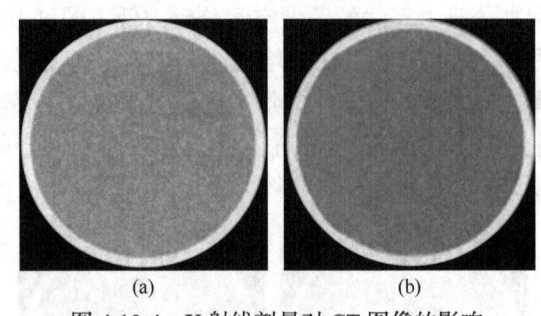

图 4-10-4　X 射线剂量对 CT 图像的影响
（a）200mA·s；（b）500mA·s

在 CT 图像重建中,使用各种不同类型的卷积滤波器和图像重建算法,产生不同的图像质量。例如,当滤波选择平滑滤波器时,空间分辨力降低,噪声也同样降低,但改善了图像对比度分辨力。因此,可利用这种滤波器对软组织中的低对比度区域有效地显示;当选择一种边缘增强滤波器时能使感兴趣区的细节清晰,改善了空间分辨力,但由于它对被测信号进行了微分作用,噪声信号增强,降低了对比度分辨力,这种滤波器可使骨质结构的细节清晰显示。当测得一组原始数据后,可分别采用标准算法和高分辨算法,分辨力较低的标准算法显示图像噪声标准偏差低,而分辨力较高的算法图像噪声标准偏差高,在实际应用中要根据不同的应用类型选择不同的卷积滤波函数,采用高分辨力算法时,为减小噪声的影响,必须增加 X 射线的剂量,使空间分辨力与图像噪声之间得到合理补偿。

（八）均匀度

均匀度（或均匀性）是描述同一种组织在断面上的不同位置成像时,是否具有同一个平均 CT 值。国际对均匀度的定义是:在扫描野中,匀质体各局部在 CT 图像上显示出 CT 值的一致性。

由图像噪声的讨论可知,事实上匀质体 CT 图像上各处的 CT 值表现不一致,此种不一致表现在图像上的各局部区域内的平均 CT 值上也是不一致的。后一种不一致到底与本应该的一致之间有多大的偏离程度,可由均匀度定量给出。偏离程度越大,均匀度越差;反之,则均匀度越好。均匀度在进行图像的定量评价时具有特殊意义。

按 GB 规定,每月都要对 CT 像的均匀度做检测。检测方法是:配置均匀物质（水或线性衰减系数与水接近的其他均匀物质）圆形测试模（仲裁时用水模）,使模体圆柱轴线与扫描层面垂直,并处于扫描野的中心;采用头部和体部扫描条件分别进行扫描,获取体模 CT 图像;在图像中心处取一大于 100 个像素点并小于图像面积 10% 的区域,测出此区域内的 CT 值;然后在相当于钟表时针 3、6、9、12 时的方向、距模体边缘 1cm 处的四个位置上取面积等于前述规定的区域,分别测出四个区域的 CT 值,其中与中心区域 CT 值最大的差值表示图像的均匀度。可见，最好的均匀度是 0HU。在测出图像均匀度的同时，也获得 CT 值和噪声值。GB 对均匀度的验收检测要求为±2HU，状态检测要求为±6HU，稳定性检测要求与基础值偏差±2HU。

均匀度除受图像噪声影响外，还受 X 射线束硬化影响。硬化在图像上的分布越不均匀，图像的均匀度越差。因此，校正硬化将有助于提高均匀度。但校正不充分或校正过度也会使均匀度变差。

此外，如果在体层范围内有部分物体越出了测量区，则会出现类似错误的硬化校正的现象，即在不同的投影方向上得出的测量值之间会出现矛盾，表现在图像上，是在物体越出测量区的图像区域出现渐晕现象，且越是靠近测量区边缘越严重，从而使密度的定量测量成为不可能。显然，这是均匀度误差造成的。

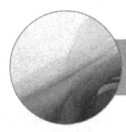

思考与练习

一、名词解释

1. 层厚　2. 层间隔　3. 体素　4. 螺距　5. 窗宽
6. 窗位　7. 部分容积效应

二、简答题

1. 简述 CT 成像的基本原理。
2. 简述影响 CT 图像质量的相关因素。
3. 简述 CT 图像质量评价指标。
4. 简述改善 CT 图像质量的措施。

（曹宏伟）

第五章 磁共振成像原理

> **学习目标**
> 1. 掌握：磁共振成像原理的相关概念及成像序列，磁共振图像的产生、图像的空间定位及影响磁共振图像质量的相关因素及图像改善措施。
> 2. 熟悉：磁共振水成像原理，磁共振成像对比剂，磁共振弥散加权成像原理，磁共振弥散张量成像原理，磁共振灌注成像原理，磁共振波谱成像原理，磁共振磁敏感加权成像原理，磁共振功能成像原理，磁共振分子成像原理。
> 3. 了解：K 空间的基本概念，相位编码方向，采集带宽，介入磁共振成像原理。

1946 年，哈佛大学的珀塞尔（Edward Purcell）教授和斯坦福大学的布洛赫（Felix Bloch）教授领导的两个研究小组同时发现物质的核磁共振（nuclear magnetic resonance，NMR）现象。两人于 1952 年荣获诺贝尔物理学奖。

1973 年，美国纽约州立大学的 Paul C. Lauterbur 在 *Nature* 杂志上面发表论文，揭示了自旋密度成像法的可行性，并指出核磁共振信号可以用来重建图像。

1977 年，世界上第一台全身磁共振成像装置"Indomitable"建成。1980 年，世界上第一台商品化磁共振成像设备问世。

1985 年，第一军医大学（现南方医科大学）南方医院引进了我国第一台磁共振成像机。1989 年，中国科学院（中科院）安科公司生产出中国第一台磁共振成像机。

第一节 基 本 原 理

利用特定频率的射频脉冲（radio frequency，RF）对置于静磁场 B_0（主磁场）中自旋不为零的原子核进行激发，产生核磁共振现象，用感应线圈采集磁共振信号，并通过计算机对采集到的磁共振信号进行处理而构建数字图像，称为磁共振成像（magnetic resonance imaging，MRI）技术。由于人体磁共振图像一般采用 ^1H 作为成像对象，所以，一般所指的磁共振成像即为 ^1H 的共振成像。

  进入磁场后人体内质子变化

（一）原子核自旋与磁矩

放入磁场中的自旋原子核，当其受到特定频率的射频脉冲作用时，一部分原子核会吸收射频脉冲的能量，这些吸收了射频脉冲能量的原子核将在它们的能级之间进行跃迁，称为共振现象。当撤去射频脉冲后，处于跃迁状态的原子核把之前吸收的能量逐渐释放出来并回到初始状态，在能量释放的过程中就产生了磁共振信号。从磁共振成像概念可知：要获得磁共振图像，必须先获得磁共振信号。而磁共振信号的产生必须满足三个条件：①自旋不为零的原子核；②静磁场 B_0；③特定频率的射频脉冲。

1. 原子核自旋　原子核带正电荷，并且原子核由质子和中子组成。绝大多数原子核都有一个特性：总以一定的频率绕着自己的轴进行高速旋转，原子核的这一特性称为自旋（图 5-1-1）。

图 5-1-1　带正电原子核自旋

自旋原子核必须满足以下条件之一：①质子数和中子数都是奇数；②质子数和中子数一个是偶数，一个是奇数。

2. 原子核的磁矩　美国斯坦福大学 Felix Bloch 提出：自旋带电粒子会产生电磁场。此理论说明这些自旋原子核就是一个个小磁体，也就是有从 S 极发出到 N 极的磁场。由原子核自旋运动产生的这个微观磁场是一个磁偶极矩，被称为原子核的自旋磁矩，用 μ 表示（图 5-1-2）。

因为氢原子核只有一个质子没有中子，能自旋产生磁矩，并且人体中的水、脂肪、蛋白质等含有大量氢原子，便于信号产生，所以人体磁共振成像是以氢质子（^1H）产生的自旋磁矩为基础。

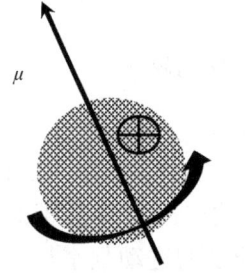

图 5-1-2　单个原子核自旋
+带正电原子核自旋可产生磁矩，用 μ 表示，箭头方向所示

（二）进入磁场后人体内质子变化

人体内氢质子不计其数，这些质子处于不同的能级状态，并且每个质子自旋过程均产生磁场。这些磁场在自然条件下处于随机无序的排列状态，彼此之间互相抵消，因而没有产生净磁化矢量，也就是无宏观磁化矢量产生，这也就解释了为什么人体不显示磁性（图 5-1-3）。

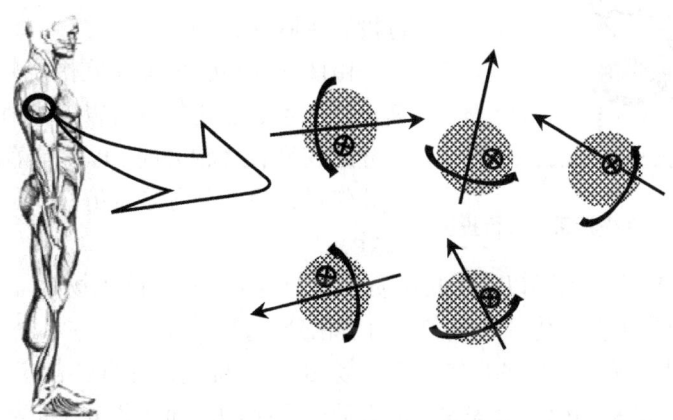

图 5-1-3　随机、无序的原子核自旋
人体中，随机、无序的原子核自旋因方向不一，所产生的磁矩相互抵消，故人体不显磁性

1. 磁共振系统内的坐标系　进行磁共振检查操作过程中，首先会对受检者施加一个强大的静磁场 B_0。磁共振成像中普遍约定：①静磁场 B_0 方向与 Z 轴方向一致；②当受检者头顶朝向磁场 B_0 方向并仰卧于磁场中时，受检者左右侧为 X 轴方向（一般右侧为+X 方向），上下面为 Y 方向（一般鼻尖指向为+Y 方向）。结合人体解剖学知识：XY 平面是解剖横断面，YZ 平面是解剖矢状面，XZ 平面是解剖冠状面（图 5-1-4）。

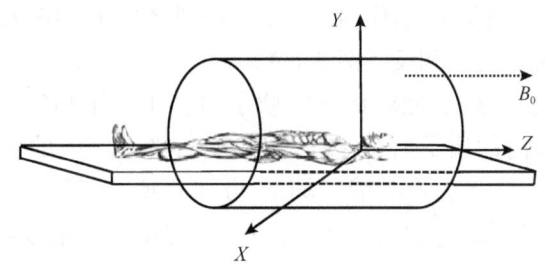

图 5-1-4　磁共振内的坐标系

2. 质子的旋进　受检者进入静磁场 B_0 后（图 5-1-5），其体内处于不同能级状态的质子，均以静磁

场 B_0 的磁力线为轴"旋进"或者称"进动"(图 5-1-6)。

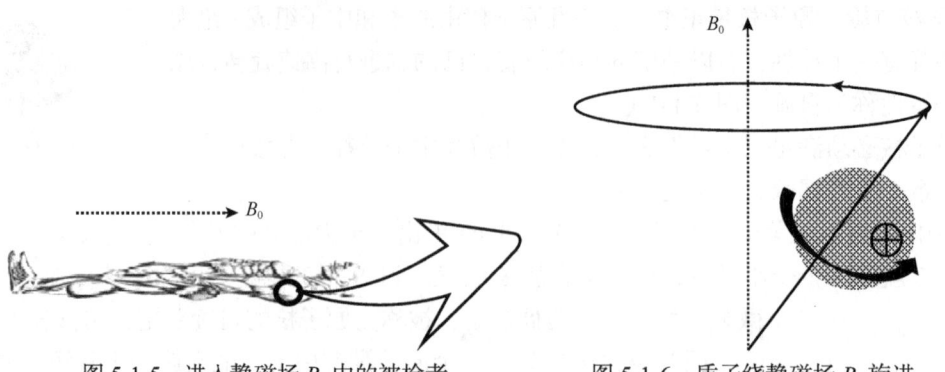

图 5-1-5　进入静磁场 B_0 中的被检者　　图 5-1-6　质子绕静磁场 B_0 旋进

质子围绕静磁场 B_0 旋进的角频率称 Larmor 频率或旋进频率，其计算公式为

$$\omega = \gamma \cdot B_0 \tag{5-1}$$

式中，ω 为 Larmor 频率；γ 为磁旋比（对于某一种磁性原子核来说 γ 是一常数，比如 H 质子的 γ 约为 42.5 MHz/T）；B_0 为静磁场场强，单位为特斯拉（T）。从式中可看出，质子的进动频率与主磁场场强成正比。

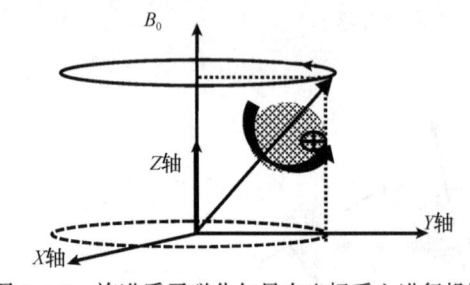

图 5-1-7　旋进质子磁化矢量在坐标系上进行投影

现用一个围绕静磁场 B_0 进行旋进的自旋质子为例，建立坐标系，并且把质子自旋产生的磁化矢量在坐标系上进行投影（图 5-1-7）。

由图 5-1-7 可知：质子在围绕静磁场 B_0 旋进的过程中，其自旋产生的磁化矢量可以人为地分解成两部分：一部分是分解在沿着 Z 轴方向（也就是静磁场 B_0 方向）的纵向磁化分矢量，另一部分是分解在 X、Y 平面上的横向磁化分矢量。

3. 宏观磁化矢量的产生　前面以一个自旋质子为例指出：进入静磁场 B_0 后，这个自旋质子将围绕静磁场 B_0 进行旋进，产生纵向磁化分矢量和横向磁化分矢量。然而，人体中含有不计其数的自旋质子。进入静磁场 B_0 后，这些自旋质子均各自围绕静磁场 B_0 进行旋进，并且各自产生沿着静磁场 B_0 的纵向磁化分矢量和 XY 平面上的横向磁化分矢量。所有质子产生的纵向磁化分矢量将进行数学矢量求和，最后形成宏观纵向磁化矢量 M_0。从统计观点讲，在绕 B_0 方向旋进的过程中，各质子在 XY 平面上的投影是大小相等、方向不同，但均匀分布的（图 5-1-8）。因此，它们在 XY 平面上的横向磁化分矢量相互抵消，不产生宏观横向磁化矢量。

众所周知，人体中的自旋质子处于不同的能级状态。进入静磁场 B_0 后，不同能级状态的质子表现不尽相同，将出现以下两种情况：①处于低能级状态的自旋质子，受静磁场 B_0 的束缚，其本身排列将与静磁场 B_0 方向平行且方向相同，产生净磁化矢量的方向与静磁场 B_0 的方向一致。②处于高能级状态的自旋质子，能够对抗静磁场 B_0 的作用，其本身排列将与静磁场 B_0 方向平行但方向相反，产生净磁化矢量的方向与静磁场 B_0 的方向相反（图 5-1-9）。

从量子物理学的角度来说，处于低能级态的质子略多于处于高能级态的质子，所以宏观表现出来就是与静磁场 B_0 平行同向的质子略多于与静磁场 B_0 平行反向的质子。因此，进入静磁场 B_0 后，尽管处于高能级态质子的磁化矢量与静磁场 B_0 方向相反。但是，由于其数量较低能级态的质子略少，所以，进入静磁场 B_0 后，人体内产生了一个与静磁场 B_0 方向一致的宏观纵向磁化矢量（M_0）。

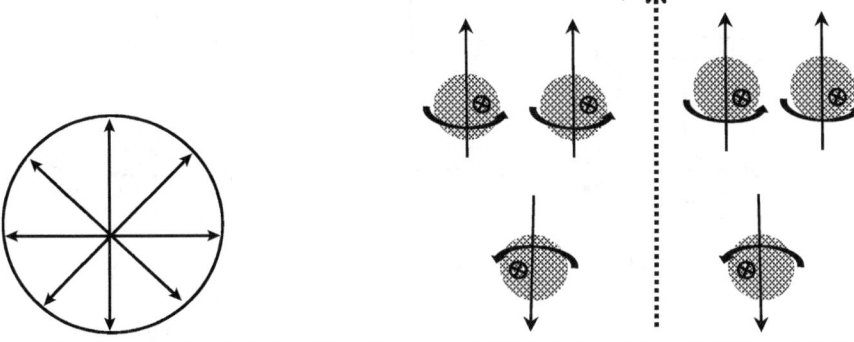

图 5-1-8　不同质子在 XY 平面的磁化分矢量　　图 5-1-9　不同能级状态质子在静磁场 B_0 中的排列方式

二　磁共振信号的产生

通过前面的内容我们已经知道，受检者进入静磁场 B_0 后，产生与静磁场 B_0 方向一致的宏观纵向磁化矢量，但不产生宏观横向磁化矢量。而且受检者某一组织产生的宏观纵向磁化矢量大小与其所含有的质子数目多少有关：含质子数目越多的组织产生宏观纵向磁化矢量越大，反之亦反。

然而，实际操作中的磁共振接收线圈并不能直接检测到宏观纵向磁化矢量，却能直接检测到宏观横向磁化矢量。那么什么办法可以使宏观纵向磁化矢量转变为宏观横向磁化矢量？

（一）射频脉冲

射频脉冲（RF）是一种交变电磁波，但其本质是垂直于 Z 轴的沿着 XY 平面旋转的磁场，它在磁共振成像中以脉冲形式短暂发射。物理学上发现，如果两个物体的频率相同，那么能量高的物体可以把能量传递给能量低的物体。磁共振成像过程中，信号的产生就是利用射频脉冲和旋进质子的频率相同而进行一系列的能量传递实现的。

沿着垂直于 Z 轴方向施加一射频脉冲（图 5-1-10）。如果射频脉冲变化的角频率与自旋质子沿着静磁场 B_0 的旋进频率相等，则处于静磁场 B_0 中的质子在射频脉冲作用下会同时出现两个运动过程：①射频脉冲的能量传递给低能级态的质子，并使其达到高能级态。②正如静磁场 B_0 能够使质子围绕静磁场 B_0 旋进一样，射频脉冲也会使质子以射频脉冲为轴进行旋进（图 5-1-11），也就是形成一个既围绕静磁场 B_0 进行旋进又围绕射频脉冲旋进的画面。这两个运动会使 XY 平面上面分散的横向磁化分矢量聚合（图 5-1-12），并且这两个运动的合成结果就是一个以宏观纵向磁化矢量大小为直径的球面上的螺旋运动，这种螺旋运动也叫章动（图 5-1-13）。

射频脉冲作用下的宏观表现就是宏观纵向磁化矢量 M_0 远离 Z 轴，发生 3 种情况的偏转：①偏转 90°，即宏观纵向磁化矢量 M_0 从 Z 轴偏转到 XY 平面，形成横向磁化矢量 M_{XY}，并且横向磁化矢量 M_{XY} 大小等于宏观纵向磁化矢量 M_0，这种射频脉冲叫 90°脉冲（图 5-1-14）；②偏转 180°，即宏观纵向磁化矢量 M_0 从 Z 轴一个方向偏转到 Z 轴相反的一个方向，这种射频脉冲叫 180°脉冲；③偏转一定角度，即宏观纵向磁化矢量 M_0 偏转角度在 90°范围内。

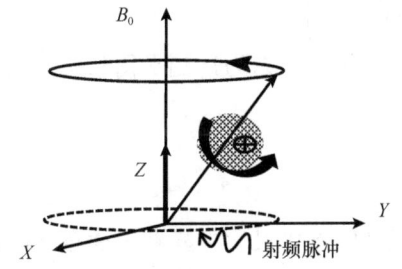
图 5-1-10　旋转频率质子旋进频率相同的射频脉冲

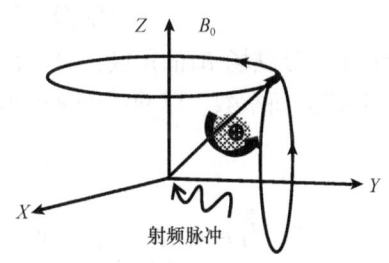
图 5-1-11　质子围绕静磁场 B_0 和射频脉冲运动

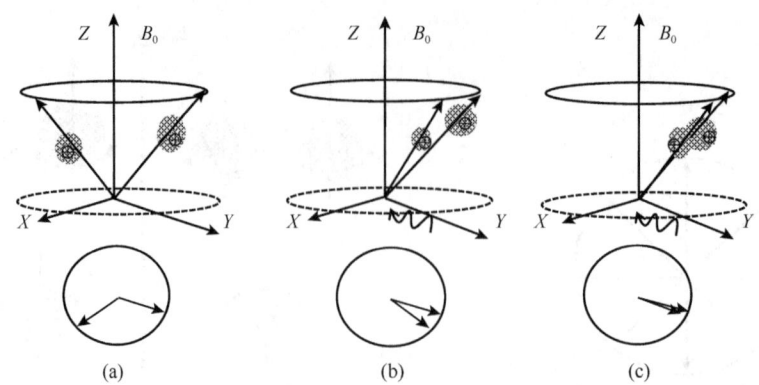

图 5-1-12 射频脉冲使横向磁化分矢量集合

图（a）表示：没有射频脉冲作用前，空间随机分布的质子只围绕静磁场 B_0 旋进，它们的横向磁化分矢量也随机分布。图（b）、（c）表示：射频脉冲使空间随机分布的质子围绕静磁场 B_0 进行旋进的同时又以射频脉冲为轴进行旋进，XY 平面上面分散的磁化分矢量聚合

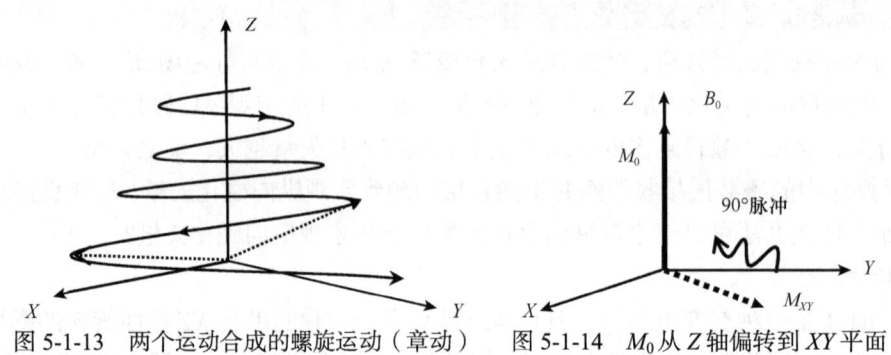

图 5-1-13 两个运动合成的螺旋运动（章动）　　图 5-1-14 M_0 从 Z 轴偏转到 XY 平面

（二）质子的弛豫

前面已经讲述：射频脉冲作用后宏观纵向磁化矢量发生偏转，除了偏转 180° 的情况外，其他两种情况都会在 XY 平面产生一个磁化矢量分量，尤其是 90° 脉冲作用下产生横向磁化矢量与纵向磁化矢量相等。实际工作过程中，信号的采集是在射频脉冲停止后的一段时间内进行的。在这段时间内，由于没有射频脉冲的持续作用，之前吸收能量处于高能态的质子在静磁场 B_0 的作用下将回到平衡状态，这个过程叫弛豫。

磁共振成像中弛豫可以用纵向弛豫和横向弛豫的一系列变化来表示。

1. 纵向弛豫　纵向磁化矢量逐渐恢复至最大值 M_0 的过程叫纵向弛豫（T_1 弛豫）。纵向弛豫的本质是高能态的质子把能量释放到周围晶格。晶格泛指包含自旋质子在内的整个自旋分子体系。晶格具有自己的交变磁场，如果某一晶格的交变磁场频率与高能态自旋质子的旋进频率相同或者接近，那么处于高能态的质子就能把能量转移给这个晶格，使得高能态质子回到低能态，表现为纵向磁化矢量逐渐恢复至最大值 M_0。如果晶格频率高于或者低于自旋质子的旋进频率，则能量不容易转移，纵向磁化矢量不容易恢复至最大值 M_0。纵向弛豫也叫自旋-晶格弛豫。

纵向弛豫过程中纵向磁化矢量 M_Z 的变化满足时间函数

$$M_Z(t) = M_0 \left[1 + (\cos\theta - 1)e^{-t/T_1}\right] \quad (5-2)$$

式中，θ 为 M_0 偏离静磁场 B_0 的角度；M_Z 为 t 时刻纵向磁化矢量；M_0 为达到平衡状态时的纵向磁化矢量；T_1 为纵向弛豫时间常数。以 90° 脉冲为例，则

$$M_Z(t) = M_0 \left(1 - e^{-t/T_1}\right) \quad (5-3)$$

由式（5-3）可知，当 $t=T_1$ 时，$M_Z = 63\% M_0$，即 T_1 代表纵向磁化矢量恢复到平衡态 63% 的时间（图 5-1-15）。

2. 横向弛豫　横向弛豫指横向磁化矢量由最大衰减为零的过程（T_2 弛豫）。横向弛豫的本质是射频脉冲去除后，XY 平面上被射频脉冲聚合的磁化矢量重新离散至相互抵消为零的过程（图 5-1-16）。这个过程是由质子自旋频率的不同引起的，不涉及能量的交换，故横向弛豫也称为自旋-自旋弛豫。

横向弛豫过程中横向磁化矢量 M_{XY} 的变化满足时间函数

$$M_{XY} = M_{XY\max}\sin\theta e^{-t/T_2} \quad (5-4)$$

式中，$M_{XY\max}$ 为横向磁化矢量的最大值。若以 90° 脉冲为例，则

$$M_{XY} = M_0 e^{-t/T_2} \quad (5-5)$$

由式（5-5）可知：当 $t=T_2$ 时，$M_{XY}=37\%M_0$，即 T_2 代表横向磁化矢量衰减到最大值 37% 的时间（图 5-1-17）。

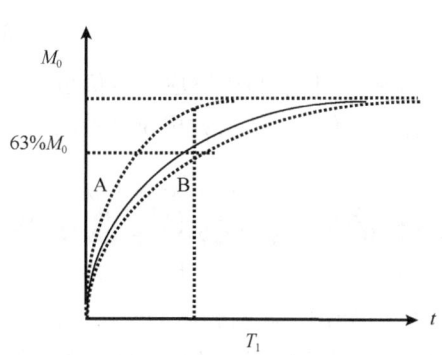

图 5-1-15　实线代表参考纵向弛豫曲线，虚线 A、B 分别代表不同组织的纵向弛豫曲线。在纵向磁量恢复到平衡态 63% 的过程中，组织 A 的 T_1 值比组织 B 的 T_1 值小（即时间更短），说明射频脉冲停止后组织 A 的纵向磁化矢量更容易恢复。在 MR 图像上，T_1 值越小，信号越强（如脂肪）

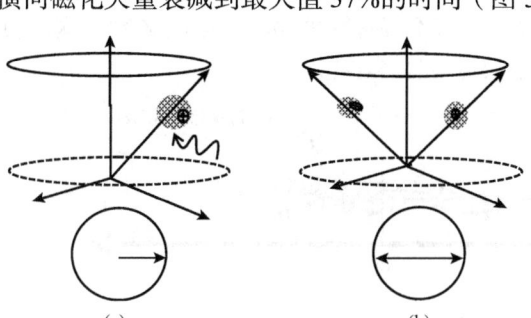

图 5-1-16　(a) 表示射频脉冲使横向磁化分矢量聚合形成 M_{XY}，(b) 表示撤去射频脉冲后横向磁化分矢量离散开，最后相互抵消，M_{XY} 为零

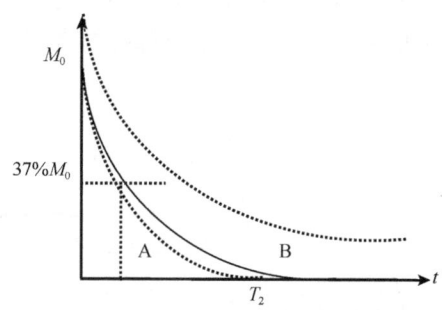

图 5-1-17　实线代表参考横向弛豫曲线，虚线 A、B 分布代表不同组织的横向弛豫曲线横向磁化矢量衰减到最大值 37% 的过程中，组织 A 的 T_2 值比组织 B 的 T_2 值小（即时间更短），说明射频脉冲停止后组织 A 的横向磁化矢量更容易衰减。在 MR 图像上，T_2 值越大，信号越容易被探测到，信号越强（如脑脊液）

表 5-1-1　场强为 1.5T 时人体正常组织的 T_1、T_2 弛豫时间

人体组织	T_1 值/ms	T_2 值/ms	人体组织	T_1 值/ms	T_2 值/ms
脂肪	220~250	90~130	水	>4000	>2000
脑白质	350~500	90~100	脑灰质	400~600	100~120
肾皮质	350~420	80~100	肾髓质	450~650	120~150
脾脏	400~450	100~160	肝脏	350~400	45~55
肌肉	500~600	70~90			

（三）自由感应衰减信号

用一个 90° 射频脉冲来激发旋进质子，使其纵向磁化矢量 M_0 翻转到 XY 平面形成横向磁化矢量 M_{XY}。90° 射频脉冲关闭后，横向磁化矢量 M_{XY} 开始按指数规律衰减。

然而接收线圈接收到的磁共振信号却是呈函数规律振荡变化的，即当 $t=0$ 时，信号最大；$t=1$ 时，信号为零；$t=2$ 时，信号反向最大；$t=3$ 时，信号为零；……因此，把这种呈函数规律振荡变化、按指数规律衰减的磁共振信号称为自由感应衰减信号（free induction decay，FID）。自由感应衰减信号的信号强度取决于 M_{XY}，可以用下列公式表示：

$$M_{XY}(t) = M_0 e^{-t/T_2^*}(\cos\omega_0 t) \tag{5-6}$$

式中，$\cos\omega_0 t$ 代表自由感应衰减信号是一个呈函数规律振荡变化的波形，频率为 ω_0；e^{-t/T_2^*} 代表自由感应衰减信号为一个按指数规律衰减的信号。自由感应衰减信号的主要形态如图 5-1-18 所示。

三 磁共振信号的空间定位

人体内分布有大量氢质子，当受检者进入静磁场 B_0 后，人体组织中各处的质子都以相同的频率绕静磁场 B_0 旋进，在射频脉冲作用下产生的共振信号的频率都一样，这样就无法区分信号来源的具体位置，因此就无法得到磁共振图像。在成像过程中，必须对磁共振信号进行处理，使采集到的磁共振信号能够定位到具体空间体素中。

磁共振信号的空间定位包括层面和层厚的选择、频率编码、相位编码等内容，其主要通过射频脉冲和梯度磁场来完成。

（一）射频脉冲的作用

前面我们介绍了射频脉冲的两个作用：①处于低能级态的质子，如果其旋进频率与射频脉冲频率相同，那么这些质子将会获得射频脉冲的能量而达到高能级态。②使 M_0 发生偏转，远离 Z 轴。这里将介绍射频脉冲的第三个作用：射频脉冲的带宽可以影响扫描层厚（图 5-1-19）。

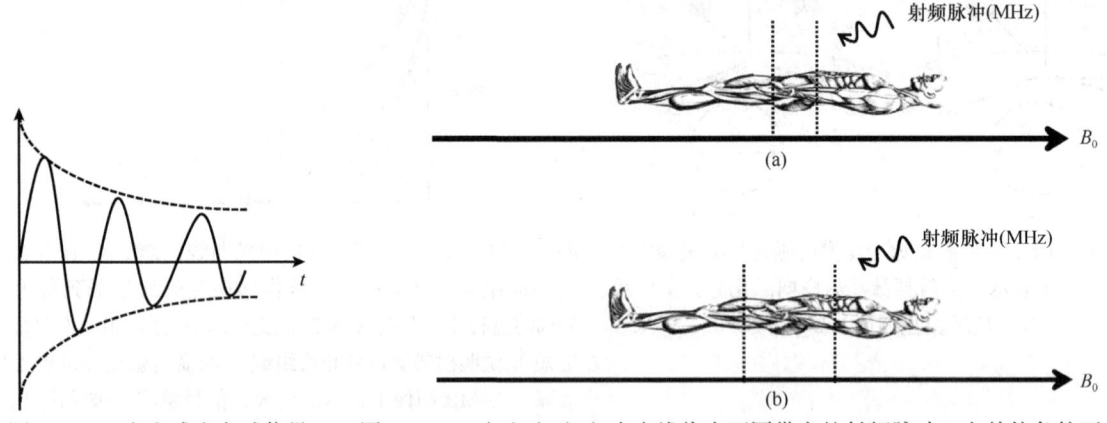

图 5-1-18　自由感应衰减信号　　图 5-1-19　（a）和（b）中虚线代表不同带宽的射频脉冲，在其他条件不变的情况下，射频脉冲的带宽加宽，扫描层厚增厚

磁共振检查过程中对检查者发射的射频脉冲不可能是绝对的单一频率，所以带宽指射频脉冲一定的频率范围。也正是因为射频脉冲有一定的频率范围，并且可以对其频率范围进行人工调节，所以扫描层厚也就可以根据临床需要而进行一定程度的改变。

（二）梯度磁场

梯度磁场是指场强随位置变化而线性增加或减小的磁场，它是由置于磁体内的梯度线圈产生的。在坐标系中梯度磁场的大小用斜率表示。磁共振成像中梯度磁场可以分别加在 X 轴、Y 轴、Z 轴方向，相应的梯度称为频率编码梯度或读出梯度（G_X）、相位编码梯度（G_Y）、层面选择梯度（G_Z）。下面以 Z 轴方向的梯度磁场为例，说明梯度磁场的作用。

沿着 Z 轴方向（静磁场 B_0）施加一线性梯度磁场，那么 Z 轴方向除了静磁场 B_0 外，还因为梯度磁场的加入而呈现出不均匀性，表现为：①梯度磁场场强越高或斜率越大，层厚越薄，梯度磁场场强越低或斜率越小，层厚越厚（图 5-1-20）。②在梯度磁场场强由低到高的过程中，每一个层面内的自旋质子的旋进频率是相同的，相邻两个层面间质子的旋进频率不同（图 5-1-21）。

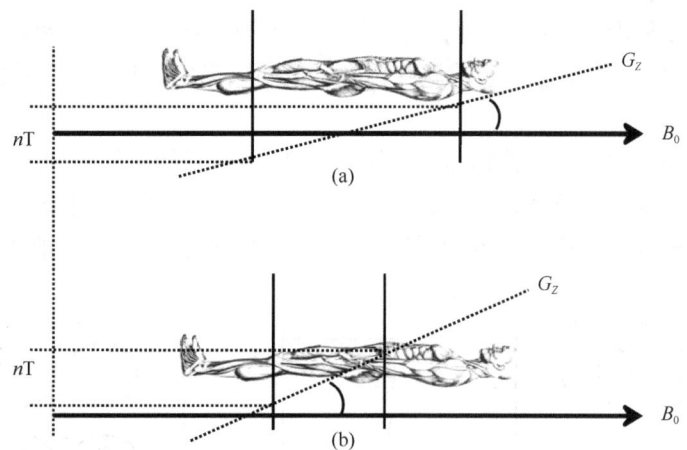

图 5-1-20　图（a）和（b）表示其他条件不变的情况下，梯度磁场场强越高时，在相等梯度磁场范围（nT）内，扫描层厚越薄

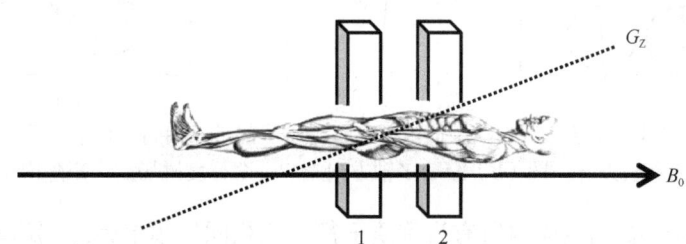

图 5-1-21　由于梯度磁场的加入，层面 1 和 2 的质子的旋进频率不同。但是层面 1 内自旋质子的旋进频率相同，层面 2 内自旋质子的旋进频率也相同

（三）层面位置和层厚的选择

磁共振检查时，加入梯度磁场可以使相邻两个层面的质子的旋进频率不同，而每一个层面内的自旋质子的旋进频率是相同的。用特定频率的射频脉冲对人体进行激发，如果射频脉冲的频率与被梯度磁场所划分出来的某个层面的质子的旋进频率相同，那么这个层面内的质子就受到激发而发生核磁共振。这样，层面的位置信息就被确定。

如果把射频脉冲的频率带宽选定在一个范围内，那么在梯度磁场划分出的层面中，只有那些旋进频率在射频脉冲带宽范围内的质子才能发生核磁共振现象。所以层面厚度也就确定了。梯度磁场和射频脉冲对层厚的选择可以总结如下：①梯度磁场场强不变，射频脉冲带宽越宽，层厚越厚。②射频脉冲带宽不变，梯度磁场场强越高，层厚越薄。

临床应用中，通过改变射频脉冲带宽或者梯度磁场场强，就可以对人体的不同扫描部位进行定位，以及对层厚进行选择。

（四）空间编码

通过射频脉冲和 Z 轴方向的梯度磁场，我们能够选择出所需的层厚和层面。然而，一幅完整的磁共振图像应该包含有完整、清晰的组织器官的断面信息，也就是扫描矩阵内每个体素所产生信号的位置和大小。断面信息的获得可以通过空间编码来实现，空间编码包括频率编码和相位编码。

1. 频率编码　频率编码（frequency encoding）的目的是区分信号来自于扫描矩阵中的哪一列。在读出信号之前，沿 X 轴方向施加一个频率编码梯度，在频率编码梯度的作用下：①越靠近高场强的列，质子的旋进频率越大，获得的信号越高；②越靠近低场强的列，质子的旋进频率越小，获得的信号越低；③位于磁场中间的列，磁场无变化，质子旋进频率不变（图 5-1-22）。

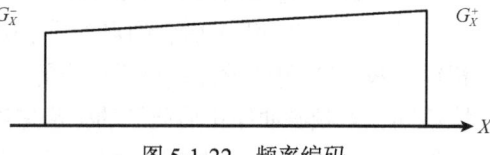

图 5-1-22　频率编码

因此，频率编码梯度使沿 X 轴的空间位置信号具有不同的频率特征而被编码，所采集到的磁共振信号中就包含有不同频率的空间信息，经傅里叶转换后不同频率的磁共振信号就被区分出来。频率编码梯度也称为读出梯度。

2. 相位编码　层面梯度磁场使扫描层面得以确定；频率编码梯度的施加，使得扫描矩阵中列的位置信息被确定；然而扫描矩阵中行的位置信息的确定，还需要在 Y 轴方向施加一个梯度磁场，这个梯度磁场也称为相位编码梯度。其应用于层面梯度之后，频率编码读出信号之前（图 5-1-23）。

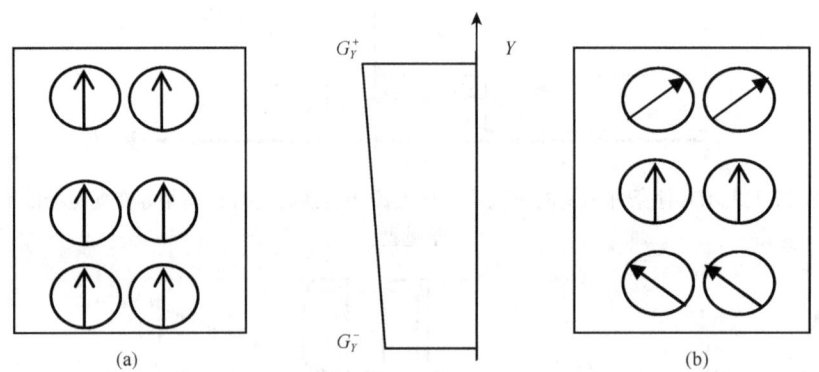

图 5-1-23　图（a）为施加相位编码梯度前，扫描层面内所有自旋质子都是以相同的频率旋进，矩阵内质子在任一时刻都指向相同方向，没有相位差异。图（b）沿着 Y 轴方向施加一个梯度磁场后，矩阵内质子出现相位差异

施加相位编码梯度前，扫描层面内所有自旋质子都是以相同的频率旋进，矩阵内质子在任一时刻都指向相同方向，没有相位差异。当沿 Y 轴方向施加一个梯度磁场后：①越靠近高场强的行，质子的旋进频率越大；②越靠近低场强的行，质子的旋进频率越小；③位于磁场中间的行，磁场无变化，其磁共振信号与施加相位编码梯度磁场之前一样。

相位编码梯度磁场关闭后，虽然质子又以相同频率旋进，但是各行之间已经有一个因相位编码梯度而形成的差异。相位编码结合频率编码，在读出信号获取时，每个像素就产生一个唯一的相位和频率信号组合，这样空间信息就得以确定。

磁共振系统对相位的识别有限，每次激发只能识别一种相位。如果要完成扫描层面内多行的数据采集，必须对同一层面重复进行多次相位编码。这就是磁共振成像需要较长时间的原因。

四　磁共振加权成像

（一）加权的概念

磁共振信号的产生、磁共振信号的空间定位等都是以人体内大量的自旋质子为研究对象的。然而人体组织器官不同，其所包含的质子数目也有差别，磁共振图像上的信号对比和疾病的影像诊断正是以这些质子差别为基础的。在磁共振图像形成过程中，为了获得满意的图像，通常会"突出"某一方面的特性。磁共振成像中的"加权"即是"突出"某方面特性的意思。就其本质来说，加权就是尽可能地获得最大横向磁化矢量 M_{XY}，以利于接收线圈收集到最大的磁共振信号。

常用的加权有：①T_2加权成像（T_2-weighted imaging，T_2WI）；②T_1加权成像（T_1-weighted imaging，T_1WI）；③质子密度加权成像（proton density weighted imaging，PWDI）。

1. T_2加权成像　指突出组织横向弛豫的差别，减轻组织其他方面对图像的干扰。下面以 A、B 两种组织为例，说明 T_2加权成像原理（图 5-1-24）。

假设 A、B 两种组织所含的自旋质子数目相同，那么它们进入静磁场 B_0 后产生的纵向磁化矢量 M_0 也相等，被 90°射频脉冲偏转后形成的横向磁化矢量 M_{XY} 也必然相等，但是由于自旋质子所在的组织环境不同，射频脉冲停止后质子的弛豫速度将会出现差别。

如图 5-1-24 所示：射频脉冲停止后，组织 A 的横向弛豫时间比组织 B 短，也就是组织 A 的横向弛豫速度比组织 B 快。由于检测到的磁共振信号与横向磁化矢量大小成正比，所以横向弛豫过程中检测到的组织 A 的磁共振信号比组织 B 低。这样组织 A、B 间的信号对比就实现了 T_2 加权成像。

2. T_1 加权成像　是指突出组织在纵向弛豫过程的差别，避免组织其他方面特性对图像的干扰。下面以组织 Ⅰ、Ⅱ 为例，说明 T_1 加权成像原理（图 5-1-25）。

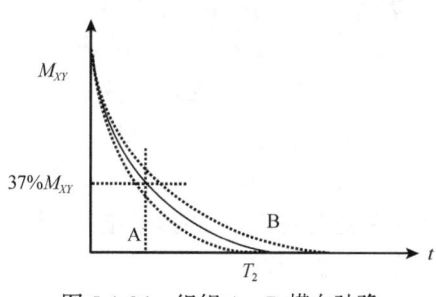

图 5-1-24　组织 A、B 横向弛豫

假设组织 Ⅰ、Ⅱ 所含的质子数目相同，那么它们进入静磁场 B_0 后会产生相等的纵向磁化矢量 M_0，纵向磁化矢量 M_0 被 90° 射频脉冲偏转后形成的横向磁化矢量 M_{XY} 也相等，但是由于质子的纵向弛豫速度不同，所以射频脉冲停止后，检测到的纵向磁化矢量将出现差别。

如图 5-1-25 所示，射频脉冲停止后，组织 Ⅰ 的纵向弛豫时间比组织 Ⅱ 短，即组织 Ⅰ 的纵向弛豫速度比组织 Ⅱ 快。弛豫一段时间后，组织 Ⅰ 恢复的宏观纵向磁化矢量大于组织 Ⅱ 恢复的宏观纵向磁化矢量。由于接收线圈只能检测到横向磁化矢量，须再使用一个 90° 射频脉冲进行再次激发。第二个 90° 射频脉冲激发后，组织 Ⅰ、Ⅱ 的宏观纵向磁化矢量将再次偏转，进而产生宏观横向磁化矢量。由于这时组织 Ⅰ 的纵向磁化矢量大于组织 Ⅱ 的，故组织 Ⅰ 产生的横向磁化矢量也将大于组织 Ⅱ 的。此时接收线圈将会检测到组织 Ⅰ 的磁共振信号高于组织 Ⅱ 的磁共振信号，这样就实现了 T_1 加权成像。

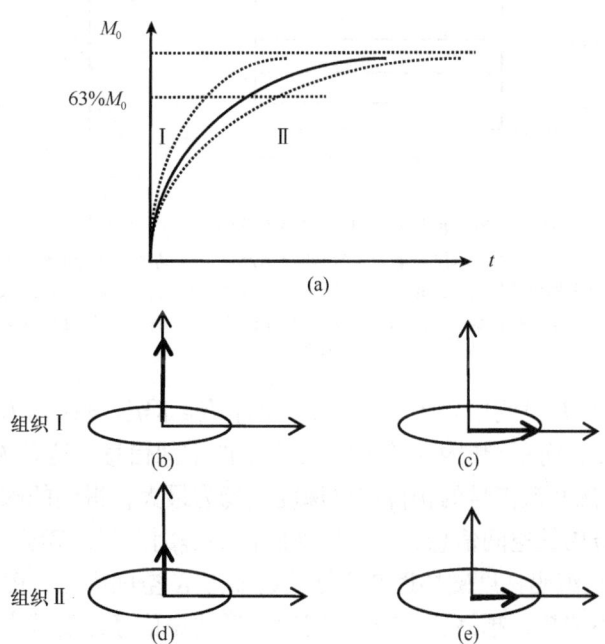

图 5-1-25　图（a）为组织 Ⅰ、Ⅱ 的纵向弛豫与时间的关系。图（b）和（d）为弛豫一段时间后组织 Ⅰ、Ⅱ 的纵向磁化矢量。图（c）和（e）为用另一个 90° 射频脉冲偏转，图（b）、图（d）而形成的横向磁化矢量

3. 质子密度加权成像　指突出组织的质子含量多少的差别。以 A、B 两种组织为例，说明质子密度加权成像原理。

如果组织 A 的质子含量比组织 B 的质子含量多，那么进入静磁场 B_0 后，组织 A 产生的纵向磁化矢量 M_0 大于组织 B 产生的纵向磁化矢量 M_0，90° 射频脉冲激发后组织 A 偏转形成的横向磁化矢量 M_{XY} 也将大于组织 B 偏转形成的横向磁化矢量 M_{XY}。这时用接收线圈检测磁共振信号，则组织 A 的磁共振信号高于组织 B 的磁共振信号，这就是质子密度加权成像。

五 K 空间的基本概念

（一）K 空间基本概念

K 空间也称傅里叶空间，是带有空间定位编码信息的磁共振信号原始数据的填充空间。每一幅磁共振图像都有其相应的 K 空间数据。对 K 空间的数据进行傅里叶转换，就能对原始数据中的空间定位编码信息进行解码，得到磁共振的图像数据，也就是把不同信号强度的磁共振信息分配到空间像素中，重建出磁共振图像。

（二）K 空间基本特性

二维 K 空间又称 K 平面，用两个坐标 K_X 和 K_Y 分别代表二维 K 空间上的磁共振信号的频率编码和相位编码方向。在二维图像的磁共振信号采集过程中，每个磁共振的频率编码梯度磁场的大小和方向保持不变，而相位编码梯度的磁场方向和场强则以一定的步级变化。每个磁共振信号的相位编码变化一次，采集到的磁共振信号填充 K 空间 K_Y 方向的一条线，因此，把带有空间信息的磁共振信号称为相位编码线，也称 K 空间线或傅里叶线。

一般 K 空间填充是顺序镜像对称的（图 5-1-26）。

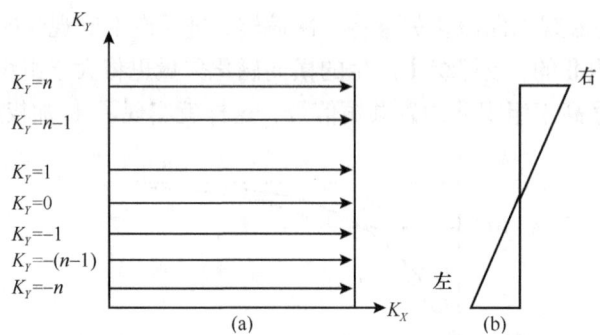

图 5-1-26 K 空间结构及相位编码梯度场变化图像

图（a）为 K 空间填充图，图（b）为相对应的相位编码梯度磁场变化图。填充 K_Y=n 时，右边的磁共振信号的相位编码梯度磁场较高；填充 K_Y=n-1 时，右边的磁共振信号的相位编码梯度磁场仍然较高，但是比 K_Y=n 时略低；填充到 K_Y=0 时，相位编码梯度磁场为零。此后相位编码梯度磁场方向改变，在 K_Y=0 填充到 K_Y=-n 的过程中，相位编码梯度磁场强度逐渐升高，但是与 K_Y=n 填充到 K_Y=0 填充的过程呈镜像对称，变为左边逐渐升高。

从 K_Y 方向看：①填充在 K 空间中心的磁共振信号的相位编码梯度磁场为零，此时磁共振信号强度最大，主要决定图像对比度，而不能提供相位编码方向上的空间信息，这条 K 空间线称为零傅里叶线；②填充在 K 空间最周边的磁共振信号的相位编码梯度磁场为最大，得到的磁共振信号中各体素的相位差最大，能提供相位编码方向的空间信息，主要反映图像的解剖细节；③从 K 空间中心到 K 空间最周边，各条 K 空间线的各相位编码梯度磁场逐渐递增。越靠近 K 空间中心，磁共振信号强度越大，图像对比越明显，解剖细节越不清楚，越靠近 K 空间周边，磁共振信号强度越小，图像对比越不明显，解剖细节越清楚。

从 K_X 方向（也就是每一条相位编码线的频率编码方向上）看，其数据是从回波信号的采样得到的。因为回波信号在时序上是对称的，因此 K 空间的 K_X 方向也是对称的。

K 空间的数据阵列与图像的阵列不是一一对应的，K 空间阵列中每一个点上的信息均含有全层磁共振信息，然而图像阵列中的每一个点（像素）的信息仅对应层面内相应体素的信息（即信号强度）。

K 空间的特性主要表现为：①K 空间的数据阵列与图像的阵列不是一一对应的，K 空间阵列中每一个点上的信息均含有全层磁共振信息；②K 空间在 K_X 和 K_Y 方向上都呈镜像对称；③填充 K 空间中央区域的磁共振信号（K 空间线）主要决定图像的对比度，填充 K 空间周边区域的磁共振信号（K 空间线）主要决定图像的解剖细节（即空间分辨力）。

（三）K 空间填充方式

常规磁共振成像中，K 空间填充方式是顺序对称填充，即 $K_Y=n$ 到 $K_Y=0$ 再到 $K_Y=-n$。实际上，可以采用 K 空间中央优先采集技术，即扫描开始时先编码和采集填充 $K_Y=0$ 附近的一部分相位编码线。此外，还可以采用迂回轨迹、发生状轨迹及螺旋状轨迹等多种方式进行 K 空间填充。

第二节　磁共振成像基本概念

磁共振成像涉及一系列复杂的过程，其所涉及的许多原理与其他影像学成像原理相差甚远。除了涉及原子物理学、电磁学等知识外，磁共振图像也采用数字化图像。本节将对磁共振成像涉及的一些基本概念进行介绍。

1. 矩阵　磁共振成像中矩阵（matrix）指图像层面内行和列的数目，也就是频率编码方向和相位编码方向上的像素数目（图 5-2-1）。磁共振图像的像素与成像体素一一对应。如果其他成像参数不变，矩阵越大，成像体素越小，图像层面内的空间分辨力越高。

2. 视野　视野（field of vision，FOV）又称扫描野，指图像区域在频率编码方向和相位编码方向的实际尺寸。视野可以是正方形，也可以是矩形。当扫描矩阵确定时，视野越大，体素就越大，但这时空间分辨力降低（图 5-2-2）。

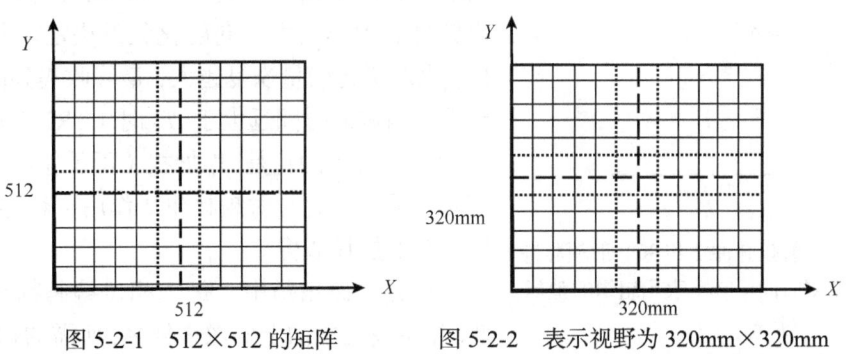

图 5-2-1　512×512 的矩阵　　图 5-2-2　表示视野为 320mm×320mm

视野的范围决定了实际成像区域的大小，磁共振图像所显示出的解剖范围就是视野范围选择的结果。矩阵不变，如果视野越大，则成像体素越大，所成图像的空间分辨力相应就越低。

3. 信噪比　信噪比（signal to noise ratio，SNR）指信号强度（S）与噪声强度（N）的比。信号强度是指某一感兴趣区（region of interest，ROI）内各像素信号强度的平均值，噪声是指同一感兴趣区等量像素信号强度的标准差。噪声分为系统噪声和统计噪声。系统噪声是指在磁共振成像过程中如心脏跳动等引起伪影的信号。统计噪声（也称背景噪声）是成像系统的硬件电路产生的，这类噪声即使在没有磁共振信号的条件下也存在。

磁共振图像的信噪比受静磁场 B_0 强度、矩阵、视野、层厚等因素影响：①静磁场 B_0 越大，信噪比越大；②矩阵与信噪比成反比；③视野及层厚与信噪比成正比。

4. 对比噪声比　对比噪声比（contrast to noise ratio，CNR）指两种组织信号强度差值与背景噪声的标准差之比。磁共振成像中，常用对比噪声比来表示图像质量。

与图像对比噪声比有关的因素包括：①组织间的固有差别（质子密度、弛豫等）越大，则对比噪声比越大；②成像技术（场强、成像序列、参数等）的合理提高，可以提高对比噪声比；③在组织间固有差别很小的情况下，利用对比剂增加两者间的对比噪声比，可以提高病变的检出率。

第三节　磁共振成像的脉冲序列

一、脉冲序列相关概念

脉冲序列（pulse sequence）由具有一定带宽、一定幅度的射频脉冲和梯度磁场组成。为了获得不同的组织对比度、缩短扫描时间以及减少图像伪影，在磁共振成像过程中，通常会对脉冲序列进行选择和调节。其中，射频脉冲部分的调节包括带宽、幅度、施加时间及持续时间等；梯度磁场的调节包括梯度磁场施加方向、梯度磁场场强、梯度磁场施加时间等。

脉冲序列包含五部分：射频脉冲、层面选择梯度场、相位编码梯度场、频率编码梯度场及磁共振信号。运用脉冲序列的过程会涉及一些与时间和空间分辨力有关的概念，下面将对这些概念进行介绍。

（一）与时间有关的概念

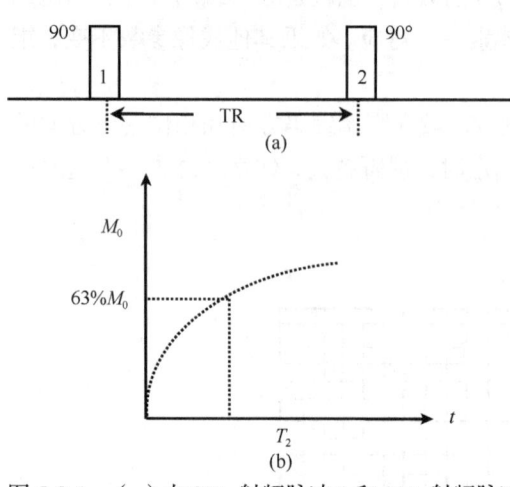

1. 重复时间　重复时间（repetition time，TR）是指两个激励脉冲之间的时间间隔（图 5-3-1）。

由图 5-3-1 可看出：当射频脉冲 1 停止后，组织纵向磁化矢量随时间变化而逐渐增大。如果射频脉冲 2 到来的时间间隔（重复时间）越长，则纵向弛豫就越有机会增加到最大。磁共振的信号由横向磁化矢量决定，然而横向磁化矢量的大小又由纵向磁化矢量决定。所以重复时间越长，纵向磁化矢量恢复越大，最终收集到的磁共振信号就越强。当重复时间远大于 T_1 时（TR>2000ms），剔除了 T_1 效应，得到的将是 T_2 加权（可看作纵向磁化矢量已经恢复到最大，此时射频脉冲 2 作用下获得的 $M_{XY}=M_0$）或质子密度加权成像。

在磁共振扫描中，每个相位编码都需要一个扫描周期。相位编码方向上的像素越多，所需的扫描时间就越长。

图 5-3-1　（a）中 90° 射频脉冲 1 和 90° 射频脉冲 2 之间的时间段为重复时间，（b）表示组织的弛豫过程

因此，在扫描分辨力确定的前提下，重复时间是扫描速度的决定因素。

2. 回波时间　回波时间（echo time，TE）是指射频脉冲与产生回波（读出信号）之间的间隔时间（图 5-3-2）。

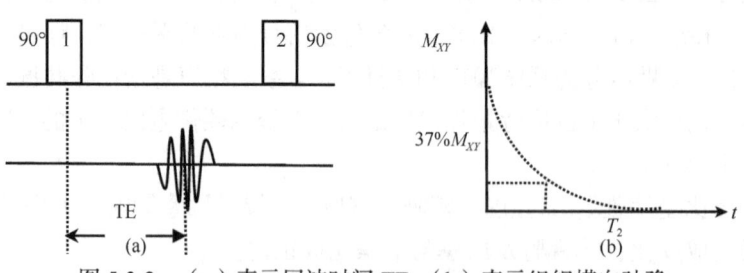

图 5-3-2　（a）表示回波时间 TE，（b）表示组织横向弛豫

从图 5-3-2 可看出：射频脉冲 1 停止后，组织开始横向弛豫，横向磁化矢量随时间延长而逐渐减小。在横向弛豫过程中，计算机要对信号进行读取，只有在很短的时间内读取才能避免横向磁化矢量衰减过多，才能获取更大的磁共振信号。所以回波时间越短，磁共振信号越强。当回波时间远小于 T_2 时（TE<20ms），剔除了 T_2 影响，得到的将是 T_1 加权（可看作 M_{XY} 进行衰减的初始时刻，此时 $M_{XY}=M_0$）。

在多回波序列中，射频脉冲至第 1 个回波信号出现的时间称为 TE_1，射频脉冲至第 2 个回波信号的时间叫做 TE_2，依次类推。在 SE 和 GRE 序列中，TE 和 TR 共同决定了图像的对比度。

3. 反转时间　反转时间（inversion time，TI）指 180° 反转脉冲与 90° 射频脉冲之间的间隔时间。反转恢复脉冲序列的检测对象主要是组织的 T_1 特性。

4. 有效回波时间　有效回波时间（effective echo time）指 90° 射频脉冲与填充 K 空间中央的那个回波中点的时间间隔。在快速自旋回波序列或平面回波序列中，一个 90° 射频脉冲激发后将产生多个回波，这些回波分别填充在 K 空间的不同位置。

5. 回波间隙　回波间隙（echo spacing，ES）指回波链中相邻两个回波间的间隔时间。整个回波链采集所需时间越少，则采集速度相对越快，间接提高了图像的信噪比。

（二）与空间分辨力有关的概念

1. 像素　像素（pixel）指矩阵中被分割的最小单元（像素=扫描野/矩阵）。像素是一个二维空间概念，其大小决定空间分辨力。

2. 体素　体素（voxel）是数字数据在三维空间分割上的最小单位，是一个三维概念。磁共振图像上的体素指某一层面的最小单元。

3. 层厚　层厚（slice thickness）是成像层面在成像空间第三维方向上的尺寸。磁共振的层厚由层面选择梯度场强和射频脉冲的带宽决定。层面越厚，体素体积就越大，信噪比越高，空间分辨力越低。可以选取的最小层厚是系统梯度性能及射频脉冲选择性好坏的重要指标（图 5-3-3）。

4. 层间距　层间距（slice gap）是指相邻两个层面之间的间隔距离。在磁共振成像中，成像层面由射频脉冲确定。理想状态下，只有层面内的质子被射频脉冲激励，但由于梯度线圈、射频脉冲等因素的影响，成像层面附近的质子往往也会受到射频脉冲激励。这一效应有可能导致层面与层面间信号交替失真，进而降低空间分辨力。

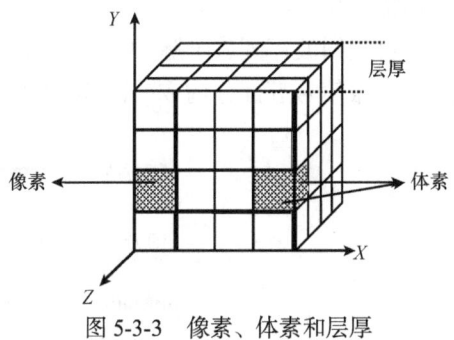

图 5-3-3　像素、体素和层厚

（三）偏转角

偏转角（flip angle）指射频脉冲作用下，组织的宏观磁化矢量偏离静磁场 B_0 的角度。射频脉冲的能量越大偏转角度越大，射频脉冲的能量越小偏转角度越小。MRI 常用的偏转角为 90°、180° 和梯度回波序列中的小角度（<90°）。

二　自旋回波脉冲序列

自旋回波（spin echo，SE）序列是目前最基本的磁共振成像脉冲序列。其实施过程：先发射一个 90° 射频脉冲，使 Z 轴上 M_0 翻转到 XY 平面；在第一个 90° 射频脉冲后的 TE/2 时间，再发射一个 180° 的射频脉冲，这个 180° 的射频脉冲使 XY 平面上的磁矩翻转 180° 产生重聚作用，最后形成的信号叫自旋回波（图 5-3-4）。

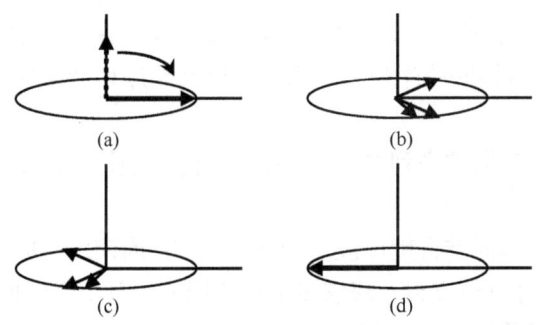

图 5-3-4　自旋回波的产生

（a）90° 射频脉冲作用；（b）磁化矢量离散；（c）TE/2 时，施加 180° 脉冲；（d）重聚

自旋回波序列的优势：①序列结构简单，信号变化容易解释，但是一次激发只采集一个回波，时间较长；②图像具有良好的信噪比和对比度；③利用 SE 序列进行 T_1WI，采集时间一般仅需要 2～5min。

自旋回波序列可分为单回波序列和多回波序列：90°射频脉冲过后，如果只用一个 180°射频脉冲进行重聚，获取一个自旋回波，则称为单回波自旋回波序列。临床上常用于获取 T_1WI；一个 TR 周期内，90°射频脉冲过后，如果以特定时间间隔连续用多个 180°射频脉冲进行重聚，获取多个自旋回波，则称为多回波自旋回波序列。临床上常用于获取 T_2WI 和质子密度加权。虽然用 180°射频脉冲连续进行重聚，能获得多个信号，但是自旋回波强度会因 T_2 效应而出现差别，信号逐渐减弱。

自旋回波序列也可以分为单层面自旋回波序列和多层面自旋回波序列：单层面自旋回波序列就是用自旋回波序列对一个层面进行信号采集。单层面自旋回波信号采集过程中，180°射频脉冲作用获得的自旋回波信号结束，到下一个 90°射频脉冲开始的这段时间，通常称为死期（dead time）。死期的存在增加了扫描时间。多层面自旋回波序列，是利用死期这段时间对其他层面进行信号采集的，这样就提高了扫描效率。

自旋回波序列属于脉冲序列，也由射频脉冲、层面选择梯度场、相位编码梯度场、频率编码梯度场及磁共振信号五部分构成（图 5-3-5）。

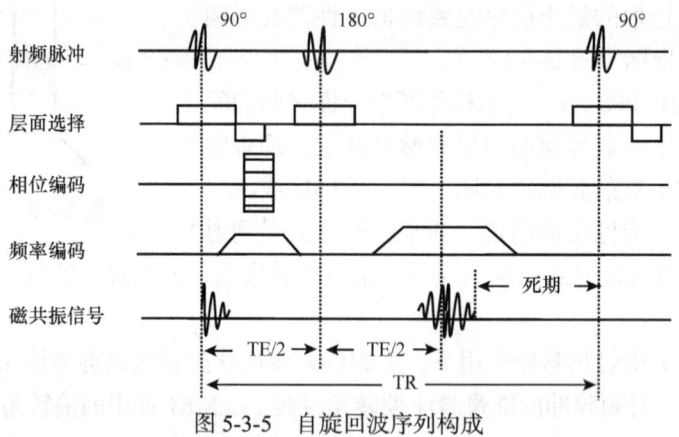

图 5-3-5 自旋回波序列构成

快速自旋回波序列

标准的自旋回波过程是在一个 TR 周期内，先发射一个 90°射频脉冲，使 Z 轴上的 M_0 翻转到 XY 平面，然后再发射一个 180°的射频脉冲，这个 180°的射频脉冲使 XY 平面上的磁矩翻转 180°进行重聚，形成自旋回波。快速自旋回波序列同样是先发射一个 90°射频脉冲，随后用一系列 180°射频脉冲重聚，产生多个连续回波，称回波链（echo train）。每一个回波链中所包括的回波个数叫回波链长度（echo train length，ETL）。

相对于自旋回波序列而言，快速自旋回波序列具有成像速度快、对磁场不均匀性不敏感、磁敏感伪影明显减少等优点。下面对单自旋回波序列、多回波自旋回波序列和快速自旋回波序列的 K 空间填充过程进行介绍。

1. 单自旋回波序列　单自旋回波序列在一个 TR 时间内只进行一次 180°射频脉冲激发，只产生一个回波来填充 K 空间（图 5-3-6）。

2. 多回波自旋回波序列　多回波自旋回波序列在一个 TR 周期内，90°射频脉冲过后，以特定时间间隔连续用多个 180°射频脉冲进行重聚，获取多个自旋回波。每个自旋回波对应独立的相位编码，填充一个 K 空间，最终获得多幅图像（图 5-3-7）。

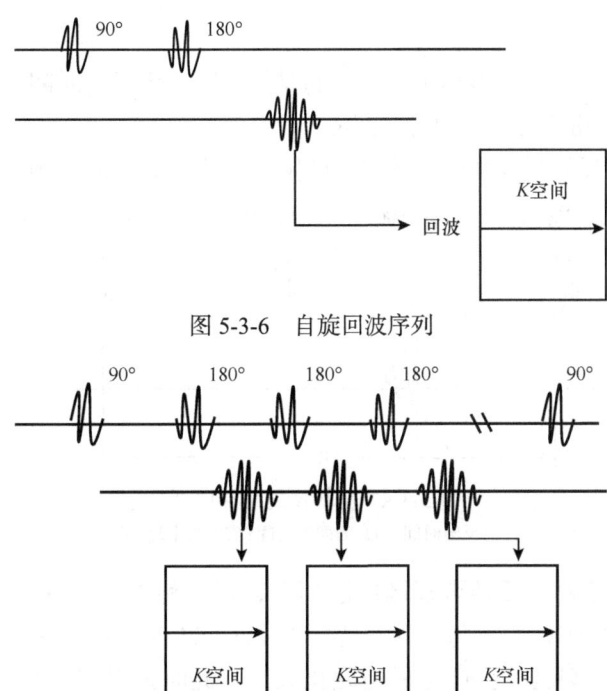

图 5-3-6　自旋回波序列

图 5-3-7　多回波自旋回波序列

3. 快速自旋回波序列　快速自旋回波序列在一个 TR 周期内，90°射频脉冲过后，用一系列 180°射频脉冲重聚，生成由多个连续回波构成的回波组，填充在一个 K 空间而重建出同一幅图像（图 5-3-8）。

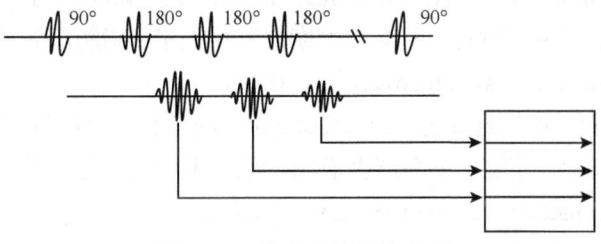

图 5-3-8　快速自旋回波序列

快速自旋回波序列与多回波自旋回波序列有着本质的区别：快速自旋回波序列中，形成每个回波的相位梯度大小不相同，即每个 TR 时间内获得多个彼此独立的不相同的相位编码数据，这些数据填充在一个 K 空间，最终回波组构成一幅图像。由于一个 TR 周期内获得多个相位编码数据，可以使用较少的 TR 周期形成一幅图像，缩短了扫描时间；多回波自旋回波序列中，每个 TR 周期，用同一强度的相位梯度扫描，即每一 TR 周期中获得一个特定的相位编码数据，这个数据只填充 K 空间的一行，每个回波参与形成一幅图像。

四　反转恢复脉冲序列

反转恢复（inversion recovery，IR）脉冲序列是先用一个 180°射频脉冲激发，使成像层面的宏观磁化强度矢量 M_0 翻转至静磁场 B_0 的反方向，180°射频脉冲停止后，磁化矢量开始弛豫（纵向磁化矢量由负到零，再由零到正向），在磁化矢量弛豫过程中再施以 90°射频脉冲对其偏转，从而产生并检测到 FID 信号。因此，反转恢复脉冲序列是一种直接测量 FID 的序列。为了避免射频脉冲对 FID 信号的干扰，反转恢复脉冲序列也可以进行自旋回波信号检测，具体做法是在 90°射频脉冲后面增加一个 180°回波形成脉冲。

1. 反转恢复脉冲序列相关概念

（1）使成像层面的宏观磁化强度矢量 M_0 翻转至静磁场 B_0 的反方向的 180°射频脉冲称为反

转预脉冲。

（2）180°反转脉冲中点到90°射频脉冲中点的时间间隔称为反转时间。

（3）90°射频脉冲中点到回波中点的时间间隔定义为 TE。

（4）相邻的两个180°反转预脉冲中点的时间间隔定义为 TR（图5-3-9）。

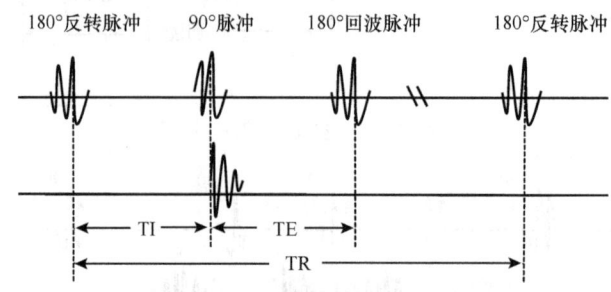

图 5-3-9　反转恢复脉冲序列

TI 为反转时间；TE 为回波时间；TR 为重复时间。

2. 脂肪抑制和水抑制序列　反转恢复脉冲序列中，每一种组织都有一个特定的 TI 时刻。在这个时刻，组织纵向磁化矢量刚好由负值弛豫到零。如果在 TI 时刻给予一个90°射频脉冲激发，由于此时没有纵向磁化矢量，则也不会产生横向磁化矢量，此时该组织信号为零，磁共振图像上显示信号被抑制。

组织的 TI 依赖于该组织的 T_1 值，即 T_1 越长，组织纵向磁化矢量由负值弛豫到零的 TI 越长；T_1 越短，组织纵向磁化矢量由负值弛豫到零的 TI 越短。

脂肪组织的 T_1 很短，如果选择短 TI（≤300ms）的反转恢复脉冲序列，则90°射频脉冲激发时，脂肪组织的纵向磁化矢量等于零，因而也不会产生横向磁化矢量，脂肪组织的信号被抑制，此序列称为短时反转恢复序列（short time inversion recovery，STIR）。

脑脊液等液体的 T_1 很长，如果选择长 TI（≥2000ms）的反转恢复脉冲序列，则90°射频脉冲激发时，这些液体的纵向磁化矢量等于零，不会产生横向磁化矢量，液体的信号被抑制，此序列称为液体抑制反转恢复序列（fluid attenuated inversion recovery，FAIR）。

五 梯度回波脉冲序列

磁共振设备中的梯度线圈产生的梯度磁场，不仅可以加在 X 轴、Y 轴、Z 轴方向进行空间编码，相应的梯度称为频率编码梯度（G_X）、相位编码梯度（G_Y）、层面选择梯度（G_Z），还可以用来产生梯度回波（gradient echo，GRE）。

梯度回波指通过梯度磁场正负方向的改变而产生的回波信号。梯度回波又称为场回波（field echo）。下面将对其产生的原理进行介绍。

梯度回波脉冲序列中，先用一个小角度（<90°）射频脉冲激发纵向磁化矢量，使纵向磁化矢量偏转一定角度，由于纵向磁化矢量只偏转一定角度，故又可以把其分解在 XY 平面和 Z 轴上（图5-3-10）。

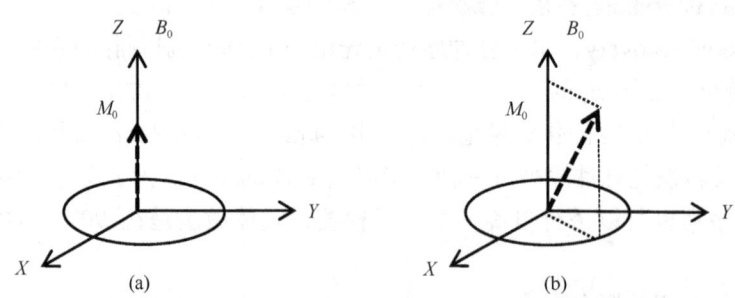

图 5-3-10　（a）和（b）分别表示小角度射频脉冲作用前和后

在小角度射频脉冲刚结束的时刻,在读出梯度(频率编码)方向上施加一个正负方向变化的梯度磁场,该正负方向变化的梯度磁场具有先使质子离相位后使质子聚相位的特点:梯度磁场处于负向时表现为离相位作用,使质子的失相位速度加快,也就是横向弛豫速度加快,宏观上表现为组织的宏观横向磁化矢量衰减为零,信号消失;当梯度磁场处于正向时表现为聚相位作用,能够使之前离相位作用造成的质子失相位逐渐得到纠正,宏观表现为组织的宏观横向磁化矢量逐渐恢复,产生回波信号。由于这种回波是利用了梯度磁场的变化产生的,所以称为梯度回波。实际上,梯度磁场使质子离相位和聚相位的作用是通过梯度磁场正负方向切换来实现的(图 5-3-11)。

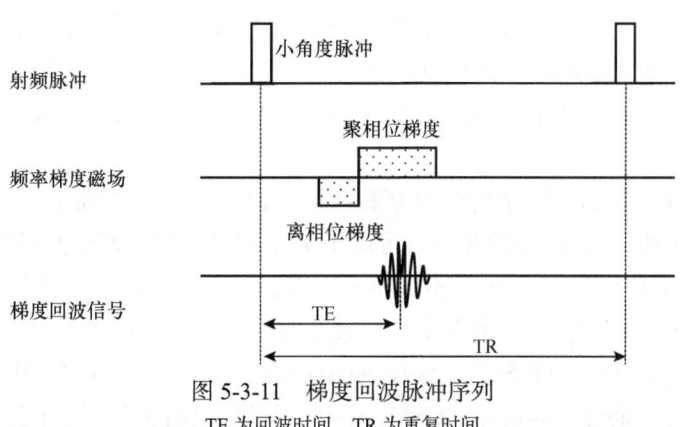

图 5-3-11 梯度回波脉冲序列

TE 为回波时间,TR 为重复时间

为什么在频率编码方向上获得梯度回波信号,而不是层面编码和相位编码方向?

当小角度射频脉冲一施加,层面梯度方向的质子立刻就出现相位差,但紧接着离相位梯度磁场又很快使其平衡为零,故不能获得梯度回波信号。在相位编码方向,不同的成像周期中质子系统的相位差大小是不同的,当相位梯度停止后,质子相位仍然保留至下一个成像周期,故也不能获得梯度信号。

梯度回波脉冲序列特点:①小角度射频脉冲激发,成像速度加快;②采用使质子离相位和聚相位的梯度磁场来获取回波信号;③图像反映的是 T_2^* 弛豫信息;④梯度回波脉冲序列中血流常呈现高信号。

下面介绍几种常用的梯度回波序列:

1. 扰相 GRE 序列　如果成像序列使用的 TR 短于组织的 T_2,当施加下一个 RF 激发脉冲时,将仍在 XY 平面保留有相当的 M_{XY}。扰相 GRE 序列的特征是在每个脉冲周期的信号检测(数据采集)后,施加扰相射频脉冲或 RF 扰相梯度,使残留的 M_{XY} 有效地失相,在下一周期的 RF 脉冲激发前,M_{XY} 被破坏,消失为 0,因而只有 M_Z 对下一个 MR 信号有贡献。

在所有的 GRE 序列中,扰相 GRE 序列对比的形成是最简单的。通过调整翻转角 θ、TR 和 TE 值,即可获得 T_1WI、PDWI 和 T_2WI。三个因素中,θ 是主要的决定因素。采用大 θ 时,图像倾向于 T_1WI;采用小 θ 时,图像倾向于 PDWI 和 T_2^*WI。TE 与 TR 的时间值对加权特性也有影响,延长 TE,图像会具有 T_2^* 加权成分。使用小的 θ 时,PDWI 的 TE 短,而 T_2^*WI 的 TE 长。当 TR≪T_1 时,信号因饱和而近于零;如选用适当的 TR,RF 脉冲之间 M_Z 有一定程度恢复,恢复程度依赖于各组织的 T_1 值,从而产生组织 T_1 的对比,即 T1WI;如果延长 TR,去除 T_1 对比的影响,使 M_Z 在射频脉冲之间接近完全恢复,则可获得 T_2^*WI 和 PDWI。

由于每次 RF 脉冲激发前 M_{XY} 均已失相,仅 M_Z 达到稳定状态,稳定状态时的信号取决于 T_1,而不取决于 T_2,所以扰相 GRE 序列在显示 T_1 对比方面比较优越,主要用来显示 T_1 加权对比,产生 T_1WI。扰相 GRE 序列能进行三维和薄层扫描,对流动伪影较不敏感,但磁敏感性伪影较严重。扰相 GRE 对于腹部和胸部的屏息成像很有帮助,还可用于颅脑、肝、肾等的钆对比剂团注动态检查。

2. 相位聚合 GRE 序列　与相位编码梯度大小相同、方向相反的梯度脉冲,使离散的相位重聚,从而形成最大的横向相位一致性,使残留的 M_{XY} 最大。该序列使相位编码梯度的净效果在每个周期是平衡的,M_Z 和 M_{XY} 在连续的 RF 脉冲之间保持恒定,即保持稳态,因而 M_Z 和 M_{XY} 对 MR 信号均有贡献。为达到 M_{XY} 的稳态,该序列的 TR 一般小于组织的 T_2(常小于 100ms,最短达十几毫秒)。

因为在每个扫描周期结束时 M_Z、M_{XY} 成分均保持稳态,所以相位聚合 GRE 序列图像对比是极其复杂的,其信号强度依赖于 T_1、T_2、T_2^*、T_2/T_1 以及成像参数 TR、TE、θ 等。如果该序列所用的 TR 比受检组织的 T_2 长,则在 T_2 弛豫时间内有效地去除了 M_{XY} 成分,此时该序列的对比与扰相 GRE 相似,即采用较长 TR(大于 200ms)时两种序列的差别并不大,其区别只在 TR 非常短时才明显。而如果该序列使用较短的 TR,采用小 θ(小于 20°)时,图像倾向于 PDWI 和 T_2^*WI;采用大 θ(大于 45°)时,图像对比对 T_2/T_1 比值敏感,具有大的 T_2/T_1 比值的结构(如脑脊液、胆汁)为亮信号,此时可获得脑脊液与邻近组织的最大对比,然而灰白质间的对比会随着 θ 的增大而降低;脂肪具有较大的 T_2/T_1 比值表现为中等亮度。

3. 稳态自由旋进 GRE 序列　该序列把相位重聚(即 M_{XY} 稳态)与 SE 信号连在一起,采集的是自旋回波信号。该序列使用 $n+1$ 次的激发脉冲,可读出 n 个回波。当给两个激发脉冲时,第 2 个脉冲虽然是激发脉冲,但它同时具有类似 180°复相脉冲的作用,引起相位重聚而产生信号,所以这种序列产生的是自旋回波,而不是梯度回波。每个激发脉冲激发后,回波信号在第 3 个激发脉冲时达到最大,所以有效 TE 约为 2 倍的 TR。由于 TE 较长,该序列图像实际上是真正的重 T_2WI。

4. 梯度自旋回波(gradient spin-echo,GSE)序列　该序列保持了类似自旋回波的对比特点,又可以进一步缩短扫描时间(比 FSE 序列还要快)。在 GSE 序列中,每个 90°RF 脉冲激发后,用几个 180°脉冲获得自旋回波,又在每两个 180°脉冲之间反复改变读出梯度。这样每个自旋回波之间又产生了几个梯度回波。

在 FSE 序列中,每个 180°脉冲之间的时间间隔(等于回波之间的时间间隔)允许在一定范围,如果间隔太短则这些脉冲引起的受检者接收的脉冲能量吸收量(即特殊吸收率,specific absorption ratio,SAR)会很强,就会超过对 SAR 值的安全限制,而回波之间的时间间隔限定使扫描时间不能做到很短,GSE 技术则可在每个自旋回波之前和之后增加几个梯度回波来克服对回波间隔时间的限制。每一个 TR 成像周期中的梯度回波和自旋回波彼此具有独立的相位编码。GSE 序列允许的回波链长比 FSE 序列要增加很多,因而扫描时间明显减少。

GSE 序列的优点是提高了扫描速度(全脑扫描可在 30s 内完成,而 FSE 序列至少 1min 或更长),其对比又与自旋回波对比相似。

平面回波成像序列

平面回波成像(echo planar imaging,EPI)指一次射频脉冲激发后利用读出梯度磁场连续的正负方向切换,而产生一系列梯度回波。平面回波成像是在梯度回波的基础上发展而成的,是目前最快的磁共振信号采集方式。一次射频脉冲激发后即可在数十毫秒内完成一幅图像的信号采集。下面将对平面回波成像序列的原理进行介绍。

施加层面梯度磁场和射频脉冲后,在读出梯度(频率编码)方向上施加一个连续的先使质子离相位后使质子聚相位的正负方向变化的梯度磁场,这样就产生了一系列梯度回波。在这个过程中,正向梯度磁场施加的时间超过第一个梯度回波中点后,实际上又成为正向的离相位梯度磁场。一定时间过后,把梯度磁场切换到负向,这时的负向梯度磁场成为聚相位梯度磁场,从而产生与第一个回波方向相反的第二个梯度回波,当负向梯度磁场施加的时间超过第二个回波中点后又成为反向离相位梯度磁场。如此周而复始,产生一连串正负向交替的梯度回波。

因为平面回波成像信号是由读出梯度磁场的连续正负方向切换产生的,故其在 K 空间的填充是迂回轨迹,这与一般的梯度回波序列或者自旋回波序列的填充方式不相同。因此需要在每个梯度回波之后施加相位编码梯度磁场，其与读出梯度场相互配合才能实现 K 空间信号填充，完成空间定位编码（图 5-3-12）。

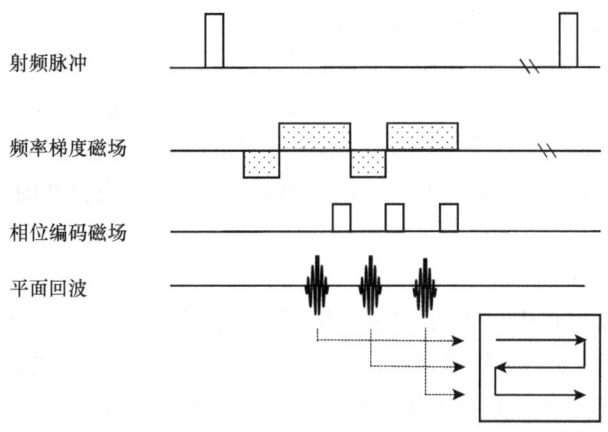

图 5-3-12 平面回波成像序列

平面回波成像序列主要是按激发次数和按平面回波成像序列准备脉冲进行分类的。

1. 按激发次数　分为单次激发平面回波成像序列和多次激发平面回波成像序列。

（1）单次激发平面回波成像序列（SS-EPI）：指一次射频脉冲激发后，采集用来填充 K 空间的所有数据。单次激发平面回波成像序列是目前采集速度最快的磁共振成像序列，单层图像的采集时间可短于 100ms。

（2）多次激发平面回波成像序列（MS-EPI）：指一次射频脉冲激发后，通过读出梯度磁场连续正负方向切换获得多个梯度回波，用来填充 K 空间的多条相位编码线。多次激发平面回波成像序列中，需要多次射频脉冲激发、相应次数的回波采集及数据迂回填充才能完成整个 K 空间的填充。多次激发平面回波成像序列所需要进行的激发次数，取决于 K 空间相位编码步级和回波链长度。

2. 按平面回波成像序列准备脉冲分为梯度回波平面回波成像序列（GRE-EPI）、自旋回波平面回波成像序列（SE-EPI）和反转恢复平面回波成像序列（IR-EPI）。

（1）梯度回波平面回波成像序列：指在小于 90° 射频脉冲后利用平面回波成像序列采集梯度回波链的技术。梯度回波平面回波成像序列是最基本的平面回波成像序列，一般用作 T_2^*WI 序列。

（2）自旋回波平面回波成像序列：指平面回波采集前施加一个 90° 偏转射频脉和一个 180° 重聚脉冲。180° 重聚脉冲将产生一个标准的自旋回波，一般都把这个自旋回波填充在 K 空间中心。而平面回波成像序列将采集一个梯度回波链，一般把这个回波链填充在 K 空间其他区域。自旋回波平面回波成像序列多用作 T_2WI 或水分子扩散加权成像（diffusion weighted imaging，DWI）序列。

（3）反转恢复平面回波成像序列：指在平面回波采集前施加一个 180° 反转恢复预脉冲的成像序列。该序列常用于超快速 T_1WI 序列。

第四节　磁共振成像对比剂

一幅标准的磁共振图像，至少应具有良好的组织对比度。磁共振成像中对比度增强的方法有两种：一种是成像过程中对相关物理参数的合理选择，比如调整 TE、TR 等序列。另一种是注射某种药物制剂，使组织间信号差异增大，这种能使磁共振影像对比度增加的药物制剂叫做磁共振成像对比剂（contrast medium），简称磁共振造影剂。

一、磁共振成像对比剂成像原理

1. 磁共振对比剂分类　磁共振对比剂分类方法很多。按组织特异性分类：肝特异性对比剂、血池对比剂、淋巴结对比剂等；按化学结构分类：离子型对比剂、非离子型对比剂；按磁化强度分类：顺磁性对比剂、超顺磁性对比剂、铁磁性对比剂以及抗磁性对比剂。

2. 磁共振对比剂作用原理　磁共振成像中，采集到的组织信号强度主要由该组织的质子密度和弛豫时间决定。当组织质子密度一定时，信号强度就只由质子弛豫时间长短决定。磁共振对比剂作用原理就是通过影响质子的弛豫时间，使组织信号强度增加或降低。

（1）顺磁性磁共振对比剂的作用机制：当组织中没有顺磁性物质存在时，质子之间通过偶极-偶极弛豫作用，造成组织的 T_1、T_2 弛豫。若组织中存在钆、锰等带有不成对电子的顺磁性金属离子，则这些不成对电子与质子一样为偶极子，也具有磁矩。由于电子的磁化率约为质子的 657 倍，从而局部产生巨大的波动磁场。在热运动过程中，波动磁场与邻近质子作用形成电子-质子偶极-偶极弛豫。此时，由于大部分电子的运动频率与 Larmor 频率相近，从而使邻近质子的 T_1、T_2 弛豫时间缩短，引起所谓的质子弛豫增强，即磁共振图像上 T_1WI 表现为高信号，T_2WI 表现为低信号。

目前临床上广泛应用的离子型非特异性细胞外液对比剂 Gd-DTPA（钆-二乙烯三胺五乙酸）就是一种顺磁性磁共振对比剂。人体中 Gd-DTPA 浓度较低时，对比剂对组织的 T_1 弛豫时间缩短效应较大。若人体中 Gd-DTPA 浓度明显高于临床剂量，则 T_2 缩短效应显著，此时如采用 T_2WI 或 T_2^*WI 成像，含 Gd-DTPA 对比剂的组织显示为低信号，这种情况称为阴性造影。

（2）铁磁性磁共振对比剂的增强机制：铁磁性磁共振对比剂成分是由铁磁性物质组成的一组排列紧密的原子或晶体，其磁矩和磁敏感性远大顺磁性磁共振对比剂。铁磁性磁共振对比剂可明显加速邻近组织中质子弛豫，显著缩短 T_2 弛豫时间，造成组织信号减低，也称为阴性对比剂。进行一次磁化后，在无外加磁场的情况下，铁磁性磁共振对比剂仍然会显示出磁性。

（3）超顺磁性磁共振对比剂的增强机制：超顺磁性磁共振对比剂的磁化强度介于顺磁性和铁磁性之间，但是其磁化速度比顺磁性磁共振对比剂快得多。超顺磁性磁共振对比剂也产生强大的不均匀磁场，引起组织中质子失相位加速，缩短 T_2 弛豫时间，造成 T_2WI 信号降低。进行一次磁化后，外加磁场不存在时，超顺磁性磁共振对比剂磁性消失。

3. 磁共振对比剂不良反应　以目前常用的 Gd-DTPA 为例，其最常见的不良反应主要是头痛、头晕、恶心及心前区不适。严重的不良反应可表现为呼吸困难、血压降低、支气管哮喘、肺水肿、肾衰竭等。严重不良反应发生率极低，出现者多有呼吸系统疾病或过敏史。

4. 磁共振对比剂临床应用　目前磁共振对比剂常用于：①脑和脊髓病变，如肿瘤、炎症、梗死等；②垂体腺瘤或微腺瘤的检查；③乳腺检查；④心肌灌注加权成像；⑤腹部脏器，如肝、胆、胰、脾等；⑥盆腔脏器检查；⑦其他部位病变的检查。可以通过磁共振对比增强达到诊断与鉴别诊断的目的（图 5-4-1）。

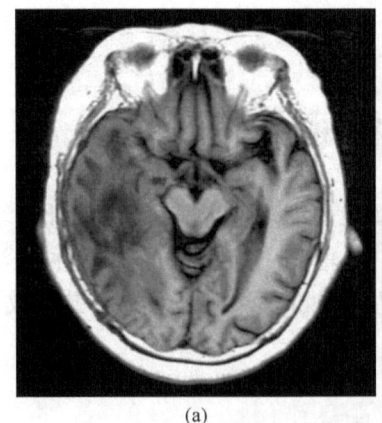
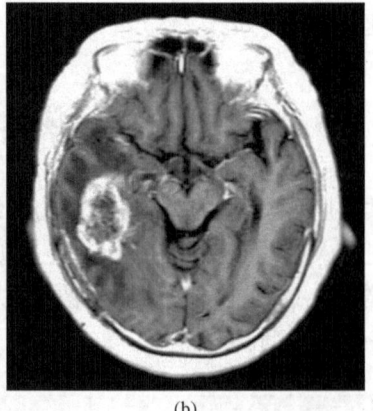

(a)　　　　　　　　　　　　(b)

图 5-4-1　（a）和（b）右侧颅脑内占位性病变 T_1WI 显示低信号，增强扫描显示环形强化

二 钆对比剂

（一）钆对比剂简介

钆对比剂（gadolinium-based contrast agents，GBCA）用于 MRI 临床检查起源于 20 世纪 80 年代后期，至今已有 20 余年。GBCA 本身并不产生信号，而是缩短组织质子的 T_1 和 T_2 弛豫时间，从而间接引起组织中质子信号变化。MRI 对比剂对组织信号强度的影响与其剂量密切相关：较低剂量时，以缩短 T_1 弛豫时间为主，强化组织表现为高信号；随剂量增加，T_2 缩短效应渐趋明显（当然，也有本身就以缩短 T_2 为主的对比剂，如超顺磁性氧化铁颗粒，SPIO）；当对比剂剂量大大高于临床规定（0.1～0.2mmol/kg 体重）时，T_2 缩短显著，呈负性增强，强化组织表现为低信号。

GBCA 是小分子的细胞外间隙对比剂，根据其螯合物结构的不同，可分为环形和线形两类；根据其在水溶液中的解离程度，可分为离子型和非离子型。环形 GBCA 的稳定性要强于线形，离子型 GBCA 的稳定性要强于非离子型。目前已经上市的含钆对比剂详见表 5-4-1。

表 5-4-1 目前已经上市的含钆对比剂

商品名	通用名	英文缩写	化学结构	电荷情况	NSF 病理
欧乃影	钆双胺	GD-DTPA-BMA	线性	非离子型	有
欧匹马克	钆弗塞胺	GD-DTPA-BMEA	线性	非离子型	有
马根维显	钆喷酸葡胺	GD-DTPA	线性	离子型	有
莫迪司	钆贝葡胺	GD-BOPTA	线性	离子型	无
Primovist	钆塞酸二钠	GD-EOB-DTPA	线性	离子型	无
Vasovist	钆磷维塞三钠	GD-DTPA	线性	离子型	无
普络造思	钆特醇	GD-HP-DO3A	环状	非离子型	无
Gadovist	钆布醇	GD-BT-DO3A	环状	非离子型	无
多它灵	钆特酸葡胺	GD-DOTA	环状	离子型	无

（二）钆对比剂使用方法

1. 适应证

（1）中枢神经、胸部、腹部、盆腔、四肢等人体脏器和组织增强扫描。

（2）增强 MRI 血管成像。

（3）灌注成像。

2. 禁忌证

（1）对钆对比剂过敏者。

（2）重度肾脏损害受检者[eGFR（肾小球滤过率）范围小于 30mL/（min·1.73m^2）]，已接受或即将接受肝移植术的肾功能不全受检者禁用钆双胺，其化学名为：[5,8-双（羧甲基）-11-[2-（甲胺基）-2-氧代乙基]-3-氧代-2,5,8,11-四氮杂癸烷-13-氧代（3-）钆]。

3. 特殊人群用药

（1）对有严重肾功能障碍的受检者，由于排出延迟须慎用。

（2）哮喘及其他变态性呼吸疾病及有过敏倾向者慎用。

（3）孕妇及哺乳期妇女慎用。

（4）儿童用药：2 岁以上，按体重 1 次 0.2mL/kg 或 0.1 mmol/kg 给药。

4. 检查前准备

（1）心理护理：通过护理手段了解受检者担心的问题，及时实施耐心细致的心理疏导。消除受检者的恐惧和焦虑等心理，使受检者以积极的心态配合检查，减少不良反应，获得满意的检查结果。

（2）询问过敏史：对有碘及其他药物（如磺胺类、青霉素）过敏史，严重肾功能不全、癫痫、低血压等受检者均应慎用。

（3）将对比剂用医用恒温箱或水浴加热后使用，大大减少了不良反应发生率，为了达到屏气快速扫描 2mL/s 的速度要求，在使用前将对比剂加热到体温水平，以降低对比剂的黏稠度，降低对比剂的注射阻力，减少受检者的不适感。

（4）其他检查前受检者禁食 6h，同时签写磁共振成像自愿书，必要时先埋好留置针，请家属陪同检查。磁共振成像室备好急救药品及用品。

5. 检查过程中的护理

（1）在检查过程中严密观察受检者情况，注药时注意询问受检者的感觉，发现异常立即采取相应措施及时处理。

（2）检查后护理：嘱受检者留院观察 30min 后无不适方可离去。对门诊受检者医嘱，如有不适随时到医院就诊，以防迟发性不良反应。并嘱多饮水，加速药物从肾脏排泄，有效预防不良反应的发生。

6. 注意事项

（1）注射时注意避免药液外渗，防止引起组织疼痛，注药前确定针头在血管内再推注。

（2）部分受检者用后血清铁及胆红素值略有升高，但无症状，可在 24h 内恢复正常。

（3）一次检查后同瓶所剩对比剂应不再使用。

（三）钆对比剂不良反应及处理

钆对比剂耐受性好，通常不良反应发生率低，明显低于碘对比剂。采用 0.1mmol/kg 或 0.2mmol/kg 剂量，发生不良反应的比例为 0.07%～2.4%，多数为轻度或轻微反应，但仍须引起注意，尤其是以下几个方面。

1. 非变态反应　非变态反应如头痛、头晕、呕吐等。若症状不加重，多可在短时间内自行缓解。还可通过大量饮水，促进对比剂排出，无须其他特殊处理。

2. 轻度变态反应　轻度变态反应表现为皮肤潮红、皮疹、口干、流涎等。变态反应如头痛、头晕、呕吐等。应立即停止使用对比剂，观察受检者生命体征，并同时呼叫医院急救小组，遵医嘱给予地塞米松 10mg 静注，建立静脉通路，必要时吸氧；同时嘱大量饮水以排出对比剂。观察 30min，症状缓解后离开。

3. 中度变态反应　中度变态反应表现为胸闷、气促、血压下降、喉头水肿等。应立即停止使用对比剂，观察受检者生命体征，并同时呼叫医院急救小组，就地抢救，迅速建立静脉通路。应抗变态反应处理：遵医嘱给予地塞米松 10mg 加入液体中静滴，非那根 25mg 肌注；密切观察受检者瞳孔反应、血压、脉搏、呼吸及喉头水肿变化；对症处理：保温，给氧，取休克位，保持呼吸道通畅，减轻喉头水肿。做好气管切开准备。立即通知急诊科及有关临床科室进行紧急合作处理，待病情稳定后，尽快送往有关科室继续观察。

4. 重度变态反应　重度变态反应为呼吸抑制、心搏骤停。立即停止使用对比剂，就地心肺复苏，并同时呼叫医院急救小组，配合医生就地抢救。予肾上腺素 0.1～0.2g 皮下注射，地塞米松或甲基强地松静脉推注，同时人工呼吸、心脏按压，做好气管切开及呼吸机应用准备。在紧急处理的同时，要立即请急诊室或有关科室医生会诊抢救。

5. 钆对比剂外渗　轻度渗漏：多数损伤轻微，无须处理。需要嘱咐受检者注意观察，如果有加重，及时就诊；对个别疼痛较为敏感者，局部给予普通冷湿敷。中、重度渗漏：可能引起局部组织肿胀、皮肤溃疡、软组织坏死和间隔综合征。

建议处理措施：抬高患肢，促进血液的回流；早期使用 50%硫酸镁保湿冷敷，24h 后改为硫酸镁保湿热敷，或者黏多糖软膏等外敷；也可以用 0.05%地塞米松局部湿敷；也可用厚 3mm 的鲜马铃薯片外敷注射处，每隔 1h 更换 1 次。外敷 3h 后局部肿痛就可完全消失。对比剂外渗严重者，在外用药物基础上口服地塞米松，每次 5mg，1 天 3 次，连续服用 3 天；必要时，咨询临床医师用药。

6. 静脉炎相关　静脉炎首先是穿刺点局部不适或有轻微疼痛，进而局部组织发红、疼痛、肿胀、灼热，并出现沿静脉走向条索状红线，按之可触及条索状硬结、严重者穿刺处有脓液，伴有畏寒、发热等全身症状。

建议处理措施：为减少局部反应及静脉炎的发生，临床一般用 20ml 0.9%氯化钠溶液冲洗注射局部，可降低药物的残留浓度；严重者，在外用药物基础上口服地塞米松，每次 5mg，1 天 3 次，连续服用 3 天；其他治疗方法还有很多，如冷、热敷，理疗及硫酸镁湿敷等，也可用厚 3mm 的新鲜马铃薯片外敷。

7. 肾源性系统纤维化　肾源性系统纤维化（nephrogenic systemic fibrosis，NSF）是一种罕见的，但严重的疾病，特征是全身皮肤和结缔组织纤维化，并可导致死亡。NSF 只在肾功能不全受检者中发生，正常肾功能受检者中未见此报告。

目前 NSF 的确切病理学尚不清楚，可能是多种因素联合作用的结果，但仅见于严重肾功能不全受检者。NSF/NFD 可通过在显微镜下观察皮肤样本来确诊。

重度肾脏损害受检者（肾小球滤过率范围小于 $30mL/(min·1.73m^2)$），已接受或即将接受肝移植术的肾功能不全受检者禁用欧乃影。中度肾脏损害受检者[eGFR 范围 $30\sim59mL/(min·1.73m^2)$]，新生儿及 1 岁以内的婴幼儿，仅在经过慎重考虑后，方可使用钆双胺。所有受检者尤其是 65 岁以上老年人，使用钆剂前，应通过询问病史或实验室进行肾功能不全的筛查。

总之，建议广大医护人员严格按照适应证使用，不要超剂量使用，并在使用前严格检查受检者肾功能，等受检者体内的对比剂清除后，才可再次使用。尽管目前没有证据表明对受检者进行透析可以预防或治疗 NSF，但严重肾功能不全的受检者使用含钆对比剂后，应及时进行血液透析，以帮助受检者尽快排出体内的钆。处理钆对比剂不良反应的总原则为：前期不良反应处理准备，防止特异性过敏反应，加快产品代谢和留院观察。

第五节　磁共振血管成像原理

磁共振血管成像（magnetic resonance angiography，MRA）指利用血液流动的磁共振成像特点，显示血管的形态以及提供血流方向和流速方面信息的一种无创技术。其可分为不使用对比剂（直接 MRA）和使用对比剂（CE-MRA）两种情况。使用对比剂时，对比剂多为 Gd-DTPA。

1. 常见的血流形式　血流的磁共振信号表现复杂多样，由于血流形式、血流方向、血流速度、脉冲序列及成像参数等的改变，血流可表现为高信号、等信号或低信号。为了更好地理解血流磁共振信号特点，有必要了解一些血流动力学的相关内容。

（1）层流（laminar flow）：是指血流中质点的运动方向与血管长轴平行，但血流中各层面间的运动速度存在差别。血管腔中心的血流速度最快，约为平均流速的 2 倍。越靠近血管壁的血流流速越慢，与血管壁相接触的无限薄的血流层面流速为零。因此，血管腔中的血流速度表现为一个沿血流方向的抛物线（图 5-5-1）。

（2）湍流（turbulent flow）：又称涡流，指血流中质点的运动方向不仅与血管长轴平行，还向其他方向不规则流动。湍流常常会在血管狭窄处两侧形成（图 5-5-2）。

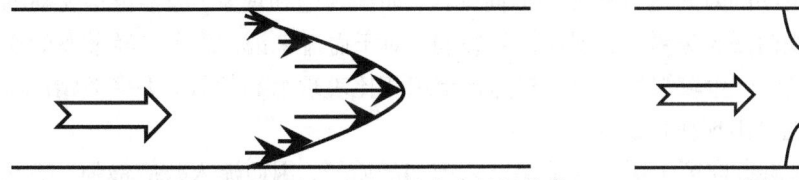
图 5-5-1　层流中血流速度表现为一个沿血流方向的抛物线

图 5-5-2　湍流示意图

实际上，血管里血流是层流和湍流同时存在或交替出现的。主要原因有：①雷诺数，是惯性力和黏滞度的比率，即 $NR = \rho DV/\eta$，NR 代表雷诺数，ρ 代表血液密度，D 代表血管直径，V 代表血流平均速度，η 代表血液黏滞度。若 NR<2000，血流趋于层流状态；若 NR>3000，血流趋于湍流状态；若 2000≤NR≤3000，则血流的变化复杂多样。从公式也可以看出，血管管径大、血流速度快、血液黏滞度低容易导致湍流形成。②血管管腔狭窄、血管壁粗糙、血管分叉处、血管曲张等血管因素将导致湍流形成。

2. 表现为低信号的血流

（1）流空效应（flow void effect）：磁共振检查中，如果扫描层面垂直或者接近垂直于血流方向，施加 90° 射频脉冲时，扫描层面内包括血管中的血液在内的所有组织同时受到激发。在 TE/2 时间后，当向同一扫描层面施加 180° 重聚脉冲时，层面内静止组织发生相位重聚而产生回波。然而，由于血液的流动性，血管中被 90° 射频脉冲激发过的那部分血液已经离开扫描层面，向前运动了 TE/2 时间段的距离。也就是说，这部分血液不会受到 180° 重聚脉冲作用，不产生回波。并且，在 180° 重聚脉冲作用时，扫描层面内血管中新流入的血液，由于没有经过 90° 射频脉冲的激发，也不产生回波。这样，由于血管腔内没有回波产生而表现为低信号，与周围组织、结构形成良好的对比，称为流空效应（图 5-5-3）。通常情况下，TE/2 越长，流空效应越明显。

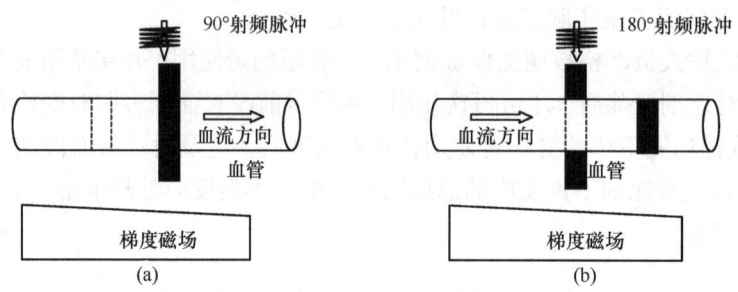

图 5-5-3　流空效应

（a）施加 90°射频脉冲时，扫描层面内包括血管中的血液在内的所有组织同时受到激发。（b）当向同一扫描层面施加 180°重聚脉冲时，层面内静止组织发生相位重聚而产生回波。由于血液的流动性，血管中被 90°射频脉冲激发过的那部分血液已经离开扫描层面，这部分血液不会受到 180°重聚脉冲作用，不产生回波。并且，在 180°重聚脉冲作用时，扫描层面内血管中新流入的血液，由于没有经过 90°射频脉冲的激发，也不产生回波。这样，由于血管腔内没有回波产生而表现为低信号，与周围组织、结构形成良好的对比，称为流空效应

（2）湍流：使血流方向和速度表现出无规律性，因而引起成像层面内血管中的质子群失相位，使获得的磁共振血流信号明显减弱。

（3）流速差别造成失相位：层面内沿着频率编码梯度磁场方向的血流将经历磁场强度的变化。如果血管中同一体素内质子群的流度一样，那么各质子将经历相同的磁场强度变化，拥有相同的旋进频率，质子不发生失相位。但由于层流的存在，同一体素内的各质子因处于不同层面而流速不同，各自经历的梯度磁场强度的变化就不同，旋进频率将发生不同的变化，质子群将失相位，表现为磁共振信号的衰减。

（4）血流的长 T_1 特性：某些 TR 和 TE 很短的超快速 T_1WI 中，血液信号受流动性的影响很小，主要受其 T_1 值的影响。由于血液的 T_1 值很长，因此表现出相对低的磁共振信号。

3. 表现为高信号的血流

（1）流入效应：如果磁共振扫描层面垂直或基本垂直于血流方向，同时所选用的 TR 也很短，层面内静止组织的质子群因没有足够的时间进行充分的纵向弛豫，而出现饱和现象，即不再接受新的射频脉冲的激发产生足够大的宏观横向磁化矢量，表现为信号减弱。对于血流来说，总有未经激发的质子群流入扫描平面，经射频脉冲激发后产生较强的信号，与静止组织相比表现为高信号。大多数情况下，流入效应出现在梯度回波序列，也可出现在自旋回波序列。

在多层面扫描时，血流上游方向第 1 层流入了层外未饱和的质子，因而流入效应最强，磁共振信号也就高。血流方向的其他层面内，由于流入了上一层血流中饱和的质子，因而流入效应逐渐减弱，强磁共振信号也减弱（图 5-5-4）。

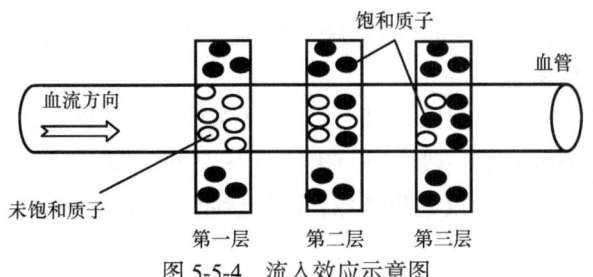

图 5-5-4 流入效应示意图

（2）偶回波效应：质子的旋进频率、相位状态与所处的磁场强度有关。在梯度磁场中质子的位置改变将引起旋进频率和相位的变化。如果质子沿着相位编码方向移动，则偶数次线性变化的梯度磁场可使相位已经离散的质子又发生相位重聚，表现出血流高信号；奇数次线性变化的梯度磁场使质子相位离散，表现出血流低信号。像这样，自旋回波序列进行多回波成像时，奇数回波图像上血流信号表现为低信号；偶数回波的图像上血流信号表现为高信号的现象称为偶回波效应或者偶回波相位重聚。

（3）非常缓慢的血流：椎旁静脉丛或盆腔静脉丛等血管内的血流速度非常缓慢，流动造成的失相位或流空效应均不明显。这些血管内血流的信号与流动本身关系不大，而主要取决于血液的 T_1 和 T_2 值。如果利用 T_2 加权成像，则血液可表现为高信号。

（4）梯度回波序列：梯度磁场的切换产生梯度回波，而梯度磁场的切换过程不需要进行层面选择，因此受小角度激发产生宏观横向磁化矢量的血流尽管离开了扫描层面，但只要不超出有效梯度场和采集线圈的有效范围，还是可以感受梯度磁场的切换而产生回波，因而不表现为流空效应而表现出相对高的磁共振信号强度。

（5）舒张期假门控现象：动脉中血流速度与心动周期有关。心脏收缩期血流速度快，心脏舒张期尤其是舒张末期血流速度较慢。如果利用心电门控技术在心脏舒张中后期激发并采集磁共振信号，则由于速度较慢的血流主要受 T_1 值、T_2 值影响，可表现为高信号。当 TR 与心动周期刚好相等，并且激发和采集过程刚好在心脏舒张中后期时，血管内的血流可以表现为较高信号，这种现象称为舒张期假门控现象。

4. 磁共振血管成像方法

（1）时间飞跃法（time of flight，TOF）：血管中未饱和质子流入成像层面形成高信号，而血管周围静止组织因受射频脉冲的多次激励而饱和并形成低信号，这种信号对比的方法称为时间飞跃法。

时间飞跃法基于血液的流入增强效应的原理，其使用的梯度回波序列一般要求垂直于血管走向，并且梯度回波为短 TR、短 TE。由于 TR 很短，扫描层面内静止组织被反复激发后纵向磁化矢量不能充分弛豫而处于饱和状态，信号很弱；血管内血液具有流动性，当扫描层面内受激发的饱和质子流出扫描层面外时，扫描层面外完全磁化的不饱和质子流入扫描层面，产生强大的纵向磁化矢量，发出高信号，于是血管内外形成信号反差，使血管显影。目前，时间飞跃法在脑部血管、颈部血管、下肢血管等方面有着广泛应用。

①二维 TOF MRA：是指利用 TOF 技术进行连续的薄层采集（层厚一般为 2～3 mm），所成像的层面是一层一层地分别受到射频脉冲激发的，采集完一个层面后，再采集下一个相邻的层面，然后对原始图像进行后处理重建。二维 TOF MRA 一般采用扰相 GRE T_1WI 序列，在 1.5 T 的磁共振中，TR 一般为 20～30ms，选择最短的 TE 以减少流动失相位，选择角度较大的射频脉冲（一般为 40°～60°）以抑制背景组织的信号（图 5-5-5）。

二维 TOF MRA 具有以下优点：由于是单层采集，层面内血流的饱和现象较轻，有利于静脉慢血流的显示；由于采用较短的 TR 和较大的反转角，所以背景组织信号抑制较好；扫描速度较快，单层图像 TA 一般为 1～5 s。

二维 TOF MRA 的不足：后处理重建的效果不如三维成像；容易因原始图像变形引起的层间配准错

误而出现血管影扭曲;由于层面方向空间分辨力相对较低,体素较大,流动失相位较明显,特别是受湍流的影响较大,容易出现相应的假象。

②三维 TOF MRA:与二维 TOF MRA 不同,三维 TOF MRA 不是针对单个层面而是针对整个容积进行激发和采集的。三维 TOF MRA 一般也采用扰相 GRE 序列,在 1.5 T 的磁共振中,TR 一般为 25~45ms,TE 一般选择为 6.9ms(相当于反相位图像,以尽量减少脂肪的信号),激发角度一般为 25°~35°(图 5-5-6)。

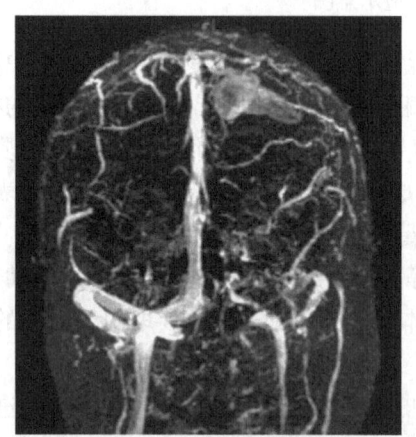
图 5-5-5 二维 TOF 颅内静脉系统

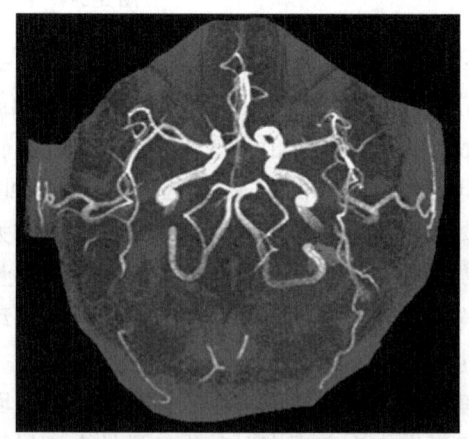
图 5-5-6 三维 TOF 颅内动脉系统

三维 TOF MRA 具有以下优点:空间分辨力更高,特别是层面方向,由于采用三维采集技术,原始图像的层厚可以小于 1mm;图像的信噪比明显优于相应矩阵和层厚的二维 TOF MRA;由于体素较小,流动失相位相对较轻,受湍流的影响相对较小;后处理重建的图像质量较好。

三维 TOF MRA 的不足:为了减轻血流的饱和效应需要缩小激发角度,背景组织的抑制效果不及二维 TOF MRA;容积内血流的饱和较为明显,不利于慢血流的显示;扫描时间相对较长。

(2)相位对比法(phase contrast,PC):相位对比法是梯度回波序列的层面选择和读出梯度之间施加一个双极的编码梯度。具体操作方法:对成像层面内的质子加一个大小相等,方向为先负后正的脉冲。静止组织的横向磁化矢量也会出现大小相等,方向先负后正的相位改变,这些改变的相位叠加后为零,静止组织表现出低信号;而血管中流动的血液,相位叠加后大于零,血流呈高信号。最后,流动血流与静止组织间产生良好的对比。在获得所有成像信息后,通过减影去除背景静止组织,仅留下流动血流造成的相位变化信息,通过计算机重建即可获得磁共振影像图像。与时间飞跃法相比,相位对比法具有可以区分血流速度,显示血流方向、减影消除背景组织等优点。

与 TOF MRA 相比,PC MRA 的优点在于:①背景组织抑制好,有助于小血管的显示;②有利于血管狭窄和动脉瘤的显示;③有利于慢血流的显示,适用于静脉的检查;④可进行血流的定量分析,标示血流方向。

PC MRA 也存在一些不足:①成像时间比相应 TOF MRA 长;②先确定编码流速,流速过小易出现反向血流的假象;流速过大,血流的相位变化太小,信号会明显减弱。③图像处理相对比较复杂。

(3)对比增强血管 MRA(contrast enhanced MRA,CE-MRA):对比增强血管造影就是利用对比剂使血液的 T_1 值明显缩短,然后用短 TR、短 TE 的快速梯度回波序列来获取这种 T_1 弛豫差别信号。常用的对比剂是 Gd-DTPA,Gd-DTPA 可以使血液的 T_1 值比脂肪还短,这样使得血管中血液与背景组织形成强烈对比。实际操作时,Gd-DTPA 多由肘前区浅静脉或手背部浅静脉注入。

(4)黑血法(black blood):是通过预饱和技术使图像中流动的血流呈黑色低信号的方法。在成像层面之外设置一个预饱和区,流动的质子流经此区后处于完全饱和状态,这些处于完全饱和状态的质子进入成像层面时不能产生信号,而成像层面内静止组织呈相对高信号,形成对比。黑血法可用于判断血流方向。

第六节　磁共振水成像原理

磁共振水成像（magnetic resonance hydrography，MRH）指体内静止或者运动缓慢的液体的成像技术。人体中水样液体具有长 T_1 值和长 T_2 值。磁共振水成像原理主要是依靠水的长 T_2 值特性，使用长 TR、长 TE 序列并结合脂肪抑制技术使含水器官显影。射频脉冲作用组织后，由于采用长 TE 值读出信号，T_2 值较短的组织横向磁化矢量衰减快，表现为低信号；水样液体具有很长的 T_2 值，横向磁化矢量衰减慢，呈现出高信号。高低信号形成对比，从而使含水样液体的器官显影。

一、磁共振水成像的临床应用

1. 磁共振胰胆管水成像　磁共振胰胆管水成像（magnetic resonance cholangiopancreatography，MRCP）技术多采用快速自旋回波序列来获得重 T_2 加权图像（T_2WI）。在重 T_2 加权图像上：含大量液体的胆汁和胰液，具有较长 T_2 值，表现出高信号；肝实质及周围软组织的 T_2 值较短，表现出等信号或者低信号；血管中流动的血液几乎测不出信号。这样高信号的胆汁和胰液就与低信号的周围背景形成了对比。

磁共振胰胆管水成像的临床应用主要有：胆道结石、肿瘤、炎症及胰腺炎症、肿瘤及胆胰管变异或畸形等，见图 5-6-1。

2. 磁共振内耳水成像　磁共振内耳水成像多采用快速自旋回波序列来获取重 T_2 加权图像。图像上耳蜗及半规管内的淋巴液具有长 T_2 值，表现为高信号；而周围组织、血液、颅骨等其他组织的信号被抑制呈低信号，进而显示出内听道中的神经、桥小脑角和一些重要的小血管等。

临床上磁共振内耳水成像主要用于膜迷路病变的检查、耳部手术解剖定位、人工电子耳蜗植入前评估等。

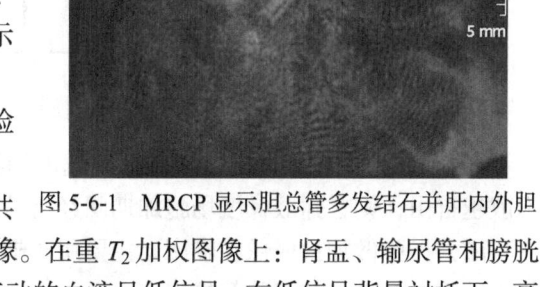

图 5-6-1　MRCP 显示胆总管多发结石并肝内外胆

3. 磁共振尿路水成像（MR urography，MRU）　磁共振尿路水成像采用快速自旋回波序列来获得重 T_2 加权图像。在重 T_2 加权图像上：肾盂、输尿管和膀胱中静态或者缓慢流动的尿液呈高信号；实质脏器和快速流动的血液呈低信号。在低信号背景衬托下，高信号的尿路系统被清晰显示，据此可以作出影像诊断和异常改变分析。

4. 其他　磁共振水成像技术在输卵管水成像、脊髓水成像、消化道水成像等方面也有一定的临床应用。

二、水成像后处理技术及图像分析注意事项

利用二维或三维技术采集的水成像原始图像需要进行后处理重建，常用的后处理技术包括：最大强度投影（MIP）、容积再现（VR）和仿真内镜（VE）等。但需要注意：①水成像一般不作为单独检查，应该与常规 MR 图像相结合；②重视原始图像的观察，如果仅观察重建后的图像，将可能遗漏管腔内的小病变，如胆管内小结石或小肿瘤等；③注意一些假病灶的出现。水成像容易出现伪影而造成假病灶。

第七节　磁共振弥散加权成像原理

磁共振（MR）弥散加权成像（diffusion weighted imaging，DWI）又称磁共振扩散成像，是通过观察活体中微观水分子的弥散运动产生的磁共振信号变化来形成磁共振图像的方法。与磁共振血管成像观察的是宏观的血管内血液流动现象不同，磁共振弥散加权成像观察的是微观的水分子弥散现象。磁共振

弥散加权成像是目前唯一能够无创检测活体组织内微观水分子弥散运动的成像技术。

弥散指从周围环境获得运动能量的分子发生的一连串微观的、随机的平移运动并发生相互碰撞的现象，也称分子的热运动或布朗运动。物质的弥散特性通常用标量弥散系数（D）表示。弥散分为自由弥散运动和限制性弥散运动，前者指水分子弥散运动不受任何限制，后者指水分子弥散运动受到周围介质的约束。一般组织中的水分子运动属于限制性弥散运动。人体不同组织中水分子的弥散系数不同，同一组织中水分子在病理状态下的弥散系数也发生变化。

在普通自旋回波序列上，在180°聚相位脉冲的两侧施加两个方向、强度大小和持续时间完全相同的对称弥散敏感梯度磁场。对于在对称弥散敏感梯度磁场方向静止的质子，虽然施加的弥散敏感梯度磁场引起了磁场变化，会产生相位离散效应，但是质子位置没有移动，180°聚相位脉冲能够剔除这种相位离散效应，使相位最终仍然完全重聚，信号不会衰减；在对称弥散敏感梯度磁场方向上弥散的质子，由于其位置发生了移动，离散的相位不能被完全重聚，故信号也随之衰减。这样就形成了磁共振信号的差异，即磁共振弥散加权成像（图5-7-1）。

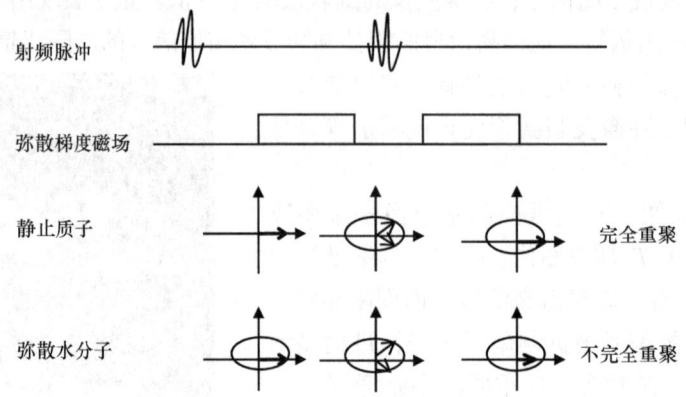

图 5-7-1 自旋回波上的磁共振弥散加权成像原理

在弥散梯度磁场作用下，弥散系数越大的组织其磁共振信号越低。如果水分子在敏感梯度场方向上弥散越自由，则在弥散梯度场施加期间经历的磁场梯度变化也越大，则组织的信号衰减越明显。

磁共振弥散加权成像在临床上主要用于缺血性脑梗死的早期诊断、肿瘤成分鉴别，其他脏器如肝、肾、乳腺、脊髓、前列腺等检查。

一 与 DWI 有关的基本概念

1. 弥散　指分子无规律的热运动，即布朗运动（Brownian motion），在临床 DWI 技术中，扩散一般指组织中水分子不断地随机改变运动方向和位置的现象。

2. 弥散系数（D）　分子扩散运动的速度，是指水分子单位时间内随机扩散运动的范围，单位为 mm^2/s。水分子在不同组织中的扩散系数不同，它依赖于水分子所处的环境。扩散系数与 T_1、T_2 参数一样可以被 MRI 用来产生组织的对比。

3. 表面弥散系数（ADC）　用于描述 DWI 中不同方向分子扩散运动的速度和范围。由于 MR 图像自身不能区分各种原因引起的信号衰减，所以在医学成像中经常用表面弥散系数 ADC 代替 D 来表示弥散运动的强弱。

4. 弥散敏感因子（b）　MR 各成像序列（如 SE、GRE、EPI 序列）对扩散运动表现的敏感程度，是对扩散运动能力检测的指标。单位 s/mm^2，b 值与施加的扩散敏感梯度场强、持续时间和间隔有关。目前的 MRI 设备可提供的 b 值范围为 0~10 000 s/mm^2，MRI 中水分子的扩散敏感性随着 b 值的增加而增加，但图像信噪比则相应下降。目前颅脑 DWI 常用的 b 值约为 1000s/mm^2。

5. 各向同性扩散（isotropic diffusion）　在理想的环境中，水分子在各个方向的扩散速度均同步时，即扩散系数相同时，在一段时间后其运动轨迹处于一个球体内，这种扩散过程称为各向同性扩散。

二、DWI 在脑梗死诊断中的应用

水分子的弥散加权像、弥散张量加权像及表面弥散系数图像为传统的 SE 或 FSE 序列提供了许多额外信息，这些额外信息对病变的诊断、活检部位的确定及评价临床治疗效果均有作用。脑组织中，平行于白质纤维走行的水分子较垂直于其方向的水分子易于扩散，表现为弥散各向异性。表面弥散系数为组织的内在特性，主要反映水分子扩散运动的速度和范围。表面弥散系数值可定量计算水分子的运动信息。不同组织及不同的病理生理过程中组织的表面弥散系数值不同。与弥散梯度方向平行的脑白质纤维表面弥散系数值高，垂直于弥散梯度方向的表面弥散系数值低，脑脊液表面弥散系数值最高。灰质结构主要表现为各向同性，且表面弥散系数值较低。当脑组织出现各种疾病时，其 DWI 表现或表面弥散系数值可发生改变。

鉴别急性和亚急性脑梗死，及评价脑梗死的进程。缺血发生几分钟后，脑组织能量代谢受到破坏，Na^+-K^-/ATP 酶和其他离子泵发生衰竭，从而使细胞内外的离子失去平衡，大量的细胞外水进入细胞内，引起细胞内水分子增加、细胞外水分的减少、细胞外间隙扭曲变形，上述因素均可引起扩散受限。

在脑梗死 30min 后便可在 DWI 上发现扩散受限，表面弥散系数值降低，至 8~32h 达最低，持续 3~5 天。急性期，DWI 上呈现高信号（T_2 效应及扩散受限效应），表面弥散系数图像上呈低信号。ADC 值恢复至基线需 1~4 周，这也反映了脑梗死的演变过程（细胞毒性水肿—血管源性水肿—细胞膜破裂—细胞外水分增加）。亚急性期（1~2 周），随着细胞外水分子的增加及胶质增生，表面弥散系数值逐渐升高，约 2 周，DWI 上呈现等、高信号（取决于 T_2 加权水分子扩散的程度），ADC 图像上呈现高信号，此期的病变容易与一些血管源性水肿混淆，常需结合 MR 平扫及增强检查对病变进行鉴别诊断。

DWI 观察脑急性梗死的可靠性。传统的 CT、MR 均不能在早期发生脑梗死，DWI 发现超急性期和急性期的脑梗死的敏感性为 88%~100%，特异性为 86%~100%，DWI 上呈现高信号的区域提示病变为不可逆性脑梗死。图 5-7-2 是一个发病 5 小时左右的急性脑梗死受检者的脑部横断面图像，病变在 T_1 和 T_2 加权像上未见明显阳性征象，但是在弥散加权图像和 ADC 图像上却十分明显。

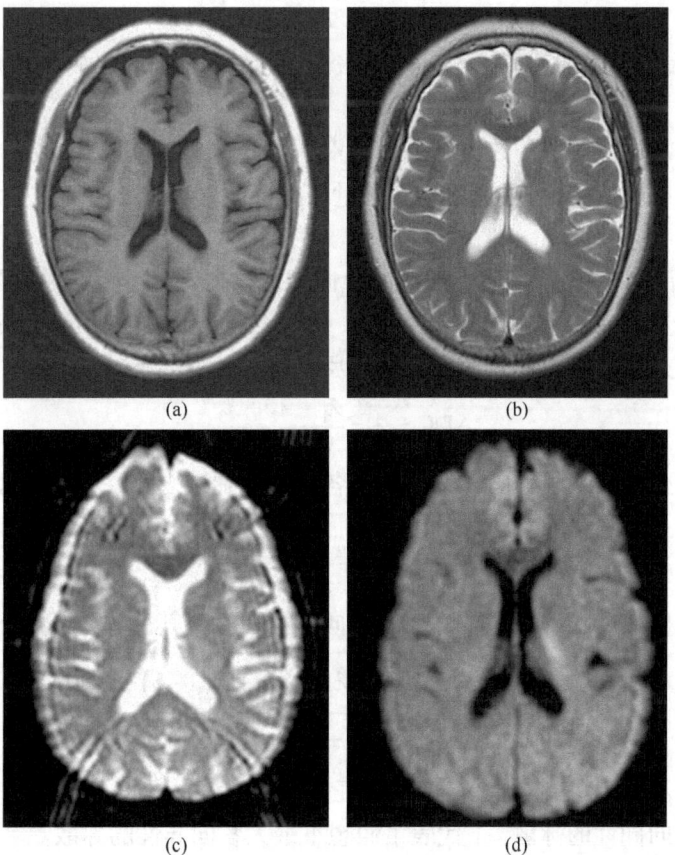

图 5-7-2　急性脑梗死受检者脑部横断面成像

第八节 磁共振弥散张量成像原理

人体中水分子的弥散运动是随机各向的。前面所学的磁共振弥散加权成像只反映出了水分子在敏感梯度磁场方向上的弥散运动。为了更加全面地显示水分子在各方向上的弥散情况，需要在多个方向上施加弥散敏感梯度磁场。如果在多个方向（6个以上方向）分别施加弥散敏感梯度磁场，则可对每个体素内水分子弥散的各向异性作出比较准确的检测，称为磁共振（MR）弥散张量成像（diffusion tensor imaging，DTI）。

 原理

1. 水分子各向异性弥散　限制性弥散运动中，水分子在各方向上弥散运动的限制可能是对称的，也有可能是不对称的。一般情况下，均匀介质中，水分子在各个方向的弥散都相同，称为各向同性弥散，比如脑脊液。并且各向同性弥散中水分子沿各个方向的运动可以用同一个弥散系数表示。非均匀介质中，水分子在各个方向的弥散都不同，称为各向异性弥散。各向异性弥散在人体组织中普遍存在，比如脑白质纤维。由于各向异性存在，水分子的运动不能再用单一的弥散系数来表示。于是，引入了弥散张量来描述水分子沿着各个方向的运动。水分子各向异性弥散中弥散张量可描述为椭圆形，其特征值 $\lambda_1 > \lambda_2 > \lambda_3$。同样的道理，如果把水分子的各向同性弥散也用弥散张量表示，则弥散张量可以描述为球形，特征值 $\lambda_1 = \lambda_2 = \lambda_3$。

2. 弥散张量的获取　由于弥散各向异性，如果水分子在任意一个方向上存在浓度差别，那么水分子会在空间中的三个方向都有弥散系数（D）。根据Fick定律，这些弥散系数将构成弥散张量矩阵

$$D = \begin{pmatrix} D_{XX} & D_{XY} & D_{XZ} \\ D_{YX} & D_{YY} & D_{YZ} \\ D_{ZX} & D_{ZY} & D_{ZZ} \end{pmatrix} \tag{5-7}$$

式中，D_{XX}、D_{XY} 等代表空间中的弥散系数。由于张量元素具有对称性的特点，所以最少要测出6个方向的弥散系数。

利用磁共振弥散张量成像获取的数据在每个体素中构造一个弥散张量，最后得到扫描层面内所有体素的弥散张量构成的弥散张量场，再通过此弥散张量场的特征值与特征向量反映水分子在体素中的弥散特性。

3. 弥散各向异性指数　常用来描述弥散各向异性的指数主要有：平均弥散系数（mean diffusivity，MD）、相对各向异性分数（relative anistropy，RA）、部分各向异性分数（fractional anisotropy，FA）等。

（1）平均弥散系数是对体素内弥散程度的整体反映，其计算如下：

$$\text{ADC} = \lambda = \frac{\lambda_1 + \lambda_2 + \lambda_3}{3} \tag{5-8}$$

（2）相对各向异性分数反映了各向异性弥散与各向同性弥散之比，其计算公式如下：

$$\text{RA} = \sqrt{\frac{(\lambda_1 + \lambda)^2 + (\lambda_2 + \lambda)^2 + (\lambda_3 + \lambda)^2}{3\lambda}} \tag{5-9}$$

（3）部分各向异性分数反映了水分子弥散的各向异性程度，其计算公式如下：

$$\text{FA} = \sqrt{\frac{3\left[(\lambda_1 + \lambda)^2 + (\lambda_2 + \lambda)^2 + (\lambda_3 + \lambda)^2\right]}{2(\lambda_1^2 + \lambda_2^2 + \lambda_3^2)}} \tag{5-10}$$

以上各式中 λ_1、λ_2 和 λ_3 代表弥散张量 D 的特征值。相对各向异性分数和部分各向异性分数取值均在 0～1，0 代表最大各向同性的弥散，1 代表了假想下最大各向异性的弥散。

二、DTI 的成像参数

采用单次激发自旋回波-回波平面成像序列（spin echo-echo plane image，SE-EPI）进行扫描，参在 1.5T 上，数为：TR=5000～10000ms，TE 系统自动设置为最短；层厚 3～4mm，一般层间距设置为 0mm，FOV=24cm，NEX=2，矩阵=128×128，b=1000～1500s/mm^2，扩散敏感梯度场施加方向一般选择 13～25 个即可。

三、评价参数

将所获得的数据经计算机后处理后转换成以下参数图像，包括平均扩散系数（MD）、分数各向异性（FA）、相对各向异性（RA）、容积比（volume ratio，VR）等。根据各个梯度方向的水分子的运动信息，可观察脑白质纤维束的走行、完整性和方向性。因此，应用 FA 值、RA 值、VR 值，FA 图像、RA 图像、VR 图像可以对每个体素水分子的扩散运动进行量化，又可描述大多数水分子的扩散方向。

四、临床应用

目前，磁共振弥散张量成像技术在追踪脑白质纤维并反映其解剖走行方面应用广泛，并且在脑梗死、多发性硬化、精神分裂症、阿尔兹海默病、心肌电生理、肾疾病等方面也有相应的运用。

第九节　磁共振灌注成像原理

磁共振灌注成像（perfusion weighted imaging，PWI）指用来反映组织的微血管灌注分布及血流灌注情况，提供血流动力学等方面信息的磁共振检查技术。不同于观察血液宏观流动的磁共振血管成像，磁共振灌注成像观察的是分子的微观运动。

1. 外源性示踪剂法　即对比剂首过磁共振灌注成像法。其中，动态磁敏感对比增强（DSC）灌注成像最常用。常用对比剂是钆喷酸葡胺（Gd-DTPA）。高压注射器向静脉团注对比剂后，对比剂在毛细血管内外形成一定的磁敏感性差别，相当于通过对比剂的顺磁性作用，毛细管内的血液与其外的组织之间建立起微小的梯度磁场，这些微小的梯度磁场加快了质子的失相位，从而使组织的 T_1、T_2 时间均缩短。此时，采用梯度回波-平面回波成像序列对检查部位进行连续多层面多时相扫描，可获得一系列能够显示对比剂首次流经受检查部位的时间-信号强度曲线。通过曲线可以计算出局部相对血流量等信息。

2. 内源性示踪剂法　即利用动脉血中的水分子作为内源性示踪剂的动脉自旋标记法。首先，在扫描层面动脉流入侧施加反转脉冲或采用预饱和技术将动脉血液中的水分子进行标记。这些标记的水分子流入扫描层面后，弥散进入细胞间隙。此时进行成像，可获得标记后的磁共振图像。其次，在保持其他条件都相同的情况下，获取水分子未被标记的磁共振图像。用标记后的磁共振图像减影未被标记的磁共振图像，即得到磁共振灌注图像。

磁共振灌注成像临床可用于脑缺血性病变、原发性胶质瘤、脑转移瘤及肝胰等脏器病变的检查。

第十节　磁共振波谱成像原理

磁共振波谱成像（magnetic resonance spectroscopy，MRS）是利用质子在化合物中共振频率的化学位移现象，分析化合物组成成分及其含量的无创检测技术。磁共振波谱成像与磁共振成像有很大区别，前者是一种检测人体内正常和病变组织细胞代谢变化的技术，后者反映的是正常和病理组织的解剖形态信息。

1. **化学位移现象**　前面已经学习过，磁性原子核旋进频率与其所处空间的静磁场有关。实际上，原子核外面还包围着电子云。在静磁场的作用下，核外电子云会产生与静磁场方向相反的感应磁场。感应磁场在一定程度上削弱了静磁场对原子核的作用，这种削弱作用称为电子屏蔽效应。同一种磁性原子核可以存在于不同的分子中，由于各分子的化学结构不同，电子云对静磁场的电子屏蔽效应也不同，表现为原子核旋进频率的差异。这种由于所处的分子结构不同而造成同一磁性原子核旋进频率差异的现象叫做化学位移现象。

2. **磁共振波谱成像过程**　由于化学位移效应，不同代谢产物中质子旋进频率有轻微差别。向扫描层面施加带宽较宽且涵盖了被检测代谢产物中质子旋进频率范围的射频脉冲后，所采集到的将是包含了这些差别的磁共振信号。这些磁共振信号经过傅里叶转换后便可得到不同物质谱的信息，再把这些信息用含有一系列波峰的谱线表示出来，这就是磁共振波谱成像过程。磁共振波谱成像实际上就是原子的化学位移分布图，其横轴表示化学位移，单位为 ppm（ppm 表示百万分之一）；纵轴表示具有不同化学位移的原子的相对含量。

3. **磁共振波谱成像序列**　氢质子磁共振波谱成像多采用激励回波探测法（STEAM）和点分辨波谱分析法（PRESS）。

激励回波探测法是施加三个相互垂直的层面选择 90° 射频脉冲，只有同时位于这三个方向的组织才能形成回波信号从而完成定位。这个序列 TE 时间短，操作简单。点分辨波谱分析法是施加一个 90° 射频脉冲和两个 180° 复相脉冲而产生回波信号。这个系列获得的信噪比较高。

4. **水抑制**　目前，临床研究和使用最多的是 ^1H 和 ^{31}P 波谱成像。水抑制是专用于 ^1H 波谱成像的技术，而 ^{31}P 波谱成像不需要进行水抑制。水在人体内广泛分布，这些水含有大量的 ^1H。而用于成像的代谢产物相对于这些水来说微乎其微，故其含 ^1H 也相对极少。为了突出显示代谢产物的化学位移波峰，须采取一定的措施抑制水。常用的水抑制法为化学位移选择饱和法（CHESS）。

5. **特点**　尽管 MRS 与 MRI 基于相同的基本原理，但两者间仍存在许多不同之处。MRS 具有以下特点：①得到的是代谢产物的信息，通常以谱线及数值来表示，而非解剖图像；②对磁场的强度及磁场均匀度有着更高要求；③外加磁场强度升高有助于提高 MRS 质量，不仅可提高信噪比（SNR），而且由于各种代谢物化学位移增大，可更好地区分各种代谢物；④信号较弱，常需要多次平均才能获得足够的 SNR，因此检查时间相对较长；⑤得到的代谢产物含量通常是相对的，通常用两种或两种以上的代谢物含量比来反映组织代谢的变化；⑥对于某一特定原子核，需要选择一种比较稳定的化学物质作为其相关代谢物进动频率的参照标准物。

6. **常见氢质子磁共振波谱**

（1）氮-乙酰天门冬氨酸（NAA）：位移峰位于 2.02～2.05 ppm 处。氮-乙酰天门冬氨酸主要位于神经元及其轴索上，是神经元的标志。氮-乙酰天门冬氨酸的降低甚至消失表示神经元数量的减少及缺失。

（2）乳酸（Lac）：位移峰位于 1.3ppm 处。乳酸是葡萄糖的无氧代谢产物。当机体出现缺血、缺氧时，常可观察到此峰。一般认为，Lac 峰升高与侵袭性很高的肿瘤有关。

（3）谷氨酸/谷氨酰胺（Glu/Gln）：位移峰位于 2.1～2.5ppm 处。谷氨酸可与氨生成谷氨酰胺而参与氨的降解作用，同时还是抑制性神经递质 γ-氨基丁酸的前体物质。在脑组织缺血缺氧状态及肝性脑病时，常可观察到此峰。

第十一节　磁共振磁敏感加权成像原理

磁敏感加权成像（susceptibility weighted imaging，SWI）指利用组织间磁敏感性差异而产生对比增强的磁共振成像技术。早期的磁敏感加权技术主要用于颅内小静脉的成像，故也称为"高分辨力血氧水平依赖静脉成像"。磁敏感加权成像基础是组织间的磁敏感性差异。

1. 磁共振磁敏感加权成像原理

（1）组织间磁敏感性差异：自然条件下，能够造成人体组织间磁敏感性差异的物质包括脱氧血红蛋白、含铁血黄素、钙化等。

脱氧血红蛋白为顺磁性物质，其存在可引起局部血管内外磁场不均匀，加速质子相位的离散。由脱氧血红蛋白代谢生成的含铁血黄素属于超顺磁性物质，也能够加速质子相位离散。人体内的钙化属于逆磁性物质，延缓质子相位离散，但是与周围正常组织对比，同样引起了磁场不均匀性变化。

无论是顺磁性物质还是逆磁性物质，都可以使局部磁场均匀性发生变化，进而引起磁敏感性差异。磁共振磁敏感加权在静脉结构显像方面的运用就是基于磁敏感性差异：静脉血液中含有大量脱氧血红蛋白，而动脉血液中的脱氧血红蛋白相对较少。脱氧血红蛋白的顺磁性作用使动静脉间的 T_2^* 弛豫时间差别增加，如果采用适当的脉冲序列就可以将动静脉区分开来。同时，脱氧血红蛋白的顺磁性效应也引起静脉血液与周围组织之间产生磁敏感性差异，用适当的脉冲序列可以使静脉血与周围组织区分开，显示出细小静脉。

（2）磁敏感加权成像序列：磁共振磁敏感加权成像采用三维流动补偿梯度回波序列，可以同时获得相位图像和幅度图像两组原始图像，两者所对应的解剖位置完全一致，并且图像具有高分辨力、高信噪比特点。

2. 磁共振磁敏感加权成像的临床应用　目前，磁共振磁敏感加权成像在显示微小出血灶、脑外伤、脑血管疾病、钙化灶等方面应用较多。

第十二节　功能磁共振成像原理

功能磁共振成像（functional magnetic resonance imaging，fMRI）指应用磁共振成像对生物体功能进行研究和检查的技术。广义上讲，前面所学的磁共振弥散加权成像、磁共振弥散张量成像、磁共振灌注成像、磁共振波谱成像等均属于功能磁共振成像范畴。狭义来说，则是基于血氧水平依赖（blood oxygen level dependent，BOLD）的功能磁共振成像（BOLD-fMRI），这也是平时人们所说的功能磁共振成像。

1. 血氧水平依赖　1990 年，Ogawa 等通过 T_2 加权成像观察并提出了新的磁共振成像机制：血氧水平依赖，即血液中含氧血红蛋白属于逆磁性物质，其对质子相位的离散起到一定的抑制作用；而脱氧血红蛋白属于顺磁性物质，可以引起局部血管内外磁场不均匀，这个不均匀磁场加速了质子相位的离散，也就是质子弛豫速度的改变。但是脱氧血红蛋白对 T_1 弛豫影响不大，主要以加快 T_2 弛豫为主，引起局部磁共振信号降低。

2. 功能磁共振成像原理　局部组织兴奋耗氧时，代谢活动增加，相应脱氧血红蛋白也增加，在磁共振功能图像上应该表现为低信号。然而并非如此，当局部组织兴奋耗氧时，供血动脉会流入大量的含氧血红蛋白以满足代谢需求，并且流入的血红蛋白所携带的氧远远超过组织消耗的氧，结果使得静脉血中逆磁性含氧血红蛋白的含量增加。这将导致质子相位的离散速度减慢，进而延长了 T_2 弛豫时间，使 T_2^*（有效横向弛豫时间）加权信号增加，磁共振图像上表现为局部兴奋组织的高信号。

3. 功能磁共振成像序列及临床应用　功能磁共振成像多采用梯度回波平面回波 T_2^*WI 脉冲序列。此序列通过一次激发就可获得用来重建一幅完整磁共振图像的信号。

目前，功能磁共振成像主要用于脑功能的认知、术前定位、癫痫等方面。

第十三节 磁共振分子成像原理

磁共振分子成像（molecular magnetic resonance imaging，MMRI）指利用磁共振成像的方法无创伤地研究生物体细胞内的分子的技术。磁共振分子成像技术的发展不仅拓宽了影像技术在临床方面的应用范围，也为研究疾病的生理进程提供了更加全面、准确的信息。

1. **磁共振分子探针** 与常规的磁共振水分子成像方法不同，磁共振分子成像需要一种生物体内固有的或者外源性的分子探针。作为成像的分子探针应具备一定的条件：①能与目标靶高度特异性的结合；②性质稳定，能够获得清晰的图像；③分子量小，容易穿过细胞膜到达目标靶。

磁共振分子探针类型：①顺磁性分子探针，主要有 Gd^{3+}、Mn^{2+}螯合物。这类分子探针在 T_1WI 上呈高信号，进而显影定位；②超顺磁性分子探针，主要是磁性氧化铁类物质。超顺磁性分子探针在 T_2WI 上呈低信号而形成对比；③以 ^{19}F 分子探针为代表的 T_2 阳性磁共振对比剂；④化学交换饱和转移（CEST），通过预饱和的化学交换饱和转移对比剂的可交换羟基或氨基的氢与周围水分子进行磁化交换，利用水的磁共振信号来间接放大交换位点上的弱质子信号。通常使用镧族元素作为对比剂。

2. **磁共振分子探针临床应用** 目前，磁共振分子探针可以用于肿瘤转移的评估；心脑血管疾病中，如脑栓塞、心肌梗死及动脉粥样硬化等方面也可以运用磁共振分子探针进行跟踪；磁共振分子探针技术在干细胞示踪方面也有广泛应用。

第十四节 介入磁共振成像原理

介入磁共振成像（interventional MRI，IMRI）指在磁共振的引导和监控下，利用磁共振兼容性设备对病变进行诊断、治疗或者组织采集的介入性操作技术。介入磁共振成像技术具有对人体无电离辐射、多方位成像、空间分辨力高、组织对比优良及易于显示血管等特点。

1. **开放式磁场系统** 不同于常规磁共振成像系统的圆柱形磁体结构，介入磁共振采用开放式磁场系统。开放式磁场系统分为水平开放型磁场系统和垂直开放型磁场系统：水平开放型磁场系统的磁体置于上下两面，产生垂直磁场，并且其接收线圈呈螺旋型；垂直开放型磁场系统是由两个垂直放置的超导体线圈构成的，产生的磁场呈水平排列，其接收线圈为发射-接收的表面线圈。

2. **磁共振设备的显示**

（1）导管和导丝的显示：介入磁共振中，导管和导丝的显示方法有两种，一种称为主动显示技术，即在导管和导丝的头端置入微型线圈，在通电状态下微型线圈在磁场中产生信号丢失，从而显示出导管或导丝的位置。另一种称为被动显示技术，即在导管中置入磁敏感性高的环状氧化镝等物质，这些置入的物质在图像上显示为点状伪影，进而勾勒出导管导丝的轮廓。

（2）穿刺针的显示：应用于介入磁共振成像中的穿刺针，如果不考虑穿刺针自身结构因素形成的伪影而影响其显示，则穿刺针与静磁场 B_0 的角度和成像序列类型是影响磁共振穿刺针显示的两个最重要的因素。一般两者间角度越大，磁场强度越大，伪影越大，穿刺针显示越不清晰。此外，回波时间及脉冲序列也对穿刺针的显示有一定影响。

3. **临床应用** 与其他介入方法一样，介入磁共振的临床运用也可以分为非血管介入和血管介入两种方式。前者包括磁共振成像导引下经皮活检术、磁共振成像监视下消融术、磁共振成像引导下的内镜操作等。后者主要运用于血管方面，磁共振可多平面显示血管树和软组织信息，从而在临床上为评价病变与血管的关系提供帮助。

第十五节 磁共振成像质量控制

由于磁共振系统的复杂性及扫描序列、扫描参数的灵活性,所以磁共振信号和图像质量在很大程度上取决于操作者对成像参数、扫描序列、射频脉冲等的选择和受检者本身固有的生物特性。

 影响磁共振影像质量的因素

影响磁共振图像质量的因素主要有人体组织本身特性、设备和成像参数、伪影。组织本身特性包括质子密度、弛豫时间、化学位移、灌注情况、分子扩散等;设备和成像参数包括脉冲序列、线圈类型、成像参数等;伪影包括运动伪影、金属异物伪影、设备伪影等。

(一)组织本身特性

当静磁场确定时,对自旋回波序列成像的组织而言,磁共振信号强度(signal intensity,SI)计算公式可以表示为

$$SI = K \cdot N(H) \cdot e^{-TE/T_2} \cdot \left(1 - e^{-TR/T_1}\right) \quad (5-11)$$

式中,SI 为磁共振信号强度;K 为常数,$N(H)$ 为质子密度,e=2.718 为自然数;TE 为回波时间;TR 为重复时间;T_2 为组织 T_2 值;T_1 为组织 T_1 值。由式中可以得出结论:①质子密度越大,组织磁共振信号越强;②T_2 值越大,组织磁共振信号越强;③T_1 值越小,组织磁共振信号越强。

扫描层面组织本身固有的特性会通过影响磁共振信号强度,而影响磁共振图像质量。组织中质子密度越高,磁共振信号越强、信噪比越高,图像质量越好,如脑脊液、软组织等。组织中质子密度越低,磁共振信号越弱、信噪比越低,图像质量相对就越差,如骨皮质、含气肺泡等。

(二)设备和成像参数

1. 线圈类型 射频线圈的几何形状和尺寸对信噪比也有一定的影响。射频线圈的基本功能是采集信号,信号受噪声干扰程度与线圈包含的组织容积有关。线圈所包含的组织容积越大,被包含的扫描层面外的其他组织越多,接收到的噪声越大,信号强度相应也降低。比如体线圈所包含的组织容积最大,并且线圈与成像组织间的距离较大,体线圈获得的信噪比比其他线圈低。

2. 接收带宽 接收带宽就是读出梯度采集频率的范围。窄带宽可以相对使接收到的噪声减小,提高信噪比,可是窄带宽也会使采集层面减少。一般情况下,系统的接收线圈是固定的。

3. 矩阵 在视野不变的情况下,随着采集矩阵增加,虽然提高了分辨力,但是也使扫描时间延长以及信噪比降低。

 改善磁共振影像质量的措施

1. 化学位移伪影 化学位移伪影是指化学位移现象导致的图像伪影。化学位移伪影出现在频率编码方向上,并且静磁场的场强越强,化学位移伪影将会越明显。化学位移伪影可以通过增加接收脉冲带宽、采用预饱和技术、合理选用成像序列中的 TE 值等方法进行改进。

2. 运动伪影 运动伪影是由受检者的运动造成的。运动包括受检者躯体的移动、呼吸、吞咽、心跳等动作。在磁共振信号采集的过程中,运动使得扫描层面内组织在每一次射频激发、编码及信号采集时的位置发生变化,进而出现相位的错误,在图像上就出现伪影。运动伪影主要出现在相位编码方向上,伪影的强弱取决于运动组织的信号强度高低,若运动组织信号强度越高,则相应的伪影越强。

受检者躯体运动引起的运动伪影可以通过心理安慰、使用镇静剂等方式减轻,心脏跳动引起的伪影可以采用心电门控技术,血管搏动引起的运动伪影可以采用预饱和技术及切换相位编码方向等方式控制。

3. 卷褶伪影　卷褶伪影指当扫描部位的尺寸超出视野的范围时，视野外的组织信号将折叠到图像另一侧而形成的伪影。卷褶伪影常出现在相位编码方向上，多由视野过小造成。增大成像视野是有效控制卷褶伪影的方法。

4. 金属伪影　金属物体在磁体中会形成强磁场干扰静磁场的均匀性，加速周围旋进质子的失相位，而出现一圈围绕在金属体周围的低信号"盲区"。

金属等异物引起的伪影改进措施包括：①尽量提高磁场均匀性；②采用自旋回波序列，不用或少用梯度回波序列；③检查前嘱咐受检者去除体内或体表的金属异物等。

小结

　　本章通过对磁共振成像的物理基础、图像信号、图像空间定位、成像脉冲序列、血管成像、水成像、分子成像、功能成像、介入成像、MR成像质量控制等磁共振成像原理相关内容的介绍，阐述了磁共振信号产生必备的三个基本条件和磁共振现象的产生。重点描述了目前常用脉冲序列的构成及其临床应用，介绍了血流的磁共振信号特点和血管成像、水成像的常用方法，分析了影响磁共振图像的因素及改善图像的措施，简单描述了磁共振分子成像、功能成像及介入磁共振的知识。

思考与练习

一、名词解释

1. 横向弛豫　2. 纵向弛豫　3. T_1值　4. T_2值

二、简答题

1. 简述磁共振产生的先决条件。
2. 简述K空间的特点。
3. 简述各类脉冲序列的组成及其优缺点。
4. 简述磁共振水成像的临床应用。
5. 简述磁共振对比剂成像原理、不良反应。
6. 简述磁共振血管成像的方法及其优缺点。
7. 简述影响磁共振图像质量的相关因素及其改善措施。

（王　平）

第六章　超声成像原理

学习目标
1. 掌握：超声波的定义；超声波的基本物理量和它们之间的关系。
2. 熟悉：超声波传播特性、各种类型超声成像原理、超声伪像的产生和处理。
3. 了解：超声新技术成像原理和超声检查的安全性及注意事项。

第一节　超声波的物理特性

一、超声波的基本概念

超声波是指声波频率超过人耳听觉范围（20～20 000Hz）的高频机械波，其频率>20 000Hz，超声诊断常用的频段是 2～10MHz（1MHz=10^6Hz）。能够传递超声波的物质，称为传声介质，传声介质具有质量和弹性，包括各种气体、液体和固体。

二、超声波的物理量与参量

（一）超声波基本物理量

超声波有三个基本物理量，即波长（λ）、声速（c）和频率（f）。

1. 波长（wave length）　在波的传播方向上，质点完成一次振动波传过的距离（图 6-1-1），用 λ 表示，常用单位为毫米（mm）或微米（μm）。

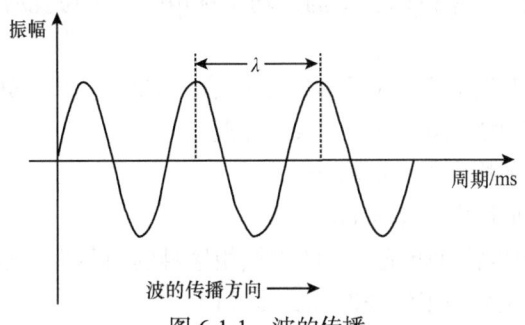

图 6-1-1　波的传播

2. 频率（frequency）　单位时间内质点完成的全振动次数，用 f 表示。常用单位为赫（Hz）或兆兹（MHz）。

3. 声速（sound velocity）　单位时间内声波在介质中的传播距离，用 c 表示。常用单位米每秒（m/s）、厘米每秒（cm/s）等。声速大小与介质的弹性系数和密度有关，关系如下：

$$c=\sqrt{\frac{E}{\rho}} \tag{6-1}$$

式中，c 代表声速；E 代表介质弹性系数；ρ 代表介质密度。

波长、声速、频率三者之间的关系公式如下：

$$\lambda=\frac{c}{f} \tag{6-2}$$

由于不同频率的声波在同一介质中传播的声速（c）基本相同，所以超声波波长（λ）与频率（f）成反比，即频率越高，波长越短。若频率不变，则声速高的介质，其波长越大。

超声波在不同介质（空气、水、软组织、骨骼）中分别具有不同的声速（表6-1-1）。人体软组织的声速平均为1500m/s，与水的声速接近。骨骼的声速最高，是软组织平均声速的2倍以上。

表6-1-1 医学超声常用介质的密度、声速和声阻抗

介质名称	密度/g/cm³	声速/m/s	声阻抗/10⁶kg/（m²·s）
空气（20℃）	0.00118	344	0.0004
脂肪	0.955	1476	1.410
水（37℃）	0.9938	1523	1.513
软组织（平均值）	1.016	1500	1.524
肾脏	1.038	1561	1.62
肌肉	1.074	1568	1.684
血液	1.055	1570	1.656
肝脏	1.050	1570	1.648
颅骨	1.658	3360	5.570

（二）人体组织的声学参量

1. 声特性阻抗（acoustic characteristic impedance） 又称声阻抗，定义为平面自由行波在介质中某一点处的声压（P）与质点速度（v）的比值，是介质传播超声波能力的一个重要物理量。用 Z 表示，单位为瑞利（Rayl）。在无衰减的平面波的情况下，声特性阻抗等于介质密度（ρ）与声速（c）的乘积，即

$$Z=\rho \cdot c \tag{6-3}$$

2. 声功率（acoustic power） 单位时间内从超声探头发出的声功称声功率。单位瓦（W）或毫瓦（mW）。

3. 声强（acoustic intensity） 单位面积上的声功率称声强。单位瓦/平方厘米（W/cm²）或毫瓦/平方厘米（mW/cm²）。

由于声场中的声强在空间和时间上分布不均匀，故有"空间峰值"（SP）和"空间平均声强"（SA）以及"时间峰值"（TP）和"时间平均声强"（TA）等概念。

ISPTA 代表空间峰值时间平均声强（mW/cm²）。

ISPPA 代表空间峰值脉冲平均声强（W/cm²）。

4. 界面（boundary） 两种声特性阻抗不同的组织相接触的面称为界面。接触面大小称为界面尺寸，尺寸大于波长时称为大界面，尺寸小于波长时称为小界面。

声特性阻抗差与声学界面：入射的超声波遇声学界面时可发生反射和折射等物理现象，如遇到大界面时发生反射和折射等现象，遇到小界面主要发生散射现象。

三 超声波在介质中的传播特性

超声波必须通过弹性介质进行传播，按其振动形式可分为纵波和横波。在固体中超声振动可以是纵

波，也可以是以横波的形式传播。但在液体、气体和人体软组织中，由于介质没有切变弹性，超声波只能以纵波的方式传播。

超声波是有明确指向性的束状传播，即具有束射性，同时还可传递很强的能量。频率越高，波长越短，束射性和方向性越强。超声波还具有反射、折射、绕射、散射、吸收和衰减等特性。

（一）声场特性

1. 声束　从声源发出的声波，一般在一个较小的立体角内传播。其中心轴线称为声轴，为声束传播的主方向。声束两侧边缘间的距离称为束宽。

声束由一个大的主瓣和一些小的旁瓣组成。超声成像主要依靠探头发射高度指向性的主瓣并接收回声（echo）；旁瓣的方向会有偏差，容易产生伪像。

扫描声束的形状、大小及声束本身的能量分布，随所用探头的形状、大小、阵元数及其排列、工作频率、有无聚焦，及聚焦的方式不同而有很大的差异。此外，声束还受各种人体组织不同程度的吸收衰减、反射、折射和散射等影响，即超声与人体组织间相互作用的影响。因此，超声束与其他影像技术如扫描 X 射线束相比，两者之间有较大的区别。例如，X 射线束可呈单纯的细线状，波长极短，对人体组织穿透力很强，而且没有与人体组织间的相互作用。这与人体组织内超声束（声场）的复杂多变性，形成了鲜明对比。

2. 声场　可分为近场和远场两部分（图 6-1-2）。声束各处宽度不等，在邻近探头的一段距离内，束宽几乎相等，称为近场区。近场区为一复瓣区，此区内声强高低起伏，远方为远场区，声束开始扩散，远场区内声强分布均匀。近场区的长度（L）与声源的面积（r^2）成正比，而与超声的波长（λ）成反比。现以最简单的圆形单晶片探头为例，来分析声束复杂的形态及其能量分布。

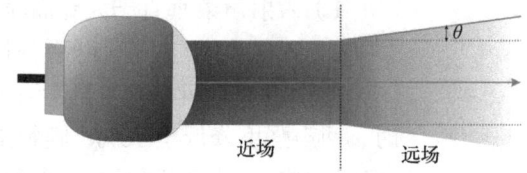

图 6-1-2　近场与远场示意图

（1）近场声束集中，呈圆柱形。其直径接近于探头直径（较粗）；其长度取决于超声频率和探头的半径。公式如下：

$$L=(2r \cdot f)/c \tag{6-4}$$

式中，L 为近场长度；r 为振动源半径；f 为频率；c 为声速。

近场虽呈规则的圆柱形，但实际上由于旁瓣的干扰作用，其横断面上的声能分布很不均匀，以至于可以影响或严重影响诊断。

（2）远场声束扩散，呈喇叭形。远场声束向周围空间扩散，其直径不断增加（更粗大），但其横断面上的能量分布比较均匀。

声束向两侧扩散的角度称为扩散角（2θ），向一侧扩散的角度称为半扩散角（θ）。声束的扩散角愈小，指向性愈好。

3. 超声波指向性　其优劣的指标是近场长度和扩散角。超声频率愈高、波长愈短，则近场愈长、扩散角愈小，声束的指向性亦愈好。增加探头孔径（直径）也可改善声束的指向性，但是探头直径增加会降低横向分辨力。因此，现代超声诊断装置普遍采用小巧的聚焦探头，以减少远场声束扩散。

4. 超声束聚焦　采用聚焦技术，可使聚焦区超声束变细，减少远场声束扩散，改善图像的横向和（或）侧向分辨力。

（1）聚焦的方法

1）固定式声透镜聚焦——将声透镜贴附在探头表面；常用于线阵探头、凸阵探头，以提高其横向分辨力。此法远场仍然散焦。

2）电子相控阵聚焦：

①利用延迟发射使声束偏转，实现线阵、凸阵等多阵元探头的发射聚焦或多点聚焦，用以提高侧向分辨力。

②在长轴方向整条声束的回声途径上自动、不断地进行全程接收聚焦，亦称动态聚焦。

③利用环阵探头进行环阵相控聚焦，改善横向、侧向分辨力。

④利用其他聚焦新技术，如二维多阵元探头，以弥补现有聚焦技术的不足。

（2）聚焦声束与非聚焦声束的比较

1）聚焦区声束明显变细，横向和侧向分辨力可大大改善。

2）近场区（旁瓣区）声能分布不均匀现象依然存在。

3）远场区的非聚焦部分散焦现象依然存在，某些单阵元探头或质量低劣的探头更为严重。

（二）声波反射

人体软组织及脏器结构声特性阻抗的差异构成大小疏密不等、排列各异的声学界面，是超声波分辨组织结构的声学基础。超声检查就是利用人体组织对超声波的反射作用，接收超声反射波，并将其转换为具有诊断信息的图像。

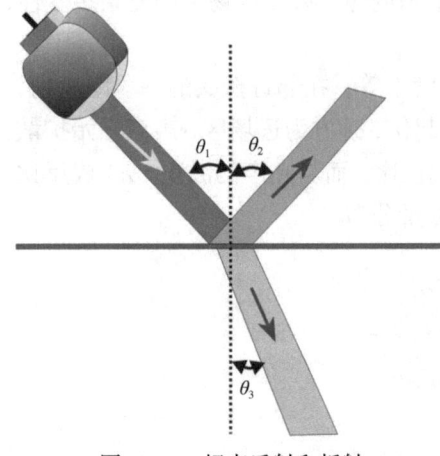

图 6-1-3　超声反射和折射
θ_1 为入射角；θ_2 为反射角；θ_3 为折射角

（1）声波传播时，当遇到密度（ρ）和声速（c）不同的两种介质构成的大界面（boundary）时，会发生反射和折射（透射），包括回声反射（echo reflex），如图 6-1-3 所示。

（2）界面的回声反射的角度依赖性：大界面是指长度大于声束波长的界面。

1）入射声束垂直于大界面时，回声反射强。

2）入射声束与大界面倾斜时，回声反射减弱甚至消失。

假设垂直时回声反射强度为 100%，倾斜 6°（入射角 θ_1）时，回声强度降低至 10%；倾斜 12° 时，降至 1%；如果倾斜角度≥20°，则几乎检测不到回声反射，也称"回声失落"。可见，大界面的回声反射有显著的角度依赖性。

（3）界面回声反射的能量是由声强反射系数（R_I）决定的：

$$R_I = \frac{(Z_2 - Z_1)^2}{(Z_2 + Z_1)^2} \tag{6-5}$$

式中，Z_1、Z_2 分别代表两种介质的声阻抗，声阻抗=密度×声速（表 6-1-1）；R_I 代表声强反射系数。

由式（6-5）可见：两种介质的声阻差愈大，界面反射愈强（$Z_2 > Z_1$）；两种介质声阻差相等，界面反射消失（$Z_2 = Z_1$）。两种介质存在着声阻差，是界面反射的必要条件（$Z_2 \neq Z_1$）。

（4）界面回声反射的能量与界面形状密切相关。声束垂直于凹面和凸面，分别具有聚焦和散焦作用，引起回声增强和减弱；垂直于不规则界面时，则呈现乱散射，引起回声反射强弱不等或减弱。

超声界面反射的特点：非常敏感。两种介质之间的声阻抗只要相差 0.1%，就会产生明显的反射回声。人体许多器官如肝、脾、胆囊的包膜，腹壁各层肌肉筋膜及皮肤层等都是典型的大界面。

（三）声波折射

由于人体各种组织、脏器中的声速不同，声束在经过这些组织间的大界面时，产生声束前进方向的改变，称为折射。由于折射效应，显示屏上的声像图实际上是一幅多向扭曲的图形。折射可在测量及超声导向两个方面产生误差。

（四）声波散射

小界面对入射超声产生散射现象，使入射超声的部分能量向各个空间方向分散辐射（图 6-1-4），其返回至声源的回声能量甚低。但散射回声来自脏器内部的细小结构，其临床意义十分重要。

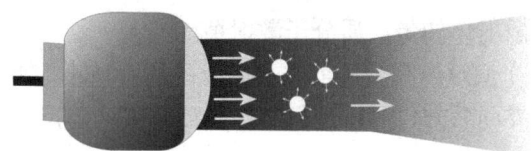

图 6-1-4　超声散射

超声遇到肝、脾等实质器官或软组织内的细胞，包括成堆的红细胞（称散射体）时，会发生微弱的散射波。散射波向四面八方分散能量，只有朝向探头方向的微弱散射信号——后散射（背向散射），才会被检测到。小界面的后散射或背向散射回声，无角度依赖性。

现代超声诊断仪正是利用大界面反射原理，能够清楚显示体表和内部器官的表面形态和轮廓；还利用无数小界面后散射的原理，清楚地显示人体表层，及内部器官、组织复杂而细微的结构。

（五）声波绕射

声束在界面边缘经过，如声束边缘和界面边缘间距达 1～2λ 时，声束可向界面边缘靠近且绕行，即产生声轴的弧形转向（图 6-1-5），其转向程度一般不大，称为绕射。

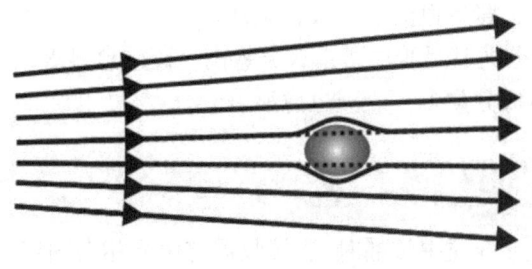

图 6-1-5　超声绕射

（六）声波相干

声波相干为两束声波在同一空间传播时的叠加现象。由于两束声波在频率、相位及振幅上的差别，叠加后可产生另一种新的波形。这种新的波形中常含有新的信息，如相位信息。已有利用相邻声束扫描线产生的回声取得相干信息，形成相干图像。

四 超声的衰减和吸收规律

在介质传播的过程中，声能随距离增加而减弱，这就是衰减（attenuation）。衰减与超声传播距离和频率有关，超声频率很高时，衰减现象特别显著。

（一）衰减的原因

主要有吸收、散射和声束扩散（图 6-1-6）。

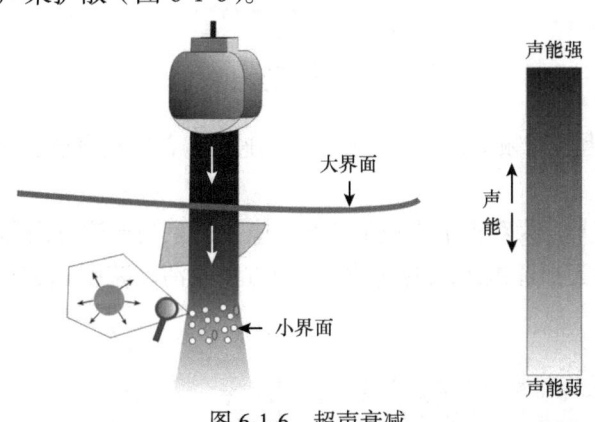

图 6-1-6　超声衰减

（1）介质对超声波的吸收即超声的机械能转变为热能传导，或被组织的黏滞性吸收。

（2）能量被许多小界面的散射体如蛋白质分子散射掉。

（3）声束扩散（divergence）使超声在介质前进方向上的能量减小。声衰减表现为回声减少或消失，以至于出现声影。很强的反射界面后方也可出现回声减少或消失，但反射与衰减是两个概念。

（二）衰减系数

（1）人体软组织和体液声衰减是不同的。软组织平均衰减系数为1dB/（cm·MHz）。

（2）蛋白质成分是人体组织声衰减的主要因素（占80%）。不含蛋白质成分的水，几乎可视为无衰减或称透声。

为清楚显示深部组织回声，使正常肝、肾实质成为"均匀回声"（后方无衰减），必须使用TCG（时间补偿增益）调节，按距离补偿超声能量的衰减，故也称为DCG（距离补偿增益）调节。

正是TCG或DCG的人为调节，衰减十分明显的肝肾实质上"回声均匀一致"，就不难理解为什么在膀胱和充盈胆囊的后方呈现"回声增强"伪像（注：胆汁、尿液中不含蛋白质，与水相似，无明显声衰减，透声性强。与此同时，TCG或DCG调节依然机械地起着时间/距离补偿增益作用）。

（三）人体组织衰减程度一般规律

（1）骨＞软骨＞肌腱＞肝，肾＞血液＞尿液，胆汁。

（2）组织、体液中蛋白成分尤其是胶原蛋白成分愈高，衰减愈显著。反之，组织、体液中水分含量愈多，衰减愈少。组织中钙质成分愈多，衰减也愈显著。

五 超声的多普勒效应

声源发射一定频率的声波在介质中传播时，当接收器与声源相对固定，发射频率与接收频率会一致；当接收器与声源相向运动，距离变短时，接收频率会升高；当接收器与声源反向运动，距离增加时，接收频率会降低。可见接收频率的改变与接收器和声源间相对运动的速度有关，这一现象称为多普勒效应（图6-1-7）。这种频率的变化量称为多普勒频移。

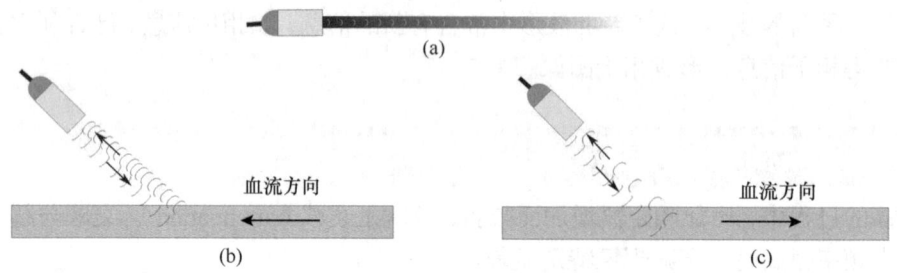

图6-1-7 超声多普勒效应

（a）静止状态下，频率不变；（b）血液朝向探头，频率增加；（c）血流背离探头，频率减低

多普勒方程为

$$f_d = \frac{2V\cos\theta}{c} \cdot f_0 \tag{6-6}$$

式中，f_d为多普勒频移；f_0为发射频率；V为反射体运动速度；c为超声波在介质中的传播速度；θ为运动方向与入射波间的夹角。

多普勒频移与声速成正比。为获得最大血流信号，应使声束与血流方向尽可能平行（θ角尽量小）。利用多普勒效应可测算出有无血流或组织的活动、活动方向及活动速度，多普勒效应也是彩色多普勒超声血流成像的理论基础。

六 超声生物学效应

超声波在生物组织内传播，必然使介质发生高频机械振荡，这就是超声的能量传递作用。

（一）超声生物学效应及其产生机理

1. 热效应 由于组织的黏滞吸收效应可使部分超声波的机械能转换为热能，局部温度升高。诊断用超声因声强较低，一般不会造成明显的温度升高（通常毫瓦/平方厘米级）。

2. 空化效应 超声波为高频变化的压缩与弛张波，其压力与负压力呈周期性改变。在负压作用下可产生空化效应。诊断用超声在动物体内可致空化，产生空泡，但在人体中，还未发现。超声对比剂注入静脉后，大量微泡进入血液，微泡在声压作用下可产生共振及淬灭，在微小空间可致局部高温及高压。

3. 机械效应 超声波是机械波，在传播过程中，所经过的生物组织会在声场的作用下产生机械运动，因此会对生物组织的结构、功能和生理活动产生影响。

4. 高强度聚焦超声 高强聚焦超声（high intensity focused ultrasound，HIFU）千瓦/平方厘米级）对生物组织有强大的破坏作用。其热凝固和杀灭肿瘤细胞的作用，已用于肿瘤灭活治疗；其强烈机械振荡作用可以用于碎石治疗。

（二）对人体不同部位超声照射强度的安全规定

不同人体软组织对超声辐射的敏感程度不同，胚胎和眼部组织属敏感器官。超声辐射剂量是超声强度与辐射时间的乘积。为了表达超声的热效应和空化效应，近年来采用下面两个新的可显示的参数（供不同器官、部位诊断时准确地调节显示）。

1. 热指数（thermal index，TI） 指超声实际照射到某声学界面产生的温度升高与使界面温度升高1℃的比值。TI 值在 1.0 以下无致伤性，但对胎儿应调节至 0.4 以下，对眼球应调至 0.2 以下。

2. 机械指数（mechanical index，MI） 指超声在弛张期的负压峰值（MPa 值）与探头中心频率（MHz 值）的平方的比值。通常认为，MI 值在 1.0 以下无致伤性，但对胎儿应调节至 0.3 以下，对眼球应调至 0.1 以下。此外，声学造影时如果采用低机械指数，可以防止微气泡破裂，提高造影效果。

（三）诊断用超声的安全性和应用原则

1. 世界医学生物学超声联合会（简称 WFUMB 或世超联）声明摘要（1992）

（1）目前使用的简单的 B 型超声成像设备的声功率，不可能产生有害的温度升高作用。因此，它在致热方面无禁忌证，包括经阴道和经腹壁以及内镜超声的应用。

（2）某些多普勒（Doppler）诊断仪在无血流灌注的实验条件下，可引起有显著生物学作用的升温效应。将声束照射时间尽可能减少，可使升温降至最小。输出功率也可调节，应用最低输出功率。动物实验研究清楚表明，小于 38.5℃可以广泛地使用，包括产科应用。

2. 临床超声诊断安全应用原则

（1）尽可能采用最低的输出功率，尽可能减少超声扫查时间。

（2）对于眼部和胎儿，采用 Doppler 检查时尤应严格遵循上述规定。

第二节　超声波探测的物理基础

 超声的发射与接收

超声探头（ultrasonic probe）是超声成像设备必不可少的关键部件，它可将电信号变换为超声波，又将超声波变换为电信号，即具有超声发射和接收双重功能。其性能和品质直接影响成像质量。它参与超声波的时空处理，可收敛波束、聚焦、变频，提高仪器的轴向分辨力或侧向分辨力，提高仪器的灵敏度，增大探测深度和范围。

探头中的超声换能器（ultrasonic transducer）利用压电效应（piezoelectric effect）实现电能和声能之间的相互转换。

1. 逆压电效应　是在一定方向上给压电材料表面施加电压，在电场作用下引起压电材料发生形变，当电压方向改变时，形变方向随之改变，形变程度与外加电压成正比，这种因电场作用而引起形变的效应，称为逆压电效应，亦称负压电效应。在医学应用中，超声的发射就是利用逆压电效应，即用高频交流电压使压电材料快速拉伸压缩产生高频的机械振动，振动在介质中的传播形成声波，如图6-2-1（b）所示。

2. 正压电效应　在一定方向上给压电材料施加机械力使其发生形变，压电材料的两个受力面上将产生符号相反的电荷；改变用力方向，电荷的极性随之变换，电荷聚集量与外加机械力大小成正比，这种因机械力作用引起表面电荷的效应，称为正压电效应。在医学应用中，超声的接收就是利用了正压电效应，即把超声对压电材料表面的机械力转换为电信号，如图6-2-1（c）所示。

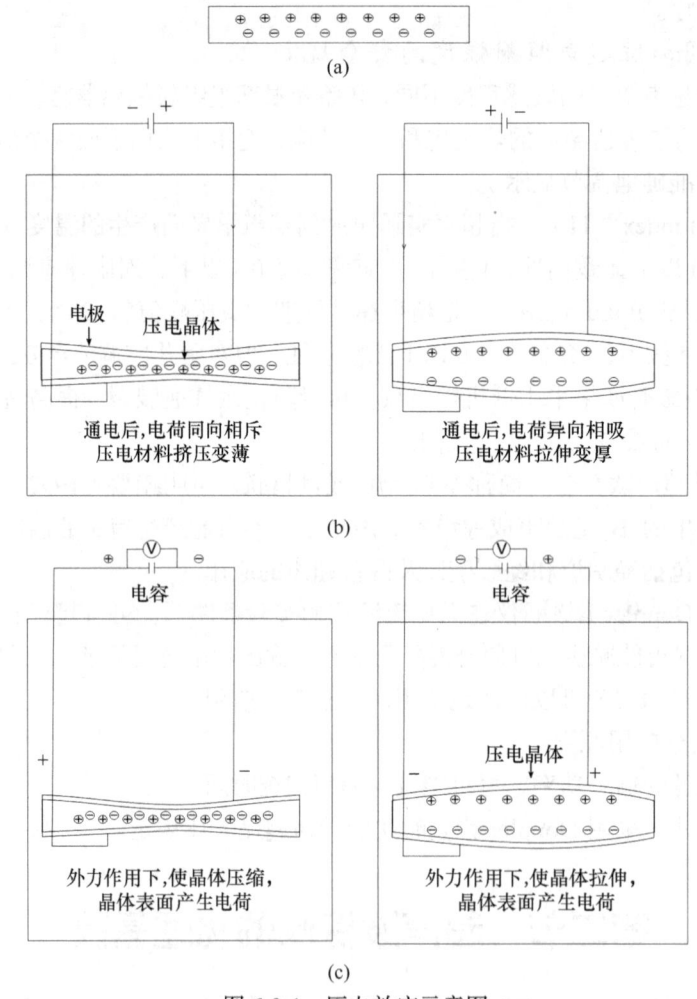

图6-2-1　压电效应示意图
（a）静息状态晶体内部电荷示意图；（b）逆压电效应示意图；（c）正压电效应示意图

一般情况下，压电效应是线性的，然而，当电场过强或压力很大时，就会出现非线性关系。

（二）超声多普勒成像基础

利用运动红细胞对入射超声产生的频移（即Doppler频移）或差频，可进行血流信号的检测。检测方法有两种，即多普勒频谱图和彩色多普勒血流图。频谱多普勒成像是利用傅里叶变换对f_d进行频谱分析，以频移（速度）时间图像的形式显示。频谱图的横轴表示被检查目标的运动时间（单位 s）。纵轴表示频移大小，通常换算成运动速度（单位为 m/s 或 cm/s）。频谱图可以提供检查目标运动的方向、平均流速、峰值流速等流体动力学信息（图 6-2-2）。根据探头发射超声波的工作方式不同，频谱多普勒又分为脉冲多普勒、连续多普勒和高脉冲波重复频率多普勒等成像方式。

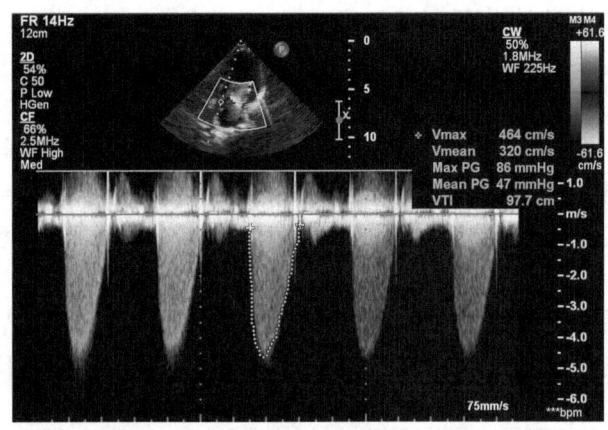

图 6-2-2 频谱多普勒示意图（"爱一课"APP 扫一扫见彩图）

（一）频谱多普勒

1. 多普勒频移（差频）公式

$$f_d = f_r - f_0 = \pm \frac{2V\cos\theta}{c} \cdot f_0 \tag{6-7}$$

式中，f_d 为多普勒频移；f_0 为发射频率；f_r 为反射超声频率；V 为反射体运动速度；c 为声速；θ 为运动方向与入射波间的夹角。

2. 利用多普勒公式计算反射体（如血管内红细胞）的运动速度，根据公式（6-7），可以得出：

$$V = \pm f_d \cdot c / (2f_0 \cdot \cos\theta) \tag{6-8}$$

在式（6-8）中可见：软组织平均声速（c）是已知数（1500m/s）；仪器设 θ 角度校正，故 $\cos\theta$ 值也是已知数（注意：θ 角度必须校正）；发射频率（f_0）也是已知数。因此，超声仪器能够通过快速傅里叶转换自动显示血流速度（V）的读数。正负符号（±）分别代表正向和反向血流。然而，只有当超声束与血流夹角 θ 经过角度校正（angle correction）之后，其流速读数才有意义。如果 $\theta=90°$，$\cos\theta=0$，就不可能测出血流速度，为了顺利测速，必须将 θ 角变小，尽可能使 $\theta<60°$。

3. f_d 一般都在音频范围内。检出 f_d 后，可利用仪器的扬声器发出的声响来监听，并通过快速傅里叶变化对 f_d 进行频谱分析——频谱多普勒（spectral Doppler）。

举例：当 $f_0=3$MHz，$f_r=3.005$MHz，则 $f_d=f_r-f_0=5000$Hz 或者 5kHz（音频范围）。

（二）脉冲波多普勒

超声探头间歇式发射超声，在发射间歇期，探头可选择性接收所需位置的回声信号。所需检测位置的深度用延迟电路完成，检测取样的大小用取样容积（SV）调节。

（三）连续波多普勒

探头内有两个换能器，一个连续发射超声，一个连续接收回声信号。无选择检测深度的功能，但可测很高速度的血流，不会产生混叠（aliasing）伪像。

（四）高脉冲重复频率多普勒

脉冲重复频率（PRF）是探头在每秒内发射超声脉冲群的次数，因为在发射超声的间歇期才能接收到频移回声信号，所以能测量的最大频移 f_d 与 PRF 的关系是 $f_d=$PRF$/2$，即 f_d 的大小受到 PRF 的限制，为了增大脉冲波多普勒检测高速血流的能力，需要增大 PRF，这就是高脉冲重复频率（HPRF），在使用高脉冲重复频率技术时，多普勒超声取样线上可显示两个或两个以上的取样容积。

多普勒频谱曲线分析基础：多普勒超声所检测的不是一个红细胞，而是众多的红细胞，各个红细胞的运动速度及方向不可能完全相同，因此，出现多种不同的频移信号，被接收后成为复杂的频谱分布（波形），对它用快速傅里叶转换技术进行处理后，把复杂的频谱信号分解为若干个单频信号之和，以流速-时间曲线波形显示，以便于从中了解血流的方向、速度、时相、血流性质等问题。

（五）脉冲波多普勒技术的局限性

（1）脉冲重复频率与最大测量速度。最大频移值也即最大速度值受脉冲重复频率的限制（f_d=PRF/2）。

（2）脉冲重复频率与检测深度的关系为 PRF=$c/2d$，即 $d=c/2$PRF，说明检测深度受到 PRF 的影响。

（3）深度测量与速度测量。检测深度 d 与速度 V 的乘积公式如下：$Vd= c^2/8f_0\cos\theta$，其中，c（超声传播速度）、f_0（发射超声频率）在公式中是恒定值，Vd 是常数，即 V 增大 d 就必须减少，反之亦然。

（4）多普勒回声信号混叠。当被检测目标的运动速度即频移超过 f_d=PRF/2 时，回声信号被截断为两部分，在零位基线反方向一侧显示被截断的多普勒流速曲线频谱，这种多普勒流速曲线回声信号的显示称为混叠或倒错。

（六）增大脉冲波多普勒技术检测血流速度、深度的方法

1. 降低发射频率　　计算流速的公式是 $V= f_d c/2f_0\cos\theta$，即发射超声频率 f_0 与检测速度 V 成反比，因此降低发射频率 f_0，就可提高检测速度的能力。

2. 移动零位基线　　对正向的多普勒流速曲线，把零位基线从纵坐标的中央位置下移到底部，就能把测量的速度范围增大 1 倍。

3. 减低取样深度　　已知速度 V 与深度 d 相乘是常数，如把深度 d 减小，就可使检测的速度范围增大。

4. 增大超声入射角（θ）　　在测量计算速度的公式中，速度 V 与超声入射角的余弦值（$\cos\theta$）成反比，已知 θ 的角度越大，其余弦值越小，因此，增大超声入射角，即把 θ 角增大，而实际的 $\cos\theta$ 值减小，可使测量的速度值增大。但入射角是三维立体角，从二维图像上难以准确调节；$\cos\theta$ 在分母位置，值越小计算出的速度值误差越大，所以此法不可取。

表 6-2-1　超声入射角的余弦值

入射角	余弦值（$\cos\theta$）
0°	1.0000
20°	0.9373
60°	0.5000
90°	0.0000

5. 超声入射角的余弦值　　超声入射角为 0°、20°、60°、90° 时的余弦值如表 6-2-1 所示。

以上数据说明，入射角为 0°～20° 时，$\cos\theta$ 为 0.9～1.0，对 f_d、V 值的计算不产生明显的影响，入射角为 60° 时，$\cos\theta$ 为 0.5，对计算产生明显影响，入射角为 90° 时，$\cos\theta$ 为 0，即无多普勒效应产生。

6. 用高脉冲重复频率的频谱多普勒，就能增大测量频移 f_d 的最大值，f_d=HPRF/2。

第三节　超声显示方式

随着医学、声学和计算机技术的发展，超声成像模式越来越多，为方便起见，我们按照下述的方式进行分类：①按照超声的传播方式，可分为透过法和反射（回声）法；②按利用的超声物理参数，可分为幅度法、频移法和应变弹性法；③按照显示的空间，可分为一维、二维和三维；④按照声束的扫查技术，可分为手动、机械和电子扫查法；⑤按图形的形状，可分为方形、扇形和梯形；⑥按成像速度，可分为实时和非实时；⑦按传递的信息，可分为结构学信息成像、运动学信息成像和力学信息成像等。现将已在临床上应用纵波的回声成像法的主要种类概括在表 6-3-1 中。

表 6-3-1 临床上应用的主要超声成像法

信号特点	信息空间	超声成像类型	主要特点	显示方式
脉冲回波幅度法	一维	A 型	深度方向的组织界面回波幅度	幅度调制
		M 型	深度方向的组织界面时间位移曲线	辉度调制
	二维	B 型	二维扫查，显示与声束方向一致的切面	辉度调制
		C 型	二维扫查，显示与声束方向垂直的平面	辉度调制
		F 型	二维扫查，显示与声束方向垂直的曲面	辉度调制
	三维	3D 型	二维扫查，显示组织的立体图	辉度调制
		伪彩	将上述模式的灰阶显示改为彩阶	彩色编码
脉冲回波频移法	一维	D 形 CW	发射连续波，可检测高速血流	辉度调制
		D 形 PW	发射脉冲波，能检测深度位置，但可测高速血流受脉冲重复频率限制	辉度调制
	二维	CDFI	以彩色显示血流的二维运动信息	
		CDTI	以彩色显示组织的二维运动信息	
		CDE	以彩色显示低速血流的分布，但没有方向	彩色编码
			结合 CDFI 和 CDE 的特点既显示低速血流的分布又显示方向	
	三维	3D-CDFI	以彩色显示血管的立体透视图或立体图	
谐波法		CHI	利用微泡造影二次谐波显示血流灌注情况	辉度调制/彩色编码
		THI	利用组织高次谐波改善图像信噪比	辉度调制

第四节 A 型、B 型、M 型超声成像及应用

 A 型超声成像原理

（一）A 型超声基本成像原理

A 型超声采用幅度调制型显示方式显示组织界面的回波幅度，简称 A 超。它以纵坐标表示脉冲回波幅度，以横坐标表示检测深度，即以超声波的传播时间为特点的超声成像。

图 6-4-1 是 A 型超声的组织界面回声示意图。超声波在人体组织中传播时，遇到声特性阻抗不同的组织所组成的界面时就会产生反射。反射波的大小和两种组织的声特性阻抗之差有关。差异愈大，反射波幅也愈大。没有差异，也就没有反射，呈现无回声的平段。

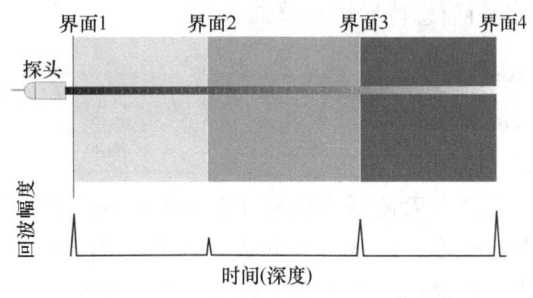

图 6-4-1 A 型超声的组织界面回声示意图

（二）A 型超声的临床应用

超声波在临床诊断的应用始于 A 型超声，现在临床已很少应用。目前 A 型超声在临床主要应用于脑中线探测、眼球的探测、胸膜腔的探测等。

 B 型超声成像原理

（一）B 型超声成像的基本原理

B 型超声是在 A 型超声基础上发展起来的，在医学超声领域内占有十分重要的地位，是目前临床

中最常用的诊断手段之一。B型超声成像是利用超声脉冲回波原理，即向人体组织发射超声脉冲，然后接收各层组织界面的回波进行信息处理，采用辉度调制显示人体切面的声像图的超声成像方法（图6-4-2）。

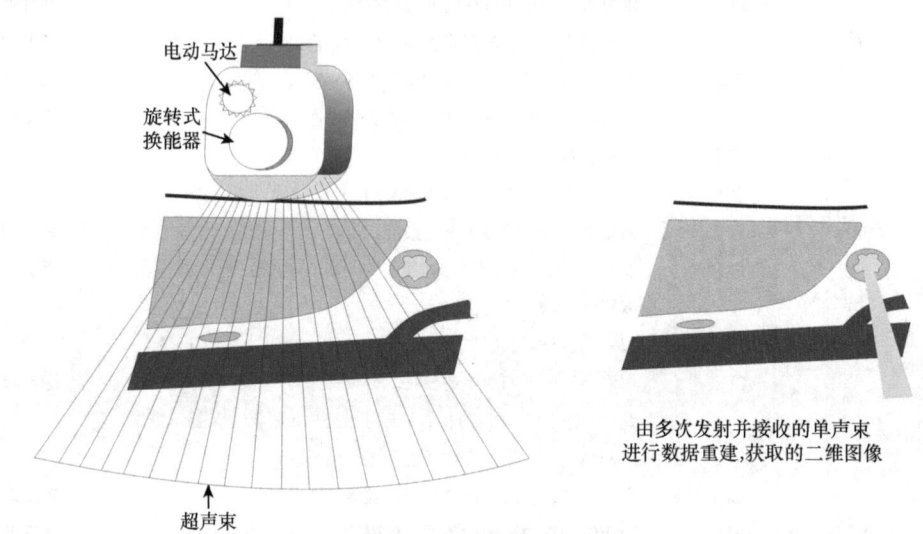

图 6-4-2　二维声像图成像示意图

B型超声图像具有以下特点：

（1）在切面声像图上，根据回波信号幅度大小来控制屏幕光点的明暗变化，回波信号幅度越大，图像上对应部位的光点亮度也就越亮，并以一定的灰阶编码显示，称为切面灰阶图。如果对回波幅度进行彩色编码显示，则称为切面彩阶图，这是一种伪彩色显示法。

（2）B型超声扫查方式主要有两种：线性扫查和扇形扫查。前者以声束平移位置为横坐标，以超声波的传播距离（即检测深度）为纵坐标；后者是以距离轴为半径，圆周角为扫查角的极坐标形式扫查。

（二）B型超声的临床应用

B型超声是目前超声在临床诊断应用的最基本的模式，它能提供临床有关人体脏器的解剖学（结构学）信息。B型超声虽然能提供人体组织结构学信息，但是因回波幅度除了和组织的声特性阻抗、声衰减有关外，还受入射角度、发射声强和仪器操作协调等因素影响。而且人体的组织结构又十分复杂，这些原因都致使B型超声提供的诊断信息特异性不够强。

M型超声成像原理

（一）M型超声图原理

M型也称运动显示型，它是沿声束传播方向各个目标的位移随时间变化的一种显示方式。M型超声成像用垂直方向表示探查的深度，用水平方向表示时间，用亮度表示回波的幅度。这种显示模式把沿声束检测到的心脏各层组织界面回声展开，形成随着时间变化的活动曲线，称为M型超声心动图。

M型超声图与B型超声图像基本原理的相同之处都是采用辉度调制成像，Y轴代表探测深度。不同之处在于，X轴所加的是与时间呈线性关系的时间轴，在Y轴上将在不同时间、上下运动的回声光点展开，以"距离-时间"曲线形式显示运动器官的时间运动状况，如图6-4-3所示。如果反射界面是静止的，则在显示屏上就显示为一条水平亮线。

（二）M型超声临床应用

M型超声的活动曲线特别适用于运动脏器的观察，对人体中的运动脏器，如心脏各腔室、胎心、动脉血管等功能的检查具有优势，并可进行多种心功能参数的测量，如心脏瓣膜的运动速度、加速度等。

为了观察对照，常常在超声心动图的下方同时显示心电图和心音图。但 M 型超声不能获得解剖图像，也不适用于静态脏器的诊查。

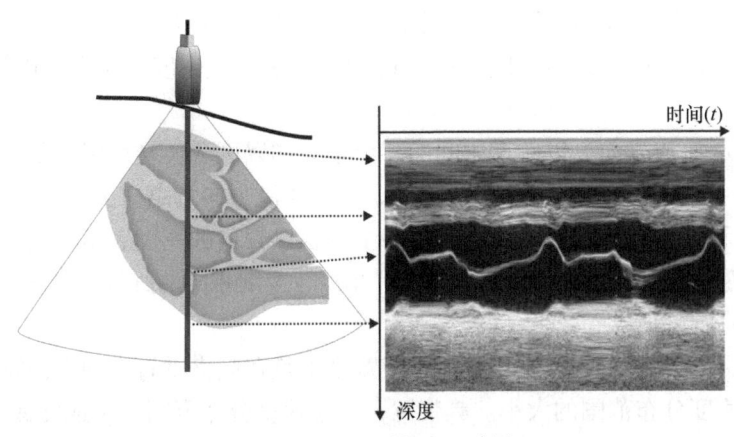

图 6-4-3　M 型超声心动图

第五节　超声多普勒成像

一、多普勒成像的工作原理

脉冲回波频移信号成像是基于超声的多普勒效应，因此，也称为超声多普勒成像。它的基本工作过程是：①发射固定频率的脉冲式或连续式超声；②提取频率已经变化的回声（差频回声，或者差频回声的强度等）；③将回声频率与发射频率相比，取得两者间的差别量值及正负值。将所获得的数据进行不同的显示，就成为不同的超声多普勒技术。超声多普勒技术目前主要有频谱多普勒、彩色多普勒、超声多普勒组织成像、超声多普勒能量图等。

（一）多普勒频移信号的解调

由于接收换能器接收到的回波信号除了有运动目标的多普勒频移信号之外，还有静止目标或慢速运动目标等产生的杂波信号，所以需要从复杂的回波信号中提取多普勒频移信号，这一任务的完成称为多普勒频移解调。由于血流的速度远小于发射波声速，则要求解调器能检测出频率为发射频率 1% 以下的多普勒频移信号；另外，由于在回波中杂波分量的幅度通常比有用的多普勒频移信号大得多，所以，还要求解调器检出被杂波所掩盖的多普勒频移信号。这一任务是由具体的电子电路完成的。

（二）多普勒频移信号的分析

超声脉冲波进入人体后，将产生一系列复杂的频移回波信号，这些信号被接收器接收，并经多普勒频移解调提取出来后，还必须经过适当的频率分析，才能转变为有用的血流信息。

多普勒频移信号的分析处理是把组成复杂振动的各个简谐振动的频率和振幅找出来，列成频谱，称为频谱分析。在脉冲波多普勒工作时，采样区是一个比较小的体积，其内有众多的红细胞（如取样区为 4mm×2mm×2mm，约有 10^7 个红细胞），它们的速度不尽相同，产生的多普勒频移也不相同。因此，回波的多普勒信号，是一个由多种频率合成的复杂信号，频谱分析就是将它们一一分离出来，按频率高低排列成一定宽度的频谱。如果取样区内各红细胞速度差异小，则频谱窄；如果采样区内各红细胞速度差异大，则频谱宽。用适当方式将频谱显示出来，才有可能对采样部位的血流速度、血流性质等做出正确的判断。

（三）多普勒频移信号的显示

频谱显示主要有三种方式：速度（频移）-时间显示谱图，功率谱图显示和三维显示。其中最常用的是"速度（频移）-时间"显示谱图。谱图中的横轴（X 轴）以时间表示血流持续时间；纵轴（Y 轴）

代表血流速度（频移）大小。

（四）频谱波形的意义

1. 频移时间　显示血流持续的时间，以横坐标的数值表示，单位为秒（s）。

2. 频移差值　显示血流速度，以纵坐标的数值表示，代表血流速度的大小，单位为 m/s（速度单位）或 kHz（频移单位）。

3. 频移方向　显示血流方向，以频谱中间的零位基线加以区分。基线以上的频移信号为正值，表示血流方向朝向探头；基线以下的频移信号为负值，表示血流方向背离探头。

4. 频谱强度　显示采样区内同速红细胞数量的多少，以频谱的亮度表示。速度相同的红细胞数量越多，回波信号的强度就越大，频谱的灰阶则越高；相反，速度相同的红细胞数量越少，回波信号的强度就越低，频谱的灰阶则越低。

5. 频谱宽度　显示血流性质，频谱宽度（频带宽度）是在频谱垂直方向上的宽度，表示某一时刻取样门中红细胞运动速度分布范围的大小。频带宽，反应速度分布范围大（速度梯度大）；频带窄，反应速度分布范围小（速度梯度小）。通常湍流为宽带频谱，层流为窄带频谱。频谱宽度也受取样门大小的影响，取样门小，易获窄带频谱；取样门大，可使频谱变宽带。大的动脉，常为窄带频谱；外周小动脉，常为宽带频谱。

二　连续波多普勒

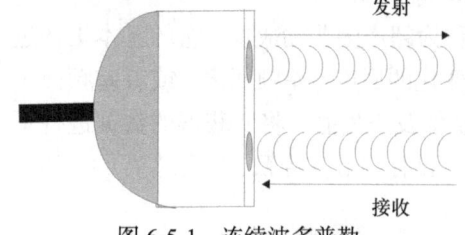

图 6-5-1　连续波多普勒

连续波（continuous wave，CW）多普勒是很早出现的一种多普勒超声技术。该探头内有两个超声换能器，一个用来连续发射超声，另一个用来连续接收回声，如图 6-5-1 所示。由于连续工作，所以连续波多普勒无选择检测深度的功能（即不能提供深度信息），但它可测高速血流，不会产生混叠伪影。

三　脉冲波多普勒

由于连续波波束内的任何运动目标都对最后多普勒输出作出贡献，所以无法分辨距离。对连续波发射进行脉冲幅度调制（一种最简单的超声编码方法），就是脉冲波（pulsed wave，PW）多普勒。它结合了脉冲回波系统的距离鉴别能力和连续波多普勒的速度鉴别能力的优点，因而应用更为广泛。

脉冲波多普勒技术的基本原理是主振荡器产生频率为 f_0 的正弦波振荡信号，在脉冲频率发生器控制下，通过发射控制门将连续的正弦波信号调制成一定宽度的矩形脉冲的调制波，其重复周期为 T_P（它制约着最大探测深度和可测量的最高流速），再经发射放大器放大去激励换能器产生发射脉冲超声波束。接收单元中有两路通道，一路将回声信号同 B 型超声即时显示出切面影像；另一路则主要处理回声中的多普勒频移信号。当换能器在收发开关为收时，接收包含多普勒信息的声脉冲回波信号。该信号经多普勒频移信号的解调后，再经过一个距离选通门，以测定多普勒信号的来源深度，最后输出多普勒信号可供扬声器监听或频谱分析。距离选通门是换能器发射短暂脉冲后，调节发射脉冲和取样门之间的延迟间隔（门深），就可以得到不同深度的血流速度随时间变化的多普勒信息。

四　高脉冲重复频率多普勒

脉冲波多普勒技术只是在每一脉冲周期内对目标测定一次，这就限定了数据收集，从而限定了多普勒波形的最大频率。采用高脉冲频率多普勒技术可以增加速度的测量范围。它是在 PW 基础上改进的一种模式。这种模式是在探头发射一组超声脉冲后，不等取样处的回声返回探头，又提前发射出新的超声脉冲,从而增加了发射脉冲的重复频率,并提高了对血流速度的可测范围。由于它有较高的脉冲重复频率,所以称高脉冲重复频率。

这种方式有两个或两个以上可显示的取样门。高脉冲重复频率多普勒工作时,探头在发射第1组超声脉冲波之后,不等采样部位的回声信号返回,探头便又发射第2组超声脉冲波群。第2组超声发射后探头接收的实际上是来自第1组超声脉冲的回声,第3组超声脉冲发射后探头接收的是第2组超声脉冲的回声。依此类推,相当于发射脉冲频率加倍,检测到的最大频移也就增加1倍。高脉冲频率多普勒的血流速度可测值的最大扩展范围一般为普通脉冲多普勒的3倍,缺点是牺牲了距离分辨能力。

五 彩色多普勒血流成像

(一)彩色多普勒血流成像主要特点

彩色多普勒血流成像(color Doppler flow image,CDFI)和常规的多普勒效应测量流速的方法不同,它是利用自相关技术来得到血流的速度信息,然后通过彩色的编码技术将血流的速度信息叠加在B型超声图像的相应位置,从而使血流(色彩)和组织(黑白)同时显示出来,十分直观。因此,彩色多普勒血流成像是由一个B型超声成像系统,一个自相关技术的速度测量系统和二维的彩色流速成像系统三部分组成的,并在此基础上发展了彩色能量图和方向能量图,以及彩色多普勒组织成像法。这类技术,既可以了解人体组织的结构学信息,又可以同时了解人体血流(或组织)的运动学信息。所以通常把这类超声诊断系统称为双功系统。

(二)彩色多普勒血流成像的工作原理

在脉冲超声的发射和接收工作过程中,仪器首先产生相差为$\pi/2$的2个正交信号,分别与多普勒血流信号相乘,其乘积经模/数转换器变成数字信号,经梳形滤波器滤波,去掉血管壁、瓣膜等产生的低频分量后,送入自相关器作自相关检验。由于每次取样包含了许多个红细胞所产生的多普勒血流信息,因此经自相关检验后得到的是多个血流速度的混合信号。将自相关检测结果送入速度计算器和方差计算器求得平均速度,连同经傅里叶处理后的血流频谱信息及二维图像信息一起存放在数字扫描转换器(DCS)中。最后,根据血流的方向和速度的大小,由彩色处理器对血流资料作伪彩色编码,送彩色显示器显示,从而完成彩色多普勒血流显像。

(三)彩色多普勒的血流显示

用自相关技术获取血流的方向、速度和湍流等血流信息被转换成伪彩色信号,彩色血流的影像叠加在同时显示的B超图像上,构成彩色多普勒血流图像,如图6-5-2所示。彩色多普勒血流图是以红、蓝、绿三基色以及由三基色混合产生的二次色来显示相应的血流信息的。

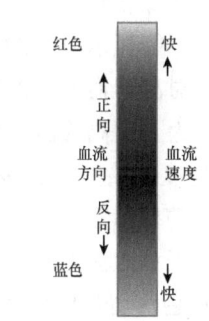

图6-5-2 彩色多普勒的血流显示("爱一课"APP扫一扫见彩图)

1. 血流方向与彩色类别 一般采用正红负蓝,即朝向探头运动的血流为正向血流以红色表示,而远离探头运动的血流为负向,血流以蓝色表示。如将扇形扫描的声束平行、垂直指向一血管,中心处因与血流垂直,无颜色显示,两侧部在血流通过时,面向探头运动端呈现红色,背离探头运动端呈现蓝色。

2. 血流速度与彩色辉度 血流红细胞速度的快慢决定着反射频移的大小,将频移大小用红蓝两种颜色的不同亮度(8级)来显示,分别代表不同的速度。即流速愈快,红、蓝色彩愈鲜亮;流速愈慢,其红、蓝色彩愈暗淡。由于人的视觉对辉度的分辨力有一定的局限,故只能根据色彩明暗程度大致估计其速度快慢,而不能作出精确的定量。

3. 血管属性的显示 动脉血流的彩色信号呈有规律的闪动,静脉血流的彩色信号为持续地显示。

4. 流速离散度的显示 在正常状态下的同一瞬间内,血流采样区内各红细胞的速度基本一致,速度比较单一,故在彩色血流成像图(图6-5-3)上,代表该区流速的颜色色调纯净,或红或蓝,说明其离散度较小。在存在血流紊乱状态的同一瞬间内，血流采样区内各红细胞的速度有快有慢，参差不齐，即速度分布甚为杂乱，离散度增大。对此种离散度很大的信号，增加绿色色调成分，代表紊乱的血流，且以其辉度强弱代表血流紊乱的程度，凡紊乱程度较轻者绿色暗淡，程度严重者绿色鲜亮。依据电视三原色的原理，红加绿者为黄色，蓝加绿者为青色。故正向血流如有紊乱者显示黄色，而负向血流有紊乱者显示青色。由颜色的类别与辉度即可确定有无血流紊乱，方向如何及其严重程度。

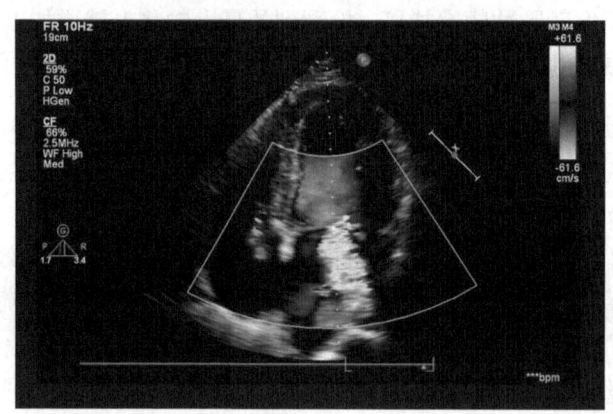

图 6-5-3　彩色多普勒显示二尖瓣反流（"爱一课"APP 扫一扫见彩图）

（四）彩色多普勒技术的种类

1. 速度型彩色多普勒　彩色多普勒速度图即彩色多普勒血流图（CDFI），它以红细胞运动速度为基础，用彩色显示血流图像，它用彩色表示血流方向和分散性，用彩色的明暗度表示血流平均速度的快慢。能反映血流的性质，所以该技术能表示血流的方向、速度和性质。

2. 能量型彩色多普勒　简称能量图，又称功率多普勒显像（PDI）、彩色多普勒能量图（CDE）、彩色多普勒能量显像（CDPI）。此技术是以红细胞散射能量/功率的总积分进行彩色编码显示的。通常以单色（如红色）表示血流信息，具有如下特点。

（1）对血流的显示只取决于红细胞散射的能量（功率）存在与否，彩色的亮度依赖于多普勒功率谱总积分，能量大小与红细胞数量有关，即使血流平均速度为零，只要存在运动的红细胞，能量积分不等于零，就能用能量图显示，所以能显示低速血流。

（2）成像相对不受超声入射角的影响。

（3）不能显示血流的方向、速度和性质。

（4）对高速血流不产生彩色混叠。

（5）为了提高检测血流灵敏度，需要增加仪器动态范围 10~15dB。

3. 速度能量型彩色多普勒　彩色多普勒速度能量图（CCD）又称方向性能量图（DCA）。它既以能量型多普勒显示血流，同时又能表示血流的方向。综合了前两种技术的优势。既能敏感地显示低速血流，又以双色表示血流方向。

4. 彩色多普勒组织成像法　彩色多普勒组织成像（color Doppler tissue imaging，CDTI）也称组织多普勒成像（tissue Doppler imaging，TDI），它与 CDFI 的不同点在于采用血流滤波器代替壁滤波器滤过低幅高频的血流信息而保留高幅低频的组织运动信息，一般用来观察心肌组织运动情况，其能显示的速度范围在 0.03~0.24m/s。

六　超声多普勒的临床应用

采用多普勒方式可对血流和心脏功能进行测量和分析，它包括速度测量、加速度测量、平均流速测量、瓣口面积测量、心每搏输出量测量、末梢血管血流测量等，涉及人体从头部到四肢的血液流动各有关方面。了解其测量基本原理是提高诊断准确率的重要途径。

1. 显示较小的血管　彩色多普勒血流成像技术，可使内径 3mm 以下的小血管血流成像。

2. 鉴别二维超声显示的管道结构是否为血管　用彩色多普勒血流成像技术检查，如有血流成像，就是血管，而非其他结构。这对腹腔脏器、外周血管的检测尤其具有诊断意义。

3. 识别有血流成像的血管是动脉或静脉　动脉血流的特征有时相的差别，速度快，即收缩期血流速度快，舒张期可能有暂时的反向血流再变为正向，速度慢，或舒张中、末期无血流充盈，因此血流成像呈闪动出现，彩色信号亮度高；静脉血流速度低，无时相之分，易受呼吸影响，血流速度可起伏不定，血流成像呈连续出现。

4. 显示血流的起源、走向、时相　朝向探头流动的血流以红色信号表示，背离探头的血流为蓝色信号。

5. 反映血流的性质　层流血流的彩色多普勒血流成像，血流的彩色信号显示色彩比较均匀，用较低的速度标尺时，血管腔中央部分彩色的亮度高于外线近血管壁处，提高速度标尺时，彩色信号的亮度从管腔中央到管壁处没有差别。

6. 表达血流速度分布　动脉管道中的血流速度分布情况为中央部分最快，距离中心轴线越远流速越慢，管壁处流速为零。

7. 引导频谱多普勒的取样位置　通过彩色血流图能引导频谱多普勒对瓣口狭窄、关闭不全、心内分流、大血管间分流、心腔与大血管的分流等异常血流的检测。

第六节　三维超声成像原理

一　三维超声成像基本原理

它显示的是组织器官的立体图（三维图）。同样是利用辉度来表示回波的幅度信息的。但我们要知道，目前在临床应用的三维成像法（three-dimensional imaging），都是将探测的三维物体图像以平面显示的方法显现有立体感的图像。而真正的立体显示，还未在临床上应用。

三维成像可分为静态三维成像（static three-dimensional imaging）和动态三维成像（dynamic three-dimensional imaging）以及实时三维成像（real time three-dimensional imaging）。

（一）静态三维成像和动态三维成像

这是一种通过一组二维图像的采集、处理，然后进行三维重建和显示的成像模式。由于对二维图组的扫查采集方式不同，目前主要有下述两种类型。

1. 自由臂扫查法（静态三维成像）　这种方法是由手持常规 B 超探头，自由移动探头扫查获取重建三维所需的二维图组，这种方法渐被淘汰。

2. 机械式三维成像法（动态三维成像）　它将 B 超电子探头固定于一个机械装置上，由机械装置带动探头进行平行扫查、扇形扫查或旋转扫查，以获取某一立体空间的二维图组进行重建三维图（参见图 6-6-1）。由于机械装置的速度可控，而且速度比手持扫描快，可以重建动态的三维图像，但目前机械式三维成像速度在 20 幅左右，只是属于非实时动态的三维成像。

（二）实时三维成像

1. 二维矩阵探头成像法　这种实时三维成像，需要高灵敏度的二维矩阵阵列探头。这些阵列往往有数千上万个晶片（64×64 矩阵的探头，就有 4096 个晶片），通常采用相控技术在方位角和仰角方向进行电子偏转和聚焦，实现金字塔形立体扫查。采用实时并行的数字波束技术，目前可按每秒 160MB 的高信息量持续形成三维图像，实现实时三维成像。

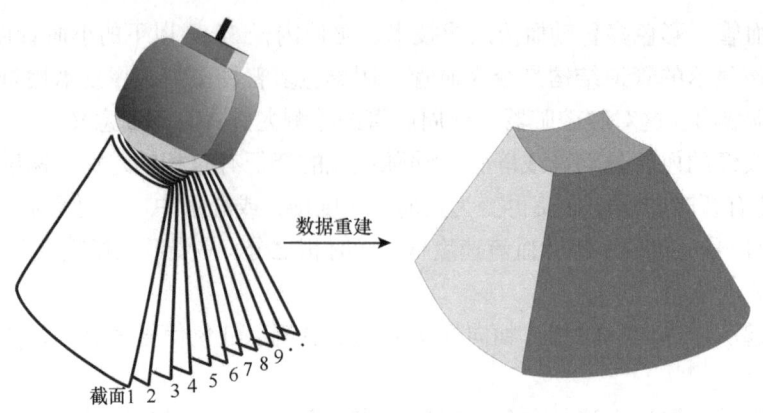

图 6-6-1 机械式三维超声成像示意图

2. 声全息图（acoustic hologram） 声全息是基于声波的干涉和衍射原理，利用探测波和参考波之间的干涉，把探测波振幅和相位携带的有关探测物结构的全部信息提取与再现的技术。用这种技术将三维物体图像以平面显示的方法显现成具有立体感的图像称为声全息图，它是实时三维图。产生声全息图的方法有很多种，如液面声全息、布阵声全息、数字重建声全息和布拉格衍射声成像等。目前声全息图尚未进入临床应用阶段。

三维超声成像的临床应用

目前灰阶三维成像在临床中应用较多。其中利用灰阶差异的变化显示组织结构的表面轮廓的三维表面成像已较广泛地应用于含液性结构及被液体环绕结构的三维成像。不仅能显示被检结构的立体形态、表面特征和空间关系，而且能提取和显示感兴趣结构，精确测量其面积和体积等，适用于胎儿、子宫、胆囊、膀胱等含液性的结构或被液体环绕的结构。另一种用得较多的三维重建成像是透明成像，它利用透明算法淡化周围组织结构的灰阶信息而呈透明状态，着重显示感兴趣组织的结构，使重建结构具有立体透明感。透明成像因采用算法不同而有不同模式，如最小回声模式、最大回声模式和 X 射线模式，或它们之间的混合模式等。其中最小回声模式适合于观察血管、胆管等无回声或低回声结构；最大回声模式适合于观察实质性脏器内强回声结构，如胎儿的颅骨、脊柱、胸廓、四肢骨骼等；X 射线模式的效果类似于 X 射线平片的效果等。

纵观三维超声成像特点，综合运用各种图像显示模式可以有效地获得以下信息：①可以直观地观察感兴趣结构和病变的立体形态；②能清晰显示病变内部结构及内容物特征；③能清晰显示病变内部的空间位置关系；④能清晰反映感兴趣结构或病变的表面特征；⑤可以单纯提取感兴趣结构，精确地进行容积的测量；⑥能从不同方向观察感兴趣结构；⑦能进行常规检查后的后处理分析；⑧能模拟手术路径，为外科医师提供更多的术前信息。

与 CT、MR 相比，三维超声成像具有独特的优点：①采样时间短，受检者一次屏气即可完成，避免脏器移动导致的误差；②无须静脉注射对比剂即可显示血管结构，无电离辐射及创口；③经济方便，减少了对操作者技术水平的依赖，增强了可重复性。

第七节　超声组织定征

超声组织定征（ultrasonic tissue characterization）是探讨组织声学特性与超声表现之间相互关系的基础与临床应用研究。

人体组织的超声特性根据组织的声学性质来反映其物理学特性。影响超声声速、衰减、散射、组织硬度、回声强度的因素包括：组织结构、弹性、水分、胶原含量、血供等诸多因素。例如，心室壁构型并不一致，仅按照目前的二维超声 16 或 17 节段分析法及心肌构型研究来看，主要分为纵、斜形肌与环形肌，但每个节段的具体构型存在着差异；又如，心肌血供丰富时与缺血以致梗死、瘢痕形成时，心肌的超声特性不同。运用这种因果关系，通过超声与病理对照，将会在超声组织特性的研究上开拓一个新的领域，探索出超声组织定征、定量的新的检查方法，使超声检查结果更为客观、准确。

超声组织定征试图通过定量提取人体组织中的有用信息，并做出解释以达到识别各种正常和病理组织并对其进行鉴别和分析的目的；通过分析了解正常组织、异常组织的病理、生理状况与组织声学参数和病理结果之间的关系，分析其形态学基础。由于超声通过组织的传输和反射特性的复杂性，超声和组织相互作用的机制尚未十分明了，所以人们只能从不同的方面来进行超声组织定征的探讨。这是其重要的研究方向，很有实用价值。

目前，超声组织定征的基础及临床应用研究范围有：声速、声衰减、声散射、回声强度、组织硬度、声学参数测量与组织成分的对照、超声显微镜、超声与病理、超声组织定征在超声治疗学和组织声学造影中的应用、经验判断和感度切面法、组织动态分析及其他有关方法等。较有发展前途和实用价值的是射频分析法的超声背向散射积分研究和视频分析法的回声强度研究。下面介绍几个主要的定征方法。

声速与声衰减

超声在不同组织中传播时，传导速度与组织弹性系数和密度相关。不同组织结构其组织弹性、密度有差异，超声声速则受其影响而不同。Hayashi 等测量正常肝、脂肪肝和肝硬化时肝组织的声速结果显示：脂肪肝声速减低，肝硬化声速升高。肝脏肿瘤多数情况下声速较正常组织明显降低。

声衰减是声波轴向振动与介质之间摩擦致能量消耗的结果，它与超声探头频率及声波运行距离有关。在正常及病理情况下，组织的衰减会发生变化。声衰减是重要的组织声学特性，有助于组织定征检测。已测得肝硬化受检者的肝脏衰减系数高于正常肝，脂肪肝的衰减系数高于肝硬化的肝脏。

散射

近年来，超声组织定征的研究工作有较大的比重放在组织超声散射的测量方面，展示出其研究和应用前景。声束进入人体组织时，组织的细微结构可以构成散射体，使超声波向各个方向散射，散射的强弱一方面受几何学形状、散射体的声学特性（声速、密度、衰减系数等）因素的影响，另一方面也与声束自身的频率、衰减状况和声束本身形状有关，而且其中有些因素相关性非常明显，因此测定散射系数能对了解组织状况提供有用的信息。曾有文献报道：测定肝肿瘤组织单位体积内的散射情况，发现肝脏肿瘤组织的散射低于正常的肝组织。有人对超声散射与心肌血流之间的关系进行了研究，发现严重缺血时散射积分增加，中度缺血时则无改变，提示散射的增加不仅是由于血流量的减少，更是缺血造成心肌结构的改变。在一项散射与组织胶原关系的研究中发现，胶原的完整性是散射增加的重要决定因素，而完整和破碎的胶原总和是衰减增加的重要因素。

组织硬度

组织硬度的研究是超声组织定征的主要内容之一。体内软组织在心血管搏动、呼吸及外力影响下存在着被动运动，国外少数学者已报道应用各种分析技术通过定量分析软组织运动幅度来揭示其硬度特征，目前尚处于实验阶段。有文献报道，正常的肝组织各超声参数均值均大于肝硬化和其他肝病组；正常肝超声测定，各参数值呈正态分布，各年龄组超声参数均值比较提示，腹主动脉前肝压缩幅度的年龄组间有明显差异，且测值随年龄增大呈下降趋势。超声测定肝压缩幅度大小可代表肝硬度，为肝硬度判断提供了客观依据。

四、回声强度

直接反映为图像回声的变化、组织钙化或瘢痕时，回声明显增强，肥厚型心肌病、心肌淀粉样变性也可出现类似的变化。

第八节 超声弹性成像

弹性成像（elasticity imaging）是对生物组织的弹性参数（elasticity coefficient）或硬度进行成像和量化的。生物组织的病变在很大程度上会伴随着其硬度属性的改变，比如硬化型乳腺癌、动脉粥样硬化等。然而在某些情况下，如果肿块较小，或者位置距离体表较深，用传统的触诊方式很难检测出。一般来说，用传统超声回波成像的方式，也并不一定能检测出这些癌变组织，因为虽然他们的硬度属性差别较大，但是声学性质有可能很相近。比如，对于前列腺或乳腺肿瘤来说，用传统超声成像很难发现病变，但是它们的组织硬度和周围正常组织明显不同。所以组织硬度信息对于临床诊断而言同样具有重要的参考意义。

一、弹性成像基本原理

人体软组织除含有水分外，还含有一定量的纤维结构（如结缔组织、胶原纤维等），具有纵向伸缩弹性和横向剪切弹性，故既可以传播纵波，也可以传播剪切波。组织的弹性主要由反映其纵向伸缩弹性的杨氏模量 E，以及反映横向切变弹性的剪切模量 μ 来确定。软组织剪切波声速 C_s 仅为纵波声速 C 的 $10^{-3} \sim 10^{-2}$ 量级。而且，剪切波的声压与纵波的声压幅度相比也极其微小，将其忽略，只考虑纵波。如果在新的超声诊断系统中，采用特殊的推动脉冲激励方式和信号提取，以及斑点跟踪和快速平行集技术，在预测位置测出剪切波的速度 C_s，进而利用公式 $C_s = \sqrt{\dfrac{\mu}{\rho}}$，计算出对应的剪切模量 μ。剪切模量越大，组织越硬。因此，根据组织的剪切模量分布图可以定性地判断组织的硬度或弹性。所以，弹性成像的原理是对组织施加一个内部（包括自身的）或外部的，动态的或静态的或准静态的激励，按照弹性力学、生物力学等物理规律的作用，组织将产生一个响应，导致描述组织弹性的物理量在正常组织和病变组织中，不同病变程度的组织中产生一定的差异或改变，通过检测这些物理量的变化，可以了解组织内部弹性属性的弹性模量等差异，并以图像显示。

二、超声弹性成像的类型及临床应用

超声弹性成像就是根据组织的硬度属性不同进行成像的一种新型的超声成像方式。根据激励的时间特性，现有的基于超声检测的弹性成像可以分为三类：采用静态或准静态力的施压式弹性成像、采用低频间歇振动的间歇性弹性成像和采用低频振动的振动性弹性成像。

1. **静态弹性成像** 检查时，慢慢压缩组织，并测出产生的纵向位移，利用弹性方程算出应变，然后显示应变图。通常组织越硬，应变越小。弹性方程的解要知道边界条件，但这是十分困难的。一般是尽可能控制边界条件而得到。因此，只能提供定性的弹性信息。静态弹性成像采用人工加压法，受人为影响因素较多，产生的应变与位移可因施加压力的大小不同而不同，也可因压、放的频率快慢而不同，而且对成像的深度和位置都有限制。这种方法，只能提供定性的弹性信息。

2. **动态弹性成像** 为了解决静态弹性成像的缺陷，后来在普通超声探头基础上，增加一组产生激励组织运动的超声束，以此取代人工加压的方法，构成超声动态弹性成像技术。目前动态超声弹性成像主要有下述两类方法。

（1）利用外加低频振源（low frequency vibration）作用于组织，使其运动。然后用常规超声探头检测多普勒信号,以获取组织低频振动的幅度和相位信息,已经知道弹性组织的运动速度不仅依赖于组织的硬度,而且和低频振动的频率有关。

由于这种方法使用了低频振动源和检测探头两个器件,在实际操作中不实用,而且存在方向的局限,剪切波无法传播到的组织时,便无法测量。

(2)利用聚焦于体内的超声束引起组织运动:这种方法是利用聚焦超声束在组织内的扩散和反射引起了动力传输,产生体积(volume)辐射力,它将在组织内产生剪切波并在组织内传播,剪切波的传播速度(1~10m/s)与组织弹性有关。

3. 利用聚焦超声束弹性成像　目前主要有超声激发振动声成像(USVA)、声辐射力脉冲成像(acoustic radiation force impulse imaging,ARFI)和超声剪切波成像(supersonic shear imaging,SSI)等3种技术。下面主要介绍已在临床上应用的ARFI和SSI技术。

(1)声辐射力脉冲成像(ARFI)　它以持续时间<1.0ms的脉冲超声束作用于组织,并使组织内部产生局部位移,利用互相关算法评估组织的位移。可以用灰阶或彩阶进行显示。采用ARFI的弹性成像系统中,同一个探头既能产生射频压力,同时又能接收射频回波数据。应用ARFI技术的超声诊断设备提供了定性的声触诊组织成像技术,即实现了定性的组织纵向位移图像和定量的小区域剪切波速度显示。

ARFI技术采用实时采集离线处理,不能实时跟踪组织运动的情况。最近有学者采用超快速成像的方法来跟踪组织的运动,出现了超声剪切波成像。

(2)超声剪切波成像(SSI)　法国声科影像公司采用SSI技术生产的shear wave TM Elastography实际是多波超声诊断系统,包括产生高图像质量的超声波,能测量和显示局部组织弹性的剪切波。它们将超声触诊和超快速成像技术结合起来,能定量评估大范围的由超声辐射力引起的组织运动,从而提供感兴趣区定量的弹性信息。

这种技术所采用的探头有两组晶片,一组用于成像,频率较高;另一组发射频率较低的聚焦超声,利用聚焦超声辐射力在组织中产生准平面剪切波,提供可定量的弹性信息。检测的回波,采用互相关技术估算由剪切波引起的组织位移,并计算出组织的剪切模量,以灰阶或彩阶编码显示。

从这些介绍可见,超声弹性成像和前面介绍的超声诊断法最大的不同是:前面介绍的技术都是利用超声在组织传播的纵波的有关参数进行成像的;而超声弹性成像不仅要利用纵波还要利用横波,以获取剪切模量μ进行成像,所以超声弹性成像能反映组织的力学特性。这对传统的超声成像是一个重要的补充。

第九节　超声造影原理

超声造影(contrast enhanced ultrasongraphy,CEUS)利用与人体软组织回声特性明显不同,或与声阻抗有显著差别的物质注入体腔内、管道内或血管内,增强对脏器或病变的显示,以及提供血流灌注信息。

 超声造影原理

血细胞的散射回声强度是软组织的万分之一至千分之一,在灰阶二维图表现为"无回声"。当经静脉注入超声对比剂后,血管内的微气泡作为"散射体"随血流遍布全身。它们既可以在声场中产生谐振,提供丰富的非线性谐波信号,又能在血液中产生大量的液-气界面来增强血液的背向散射,从而明显增加了血液的回波信号强度,成为可"看见"的血池示踪剂。

二、临床应用

超声造影包括两个方面,一是利用液体作"对比剂"饮入或注入体腔内形成负性造影;二是利用含气的微泡作对比剂,注射于血管或管腔内,其产生声阻抗差异极大的液-气界面,明显增强后散射强度。超声造影可以有效地增强心肌、肝、肾、脑等实质性器官,及实体肿瘤的二维超声影像和血流信号,利用超声造影技术观察正常组织和病变组织的血流灌注情况、肿瘤血管分布和灌注特点、评价肿瘤介入治疗与靶向药物治疗效果等方面已成为临床超声诊断的重要手段。

超声成像技术发展迅速,从静态到动态,从定性到定量,从模拟到全数字化,从单参数到多参数,从二维到三维显示,使超声图像的质量和分辨力大幅度提高,临床诊断和应用范围更加广泛。

第十节 超声图像质量控制

一、超声波的分辨力

分辨力是指对目标分辨的能力。作为目标,不仅因位置而异,而且和声特性有关,并随时间而变。超声的分辨力受多种因素的影响,包括超声波的频率、脉冲宽度、声束宽度(聚焦)、声场远近和能量分布、探头类型和仪器功能(如二维图像中像素多少、灰阶的级数多少等)。所以,超声的分辨力常用的有空间分辨力、对比分辨力、时间分辨力、线度分辨力等。

(一)空间分辨力

空间分辨力指成像系统分辨细微结构和血流并显示其正常解剖位置的能力。在诊断上,空间分辨力是指超声对病灶空间尺寸的分辨能力,即能把两点区分开来的最短距离。该值愈小,表明分辨力愈高,越能显示出脏器的细小结构。它由像素总数和声束特性决定。有的仪器可达 512×512,甚至 1024×1024。它是系统多种分辨力的综合反映。空间分辨力在不同方向上分别被称为纵向分辨力、横向分辨力和侧向分辨力。

1. 纵向分辨力 是指在声束长轴方向上区分两个细小目标的分辨能力(图 6-10-1),也称轴向分辨力。它与波长(λ)有密切关系,理论上,纵向分辨力为 $\lambda/2$,由于受到发射脉冲持续时间的影响,实际分辨力为理论值的 5~8 倍。举例:5MHz 探头在软组织中的波长为 0.3mm,其轴向分辨力理论值为 0.15mm,但实际分辨力约为 0.5mm。纵向分辨力主要取决于脉冲宽度,脉冲宽度大小与超声频率有关,一般超声的频率越高,脉冲宽度越小,则纵向分辨力愈高,超声频率愈低,脉冲宽度愈大,纵向分辨力愈差。另外,脉冲宽度还受仪器的增益和频带的影响。

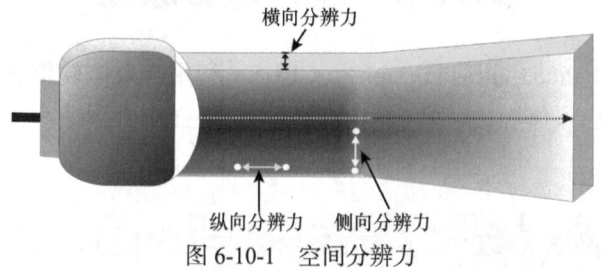

图 6-10-1 空间分辨力

2. 横向分辨力 它表示对分辨与声束轴线垂直的横向平面上左右两个点的能力(图 6-10-1)。它与探头厚度方向上声束宽度和曲面的聚焦性能有关。在聚焦最佳区的横向分辨力最好。目前腹部常用线阵、凸阵探头,通常采用声透镜聚焦,在其聚焦区宽度一般小于 2mm。

当超声束直径小于两点之间距离时,才能把两点分辨开,把这两点都显示出来。否则当超声束的直径大于两点间距离时反射波不能被分辨,只能当作一点显示。横向分辨力常用这两点的距离来衡量。波束的直径越细,能分辨的尺度越小,横向分辨力越高。由于超声束随着传播距离的增大而扩散,所以横向分辨力将随距离加大而不断下降。

因此，图像质量主要取决于横向分辨力，横向分辨力好，图像细腻，小结构就显示清楚。横向分辨力主要受探头尺寸、形状、发射频率、聚焦等因素影响。

3. 侧向分辨力　指可分辨与声轴垂直且与扫描平面平行（线阵、凸阵探头长轴方向上）的直线上两点的最小距离（图 6-10-1）。侧向分辨力等于声束的侧向有效宽度。侧向分辨力实际是扫描方向上的横向分辨力，也即垂直于探头短轴方向的分辨力，这是因为相控阵、线阵和凸阵探头的声束呈矩形，故有横向分辨力和侧向分辨力之分，其机制和横向分辨力是相同的。通常聚焦声束愈细，侧向分辨能力愈好。在聚焦区，3～3.5MHz 探头侧向分辨力应在 1.5～2.0mm。对于单晶圆片探头与环阵探头，其声束为圆柱形，横向与侧向同宽，所以无横向分辨力与侧向分辨力之分。

由此可见，增大超声频率，超声波长缩短，波束的直径越细，从而提高横向分辨力。同时增大超声频率，又可缩小脉冲宽度，从而提高直径分辨力和纵向分辨力。一般纵向分辨力总是优于横向分辨力。因此，增加超声频率对微细结构的探测是很有利的。但是，提高超声频率会增加衰减，降低穿透力，影响超声的探测距离。

（二）对比分辨力

对比分辨力指成像系统可显示不同组织回声细微差别的能力。能分辨的振幅回声用不同灰阶级数表示，取决于仪器的性能，动态范围越大，小信号回声不被噪声淹没，大信号也不会饱和。就 B 超来说，灰阶级数越多，所显示图像的层次越丰富，对比清晰度越好，图像的扫描线数目越多，图像越清晰，分辨细小结构能力越高。

（三）时间分辨力

超声成像提供的是实时动态图像。通常用帧频作为衡量动态效果的指标，即获得动态图像的帧频数，表示时间分辨力。帧频越高，获取图像的时间越短，即成像速度越快，其时间分辨力越高。在多普勒应用时能正确显示实时血流相位的能力。对于心血管疾病诊断用的 B 超，其帧频的高低是衡量系统优劣的重要指标。

（四）线度分辨力

我们知道只有当病灶尺寸比超声的波长大数倍时，才能作为大界面发生明显的反射。一般把能分辨清的最小病灶的线度定为超声波波长的 5 倍。例如，当超声频率为 1MHz、超声波长为 1.5mm 时，可分辨的最小直径为 7.5mm。而其频率为 15MHz、波长为 0.1mm 时，可分辨的最小直径为 0.5 mm。可见超声频率越大，分辨力越高，图像质量越好。但频率与探测距离关系已如前述，只有在探查浅部组织用高频探头，探查深部组织时改用频率较低的探头，频繁地更换探头，应用十分不便。为此采用动态频率扫描技术：它采用 1 只探头，对浅表组织探查时用高频段，随着探查深度的增加自动将频率转换成低频段，即频率由高逐渐下降，使不同深度的组织都形成清晰的图像。实现了用一个探头即可得到高分辨力又有宽频带的灵敏度。当发射的多频超声返回探头时，接收器从多频回波中有选择性地只接收某个频率，不用更换探头，就能自动选择近场用高频率，远场用低频率。

（五）全场均匀性

全场均匀性指在整个图像画面中，能提供均匀分布的分辨力和清晰度的能力。提高全场图像均匀性的方法是对图像进行插补处理，即在图像近场声束密集远场声束变稀疏的情况下，在远场水平扫描线上增加像素，送入后处理器内的行内插值电路进行行内插值处理，填补那些未被采样的像素，消除像素矩阵中的空格，改善图像的均匀性。

二、伪像

由成像系统或其他原因造成的图像畸变或相对真实解剖结构的差异，统称为伪影（artifact），亦称假象。在超声图像中，伪像是普遍存在的。所以，超声诊断者应该知道伪像的原因和来源，善于避免伪像、识别伪像,甚至利用伪像来提高诊断的准确性。

目前的超声诊断仪在设计时,有下面几点假定:①声束在空间是一条理想的直线,并以直线方向传播;放射体在空间的方位由声线初始发射时的方位或偏向角决定。②在软组织中,超声波均以1500m/s的速度传播,测量1cm的距离,需13μs。③组织中的声衰减是相同的,并在图像中可用TGC时间补偿增益调节补偿,使图像亮度均匀。

实际上,上述条件无法完全满足,这就是产生伪像的根本原因,在图像上往往表现为:①形状和位置的失真;②亮度的失真。下面是一些常见的伪像表现。

(一)混响

1. 定义　当声束扫查体内平滑大界面时,反射回波能量大部分被探头接收形成回声影像,小部分声能会在探头表面反射,二次进入体内,在扫查界面形成畸变的二次回声影像,称为混响(reverberation)效应。混响效应就是声束在平滑大界面多次回声的总和效果,属于多次反射形成的多重回声伪差。由于二次回声的声能较弱,所以通常情况下二次回声影像不易被察觉。

2. 产生条件　①平滑大界面;②前面组织衰减小;③两边声阻抗差别大。

在临床上,混响效应常见于:①膀胱前壁、胆囊底部及大囊肿前壁,易被误认为壁的增厚、水肿或肿瘤等。②某些前壁病变如胆囊隆起性病变、膀胱癌等会被误认为混响效应而漏诊。③含气的肠道扫描图中也可出现混响效应。

(二)振铃效应

1. 定义　当声束扫查到软组织与含气组织或液体与结晶体界面处时,由于声阻抗相差甚大,声束在软组织内往返振荡。每一次往返都使声能降低,最终在声像图上形成如彗星尾部的多层光亮回声,向深部方向延伸,逐渐变淡,称为振铃效应。振铃效应亦属于多次反射形成的多重回声伪差。

2. 产生条件　①平滑大界面;②交界处声束接近全反射;③两边声阻抗差特别大。

在临床上,振铃效应常出现于:①胃肠道及肺部等含气部位的检查中。胃肠道内气体的变动会使振铃影像快速变换,光亮带发生快速闪动。②胆囊壁内胆固醇小体伴少量液体时,其后方也会出现振铃效应。③换能器与皮肤局部耦合不好亦会出现振铃效应。

(三)旁瓣伪像

1. 定义　遇到强反射界面时,旁瓣回声与主瓣回声重叠产生伪差,导致重影或虚影。旁瓣的存在使回声信号的对比分辨力降低,图像质量下降。

2. 产生条件　旁瓣效应常出现在液性暗区中,常见于子宫、胆囊、横膈等的检查中,如检查充盈膀胱下方的子宫时在后缘面上方出现的淡淡浅弧状线条。扩大的左房会出现旁瓣伪像(side lobe artifact);在胆囊或膀胱中结石强回声两侧呈现的"狗耳"样或"披纱"样图像。

(四)声影

1. 定义　遇到强反射界面或声衰减很大的组织时,其后方的超声不能达到而出现的暗区称为声影(acoustic shadowing)(图6-10-2)。

2. 产生条件　①当声束遇到骨骼、气体、钙化物等强反射体时,强反射体与周围组织的声阻抗差别很大,形成强反射型声影;②当声束遇到衰减较强且较厚的组织(如韧带或纤维组织等)时,声能被大量吸收而造成下方组织的声能很弱,不能产生回声影像,形成衰减型声影;③当声束扫到圆形组织或病灶的边缘时,会因入射角过大造成声束在组织内全反射,不能照射到组织下方,形成折射声影或侧方声影。

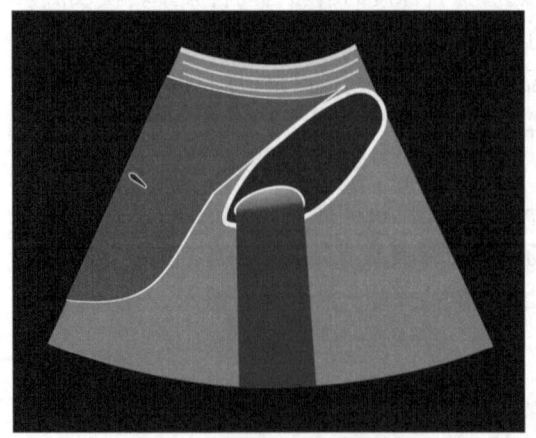

图6-10-2　胆囊结石引起声影

临床应用中，利用声影可识别结石、钙化灶和骨骼的存在，但要注意折射声影或绕射声影抵消的现象会影响这种判断。

当超声从低声速介质进入高声速介质时，若入射角等于或超过临界角，则折射角等于或超过90°，产生全反射，以致其后方出现声影的现象称为折射声影。常见于球形结构的两侧后方或器官的两侧边缘，呈细狭纵向条状无回声区，应与小结石声影区别。结石声影是紧随强光点的后方，而折射声影是出现在球形结构或器官的两侧。

当遇到尺寸较小的界面时，其左右两侧声束向小界面后方偏向，可使界面后方的声影区交叉照明，暗区变为亮区，产生"声影消除"效应，即绕射声影抵消。此现象可导致图形分析时的混淆：如结石后方的声影是诊断结石的重要特征之一。但结石过小（如直径小于2mm）时，其后方声影可为绕射效应消除。

声影的形状与扫查组织在声场中的位置、扫查组织与周围组织的声速关系及扫查组织的形状曲率有关。扫查组织在声束焦点之前可出现平直矩形声影；在焦点处或焦点后可产生发散形状声影。在超声扫查时如果采用复合扫描，或检查中采用多层面、多角度操作以改变声束方向和检查部位，可以弥补声影造成的影响。

（五）后方回声增强

1. 定义　TGC补偿后，前方的组织声衰减明显比两旁小时，其后方回声明显强于同深度的周围组织引起的伪像，称为后方回声增强（enhancement of behind echo）。这是因为被扫查组织中某一区域的声强衰减比周围组织小很多，则TGC在对周围组织进行"正补偿"的同时，对这一区域的补偿就会过大，造成"过补偿区"，"过补偿区"后壁显示会比周围组织更亮，形成后壁增强效应。后壁增强程度与超声频率有关，低频换能器的后壁增强效应更为明显。

2. 产生条件　①TGC补偿；②同一横断面，衰减差别大的结构，如囊腔、脓肿及其他液区的后壁；③在某些小肿瘤如小肝癌的后壁亦可见后壁增强效应。

临床应用中，囊肿和胆囊等液性结构的后方回声增强（图6-10-3），而且内收，呈蝌蚪尾征（tadpole tail sign），利用此伪像可鉴别液性与实质性结构。

（六）镜面伪影（mirror artifact）

1. 定义　当声束遇到深部大而光滑的界面，且界面两边组织的声阻抗差别较大时，界面处的强反射声束又作为第二声源对界面上方的散射体进行照射，形成与光学镜像类似的虚像，该虚像位于界面下方低回声区，称为镜像。如在横膈回声的两侧出现对称的两个肿块回声，其表浅的那个是肿块的真正回声，另一个较深的是经过横膈再次反射回探头的虚像（图6-10-4）。

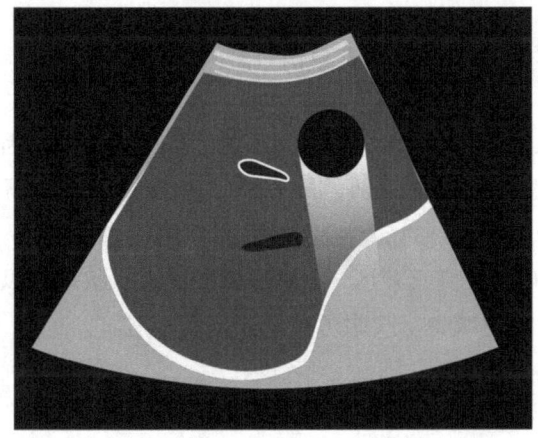

图6-10-3　囊肿引起后方回声增强效应

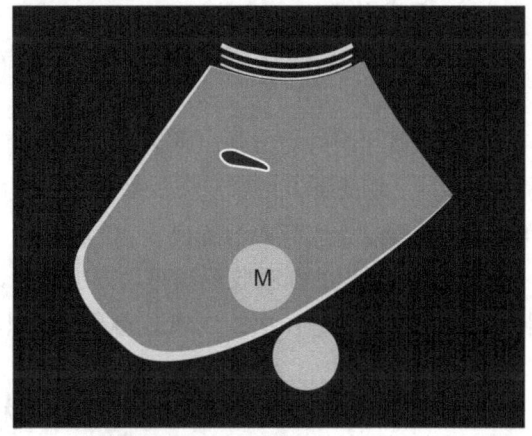

图6-10-4　显示肝脏肿瘤的镜面效应，M为真实肿瘤

2. 产生条件 ①深部、平滑大界面；②两边声阻抗差别大。

在临床上，镜像效应常见于横膈附近。当声束遇到横膈时，横膈把声波反射到与之接近的肿块处，肿块的反射回声沿原路经过横膈反射回探头，表现出肿块的虚像易导致检查目标位置判断上的失误，如将膈下病变误认为膈上病变。当改变扫查部位和角度，变化了的声束方向可识别镜像效应。

（七）部分容积效应

1. 定义 由声束宽度过大引起周围组织重叠的伪像，也称为切层厚度伪像。如胆囊呈现的胆泥样图像，也称为假胆泥，受检者改变体位时，假胆泥回声不会向重力方向移动。

2. 产生条件 当检查目标尺寸小于声束宽度，或者尺寸虽然大于束宽，但只有部分处于声束内时，检查目标就会与周围组织的回声重叠，产生部分容积效应（partial volume effect）。

在临床上常出现于：①腹部大血管和肝、肾小囊肿的扫查过程中，部分容积效应会显示组织内部出现细小的回声；②在胆囊扫查时，含气的十二指肠与胆囊切面重叠，会产生胆囊内结石的伪差。在检查过程中应作纵、横相互垂直切面，并侧动探头，改变声束方向，从不同角度观察对比，可弥补部分容积效应造成的影响。

（八）声速失真

1. 定义 声束通过声速不等的层次时，产生折射，声束的途径由直线变为折线，造成图形的扭曲失真称为声速失真。

2. 产生条件 ①声速不等的层次组织结构；②产生折射。

临床上，如果某些结构的声速明显偏离作为仪器标准的软组织平均声速（1500m/s），会导致图形结构比例失真和测量误差。此外仪器的声噪比、动态范围和带宽以及仪器增益或TGC调节不当时，都会产生伪像。

（九）侧壁失落效应

1. 定义 入射角大造成反射声束不能返回探头所产生的伪差。当扫查大曲率的界面时，如果声束入射角过大，则反射角也过大，使反射声束会发生偏离而不能被探头接收，导致两侧壁在声像图上不被显示，出现侧壁失落效应。

2. 产生条件 ①曲率半径大的界面；②入射角特别大。

侧壁失落现象多见于囊肿和血管的侧壁，声像图上可清晰显示细薄的前、后壁，但侧壁不能显示。该伪差在线阵、凸阵、环形相控阵扇扫、机械扇扫等成像方式中均可出现，探头沿检查面移动或旋转一定的角度可改善侧壁失落效应。

（十）衰减伪差

1. 定义 组织器官对声束的衰减所造成的声像图的显示失真称为衰减伪差。

2. 产生条件

（1）低衰减组织的后方强声影造成对前面信号的识别影响。如在含液区域或脏器（如胆囊），因其后缘增强效应，胆囊下方的肾皮质反射超过肝组织，可影响对其的识别。同样，正好在胆囊下方的肝癌结节亦可因后缘增强效应而被忽视。

（2）高衰减组织的强吸收造成对后方组织的识别影响。在高衰减区，上腹部横断面上镰状韧带以及延伸到肝圆韧带部位，声束的衰减造成下方组织回声大幅度减少，胰腺可被掩盖显示不清。

思考与练习

一、名词解释

1. 脉冲频率 2. 声束聚焦 3. B超 4. 彩色多普勒 5. 纵向分辨力 6. 横向分辨力 7. 超声弹性成像 8. 组织谐波成像（THI） 9. 对比谐

波成像（CHI） 10. 超声组织定征 11. 部分容积效应 12. 声影 13. 伪像

二、简答题

1. M型、B型超声的图像是如何形成的？
2. 什么是三维超声成像？有何特点？
3. 什么是超声组织定征，临床应用在哪些方面？

（李卫平）

第七章 核医学成像原理

> **学习目标**
> 1. 掌握放射性核素显像原理、放射性药物使用原则、放射性药物的不良反应、SPECT 与 γ 相机工作原理、PET 工作原理、PET/CT 的工作原理。
> 2. 熟悉放射性核素显像的图像质量评价、SPECT/CT 成像原理。
> 3. 了解放射性药物分类、放射性药物的理想性质、SPECT/CT 主要临床应用、PET/CT 在医学中的应用。

第一节 放射性核素成像

放射性核素显像诊断与其他影像学诊断具有本质的区别，它是利用引入体内的放射性核素能发射射线，并通过体外的探测仪器检测的射线的分布与量，达到成像的目的。而放射性核素（即显像剂）在体内吸收、分布、排泄等过程又取决于脏器或组织的血流、细胞功能、细胞数量、代谢活性和排泄引流情况等因素（图 7-1-1），故核医学的影像是一种功能影像，而不是组织的解剖学密度变化的图像。虽然核医学影像也可显示其解剖形态学变化，但图像的解剖学分辨力差，其影像的清晰度主要由脏器或组织的功能状态决定，通常小于 1cm 的病灶难以被常规的 SPECT 显像发现，但 PET 的空间分辨力优于 SPECT，可以达到 4~5mm，新型用于小动物研究的 PET 甚至可达 1mm。而 CT、MRI 及超声显像主要是显示脏器或组织的解剖学形态变化，有时也显示其功能变化，但仍然是建立在形态学基础之上的。核素显像与其他显像技术另一不同之处是不同脏器显像需应用不同的放射性药物，同一器官不同目的的

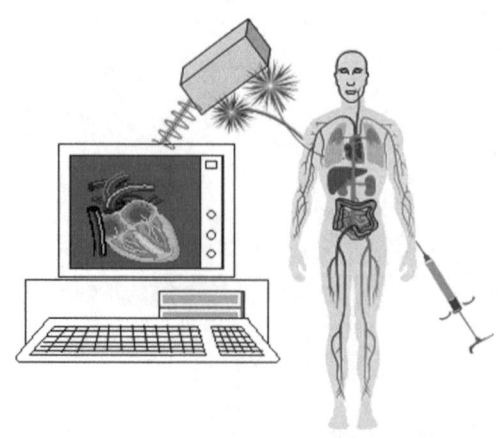

图 7-1-1 将放射性同位素或放射性同位素标记的各种化合物（放射性示踪剂或探针）引入人体后，放射性示踪剂/探针会到达特定的组织或器官，在体外用显像设备探测体内不同组织/器官放射性示踪剂分布情况，通过计算机重建成体层图像，反映不同组织/器官的血流、功能与代谢状态

显像需不同的显像剂,而 CT 和 MRI 只有平扫和增强之分,CT 增强主要是了解病灶区的血供,帮助鉴别病变性质。故核素显像从技术条件等方面比其他显像技术更为复杂。

将核医学的代谢或血流影像与 CT、MRI 的解剖学形态影像进行融合,借以判断病变组织的代谢或血流变化,有助于鉴别病灶的性质,称为"图像融合",以弥补核医学影像分辨力及解剖定位能力差和解剖学影像不能显示其功能代谢变化的缺点。目前的图像融合技术分为同机图像融合和软件图像融合两种,前者主要包括 CT/PET 和 CT/SPECT 等,一次显像同时可以获得 CT 解剖影像和 ECT 功能、代谢或血流影像,CT 主要发挥解剖定位功能,因此大大改善了核医学影像的质量,尤其是 PET/CT 的应用是医学影像技术新的里程碑。而软件图像融合技术则是将 CT 或 MRI 图像通过网络或光盘等储存介质传输到 ECT 的图像处理工作站,将解剖影像与功能影像融合在一起进行分析的,其精确性不如同机融合。

随着核医学显像技术的进一步发展,受体显像、代谢显像、放射免疫显像、反义核苷酸与基因显像等技术的应用,在核医学领域中又形成了分子核医学的概念。目前分子核医学的内容主要包括放射性核素受体显像、代谢显像、多肽类放射性药物显像、重组单克隆抗体放射免疫显像以及基因显像等。这些显像技术的发展,使得核医学显像将可能逐步向"分子影像"领域转变,所谓"分子影像"就是反映脏器或组织生理与生化水平变化的影像,为疾病的诊断提供分子水平的功能信息。

显像原理

放射性药物引入体内后,将根据药物与脏器或组织的相互作用,参与机体的代谢过程,被脏器或组织吸收、分布、浓聚和排泄。由于放射性核素在自发的衰变中能发射出射线,如 γ 射线,所以利用显像仪器能够准确获得核素及其核素标记物在脏器、组织的分布和量变规律,从而达到诊断疾病的目的。

脏器或组织摄取显像剂的机制

(一)合成代谢

脏器和组织的正常合成功能需要某种元素或一定的化合物,若用该元素的放射性核素或利用放射性核素标记特定的化合物引入体内,可被特定的脏器和组织摄取,从而进行体外显像。例如,甲状腺对碘元素具有选择性吸收功能,用以合成甲状腺激素,利用放射性碘作为示踪剂,根据甲状腺内放射性碘分布的影像可判断甲状腺的位置、形态、大小,以及甲状腺及其结节的功能状态。有些示踪剂则是作为组织细胞的能源物质被某些组织摄取,如 ^{11}C 标记的脂肪酸-软脂酸(palmitic acid, ^{11}C-PA)可被心肌摄取而进行心肌脂肪酸代谢显像 ^{18}F 标记的脱氧葡萄糖(^{18}F -2-fluoro-2-deoxy-D-glucose, ^{18}F -FDG)与一般葡萄糖一样可作为能源物质被心肌细胞和脑细胞摄取,用正电子发射计算机体层显像仪(PET)获得图像,观察和分析心肌及脑灰质的能量代谢状况。

(二)细胞吞噬

单核-吞噬细胞系统的吞噬细胞具有吞噬异物的功能。将放射性胶体颗粒或小聚合人血清白蛋白等由静脉或皮下注入体内,放射性胶体作为机体的异物被吞噬细胞所吞噬,对含单核/吞噬细胞丰富的组织如肝、脾、骨髓和淋巴的显像原理均基于此。静脉注射的放射性胶体在脏器内分布的多少主要因胶体颗粒的大小而异,通常小于 20nm 的颗粒在骨髓中的浓集较多;中等颗粒主要被肝的库普弗细胞吞噬;大颗粒(500~1000nm)主要浓集于脾。常用的放射性胶体是 ^{99m}Tc -植酸钠。^{99m}Tc-植酸钠本身并不是颗粒物质而是呈水溶性的无色透明状,当静脉注入后与血液中的 Ca^{2+} 螯合才形成不溶性的 ^{99m}Tc-植酸钙胶体被单核/吞噬细胞吞噬。白细胞亦具有吞噬胶体颗粒的功能,将放射性标记的白细胞注入血流后,可聚集于炎症或血栓部位,可进行炎症和血栓的定位显像诊断。衰老的、经加热或化学处理后的红细胞(如 ^{99m}Tc 标记的热变性红细胞)可以被脾拦截从而获得脾影像。

（三）循环通路

利用放射性核素进入循环通路的过程，可显示该通路及有关器官的影像。

1. **流经通道**　经腰椎穿刺将放射性药物如 ^{99m}Tc-二乙三胺五醋酸（^{99m}Tc-DTPA）注入蛛网膜下隙，不仅可以测得脑脊液流动的速度和通畅情况，还可使蛛网膜下腔间隙（包括各脑池）相继显影，用于了解脑脊液循环异常。又如吸入密闭系统中的放射性气体（如 ^{133}Xe、^{81m}Kr 等）或放射性气溶胶（如 ^{99m}Tc-DTPA、^{99m}TcS 气溶胶雾粒）可使呼吸道、肺泡显像，通过肺显像以判断呼吸道的通气功能。

2. **血管灌注**　静脉"弹丸"式快速注入放射性药物后，它依序通过腔静脉、右心房、右心室、肺血管床、左心房、左心室、升主动脉、主动脉弓而达到降主动脉，用以判断心及大血管的畸形等先天性心血管疾病和某些获得性心脏疾患，称为放射性核素心血管显像。当显像剂随血流从动脉向相应脏器血管床灌注时，还可获得该脏器的动脉灌注影像，用以观察某些脏器或组织的血流灌注情况，借以判断某些血管性疾病和对占位性病变的定性。

3. **微血管暂时性栓塞**　颗粒直径大于红细胞（10μm）的放射性药物如 ^{99m}Tc 大颗粒聚合人血清白蛋白（^{99m}Tc-MAA）注入静脉后随血流经肺毛细血管时，由于这些颗粒直径大于肺毛细血管的直径而被阻断不能通过，暂时性地阻塞于部分肺微血管内从而使肺显像，可以观察肺内血流灌注的情况并诊断肺栓塞。

4. **血池分布**　将放射性药物引入体内某一空间可以显示该空间的大小和形态。例如，^{99m}Tc-RBC 或人血清白蛋白（^{99m}Tc-HAS）静脉注入体内达到平衡后均匀地分布于血池内，可做心、肝等血池显像，常用于判断心室功能状态。

（四）选择性浓聚

病变组织对某些放射性药物有选择性摄取作用，静脉注入该药物后在一定时相内能浓集于病变组织使其显像。例如，^{99m}Tc 焦磷酸盐（^{99m}Tc-PYP）可被急性梗死的心肌组织所摄取，据此可进行急性心肌梗死的诊断。又如亲肿瘤的放射性药物与恶性肿瘤细胞有较高的亲和力，如 ^{99m}Tc-葡萄糖酸盐（^{99m}Tc-GH）、^{99m}Tc-葡萄糖酸盐（^{99m}Tc-Glu）和 ^{67}Ga-柠檬酸盐等可用于肺、脑、鼻咽部等恶性肿瘤显像诊断。此外分化较好的肝细胞癌亦具有摄取和分泌 ^{99m}Tc-PMT 的功能，但癌组织无完整的胆道系统，无法将药物排泄到正常胆道系统而呈持续显影，据此可作延迟显影对肝细胞癌进行阳性显像。

（五）选择性排泄

某些脏器对一些引入体内的放射性药物具有选择性摄取并排泄的功能，这样不仅可显示脏器的形态，还可观察其分泌、排泄功能和排泄通道情况。如静脉注入经肾小管上皮细胞分泌（^{131}I-OIH）或肾小球滤过（^{99m}Tc-DTPA）的放射性药物，动态显像可以显示肾的形态、功能以及尿路通畅情况。使用经肝多角细胞分泌至毛细胆管并随胆汁排泄到肠道的放射性药物，如 ^{99m}Tc-乙酰苯胺亚氨基二乙酸（^{99m}Tc-HIDA）及 ^{99m}Tc-吡哆醛-5-甲基色氨酸（^{99m}Tc-PMT）等，则可显示肝、胆囊、胆道及其通道的影像，用以判断肝、胆疾患，胆道是否通畅、有无扩张及有无胆汁反流等。

（六）通透弥散

进入体内的某些放射性药物借助简单的通透弥散作用可使脏器和组织显像。例如，静脉注入 ^{133}Xe 生理盐水后，放射性惰性气体（^{133}Xe）流经肺组织时从血液中弥散至肺泡内可同时进行肺灌注和肺通气显影。某些放射性药物如 ^{123}I 安菲他明（^{123}I-IMP）、^{99m}Tc-六甲基丙二胺（^{99m}Tc-HMPAO）、^{99m}Tc-双半脱乙醋 ^{99m}Tc-ECD）等不带电荷、脂溶性小分子化合物，则能透过正常的血脑屏障并较长期地滞留于脑组织，通过显像有助于了解脑局部的血流量。而 ^{99m}TcO$^-$（游离锝）、^{99m}Tc-葡萄糖酸盐（^{99m}Tc-GH）等药物则只能通过遭破坏的血脑屏障弥散至颅内的病变区，形成局部放射性浓聚的"热区"可用于颅内占位性病变的定位诊断。

（七）化学吸附和离子交换

静脉注入 ^{99m}Tc 标记的各种磷酸盐如 ^{99m}Tc-PYP（锝焦磷酸盐）、^{99m}Tc-亚甲基二磷酸盐（^{99m}Tc-MDP）

后可使骨髓清晰显像,其影像分布可以反映骨质代谢的活跃情况,用于早期诊断骨髓转移性与原发性肿瘤等。骨髓类似于一个很大的离子交换柱,其中的羟基磷灰石晶体除含有丰富的 PO_4^{3-}、Ca^{2+}、OH^- 外,还有一些性质类似的阳离子(如 Na^+、K^+、Mg^+、Sr^{2+})和阴离子(如 F^-、Cl^-),晶体表面除与相接触的血液和组织中相同离子进行交换外,与性质类似者也可进行交换,如 Ba^{2+}、Sr^{2+} 可与 Ca^{2+} 交换,$^{18}F^-$ 可与 OH^- 进行交换等,为骨髓显像奠定了基础。

(八)特异性结合

放射性标记的受体配体只与该受体结合,放射性标记的抗体只与相应的抗原结合,从而可使受体和含有特殊抗原的组织显影,这种影像具有高度的特异性。例如,用放射性核素标记能和体内受体特异性结合的配体作显像剂,用以了解受体的分布部位、数量(密度)和功能等,称为受体显像,如放射性碘标记的间位碘苄胍能与肾上腺素能受体结合,使富含肾上腺素能受体的嗜铬细胞瘤及其转移灶等特异性显影。应用放射性核素标记的抗体显示相应抗原的显像称为放射免疫显像(radioimmunoimaging,RII)。由于某些病变组织如肿瘤组织常含有特异的抗原,所以这种显像是特异性诊断肿瘤的理想方法。

放射性核素显像反映了脏器和组织的生理和病理生理变化,属于功能影像,其中受体显像、放射免疫像等技术属于分子功能影像(图 7-1-2)。

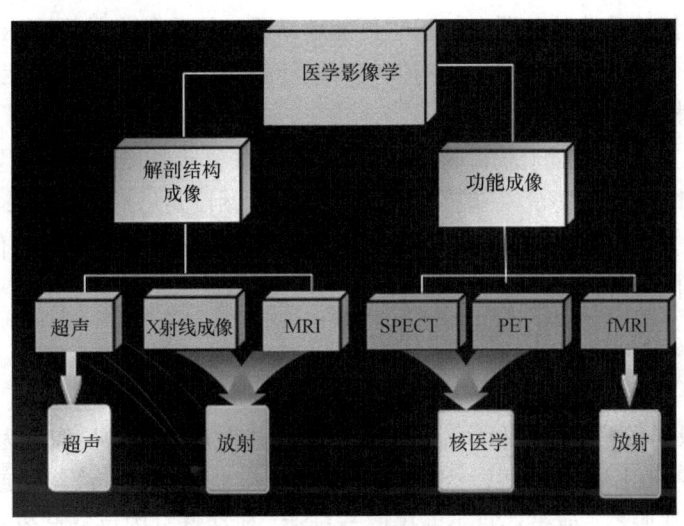

图 7-1-2 医学影像学的组成

三、显像的条件及其选择

(一)显像剂的选择

1. **可靠的显像性能** 要求标记方便、血清除快、进入靶器官的时间早、靶器官与非靶器官的放射性比值高以及稳定性好。

2. **合适的射线能量** 能量太高会使空间分辨力降低,能量太低则灵敏度下降,也不易保证稳定的分辨力,且容易被组织或骨髓所吸收,对深部病变的显像发生困难。显像最适宜的 γ 射线能量为 100~250keV,如 ^{99m}Tc 发射的 γ 射线能量为 140keV,最适合显像使用。而对于 PET 则必须使用能量为 511keV 的一对 γ 光子。

3. **适度的放射性活度和放射性浓度** 不但放射性活度和浓度要合适,而且放射化学纯度要高。放射性活度大可增加成像采集的信息量,减少测量误差,但会加大受检者不必要的辐射量,同时,轻则小病灶被掩盖,重则可能引起计数饱和或溢出,造成采集失败。然而,在受检脏器功能不良时,显像剂的浓聚下降,须适当加大显像剂的用量以提高图像的清晰度和对比度。放射性浓度和比活度越高,进入体内显像剂的化学量和体积就越小,可减少机体的不良反应,在动态采集时则可提高弹丸注射的成功率。显像剂的放射化学纯度越高,本底和散射计数越低,图像的质量就越好。

(二) 准直器的选择

1. **准直器的种类** 准直器主要有以下几种：①低能通用型；②低能高分辨型；③低能高灵敏型；④中能通用型；⑤高能通用型；⑥低能扩散型；⑦中能扩散型；⑧针孔型。

2. **选择依据** 选择主要考虑以下四个方面：①显像剂的主要γ射线能量（如 ^{99m}Tc 和 ^{123}I 常选用低能型准直器，^{131}I 则选用高能型准直器。②显像目的和类型。③对灵敏度及分辨力的要求。④显像器官大小及厚度。

(三) 显像时间

根据显像剂在组织内吸收、清除、代谢和循环的特点选择最佳显像时间，特别是动态功能显像时更为重要，否则会失去许多重要的信息而影响临床分析判断。一般显像剂在体内运转速度较快者，采集的时间间隔应短，速度也相应较快；而运转较慢时，采集的速度要求慢，间隔延长。临床上，肾动态显像常每30～60s采集1帧图像；肝胆动态显像应根据情况每5～15min采集1帧；脑脊液间隙显像可在注射后5min、15min、30min、60min及3h、6h、24h显像。各器官的血流显像应在注射显像剂后，以每1～2s采集1帧，心脏首次通过显像要求每50ms左右采集1帧图像。

(四) 显像体位

选择正确的体位以保证受检的脏器和组织尽可能地暴露在探头的有效视野内，并使受检者在检查期间保持不动。尤其在心、脑的检查时，正确的体位有助于提高阳性率及病灶的定位。

(五) 仪器的最佳条件选择

仪器是否处于最佳工作状态对于获得高清晰、高分辨、失真小的图像非常重要。显像前必须确定采集的矩阵，每帧采集的时间或计数等。一般情况下，在放射性活度足够时，静态采集宜选用较大矩阵（如128×128或256×256）。在动态采集时，由于采集时间有限，无法获得足够大的信息量，为提高检测的信噪比，通常选用较小的矩阵。

四 显像类型

1. **静态显像** 显像剂在脏器组织和病变内达到分布平衡时所进行的显像称为静态显像。

2. **动态显像** 显像剂引入人体后以一定速度动态采集脏器的多帧连续影像或系列影像，用以显示显像剂随血流流经或灌注脏器，或被器官不断摄取与排泄，或在器官内反复充盈和射出等过程所造成的脏器内放射性在数量上或位置上随时间而发生的变化，这种显像就称为动态显像。

3. **局部显像** 指显影范围仅限于身体某一部位或某一脏器的显像。

4. **全身显像** 显像装置沿体表从头至足或从足至头做匀速移动，将采集全身各部位的放射性显示成为1帧影像称全身显像。

5. **平面显像** 放射性探测器置于体表的一定位置，显示某脏器的影像为平面显像。

6. **断层显像** 显像装置围绕体表作180°或360°自动旋转，连续或间断采集多体位的平面信息，或利用环状排列的探测器获取脏器各个方位的信息，再由计算机特殊软件和快速阵列处理机重建各种断层影像，获得横断位、冠状位和矢状位或三维立体影像。心脏断层显像则采用短轴、水平长轴和垂直长轴三个断面。

7. **早期显像** 一般认为显像剂引入体内2h内所进行的显像为早期显像。

8. **延迟显像** 显像剂注入体内2h以后或在常规显像时间之后延迟数小时至数十小时所进行的再次显像称为延迟显像。

9. **阴性显像** 正常脏器和组织细胞可选择性摄取某种放射性药物，能显示出该脏器和组织的形态和大小。而病灶区失去正常组织细胞的功能，故常不能摄取显像剂，呈现放射性分布稀疏或缺损（即冷区），此种显像又称为冷区显像。

10. **阳性显像** 病灶部位的放射性活度高于正常脏器组织的显像称为阳性显像，又称热区显像。

11. 介入显像　在常规显像的条件下，通过药物或生理刺激等方法，增加对某个脏器的功能刺激或负荷，观察脏器或组织对刺激的反应能力，以判断病变组织的血流灌注、储备功能情况，并增加正常组织与病变组织之间的放射性分布差别，提高显像诊断灵敏度的一类显像称为介入显像。

五　图像分析方法及要点

（一）静态图像分析要点

1. 位置（平面）　注意被检器官与解剖标志、邻近器官之间的关系，确定器官有无移位和反位。
2. 形态大小　受检器官的外形和大小是否正常，轮廓是否清晰完整，边界是否清楚。
3. 放射性分布　一般以受检器官的正常组织放射性分布为基准，比较判断病变组织的放射性分布是否增高或降低（稀疏）、正常或缺如。

（二）动态显像分析要点

在静态显像的分析基础上，确定显像的顺序和时相的变化。

1. 显像顺序　考虑是否符合正常的血运和功能状态，如心血管的动态显像应按正常的血液流向，即上腔静脉、右心房、右心室、肺、左心房、左心室及主动脉等途径依次显示影像。
2. 时相变化　时相变化主要用于判断受检器官的功能状态，影像的出现或消失时间超出正常规律时，则提示被检器官或系统的功能异常。例如，肾脏动态显像、肝胆动态显像、脑脊液间歇显像等均根据时相变化判断脏器功能。

（三）断层显像分析要点

正确掌握不同脏器和组织的断层方位以及各层面的正常所见，对各断层面的影像分别进行形态、大小和放射性分布及浓聚程度的分析。对于一般器官，横断面是自下而上获取横断层面；矢状面是自右向左依次获取矢状断层影像；冠状面是自前向后依次获取冠状断层影像。对于心脏断层，由于心脏的长轴、短轴与躯干的长轴、短轴不一致，故心脏断层显像时分别采用短轴、水平长轴和垂直长轴来表示，以示区别。总之，在进行核医学影像分析时，不仅要密切联系生理、解剖学知识，还要结合临床所见才能正确地分析和评价图像。

（四）结合临床和相关辅助检查结果综合分析判断

无论多先进的仪器检查也包括各种影像学检查，如果离开了受检者的临床资料，很难得出正确的图像判断和合适的影像诊断结果。核医学影像也同其他影像学方法一样，图像本身一般并不能提供直接的疾病诊断和病因诊断的信息，因此应密切联系生理、病理和解剖学知识，结合受检者的临床相关资料，特别是 CT、MRI 等影像资料进行综合分析才能得出较为符合客观实际的结论，否则会造成错误诊断。

六　图像质量的评价

一幅好的图像应具备：影像轮廓完整、对比度适当、病灶显示清楚、解剖标志准确、图像失真度小、被检器官图像清晰等特征。

七　核医学影像与其他影像的比较

（一）X射线成像原理

X射线之所以能使人体组织在屏幕上或胶片上形成影像，一是基于 X 射线的穿透性、荧光效应和感光效应；二是基于人体组织之间有密度和厚度的差别；三是 X 射线透过人体不同组织结构时，被吸收的程度不同。因此到达屏幕或胶片上的剩余 X 射线量亦有差异，从而在屏幕或胶片上形成明暗或黑白对比不同的影像。

（二）CT 成像原理及特点

CT 成像是用 X 射线束对人体检查部位一定厚度的层面进行扫描，由探测器接收透过该层面的 X 射线，转变为可见光后，由光电转换器转变为电信号，再经模/数转换器转换为数字信号，输入计算机进行断层重建处理，获得 CT 图像。CT 图像是由一定数目从黑到白不同灰度的像素按矩阵排列所构成的，不同的灰度反映器官和组织对 X 射线的吸收程度。与 X 射线图像一样，黑影表示低吸收区，即低密度区，如肺部；白影表示高吸收区，即高密度区，如骨髓等。这些像素反映的是相应体素的 X 射线吸收系数，像素越小，数目越多，构成的图像越细致，即分辨力越高。CT 分为普通 CT、单层螺旋扫描 CT、多层螺旋扫描 CT 和电子束 CT。检查包括普通 CT 检查、特殊 CT 检查（薄层扫描、重叠扫描、靶扫描、高分辨力扫描、图像堆积扫描和定量 CT）、增强 CT 检查、造影 CT 检查和螺旋 CT 检查。

（三）MR 成像

MRI 是通过对主磁体内静磁场（即外磁场）中的人体施加某种特定频率的射频脉冲，使人体组织的氢核（即质子）受到激励而发生的磁共振现象；当终止射频脉冲后，质子在弛豫过程中感应出 MRI 信号；经过对该信号的接收、空间编码和图像重建等处理过程，产生 MR 图像。人体内氢核丰富，用它进行 MR 成像效果好。MRI 的成像参数主要包括 T_1、T_2 和质子密度等。

（四）超声显像

超声是指频率超过人耳听觉范围，即大于 20 000Hz 的声波，属于机械波。超声波有 3 个基本物理量，即频率、波长和声速，它们的关系是：声速=频率×波长，或波长=声速/频率。能传播声波的物质叫介质。频率不同的声波在同一介质的传播速度是基本相同，声波在人体软组织中的声速差别很小，通常为 1500m/s。临床上常用的超声频率在 2~10MHz。人体软组织的声阻抗差异很小，但只要有 1/1000 的声阻抗差，就会产生反射回波，故利用这一特性可以显示不同组织界面、轮廓，分辨其相应密度。

（五）核素显像

核素显像诊断与其他影像学诊断具有本质的区别，它是利用引入体内的放射性核素能发射射线，并通过体外的探测仪器检测射线的分布与量，达到成像目的。而放射性核素（即显像剂）在体内吸收、分布、排泄等过程又取决于脏器或组织的血流、细胞功能、细胞数量、代谢活性和排泄引流情况等因素，故核医学的影像是一种功能影像，而不是组织的解剖学密度变化的图像。虽然核医学影像也可显示其解剖形态学变化，但图像的解剖学分辨力差，其影像的清晰度主要由脏器或组织的功能状态决定，通常小于 1cm 的病灶难以被常规的 SPECT 显像发现，但 PET 的空间分辨力优于 SPECT，可以达到 4~5mm，新型用于小动物研究的 PET 甚至可达 1mm。而 CT、MRI 及超声显像主要是显示脏器或组织的解剖学形态变化，有时也显示其功能变化，但仍然是建立在形态学基础之上的。核素显像与其他显像技术另一不同之处是不同脏器显像需应用不同的放射性药物，同一器官不同目的的显像需不同的显像剂，而 CT 和 MRI 只有平扫和增强之分，CT 增强主要是了解病灶区的血供，帮助鉴别病变性质。故核素显像从技术条件等方面比其他显像技术更为复杂。将核医学的代谢或血流影像与 CT、MRI 的解剖学形态影像进行融合，借以判断病变组织的代谢或血流变化，有助于鉴别病灶的性质，称为"图像融合"以弥补核医学影像分辨力及解剖定位能力差和解剖学影像不能显示其功能代谢变化的缺点。目前的图像融合技术分为同机图像融合和软件图像融合两种，前者主要包括 CT/PET 和 CT/SPECT 等，1 次显像同时可以获得 CT 解剖影像和 ECT 功能、代谢或血流影像，CT 主要发挥解剖定位功能。因此大大改善了核医学影像的质量，尤其是 PET/CT 的应用是医学影像技术新的里程碑。而软件图像融合技术则是将 CT 或 MR 图像通过网络或光盘等储存介质传输到 ECT 的图像处理工作站，将解剖影像与功能影像融合在一起进行分析，其精确性不如同机融合。随着核医学显像技术的进一步发展，受体显像、代谢显像、放射免疫显像、反义核苷酸与基因显像等技术的应用，在核医学领域中又形成了分子核医学的概念。目前的分子核医学的内容主要包括放射性核素受体显像、代谢显像、多肽类放射性药物显像、重组单克隆抗体放射免疫显像以及基因显像等。这些显像技术的发展，使得核医学显像将可能逐步向分子影像领域转变。所谓分子影像就是反映脏器或组织生理与生化水平变化的影像，为疾病的诊断提供分子水平的功能信息。

第二节 放射性药物

放射性药物定义：放射性药物系指含有放射性核素供医学诊断和治疗用的一类特殊药物。放射性药物、核医学仪器和工作场所是核医学的必备条件。放射性药物是核医学发展的重要基石（图7-2-1）。

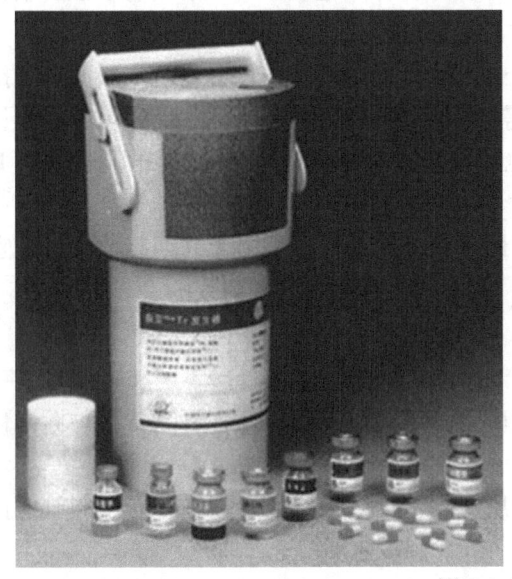 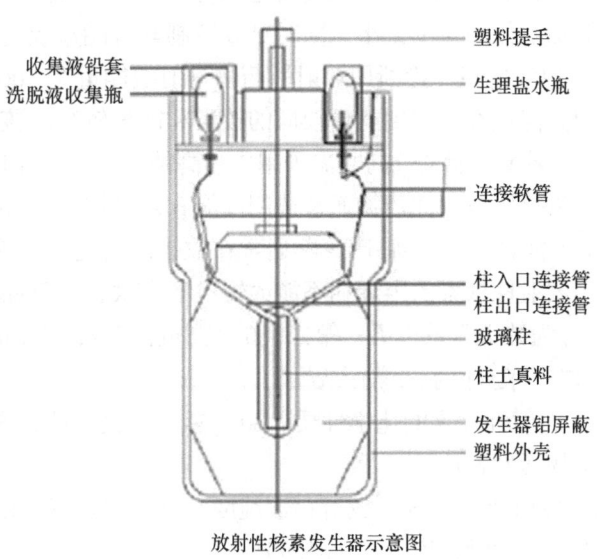

图 7-2-1 MO-TC 发生器

一、放射性药物分类

1. 按用途分类　可分为体外用放射性药物和体内用放射性药物两大类。体外用放射性药物即体外分析用放射性试剂或示踪剂，如放射免疫分析试剂、呼气试验用放射性试剂等。体内用放射性药物又可根据其应用于不同的组织系统进一步分为神经系统的放射性药物、心血管系统的放射性药物、呼吸系统的放射性药物、消化系统的放射性药物、内分泌系统的放射性药物、泌尿生殖系统的放射性药物、骨骼系统的放射性药物、血液淋巴系统的放射性药物、肿瘤放射性药物等。

2. 按作用分类　可分为诊断用放射性药物和治疗用放射性药物。诊断用放射性药物通过一定途径引入体内获得靶器官或组织的影像或功能参数，从而对疾病进行诊断。治疗用放射性药物利用 $T_{1/2}$ 较长的发射 β^- 粒子、α 粒子、俄歇电子或内转换电子的放射性核素及其标记化合物高度选择性浓集在病变组织而产生电离辐射生物效应，从而抑制或破坏病变组织，起到治疗作用。

3. 按放射性核素半衰期分类　可分为长半衰期放射性药物和短半衰期放射性药物。

4. 按辐射类型分类　可分为单光子放射性药物、正电子放射性药物、β 粒子放射性药物、α 粒子放射性药物等。

5. 按放射性核素的来源分类　可分为加速器生产的放射性药物、反应堆生产的放射性药物等。

6. 按药物性状或剂型分类　可分为注射液、注射用悬浮液、口服液、气体、气溶胶等。

二、放射性药物的理想性质

(一) 适宜的核物理性质

1. **辐射类型** 诊断用放射性药物发射的射线应是在体内引起电离辐射小、能穿透人体、易被探测器探测到的 γ 射线。理想的诊断用放射性核素为纯 γ 发射体，γ 射线发射概率高，每 100 个衰变能给出 95~100 个光子。γ 射线能量最好是单一的，以获得较好的定位和分辨力，如 ^{99m}Tc，适用于 γ 相机或 SPECT 显像。正电子核素发射的正电子湮灭时放出的两个方向相反、能量各为 511keV 的光子，适于 PET 显像，也是一类理想核素。治疗用放射性药物为发射 β 粒子、α 粒子、俄歇电子或内转换电子的放射性核素标记的放射性药物，最为理想的是纯 β 发射体，其次是发射俄歇电子的核素。它们在病变组织中能产生较高的 LET（线能量传递），并且具有一定射程以保证其作用范围。α 粒子具有较强的生物效应，但辐射作用范围太小，同时难以控制其可能造成的局部过度损伤，故应慎用。

2. **射线能量** 诊断用放射性药物 γ 射线能量在 100~300keV 最为理想。该能量范围最适合于探测器探测。但也经常用到能量较低的核素和能量较高的核素，如 ^{201}TL 能量在 70~80keV，^{67}Ga 能量在 300~365keV，能量较高时需采用中、高能准直器。正电子核素发射的能量为 511keV 的光子适于 PET 显像。治疗用放射性药物通常选用高能 β 发射体，$E_{max} \geq 1MeV$ 较理想。

3. **物理半衰期** 临床诊断通常在数小时内完成，因此诊断用放射性核素的半衰期以数小时为宜。治疗用放射性核素的半衰期不能太短也不宜太长。例如，第一代治疗用发射 β 射线的 ^{32}P、^{89}Sr 和 ^{131}I 等，$T_{1/2}$ 为数天至数十天；第二代的 ^{153}Sm、^{186}Re、^{67}Cu、^{199}Ho 等，$T_{1/2}$ 为一天至数天。

(二) 良好的化学性质

1. **放射性元素的化学性质** 用于标记的放射性元素应有良好的化学反应性，可制备多种标记化合物或生物活性物质。

2. **放射化学纯度** 放射化学纯度要高，以保证诊断质量与治疗效果。大多数临床应用的放射性药物要求放射化学纯度达 90%或 95%。

3. **化学纯度** 化学杂质有可能被标记，使放射化学纯度降低，干扰诊断或降低治疗效果，还可能产生不良反应。因此，化学纯度高，化学杂质含量不应超过规定的限值。

4. **化学稳定性** 在有效期内，放射性药物应具有良好的体外稳定性与体内稳定性。

(三) 理想的生物学性能

1. **吸收与分布性能** 诊断用放射性药物（除血池显像剂外）要求进入体内后血液清除迅速，分布或代谢较快，进入靶器官或病变组织较快（即快速定位）。对于治疗用放射性药物要求在分布或代谢后，较迅速地进入特定病变组织。

2. **定位性能** 放射性药物必须有良好的定位性能，理想的放射性药物需要能特异性地高度浓聚于特定的靶器官或病变组织，而其他组织分布较少，即靶/非靶器官的放射性比值（靶本比，T/NT 值）高。对于平面显像，通常需 $T/NT \geq 5$，对于断层显像，通常需 $T/NT \geq 2$。

3. **排泄性能** 对于诊断用放射性药物，要求在诊断完成后，体内滞留时间短，能通过尿、粪便迅速排出体外；治疗用放射性药物在体内除定位于病变组织的药物外，其余均应尽快排出体外。

4. **安全性与毒性** 放射性药物注射液应为无菌、无热原、等渗液，pH 值接近血液（pH=7.5）。要求引入人体的放射性药物及其代谢产物毒性效应小。若有毒性，则临床使用的剂量必须严格控制在未出现明显毒性的范围内。

三、放射性药物的特点

1. **具有放射性** 放射性药物具有放射性，可对人体产生生物效应，故应用时应考虑其内照射剂量。在制备和使用过程中，还应按放射防护有关规定进行操作，注意辐射防护。废气、废液、固体废物要按放射性物质妥善处理。

2. **化学量少** 放射性药物通常用量为微克（μg）或毫克（mg）级，因此，几乎不存在体内积蓄而引起化学危害的问题。

3. **存在自辐射分解效应** 自辐射分解效应即由放射性药物放出的射线直接作用于药物本身，引起药物分子化学键断裂，造成分解。自辐射分解效应可影响放射性药物的稳定性。放射性浓度或比活度越高，自辐射分解效应越显著。

四 放射性药物使用原则

1. 正确使用总原则

（1）在决定是否给受检者使用放射性药物进行诊断或治疗时，首先要作出正当性判断，即权衡预期的好处与辐射引起的危害，得出进行这项检查或治疗是否值得的结论。

（2）医用内照射剂量必须低于国家有关法规的规定。

（3）若有几种同类放射性药物可供诊断检查用，选择所致辐射吸收剂量最小者；对于治疗用放射性药物，选择病灶辐射吸收剂量最大而全身及要紧器官辐射吸收剂量较小者。

（4）诊断检查时尽量采用先进的测量和显像设备，以便获得更多的信息，提高诊断水平，同时尽可能减少使用的放射性药物剂量。

（5）采用必要的保护（如封闭某些器官）和促排措施，以尽量减少不必要的照射。

（6）对恶性疾病受检者可以适当放宽限制。

（7）对小儿、妊娠期妇女、哺乳期妇女、育龄妇女应用放射性药物指征要从严考虑。

2. **小儿应用原则** 由于儿童对辐射较为敏感，所以一般情况下，放射性检查不作为首选方法。小儿所用的放射性活度必须低于成年人。一般根据年龄、体重或体表面积按成年人剂量折算，可按年龄组粗算用药量，即1岁以内用成人用量的20%~30%，1~3岁用30%~50%，3~6岁用40%~70%，6~15岁用60%~90%。

3. **妊娠期及哺乳期妇女应用原则** 原则上妊娠期妇女应禁用放射性药物。育龄妇女需要进行放射性检查时，要将检查时间安排在妊娠可能性不大的月经开始后的10天内进行，即世界卫生组织提出的"十日法则"。哺乳期妇女应慎用放射性药物。必要时可根据放射性药物的有效半衰期，在用药后5~10个有效半衰期内停止哺乳。

五 放射性药物应用的基本考虑

（一）正确选择放射性药物

根据使用目的正确选择所使用的放射性药物。在放射性药物的选择中，定位性能是须考虑的关键指标，此外，还须考虑放射性药物的药代动力学性能、内照射剂量、放射性药物与普通药物相互作用等。若有几种同类放射性药物可供选用，按照四项中放射性药物使用原则选用。

（二）内照射剂量

放射性药物引入体内后，人体所接收的剂量称为内照射剂量。在内照射中，受照射剂量最大的器官称为紧要器官。在放射性新药临床应用前，必须进行内照射剂量计算，放射性药物的医用内照射剂量（MIRD）必须低于国家有关法规的规定。根据内照射剂量可进行辐射危险度预测，以进行"代价与效益"分析，确定临床实践的正当性。同时，由于不同受检者的辐射敏感性不同、药物在体内的代谢速率不同，在放射性核素诊断和治疗中，须考虑内照射剂量，从而安全、有效地掌握放射性药物的用量。

(三) 使用放射性药物的防护最优化

(1) 由专业或审管机构设置适当的剂量约束值（目前常用的诊断用放射性药物剂量已有比较成熟可行的约束值；少数治疗用放射性药物也有可用的剂量约束值），使用的放射性药物剂量必须在设定的约束值之内。

(2) 诊断时尽量采用先进的测量和显像设备，用较低的放射性获得足够的信息。

(3) 采用必要的保护，如使用放射性碘标记的药物时用碘制剂封闭甲状腺和（或）促排措施，如使用经泌尿系统排泄的放射性药物时嘱受检者多喝水，以尽量减少不必要的照射。

(四) 放射性药物与普通药物的相互作用

某些药物与放射性药物同时使用时，由于这些药物与放射性药物发生化学反应或药物毒性作用，放射性药物的生物学行为发生改变，称为放射性药物与普通药物相互作用。某些放射性药物与普通药物相互作用是所希望的，如在心肌灌注显像研究中，使用潘生丁可替代运动的方法进行心肌负荷显像以诊断冠心病。但许多放射性药物与普通药物相互作用是不希望的，它可能引起毒性反应或影响诊治结果，在放射性药物的使用中须注意。使用放射性药物前一般应停止使用会产生不希望的相互作用的药物 24～72h，少数药物须停用更长时间。

(五) 常见的放射性药物与普通药物的相互作用

1. $^{99m}TcO_4^-$ 含碘、溴药物可减少甲状腺摄取；过氯酸钾、铝制剂可使异位胃黏膜显像呈假阴性；轻泻药可导致腹部局部放射性药物摄取，使梅克尔憩室显像呈假阳性；磺胶类药物可减少梅克尔憩室摄取。

2. ^{99m}Tc-DTPA 利尿药、琉甲丙脯酸可使肾动态显像失真 含铝药物可导致肾小球滤过率（GFR）结果异常；肾毒性药物，如氨基苷类、磺胺类药物和环孢霉素，潘生丁输注，血管紧张素转化酶抑制剂可使 GFR 结果偏低；阿片类药物、抗胆碱类药物可使胃排空延长。

3. ^{99m}Tc-EHIDA 吗啡、杜冷丁可使胆囊显像呈假阳性；烟草酸可致肝吸收少而清除极缓。巴比妥类、胆囊收缩素、胆碱能药，可增加胆囊排泄。红霉素的肝毒性，可使肝脏摄取增加；麻醉性镇痛剂类可延迟从肝到十二指肠的时间。

4. ^{99m}Tc-MDP 磷苏打、双磷化合物可使骨吸收减少、肾内放射性增多、本底增高；铁盐，如硫酸亚铁、葡萄糖铁可使血池和肾脏放射性增高，放射性蓄积在肌肉注射点，弥漫性肝摄取；阿霉素可使心肌弥漫吸收，肾滞留增加；含铝药物可使骨摄取减少，肝、肾摄取增加；雌激素、口服避孕药、可的松可使乳腺放射性聚集、骨外伤的摄取减少；局部注射含铁、钙药物可使局部放射性浓聚；两性霉素、环磷酰胺、庆大霉素、长春新碱，由于肾毒性作用可使肾滞留增加（显像在用药 1 周内）；乙底酚、安体舒通、酚噻嗪类、西咪替丁可使乳腺摄取增加；氨甲蝶呤由于肝脏毒性，可使肝脏呈弥漫性摄取；心痛定、双磷酸盐化合物，可使骨摄取减少。

5. ^{99m}Tc-PYP 二磷酸盐化合物，如羟基亚乙基磷酸、Pamidronate 可减少梗死心肌摄取，增加正常心肌摄取；含铝药物可减少梗死心肌摄取，增加肝、脾摄取；阿霉素由于心肌毒性，可使心肌呈弥漫性摄取；乙底酚、酚噻嗪类、西咪替丁可使乳腺摄取细胞毒性药物，如环磷酰胺、阿霉素、长春新碱可增加肾脏摄取（显像在用药 1 周内）。

6. ^{99m}Tc-MIBI 和 ^{201}Tl 阿霉素由于心肌毒性，可使 ^{99m}Tc-MIBI 和 ^{201}Tl 在心肌中呈弥漫性摄取 β 受体阻滞剂（心得安等）、亚硝酸盐类，可减少运动试验的灌注缺损区的数量和大小，加压素可使心肌显像呈假阳性。

7. ^{99m}Tc-植酸盐 氨甲蝶呤可使肝外出现放射性聚集，雄性激素、制酸剂可使肺内放射性药物浓聚。

8. ^{99m}Tc-RBC 肝素、洋地黄、亚锡酸铁、地高辛、阿霉素、甲基多巴、心痛定、奎尼丁可使体内红细胞标记率减低，心腔影像边缘成像不清。

9. ^{99m}Tc-DMSA 氯化铵、碳酸氢钠可减少肾摄取、增加肝摄取；血管紧张素转化酶抑制剂在肾动脉狭窄时可减少肾摄取。

10. ^{131}I 含碘、溴药物，如碘制剂、卢氏液、维生素制剂、碘软膏、镇咳剂、乙胺碘呋酮、对比剂，甲亢治疗药物，如甲硫、眠尔通、保泰松、磺胺类药物、皮质类固醇、ACTH、磺胺、过氯酸盐、抗组织胺药，可减少甲状腺对 ^{131}I 的摄取。

六 放射性药物的不良反应

放射性药物的不良反应是指注射了一般皆能耐受而且没有超过一般用量的放射性药物之后，出现异常的生理反应。放射性药物的不良反应与放射性本身无关，而是机体对药物中的化学物质（包括细菌内毒素）的一种反应。放射性药物不良反应的发生率很低（仅万分之二左右），主要为变态反应、血管迷走神经反应，少数为热原反应。

防治方法：注射室和检查室应备有急救箱，其中有血压计、听诊器，处理虚脱的各种药物等，备有氧气袋。对不良反应较多的药物可稍加稀释，使体积稍大，并慢速注入。出现荨麻疹、水肿、瘙痒和胸闷等症状，可用抗过敏药物治疗；热原反应按常规处理；血压明显降低、出现休克时，成人可立即注射 1∶1000 肾上腺素 0.5～1mg，静脉注入，静脉开放，必要时点滴氢化可的松。

第三节　γ 照相机和单光子发射计算机体层摄影

γ 相机也称 γ 照相机，是较简单的一种影像设备。单光子发射计算机体层摄影（SPECT）是核医学临床中使用最多、最普及的设备。目前临床使用的 SPECT 均为以 γ 相机为基础的旋转型设备，其核心部件为 γ 相机，可用于获得人体内放射性核素的三维立体分布图像。SPECT 由 γ 相机旋转构成，具有 γ 相机的所有功能，其性能高于普通 γ 相机。在很多临床应用中，SPECT 只应用了其 γ 相机的功能，即未旋转采集，仅获得平面图像（图 7-3-1）。

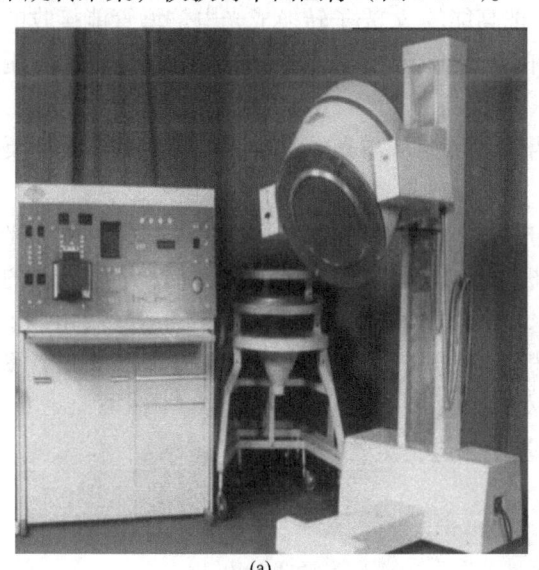
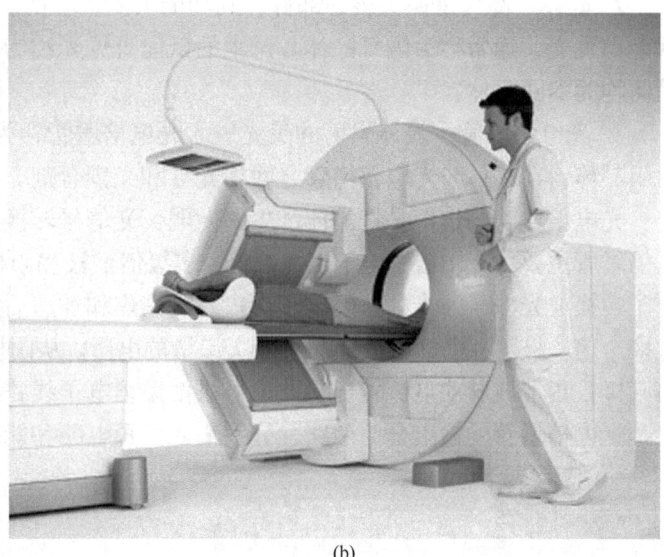

图 7-3-1　（a）1975 年中国引进了第一台 γ 相机，（b）20 世纪 90 年代初世界第一台多探头 SPECT 投入使用

SPECT 的基本成像原理：首先受检者需要摄入含有半衰期适当的放射性同位素药物，在药物到达所需要成像的断层位置后，由于放射性衰变，将从断层处发出 γ 光子，位于外层的 γ 照相机探头的每个灵敏点探测沿一条投影线（ray）进来的 γ 光子，通过闪烁体将探测到的高能 γ 射线转化为能量较低但数量很大的光信号，通过光电倍增管将光信号转化为电信号并进行放大，得到的测量值代表人体在该投影线上的放射性之和。在同一条直线上的灵敏点可探测人体一个断层上的放射性药物，它们的输出称为

该断层的一维投影（projection）。各条投影线都垂直于探测器并互相平行，故称为平行束。探测器的法线与 X 轴的交角 θ 称为观测角（view）。γ 照相机是二维探测器，安装了平行孔准直器后，可以同时获取多个断层的平行束投影，这就是平片。平片表现不出投影线上各点的前后关系。要想知道人体在纵深方向上的结构，就需要从不同角度进行观测。可以证明，知道了某个断层在所有观测角的一维投影，就能计算出该断层的图像。从投影求解断层图像的过程称为重建（reconstruction）。

SPECT 与 γ 相机结构

SPECT 与 γ 相机系统均由硬件系统及软件系统组成。硬件系统由探头、电子线路部分、机架、扫描床及计算机组成；软件系统由采集软件、校正软件、图像处理软件及显示软件等组成。

SPECT 探头与 γ 相机的探头的结构组成及原理基本相同。不同之处是 γ 相机的探头尺寸通常较小，多为圆形（直径 30cm 左右）；而 SPECT 探头尺寸通常较大，多为方形（边长 40cm 左右）。探头是 SPECT 和 γ 相机的核心部分，其功能为探测从人体发出的 γ 射线。探头性能决定了 SPECT 和 γ 相机设备的性能及图像质量。探头由准直器、晶体、光电倍增管（PMT）组成。临床使用的 γ 相机通常只有一个探头，而 SPECT 通常配有两个探头或三个探头。

1. SPECT 与 γ 相机的准直器　准直器置于探测晶体表面。从体内发射的 γ 射线首先通过准直器再进入探测晶体。准直器的功能是限制进入晶体的 γ 射线的范围和方向，只允许一定入射方向及范围内的 γ 射线通过，阻挡其他入射方向和范围的 γ 射线，从而使人体内放射性核素的分布投影到探测晶体上。准直器吸收了来自受检者体内的大多数 γ 光子，只允许一小部分 γ 光子通过，这是造成 γ 相机及 SPECT 灵敏度低的主要原因。

准直器由单孔或多孔的铅合金制成，根据需要准直器被设计成不同的形状结构。不同的准直器对 γ 光子的限制程度不同，导致 γ 相机及 SPECT 探头的灵敏度及分辨率等性能不同。准直器可以从探头上卸下更换。

2. 晶体　晶体是探头核心部件，其功能为能量转换。把高能的 γ 光子转换成光电倍增管能接收的低能可见光，通常称为闪烁晶体。产生的低能可见光称为闪烁光或荧光。目前临床 γ 相机和 SPECT 用晶体均为 NaI 晶体。

3. 光电倍增管　晶体发射的荧光进入光电倍增管，为避免荧光从与光电倍增管接触的晶体表面反射回晶体，在晶体与光电倍增管之间加光导和光耦合剂。

光电倍增管的作用是把晶体产生的微弱荧光信号转换成电信号并将之放大，放大倍数 $10^6 \sim 10^9$。光电倍增管主要由光阴极、电子聚焦系统、多级倍增极和阳极组成。光阴极上喷涂有光敏材料，将入射的光子转换成光电子。光电子经电子聚焦系统聚焦和加速后，打到倍增极上二次发射，产生更多的电子。有多个倍增极，各个倍增极上加有依次递增的电压。从阴极发射的电子逐级倍增，达到足够数量后，飞向阳极收集形成脉冲电流输出。此信号再由后续电子线路处理。

光电倍增管的输出分为两路，分别输入位置电路和能量电路进行定位和能量甄别。

SPECT 与 γ 相机的电路

SPECT 与 γ 相机的电子线路部分主要由放大电路、位置电路、能量电路、线性校正、能量校正及均匀性校正电路等组成。其中核心电路为位置电路和能量电路，其功能为确定探测到的 γ 光子的位置、甄别 γ 光子的能量，使之形成图像。位置电路的输出除以能量电路输出，得到闪烁光在 X 方向和 Y 方向的位置坐标。经过计算机处理，最终形成放射性核素的分布图像。将计数分布变为亮度或颜色的分布显示在计算机屏幕上，形成可视图像，即 γ 相机图像或 SPECT 平面图像。

三、SPECT 与 γ 相机工作原理

将特定放射性药物注入受检者体内，一定时间后放射性药物在体内达到显像的要求，开始进行 γ 相机或 SPECT 成像。从人体中发射出的 γ 光子首先到达准直器，准直器限制入射 γ 光子的方向，只允许与准直器孔方向相同的 γ 光子透过，以便于 γ 光子定位。到达晶体的 γ 光子与晶体相互作用，被晶体吸收并产生多个闪烁光子。闪烁光经过光导被各个光电倍增管接收。光电倍增管将闪烁光转变成电脉冲信号。该电脉冲信号经过特殊位置电路定位、能量电路甄别记录，成为一个计数。成像装置记录大量的闪烁光点，经过处理、校正，形成一幅人体放射性浓度分布图像，即为一幅 γ 相机图像或 SPECT 平面图像。

第四节　SPECT/CT

由于 SPECT 的成像不够清晰，单一的 SPECT 显像逐渐被 SPECT/CT 所取代，SPECT/CT 就成为目前人类最先进的医学影像设备之一，是进行活体疾病诊断和新药研发的理想工具（图 7-4-1）。SPECT/CT 是将 SPECT 和多层螺旋 CT 两种不同模式的影像学设备合二为一而组合成的新设备，完成 SPECT 和 CT 的一站式检查，利用图像融合技术，得到 SPECT 和 CT 的融合图像，两种图像优势互补，完成对病变的精细解剖定位和功能影像诊断，灵敏度高、特异性强、定位准、准确性高。SPECT/CT 适合于各种良、恶性骨病变的定性定位诊断、肺栓塞的确切诊断和疗效评估、甲状旁腺功能亢进、冠心病、肾脏病、甲状腺病、神经内分泌肿瘤等疾病的诊断。

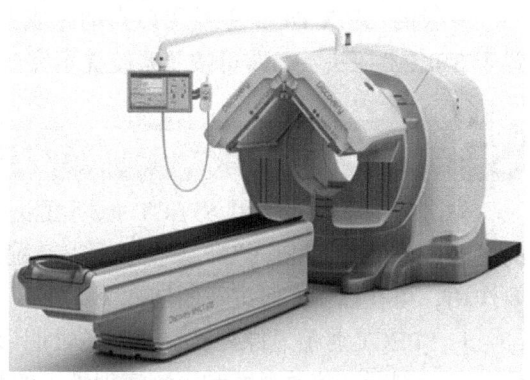

图 7-4-1　Discovery NM/CT 670

一、SPECT/CT 成像原理

核医学图像反映示踪剂在体内的功能分布，缺乏解剖学信息，并且核医学图像信息量小，分辨力低，CT 或 MRI 与之相比，分辨力高，具有精细的解剖结构，但缺乏功能信息。把有价值的功能信息影像与精确的解剖结构影像结合在一起，可以给临床医生提供更加全面和准确的资料，这就是 SPECT/CT 的优势。本节中只描述 SPECT/CT 特有的性质（图 7-4-2）。

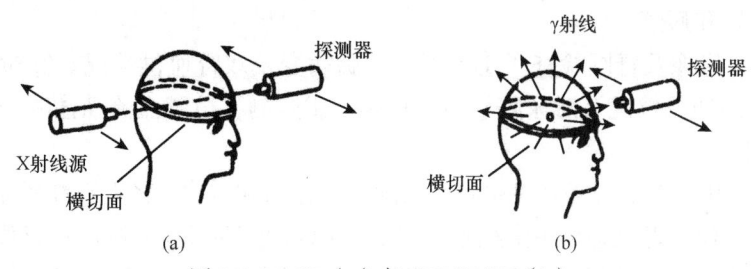

图 7-4-2　CT（a）与 SPECT/CT（b）

1. SPECT/CT 特点

（1）硬件同机：将 CT 的 X 射线球管和探测器安装在 SPECT 系统的旋转机架上，使受检者可同机进行 CT 和 SPECT 检查。

一般 X 射线球管和 SPECT 探头并排安装在系统的旋转机架上，X 射线球管在后方，SPECT 探头在前方。扫描过程中，系统会自动移动检查床的位置，使受检部位位于 X 射线球管下或 SPECT 探头下。

（2）同机图像融合：一次体位设计获得 CT 图像和 SPECT 图像，实现同机 CT 图像与 SPECT 图像

的融合。同机融合对位准确，可获得精确的融合图像。

2. SPECT/CT 中 CT 的作用　早期的 SPECT/CT 中，CT 为单排，扫描一个探头视野需约 10min，其功能仅提供 SPECT 图像的衰减校正及 SPECT 图像的融合定位。目前的 SPECT/CT，其 CT 的档次已提升为诊断 CT，除上述衰减校正及融合定位功能外，还可以提供诊断信息。但是，由于受检者同时接收 X 射线及放射性核素的辐射，所受辐射剂量会增加。

3. SPECT/CT 显像步骤

（1）采集定位像：采集 2 倍于 SPECT 轴向视野的 X 射线透射图，利用透射图，精确选择确定检查的部位。

（2）进行 CT 扫描：系统在 CT 扫描的同时自动重建 CT 融合用图像及衰减校正图像。

（3）进行 SPECT 扫描。

（4）进行 SPECT 断层图像重建：在重建过程中，利用 CT 图像进行衰减校正。

（5）进行 SPECT/CT 图像融合。

一般的 SPECT/CT 系统可以自动完成上述五个步骤，操作者只需在第一步之前，将受检部位大致置于 SPECT 探头下，即可按照系统提示完成整个显像过程，不同厂家的操作方法略有不同。

SPECT/CT 主要临床应用

先进的医学设备利用 SPECT 原理可以测量显示细胞和分子的生物学活动，结合了诊断级多层 CT 的复合成像设备 SPECT/CT 系统，可以精确定位病变的位置、性质和程度。SPECT 显像在临床上有重要作用，可在以下方面进行断层探测，得到三维立体图像。

1. SPECT 骨骼显像　骨骼显像是早期诊断恶性肿瘤骨转移的首选方法。可进行疾病分期、骨痛评价、预后判断、疗效观察和探测病理骨折的危险部位。

2. SPECT 心脏灌注断层显像　应用于：①心肌缺血的诊断。可评价冠状动脉病变范围，对冠心病危险性进行分级；评价冠状动脉狭窄引起的心肌血流灌注量改变及侧支循环的功能，评价心肌细胞活力；对心肌梗死的预后评价和疗效观察；观察心脏搭桥术及介入性治疗后心肌缺血改善情况。②心肌梗死的诊断，心肌梗死伴缺血的诊断，判断心肌细胞存活情况。③心肌病、室壁瘤的鉴别诊断。

3. SPECT 甲状腺显像　①对异位甲状腺的诊断和定位具有独特价值。②对甲状腺结节功能的判断和良恶性鉴别，具有较高诊断价值。③对高分化甲状腺癌转移灶定位和诊断。④估计甲状腺大小和重量。

4. SPECT 局部脑血流断层显像　①对缺血性脑血管意外的诊断具有较高诊断价值。②癫痫致痫灶的定位诊断。癫痫发作间期的阳性率高达 60%（而 CT 和 MRI 的阳性率约 25%）。③判断脑肿瘤的血运，鉴别术后或放疗后复发和瘢痕。

5. SPECT 肾动态显像及肾图检查　①了解肾动脉病变及双肾血供情况。②对肾功能及分肾功能的判断。③了解上尿路通畅情况及对尿路梗阻的诊断。④监测移植肾血流灌注和功能情况。⑤了解糖尿病对肾功能的影响。

此外，还可应用于甲状旁腺显像：对甲状旁腺腺瘤的诊断和定位；肾上腺髓质显像：对嗜铬细胞瘤及其转移灶的诊断及定位，以及恶性嗜铬细胞瘤 ^{131}I-MIBG 治疗后随访；肺灌注显像与肺通气显像：对肺动脉血栓栓塞症的诊断与疗效判断；肝脏胶体显像、肝血流与肝血池显像：对肝海绵状血管瘤的诊断；肝胆动态显像：用于鉴别梗阻性黄疸和肝细胞性黄疸；鉴别先天性胆道闭锁和婴肝综合征及疗效观察；肠道出血显像：最适用于探测胃以下、乙状结肠以上的活动性下消化道出血；异位胃黏膜显像：对梅克尔憩室的诊断及定位，对肠梗阻或肠套叠（怀疑与美克尔憩室或小肠重复畸形有关）的鉴别诊断；唾液腺显像：了解唾液腺摄取、分泌、排泄功能及有无占位性病变的常用方法。

6. SPECT 阿尔茨海默病早期诊断　国外学者利用 SPECT 对阿尔茨海默病（AD）的局部脑血流灌注进行研究，进而评估局部脑功能的工作始于 20 世纪 80 年代，虽然方法和结果都不尽相同，但对 AD

的特征性改变已取得了一致的共识。

在比较 SPECT 和 CT 对 AD 诊断的结果时,发现 CT 对脑萎缩的诊断近乎泛化,在萎缩程度轻与重、生理性与病理性之间缺乏可操作的明确界限。国外研究常使用 CT 的三维定量资料,例如,测量额、颞、顶叶体积,或是测量脑沟、海马等关键部位的距离,而国内研究仅根据二维 CT 图像,经肉眼读片诊断。这一方法显得过于简陋,可靠性差。例如,国内也能推广三维 CT 技术,则 CT 对 AD 诊断的价值必将大为提高。SPECT 能对痴呆程度和认知状况接近的两类痴呆进行鉴别。

SPECT 与 CT 的区别

(1) SPECT 应用发射单光子(γ 射线)的放射性核素,CT 应用于 X 射线。

(2) SPECT 是体内发射成像,CT 是体外透射成像。

(3) SPECT 是功能成像,CT 是解剖成像。

第五节　正电子发射计算机体层摄影

PET 的全称为正电子发射计算机体层显像仪(positron emission tomography),通常简称为 PET(图 7-5-1)。PET 主要根据示踪剂来选择性地反映组织器官的代谢情况,从分子水平上反映人体组织的生理、病理、生化及代谢等改变,尤其适合人体生理功能方面的研究,但是图像解剖结构不清楚。

PET 工作原理

1. 正电子衰变与湮灭　由正电子核素发射出的正电子在周围介质(如人体组织)中被散射而减慢速度,一旦静止下来就会俘获一个自由电子而形成正负电子对,并在毫微秒内发生质能转换,正、负电子的质量转变为两个能量相等(511keV)、方向相反的光子,这一过程称为电子对湮灭。PET 所探测的就是这两个方向相反的光子。

2. 符合探测　PET 的工作目的是成像,即显示正电子核素标记的示踪剂在体内的分布。但是,发射出的正电子无法直接探测,只能通过探测由电子对湮灭所产生的 γ 光子对来反映正电子湮灭时的位置。接收到这两个光子的两个探测器之间的连线称为符合线(line of response, LOR),代表反方向飞行的光子对所在的直线,湮灭事件的位置必定在这条直线上。用两个探测器间的连线来确定湮灭地点方位的方法(不需要准直器)称为电子准直(electronic collimation)。这种探测方式则称为符合探测(coincidence detection)(图 7-5-2)。

图 7-5-1　1987 年国产 PET

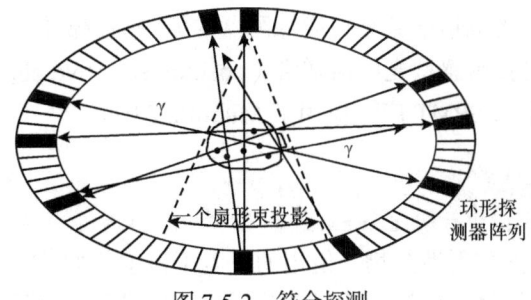

图 7-5-2　符合探测

符合探测技术利用了湮灭光子对的两个特性：一是这两个光子沿着直线反方向飞行；二是它们都以光速向前传播，几乎同时到达在这条直线上的两个探测器。此时，PET 系统就记录一个符合事件（coincidence event），即一个计数。事实上，由于光子从发射到被转换为最后的脉冲信号经历了多种不确定的延迟，所以符合事件的两个光子被记录的时间间隔拉长。该时间间隔称为符合窗（coincidence window）。通常，符合窗的大小为几纳秒到十几纳秒。只有在符合窗时间内探测到的两个光子，才被认为是来自同一湮灭事件。超过符合窗时间间隔所探测到的两个光子则被认为是来自两个湮灭事件而不予记录。

3. PET 探测器　所记录的符合事件中，有三种符合情况无法区分。

第一种是真符合（true coincidence），探测到的两个光子来源于同一湮灭事件，并且在到达探测器前两个光子都没有与介质发生任何相互作用，因此含有精确的定位信息。这是真正需要的原始数据。

第二种是随机符合（random coincidence），探测到的两个光子分别来源于不同的湮灭事件。这种符合含有的定位信息实际是不存在的，成像中要剔除这种符合。

第三种是散射符合（scatter coincidence），探测到的两个光子虽然来源于同一湮灭事件，但在到达探测器前两个光子中至少有一个被散射而偏离了原来的飞行方向。因此这种符合含有的定位信息是错位的，应该剔除。

PET 设备结构

PET 设备由扫描机架、主机柜、操作控制台和检查床等几部分组成。

机架是最大的部件，内部装有透射源、隔板、激光定位器、探测器环（称为探头）、探测器电子线路、符合线路、分拣器、移动（透射源、隔板和床）控制系统等线路。它的主要功能是采集数据。

主机柜主要由 CPU、输入输出系统、内存储系统、外存储系统等构成。主要功能是数据存储、处理和图像重建。

操作控制台主要由一台计算机和软件系统组成。它的主要作用是整个检查过程的指挥控制、图像显示和分析等。操作控制台放置在操作室内。

决定 PET 性能好坏的最关键部件是探头。

1. PET 设备探头的结构　PET 探测光子的过程与前述 SPECT 类似，也由闪烁晶体转换 γ 光子为荧光，再由光电倍增管转换光信号为电信号，再经一系列电子线路系统来完成记录。与 SPECT 不同的是，闪烁晶体不再是一块平板大晶体，而是由许多小晶块组成的晶体环。晶体环后接光电倍增管。每一个小晶体块为一个探测器。

2. 闪烁晶体　闪烁晶体是组成探测器的关键部件之一。它的主要作用是能量转换，将高能 γ 光子转换为多个可见光子，以利于 PMT 接收。用于 PET 的理想的闪烁晶体应具有良好的性能。

用于 PET 的闪烁晶体，要求时间分辨好、阻止本领强、光产额高。目前的商品中，高档 PET 使用锗酸铋（$BI_4Ge_3O_{12}·BGO$）、掺铈的氧化正硅酸钆（$Gd_2SiO_5[Ce]$ 或 GSO）、掺铈氧化正硅酸镥（$LU_2SiO_5[Ce]$ 或 LSO）。低档 PET 主要使用碘化钠（NaI（Tl））晶体。

3. 光电倍增管（PMT）　光电倍增管是组成探测器的另一关键部件，其作用及工作原理与 SPECT 相同。近来 PET 探测器采用位置敏感型光电倍增管（position sensitive photomultiplier tube，PSPMT），这种光电倍增管的定位更准确。PSPMT 广泛应用于 MicroPET 中。

三　PET 与 SPECT 的不同点

一是采用正电子核素标记的放射性药物，使用的正电子核素（如 ^{18}F、^{15}O、^{13}N、^{11}C）本身为人体组成的基本元素，可标记参与活体代谢的生物活性分子，可提供分子水平上反映体内代谢的影像。

二是不使用准直器，而采用符合探测，可以使分辨力及灵敏度同时得到大幅度提高。

第六节 PET/CT

正电子发射断层显像仪/X 射线计算机体层成像仪（PET/CT）（图 7-6-1），是一种将 PET（功能代谢显像）和 CT（解剖结构显像）两种先进的影像技术有机地结合在一起的新型的影像设备，它是将微量的正电子核素示踪剂注射到人体内，然后采用特殊的体外探测仪（如 PET）探测这些正电子核素人体各脏器的分布情况，通过计算机断层成像的方法显示人体的主要器官的生理代谢功能，同时应用 CT 技术为这些核素分布情况进行精确定位，使这台机器同时具有 PET 和 CT 的优点，发挥出各自的最大优势。

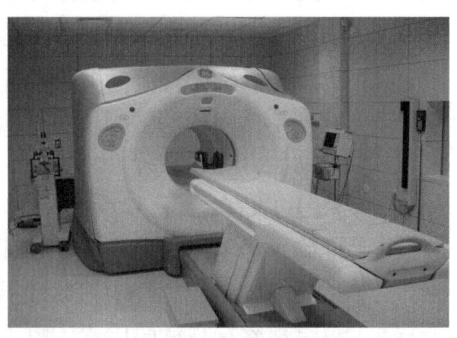

图 7-6-1　PET/CT 装置及移动检查床

一、PET/CT 的工作原理

PET/CT 的工作原理是把具有正电子发射的同位素标记药物（显像剂）注入人体内，如碳、氟、氧和氮的同位素 1 种或 2 种，这些药物在参与人体的生理代谢过程中发生湮灭效应，生成基本上在 180°方向上发射的两个能量为 511 MeV 彼此运动相反的 γ 射线光量子。根据人体不同部位吸收标记化合物能力的不同，同位素在人体内各部位的浓聚程度不同，湮灭反应产生光子的强度也不同。用环绕人体的 γ 光子检测器，可以检测到释放出光子的时间、位置、数量和方向，通过光电倍增管将光信号转变为时间脉冲信号，经过计算机系统对上述信息进行采集、存储、运算、数/模转换和影像重建，从而获得人体脏器的横断面、冠状面和矢状面图像。凡代谢率高的组织或病变，在 PET 上呈现明亮的高代谢亮信号，凡代谢率低的组织或病变在 PET 上呈现出低代谢暗信号。

二、PET/CT 主要性能指标

1. 空间分辨力　空间分辨力表明 PET 对空间的两个"点"的分辨能力。一个理想的放射性点源放在 PET 的视野（field of view，FOV）中，PET 所得到的放射性分布图像并不是一个点，而是有一定扩展，所得到的是一个"球"，球的大小反映 PET 的空间分辨能力。分辨力定义为该点源的扩展函数的半宽高，主要取决于环形探测器的位置分辨。另外，点源放在视野中不同位置，其分辨力稍有不同，距 FOV 中心越远，其分辨力越差。

2. 灵敏度　PET 灵敏度常用单位体积内单位辐射剂量情况下探测器探测到的事例来表示。灵敏度越高表明在一定统计误差要求下，对特定脏器的放射性强度要求越低。影响灵敏度的主要因素有：①整个探测器对被测物体所张的立体角。②探测器本身的探测效率，即探测器响应事例数与入射事例数的比例。③系统时间窗、能量窗大小。④系统的死时间。

3. 时间分辨力　时间分辨力定义为：对已知好事例相对的两个探测器响应的时间差分布的半宽高。时间分辨力是时间窗选定的主要依据，时间窗选择应比时间分辨力稍大，一般以时间分布曲线的 1/10 高宽来定。

4. 能量分辨力　能量甄别是排除散射事例的有力依据。因为散射事例中至少有一个光子经过了康普顿散射，能量部分损失，因而可以根据被测光子的能量大小决定好坏事例的取舍。系统能量分辨力的大小决定着能量窗的选择，好的能量分辨力可以选择较小的能量窗。

三、PET/CT 在医学中的应用

（一）PET/CT 在肿瘤疾病的诊断与治疗中的临床价值

（1）早期诊断及鉴别诊断恶性肿瘤或病变。
（2）进行精确的肿瘤临床分期。
（3）有利于指导或调整临床治疗方案。
（4）帮助制订肿瘤放疗计划。

（二）PET/CT 在冠心病诊疗中的临床应用

（1）准确、无创地诊断有症状或无症状冠心病。
（2）估测溶栓治疗、经皮冠状动脉成形术和支架植入，以及其他冠状动脉血流重建术的治疗效果。
（3）跟踪观察有高危险因素人群（遗传病史、不良生活习惯、高血压、高血脂、高血糖等）冠心病的进展或转归，制订相应的防治措施。
（4）心肌梗死后及其他坏死性心肌病治疗前存活心肌活力判断。

（三）PET/CT 在大脑疾病中的作用

（1）各种大脑疾病（脑血管性疾病、癫痫、帕金森病、脑原发肿瘤、早老性痴呆和血管性痴呆等）的定性、定位诊断，了解其影响范围及程度。
（2）脑瘤的分类、分型、定性和预后评估。
（3）监测退行性脑病的功能障碍。
（4）肿瘤复发灶与坏死灶鉴别。
（5）预测外科手术损伤脑组织，造成脑功能障碍的程度。

（四）PET/CT 在癫痫诊疗中的作用

（1）帮助定位癫痫病灶，为脑外科手术提供参考。
（2）PET/CT 可实现多种正电子同位素成像，能为受检者提供脑血流、脑代谢、脑神经受体分布等多个方面的信息，为癫痫在的定位和手术后复发预测提供了宝贵的资料。

（五）PET/CT 在健康人体格检查中的应用

在健康体检方面，随着人们生活方式、工作压力的改变，出现了退行性疾病的低龄化及肿瘤发病率持续上升的情况，定期进行 PET/CT 体检，可以早期发现这些处于萌芽状态的病灶，从而达到早发现、早治疗、早康复的目的，同时还可对一些良性病变进行监测，以提高生活和生命质量。

第七节　正电子发射磁共振成像仪

正电子发射磁共振成像仪是将正电子发射计算机断层显像仪 PET 和磁共振成像术两强结合一体化组合而成的大型功能代谢与分子影像诊断设备（图 7-7-1），同时具有 PET 和 MRI 的检查功能，达到最大意义上的优势互补。PET/MRI 的产生是医学影像技术的又一次革命，它可将体内功能及解剖信息同时再现。

一、PET/MRI 设备结构

PET/MRI 设备是将 PET 高灵敏度、高特异性影像技术和能够提供组织多参数成像的 MRI 技术有机结合起来的分子影像设备。

由于传统 PET 影像设备探测器中光电倍增（PMT）容易受 MRI 磁场影响，工作状态的 PMT 会明显影响 MRI 设备磁场的均匀性，所以 MRI 设备磁场的存在增加了 PET/MRI 设备一体化结构设计的难度。所以，采用 PET 和 MRI 前后位结构的 PET/MRI 设备的受检者扫描孔长度可能超过 2m，这样降低了 PET/MRI 临床应用的实用性。另外，MRI 成像参数对 PET 影像的衰减校正，还存在有待改进的技术问题。在 20 世纪 90 年代初期就开始了 PET/MRI 实验机型的设计和临床应用价值的研究。

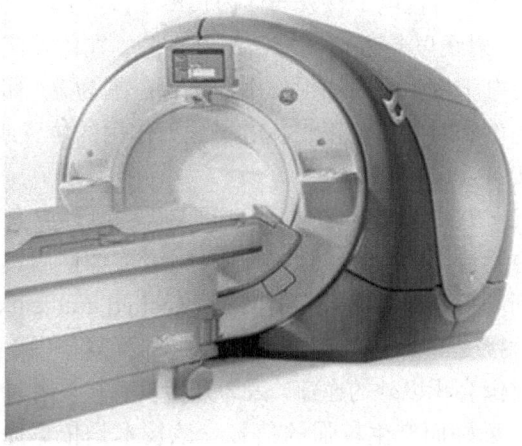
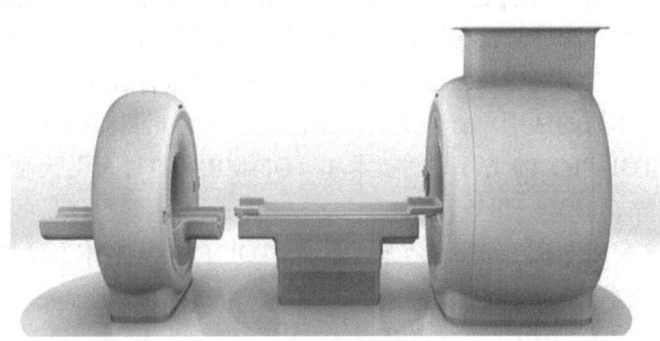

图 7-7-1　PET/MRI 设备

　　虽然 PET/MRI 分子影像设备在技术上还有一些问题需要解决，但是 PET/MRI 分子影像设备潜在的临床优势仍然受到临床医师和分子影像研究者的关注。MRI 能够以多种参数提供组织信息，特别是软组织信息，能够明显提高对神经系统和纵隔、腹腔淋巴结转移灶检出率；PET/MRI 可以真正实现 PET 和 MRI 的图像同步采集处理，克服 PET/CT 设备中 PET 与 CT 图像采集中时相和空间位置差异的问题，提高了 PET 与 MRI 的图像融合的精确性；MRI 不但可以提供组织灌注信息，采用 MRS 可以提供简单的组织细胞中特殊的分子信息；这些可以弥补 PET 在简单组织代谢成像中存在的高成本问题。PET/MRI 分子影像设备中的 MRI 扫描对受检者的组织、细胞并无辐射电离损伤效应，临床应用范围远大于 PET/CT 设备。

PET/MRI 的优势

　　一体化带有飞行时间（time of flight，TOF）技术、能够真正实现 PET 与 MRI 同步扫描的 PET/MRI（又被称为一体化 TOF-PET/MRI）是迄今最先进的分子成像设备。一体化 TOF-PET/MRI 设备不但具有最先进的 PET 的飞行时间成像技术（TOF-PET），而且具有全部 MRI 功能。PET 与 MRI 原理、技术和方法具有本质的不同，一体化 TOF-PET/MRI 设备正是充分发挥 PET 与 MRI 技术各自独特的优势，最大程度展示其协同作用以实现提高对疾病诊断和疗效评估的目标。尽管在 PET 和 MR 血管成像（MR angiography，MRA）技术中都采用 TOF 技术，即 TOF-PET 和 TOF-MRA，但是两者成像原理、方法和临床应用却完全不同。本章主要介绍 TOF-PET 和 TOF-MRA 技术各自成像原理、临床应用，以充分发挥 TOF-PET 与 MRI 技术之间的协同作用。

　　1. TOF-PET 和 TOF-MRI 技术　PET 是基于正电子核素与组织细胞负电子发生湮灭作用后，探测其产生的 γ 射线进行成像的。MRI 是采用发射和接收共振产生的电磁波进行成像的。

（1）TOF-PET：是依据γ射线在体内组织细胞飞行时间来确定正、负电子在体内组织细胞湮灭作用发生位置的。正电子核素与体内负电子发生湮灭作用后产生能量相等（511keV）彼此运动方向相反的γ射线。γ射线以光速（c）穿过组织细胞，在体外使用PET探测器探测两个γ光子到达探测器时间差Δt，正、负电子发生湮灭辐射作用的位置范围为d，那么$d=(\Delta t \times c)/2$。应该讲TOF-PET是真正依据光子飞行速度和时间确定正、负电子湮灭作用的位置或范围的。所以，将其成像过程称为TOF技术，也被称为TOF-PET技术。

（2）TOF-MRA：磁共振时间飞跃法血管成像采用"流入增强效应"机制，是临床最广泛采用的磁共振血管造影的方法。TOF-MRA血管成像使用具有非常短的重复时间（repetition time，TR）的梯度回波序列。一般选择扰相梯度回波（spoiled gradient echo，SPGR）序列。由于TR短，静态组织没有充分弛豫就接受下一个脉冲激励，在脉冲的反复作用下，其纵向磁化矢量越来越小而达到饱和，信号被衰减；对于成像容积以外的血流，因为开始没有接受脉冲激励而处于完全弛豫状态，当该血流进入成像容积内时才被激励而产生较强的信号。该技术是依据血液流动速度、射频激励时间来对血管进行成像的，TOF-MRA的对比极大地依赖于血管进入的角度，所以在用TOF法进行血管成像时扫描层面一般要垂直于血管走行。TOF-MRA方法尽管存在上述的一些局限性，但是该方法无须注射对比剂、能够快速获得高分辨力脑血管的图像。TOF-MRA已经成为临床常规的脑血管成像方法。由此可见，TOF-PET与TOF-MRA成像原理存在本质的区别。前者是利用飞行光子到达探测器时间差进行成像，后者是利用流入增强效应进行成像。TOF-PET的飞行时间技术和TOF-MRA的时间飞跃血管成像技术在中文字面上的含义也存在明显的差异。

2. TOF-PET与TOF-MR技术之间存在本质的区别。TOF-PET从整体上提高了PET的性能，TOF-MR是用于MR血管成像的技术。

三、PET-MRI技术检查的优势

（1）没有放射学相关检查如X射线平片、CT等带来的X射线辐射伤害。

（2）在肿瘤、神经系统、心血管系统三大领域做到了真正意义上的强强联合、优势互补。

（3）可以完全放心地应用于健康人群体检，使检查真正做到了健康安全无创。

（4）心血管疾病，早老性痴呆、癫痫、帕金森病等本身没有明显结构改变的神经系统疾病，也可借助它提前得到诊治。

四、PET/CT和PET/MRI的区别

PET/CT和PET/MRI都是核医学技术发展下的产物，虽然两者有一些共同点，但两者在很多方面还是有一定差别的。

PET/CT全称为正电子发射计算机断层显像仪，由PET提供病灶详尽的功能与代谢等分子信息，而CT提供病灶的精确解剖定位，一次显像可获得全身各方位的断层图像，具有灵敏、准确、特异及定位精确等特点，可一目了然地了解全身整体状况，达到早期发现病灶和诊断疾病的目的。临床上它主要用于大多数良、恶性肿瘤鉴别诊断、肿瘤的分期、再分期以及全身情况的评估，各种治疗手段前后疗效评估及肿瘤转移灶的早期探测，指导放疗精准定位，全身寻找可疑病灶的活检部位，也可用于神经、心血管疾病的评价。

PET/MRI是其结合了PET和MR图像，这将为开发新的诊断方法提供潜力。它可使病变组织随着时间的推移在分子水平增殖分化的过程实现可视化，这将有助于疾病的早期预警，以帮助医生识别各种疾病状态。PET/MRI虽然其临床应用价值巨大，目前单位造价成本较高，机器体积较大，这些都可以影响许多医院尽快部署它们的决心。据估计PET/MRI一体机成本介于250万美元和300万美元，比PET/CT扫描仪更贵。但PET/MRI的专长则在软组织对比度，这使得它对于血管及软组织疾病更敏感。

尤其是在中枢神经系统疾病、骨科感染、炎症性疾病的诊断，以及在评价和跟踪转移性疾病方面可能具有更好的优势。

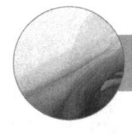

思考与练习

简答题

1. 简述放射性核素显像原理、SPECT 与 γ 相机工作原理、PET 工作原理、PET/CT 的工作原理。

2. 简述放射性药物使用原则、放射性药物的不良反应。

（郭晋纲）

第八章 放射治疗原理

> **学习目标**
> 1. 掌握：现代放射治疗技术实施过程中常用设备的原理及特点，特别是医用电子直线加速器、近距离放射治疗系统、CT模拟定位机。
> 2. 熟悉：立体定向放射治疗系统、普通模拟定位机。
> 3. 了解：质子、重离子放射治疗系统。

在放射治疗中，直接与肿瘤受检者治疗有关的有放射治疗设备和辅助设备。治疗设备有医用电子直线加速器、各种类型的内外照射治疗机等；辅助设备有模拟定位设备等。以下分别介绍这些设备的工作原理、功能和应用特点。

第一节　医用电子直线加速器

带电粒子加速器简称加速器。加速器是使带电粒子在高真空场中受磁力控制，电场加速而获得高能量的特种电磁、高真空的装置，是人工产生各种高能粒子束或辐射线的设备。加速器的理论基础是：带电粒子在电场中必然会受到电场力的作用，其结果是带电粒子的速度增加，能量提高。电场可以使带电粒子加速并获得能量，磁场可以让带电粒子改变运动方向。医用加速器产生的辐射种类多、能量高、强度大，并具有可控制性，具有很多的优越性。目前，放射性核素仅在近距离放射治疗领域有不可替代的作用，而在远距离放射治疗领域，放射性核素已逐步退出，为医用加速器所取代。

医用加速器的分类

按加速粒子的种类或粒子加速运动轨道形状区分，加速器可分为许多类型，并有不同的结构特点。医用加速器按粒子种类可分为：医用电子加速器、医用质子加速器、医用重粒子加速器、中子治疗加速器4类，其中以电子加速器最为常见。按加速路径，分为直线加速器和回旋加速器。目前主要应用于肿瘤治疗的是电子加速器，包括电子感应加速器、电子直线加速器和电子回旋加速器三种。它们可以产生电子线和X射线，目前应用最多的是电子直线加速器，在放射治疗界，无特殊说明一般情况下医用加速器通常就是指医用电子直线加速器。目前国内外临床上应用的放射治疗设备绝大多数是医用电子直线加速器。医用电子直线加速器的功能基本上可以满足绝大部分放射治疗技术的需要，而且成本也不算很高，多功能和高性价比是医用直线加速器得以迅速发展的根本原因。

电子感应加速器的优点是技术上比较简单，制造成本较低，电子束能量可达到要求的高度，可调范围大，且输出量足够大。但其最大的缺点是高能X射线的输出量小，照射野也小，且机器体积庞大而笨重，给临床使用的等中心安装造成一定困难，目前已淘汰。

电子直线加速器克服了以上缺点，其产生的电子束和高能 X 射线均有足够的输出量，照射野较大（可达到 40cm×40cm）。缺点是结构复杂，成本昂贵，维护要求高。

电子回旋加速器既有电子感应加速器的经济性，又具有电子直线加速器的高输出特点，输出量一般比直线加速器高出几倍，能量也达到很高（可高达 25MeV），并可在很大范围内调节。其结构简单、体积小、重量轻、成本低，是医用加速器的发展方向，但至今制作工艺上尚有很大困难，还未能在临床上广泛使用。

在各种医用加速器中，医用电子直线加速器因其体积小、重量轻、维护简便，已成为现代放射治疗最主要、使用最多的装置。实际上，在全世界各种医用加速器中，绝大多数是医用电子直线加速器。目前在我国，医用加速器基本都是医用电子直线加速器。因此，通常人们提到医用加速器实际上就是指医用电子直线加速器，医用电子直线加速器不仅成为医用加速器而且已成为整个放射治疗装置的代表，并已成为每一个从事放射治疗的肿瘤防治中心的主要设备。按世界卫生组织（WHO）建议，每百万人口应拥有医用加速器 2~3 台，目前英国为 3.4 台/百万人，法国为 4 台/百万人，美国 8.2 台/百万人，反映了医用加速器在肿瘤放射治疗中的重要地位。而到 2016 年，我国每百万人口仅有约 1.7 台。因此，我国医用加速器的发展空间相当大。下面着重介绍医用电子直线加速器。

医用电子直线加速器的概念

医用电子直线加速器的概念有几种内涵，首先是加速器，加速器乃是提高某种物质速度和能量的装置，直线加速器是沿直线加速物质的加速器，电子直线加速器阐明了所加速的物质是电子，而医用电子直线加速器是利用微波电场，沿直线加速电子到较高的能量应用于临床治疗肿瘤的装置。应用于临床就要求医用电子直线加速器有安全的束流监测系统和方便的治疗功能，易于使用。

电子直线加速器是采用微波电场把电子加速到高能的装置，因加速的径迹成直线而得名。由于加速电子的微波电场不同，形成了不同的加速原理和加速结构。按微波传输的特点又分为行波和驻波加速器两类。按加速场不同，医用电子直线加速器可分为医用行波电子直线加速器和医用驻波电子直线加速器。

医用电子直线加速器的工作原理

医用电子直线加速器。按电子辐射的最大能量，分为低、中、高 3 挡。低能医用电子直线加速器只提供一挡 X 射线，能量为 4~6MeV，用于治疗深部肿瘤，经济实用，能满足约 85% 的放射治疗的需要。中能医用电子直线加速器提供 1 挡 X 射线，能量为 8~10MeV，用于治疗深部肿瘤，同时还提供 3~5 挡不同能量的电子束（4~15MeV），用于治疗表浅肿瘤，扩大了应用范围。高能医用电子直线加速器提供 2 挡 X 射线，能量为 6~10MeV，15~25MeV 两种，多挡设置是为了满足不同体厚受检者，不同肿瘤深度治疗等需要。同时还提供了 5~9 挡电子束，能量在 4~25MeV，这也扩大了对表浅肿瘤治疗等深度范围。临床上常用的 X 射线能量范围多在 6~15MeV，电子线多在 4~20MeV。多年的临床使用经验表明，约 15% 的受检者在治疗过程中需要电子束。目前主流的机型都为光子束带电子束直线加速器。例如，医科达 Precise 医用电子直线加速器可产生 6MeV 及 15MeV 2 挡（或 6MeV、10MeV 及 15MeV 3 挡）X 射线束和 6MeV、9MeV、10MeV、12MeV、15MeV 及 18MeV 6 挡电子束。

四 医用电子直线加速器的加速原理

电子在电场中受电场力的作用而运动，可获得能量。电子直线加速器就是根据这一原理使用的频率在微波段的高频电磁波（约 3000MHz），在加速管中加速电子，使其获得能量。根据加速管中微波的不同工作形式，电子直线加速器可分为行波型和驻波型两类。

微波系统实际上是一个微波波导管。波导管是由一组圆柱形谐振腔组成的，每个谐振腔的直径为 10cm，长度为 2.5~5cm，波导管内由微波建立的电磁场为 TM_{01}^0 波，形成沿轴向分布的电场（图 8-1-1

中实线箭头所示），和沿横向分布的磁场（图 8-1-1 中圆点、圆圈所示）。

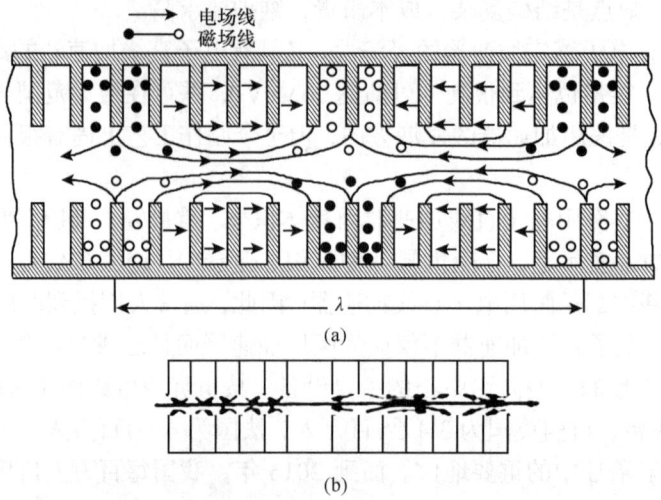

图 8-1-1　射频电子直线加速器中加速电场的建立
（a）行波加速；（b）驻波加速

（一）行波加速原理

假设有一电子 e 在 t_1 时刻处于 A 点，此时波导管内的电场如图 8-1-2（a）所示。此时电子正好处于电场加速力的作用下，开始加速向前运动。至 t_2 时刻电子到达 B 点，此时由于电波也在"向前"移动（实际上是电场在各点的幅值随时间变化），电子正好在 t_2 时刻，又处于加速场的作用下。如果波的速度和电子运动速度一致，那么电子将持续受到加速。但由于这种波的传播速度（相速度）大于光速，即永远大于电子运动的速度，因而必须将波速减慢。为此，在波导管内加上许多圆盘状光栏，改变圆盘间的间距可以改变波的传播速度（相速度）。这种以圆盘光栏为负荷来减慢行波相速的波导管叫盘荷波导管。

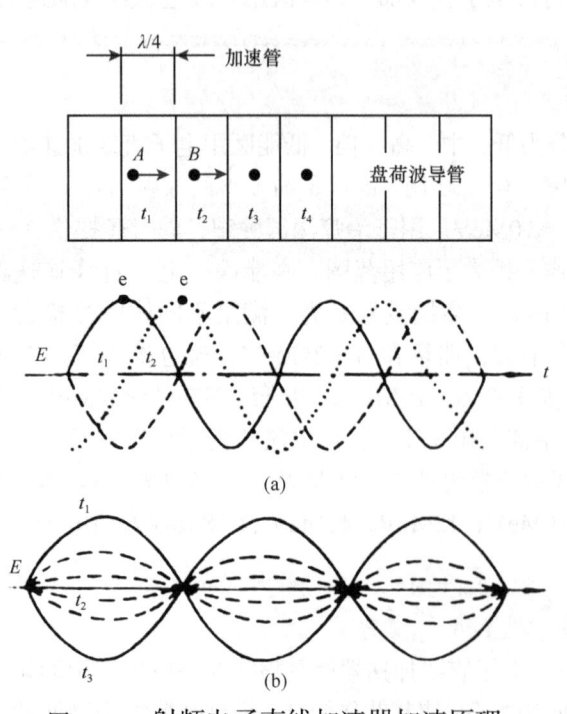

图 8-1-2　射频电子直线加速器加速原理
（a）行波加速；（b）驻波加速

在开始阶段由于电子速度较小，间距小些，波的传播速度慢些，随着电子速度的增加，慢慢增加其间距，使波速也随之很快到达光速后，间距可保持不变，即波速也以近于光的速度传播，此波称为行波。利用这种波加速电子的直线加速器称为行波电子直线加速器。

（二）驻波加速原理

适当调节反射波的相位和速度，可以产生驻波。利用驻波来加速电子的直线加速器称为驻波电子直线加速器，基本原理如图 8-1-2（b）所示。t_1 时刻电子受电场的作用向前加速运动；t_2 时刻电场处处为零，电子此时并不加速；t_3 时刻电场正好反向，但电子已经运动到它的后半周，又处于加速场作用下得到加速；t_4 时刻电场由反向恢复到零，电子不被加速；直到 t_5 时刻电场恢复到与 t_1 时刻一样，电子正好运动到它的加速场，在其作用下得到加速。在 t_1 与 t_2 时刻之间，由于电场由正向零变化（即幅值变下）而相位不变，此时位于 t_1、t_2 时刻间的电子仍然受着加速场的作用而累增其能量。在其他时刻的电子与此类似。

由图 8-1-2（b）可以看出，有一半腔实际上在所有时间内电场为零，因而可认为它是起耦合作用和输送微波功率的作用，称为耦合腔。另一半起加速作用的腔称为加速腔（图 8-1-3）。这种驻波加速器由于利用了行波的反射波，因而加速电子的效率高，能耗小。另一优点是微波电场强度高，可使电子在更短的距离内获得预定能量，如产生 4～6MeV 的 X 射线，加速管长度仅为 30cm。但制造工艺较复杂、成本较高。

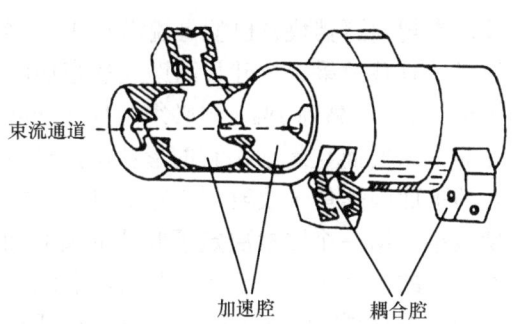

图 8-1-3　边耦合驻波加速器结构示意图

五　多叶准直器

随着精确放射治疗的发展，现代高能医用电子直线加速器一般都配置多叶准直器（MLC）。放射治疗中使用 MLC 有三个主要原因。第一，常规放疗中，使用射野挡块有许多缺点：①射野挡块制作费时费力，且在熔铅和挡块加工过程中产生的蒸发气体和铅粉尘会对工作人员的健康有影响；②射野挡块都比较重，治疗摆位效率不仅低，而且操作不方便；MLC 的最初设计主要是用于替代射野挡块，形成不规则照射野，以提高治疗摆位的效率。第二，采用计算机后，旋转照射过程中，可用 MLC 调节照射野的形状，使其与靶区（PTV）的投影形状相一致。第三，随着采用计算机技术的发展和治疗计划系统（TPS）软件的日益成熟，在照射过程中，利用计算机控制叶片的运动，实现静态 MLC 和动态 MLC 的调强功能。由于上述 3 个原因，MLC 已逐渐成为医用加速器治疗准直器的标准配置，是现代精确放射治疗的重要基础之一。

（一）多叶准直器基本结构

MLC 的基本构成单位是单个叶片，它一般由钨或钨合金制成，见图 8-1-4。叶片的宽度为垂直于射线穿射方向和叶片运动方向的物理厚度，它等于叶片两侧面间的宽度；叶片长度为平行于叶片运动方向的叶片的物理长度；叶片顶面为靠近放射源一侧的叶片表面，叶片底面为靠近受检者皮肤一侧的叶片表面，叶片高度为沿射线入射方向的叶片顶面和底面间的物理高度，叶片伸入时照射野内形成照射野边界的表面，称为叶片端面。相邻叶片沿宽度方向平行排列，构成叶片组，两个相对叶片组组合在一起，构成 MLC。目前，MLC 一般由 20～160 片组成，两片成一对，每对叶片宽度在等中心处的投影宽度为 5mm 或 10mm，立体定向放射治疗用的微型 MLC 叶片，其宽度在等中心处为 3mm、4mm，甚至 1.6mm。MLC 叶片有手动和电动两种。电动 MLC 叶片是现在的主流，每一个叶片由一个电机驱动，通过丝杆将旋转运动改变成直线运动，运动在 0.2～60mm/s 范围内。

（二）MLC 的漏射线和半影

射线穿过 MLC 叶片时，存在着三种漏射线：相邻叶片间的漏射线、射线穿过叶片产生的漏射线和叶片合拢时每对叶片端面间的漏射线。MLC 的漏射现象与射线能量也有一定的关系，能量不同，漏射程度也略有不同。

MLC 叶片有一定的物理宽度，叶片便于形成的等剂量线近似为正弦波形。MLC 的有效半影定义为：将 MLC 设置成叶片与轴成 45°，用胶片剂量仪在组织最大深度测量半影，80%等剂量线的波峰和 20%等剂量线的波谷，或 90%等剂量线的波峰和 10%等剂量线的波谷之间的距离。

叶片的宽度决定了 MLC 形成的不规则野与靶区形状的几何适形度，叶片宽度越薄，适形度越好，但叶片越薄，制作越困难，造价也相应提高，其故障率也相应增高，因此必须在两者之间进行折中。叶片高度必须使原射线的穿射不到原来强度的 5%，以

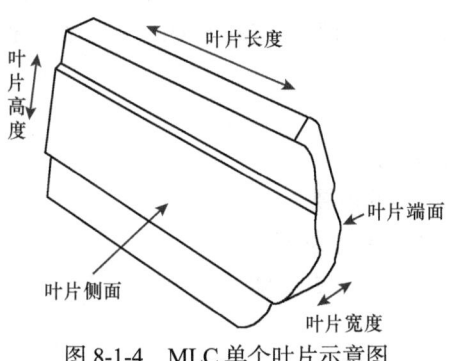

图 8-1-4　MLC 单个叶片示意图

替代常规射野挡块,也就是说需要 4~5 个半价层的高度。由于叶片间存在漏射线,会减低叶片对原射线的衰减效果,故叶片高度应适当加厚,一般需要 5cm 厚的钨合金。如果想进一步将叶片的衰减效果由 5%提高到 1%,则必须附加 2.5cm 厚的钨合金,设计时亦应综合考虑。MLC 叶片纵截面的设计非常重要而且复杂,它的形状决定于两个重要的因素:①叶片的底顶面必须在与叶片运动方向垂直的平面内聚焦于放射源(即 X 射线靶)的位置;②相邻叶片组合在一起,必须使叶片的漏射线剂量最小。第一个因素决定了叶片的横截面必须是梯形结构,顶面宽度必须小于底面宽度,当然这种宽度差的大小还决定于叶片距离放射源(X 射线靶)的位置。第二个因素决定了叶片的侧面必须采用凹凸槽的结构,相邻叶片的凸槽和凹槽彼此镶嵌在一起,不让射线直接通过。为了将相对叶片关闭时的漏射线剂量减低到规定要求的水平,常使用后备二级准直器和常规准直器的自动射野跟随系统。

为实现 MLC 在本节开始所述的 3 个临床使用功能,单个叶片的运动范围应该能跨过放射线束中心轴到对侧某一位置,为了减少叶片端面对照射野半影的影响,叶片端面的设计是另一个必须考虑的重要因素。目前基本上有两种不同类型的设计,即弧形端面和直立端面。在直立端面型叶片中,为了使得叶片处于任何位置时其端面与原放射线的扩散度相切,叶片必须沿以 X 射线靶为中心做圆弧形轨迹运动;如果叶片沿放射线束中心轴垂直方向做直线轨迹运动,叶片在到达指定的位置后,必须自转一个小角度,以使其直立端面与原射线的扩散度相切。

由于此两种叶片的端面和截面均采取聚焦方式,故这种叶片被称为双聚焦型准直器,对独立准直器来说,因只有 4 个叶片,故设计制作相对较易,但对多个 MLC 叶片,它们的设计制作就相对较难。叶片端面采取弧面后,叶片沿放射线束中心轴垂直方向运动至任何位置,均能使原射线与端面相切。采用弧形端面,照射野的半影增大,同时半影的大小会随叶片离开放射线束中心轴的位置而变化。因此,在端面形状设计时要充分考虑上述两个因素。若叶片端面的曲率半径选择恰当,则在叶片的整个直线运动行程中,射线与端面的切线长度保持不变,就会使照射野半影不随叶片位置变化而变化。

(三)MLC 的特点

常用的宽度为 1cm 的 MLC 的有效半影略大于铅挡块的半影,射野边界与靶区形状的适形性差,边缘剂量分布也略差。但是在临床使用时,随照射野数目增加,并考虑到体位设计重复性的误差,MLC 与铅挡块在半影上的差别不大,并且 MLC 使用的时间要比铅挡块少 6%~44%。随着小 MLC 的使用,特别是小于 1cm 叶片宽度的使用,MLC 与铅挡块的剂量学差异越来越小。

六 医用电子直线加速器的特点

(1)能量分挡多,能量范围宽。其中 X 射线可在 6~25MeV 中任选 1~3 挡;电子线可在 4~25MeV 中任选 5~7 挡。

(2)设计有完善的多级安全联锁,确保受检者、工作人员和设备的安全。

(3)方便进行全数字化的整体设计,整机采用计算机控制,操作软件采用图形界面,操作更简便。

(4)自动频率控制(AFC)、自动束流控制(AIC)、剂量监视和自动均整度控制(ADC)等系统全部采用微处理器控制,剂量更稳定。

(5)独立双通道的电离室计数,确保剂量测量的准确性。

(6)偏转系统采用偏转滑雪式消色散结构,可获得更好的束流分布。

(7)限束装置的光阑、MLC 可分别独立运动,适合不同治疗种类的需要。

(8)等中心精密度高,达±1mm。可配外置的 X 刀、MLC 等适形治疗系统。

(9)具有远程故障诊断功能,可通过 Internet 协助用户进行维护,维修更简便。

第二节　立体定向放射治疗系统

1995 年瑞典神经外科专家 Lars Leksell 提出立体定向放射手术概念，当时用能量 200keV 的 X 射线。所谓立体定向放射手术，即用多个小野三维集束单次大剂量照射颅内不能手术的，诸如脑动静脉畸形（AVM）病等良性病变。由于多个小野集束定向照射，周围正常组织受量很小，射线对病变起到类似手术的作用。经过 1968 年第 1 台、1975 第 2 台 γ 刀装置在瑞典 Karolinska 研究所临床试用，形成现在的第三代用 201 个 ^{60}Co 源集束照射的 γ 刀装置。与此同时，利用直线加速器的 6~15MeV X 射线非共面多弧度等中心旋转实现多个小野三维集束照射病变的 X 刀也开始应用于临床。无论是 X 刀还是 γ 刀治疗，大剂量照射时，均需要用螺钉将金属定位头架固定在受检者的颅骨上，以保证治疗的精确度。1996 年由美国斯坦福大学医学院研发的 Cyber knife 治疗系统开始应用于临床，俗称"射波刀"。射波刀治疗系统采用实时影像引导定位技术，无须定位框架，使用方便、快捷。

一、立体定向放射治疗（γ刀、X刀）的基本原理

γ 刀为立体定向放射治疗设备，与 X 刀同属立体定向放射外科（SRS）范畴。立体定向放射外科指的是采取立体定向等中心技术把放射线聚集在病灶，实施一次性大剂量照射。通过三维空间把射线束投照在靶内形成高剂量，而周围正常组织照射量低。因等剂量曲线在靶外急剧陡降，病灶与正常组织剂量界限分明，可以达到控制、杀灭病变的同时又保护正常组织的目的，犹如外科手术刀切除病灶一样。一次照射治疗结束，又似外科手术当日完成。因此，用于放射外科的治疗机，如 ^{60}Co、直线加速器因使用 γ 射线或 X 射线治疗，故有 γ 刀及 X 刀之称。

二、立体定向放射治疗（γ刀、X刀）的定位装置

立体定向放射治疗中的一个重要步骤就是确定病灶（靶区）的三维空间位置，其基本原理及方法为：在病灶附近的体表或组织内安装靶区坐标系参考物（基础环或金点），与定位、体位设计框架一起构成治疗部位的坐标系；靶区在坐标系中的空间位置（X、Y、Z）则是我们体位设计的依据。因此要保证治疗靶区在坐标系中的空间位置不变，每次治疗时坐标系参考物（基础环或金点）及定位、体位设计框架都必须保证其高度的可重复性。

基础头环最早用于颅脑立体定向放射外科。在 X 刀或 γ 刀治疗中，由于只照射一次，故在整个定位、体位设计、照射及其间的等待过程中，基础头环都必须固定在受检者的头颅部。它采用有床的固定方法，通过特定的固定支干和螺丝固定到受检者的颅骨上，与颅骨形成刚性结构，通过这种方法，在受检者的治疗部位建立了一个定位、计划及治疗整个过程中都确保不变的三维坐标系统。这种有创基础头环的特点是固定精确度高，但在分次照射的立体适形放射治疗中却难以实施。

目前在分次立体适形放射治疗中多采用带牙托及面罩的基础头环，通过面罩及牙托来保证其固定基础头环的可重复性及可靠性，无创头环体位精度虽然不如有创头环，但仍可保证其在 ±1mm 的精度以内。颅内及部分头颈部肿瘤均可采用这种有创或无创的基础头环，称为有环系统。胸腹部病变采用类似于上述系统的替代系统。

目前常用的方法有：①利用靶区附近的最少 3 个骨性标记点；②在靶区周围手术植入最少 3 个金球标记点；③在靶区附近的皮肤上确立最少 3 个标记点。无论采用何种方法，主要是要求其能够起到坐标系参考物的作用，通过此标记点，在从定位到分次治疗的过程中，均能够保证其治疗部位坐标系的一致性。

三、γ刀的剂量学特点

与常规 γ 射线放射治疗相比，γ 刀一般使用较小射野，在等中心处 γ 刀最大照射野直径为 16mm，

当照射野逐步变小时，由于射线束的准直，单个小野的离轴比剂量分布逐渐接近高斯分布形状。它们在空间集束照射后的合成剂量分布具有下述四大特点：①小野集束照射，剂量分布高度集中；②小野集束照射，靶区周边剂量梯度变化较大，每毫米的剂量变化约 10%；③靶区内及靶区附近的剂量分布不均匀；④靶周边的正常组织剂量很小。这些特点表明剂量范围犹如尖刀一样集中在病灶处，决定了实施 γ 刀治疗时位置精度是最重要的影响因素，靶区周边定位和正确体位设计是 γ 刀治疗成功的关键。

四、X 刀治疗系统

X 刀是通过在直线加速器上采用三级准直系统或特殊限束装置或专用小型高能 X 射线机，通过非共面或共面弧形照射或多野集束照射技术产生高度聚集的剂量分布区，以达到高剂量集中在靶区，靶区外剂量递减迅速，靶区周边正常组织剂量小的效果，起到手术刀的作用，其特点是小射野、聚束、大剂量。X 刀系统主要由改良的直线加速器、可调式治疗床、立体定位仪、治疗计划系统及计算机控制系统等组成。

近年来 X 刀立体定向放射治疗技术的发生和发展经历了以下变化：适用范围从颅内扩展到了颅外，从头部扩展到了体部；照射方法从单次大剂量照射发展到分次剂量照射，即立体定向放射治疗（SRT），既保持了 SRS 的优势，有效地杀伤肿瘤细胞，又保持分次照射的生物学优势，对晚反应组织损伤减轻；固定方法从有创固定到无创固定；与三维适形等其他放射治疗技术结合使用。

X 刀立体定向放射治疗技术从单次大剂量照射发展到分次剂量照射，基于以下原理：①大体积恶性肿瘤内，部分细胞乏氧，有氧细胞和乏氧细胞的放射敏感性差别很大。即使单次剂量很高（>25Gy），亦不能把含有 1%~2% 乏氧细胞的肿瘤全部消灭，因而适宜用分次放射治疗的方法，使其乏氧细胞不断再氧化，逐步消灭。②早反应和晚反应组织的 X（γ）射线的剂量反应曲线存在较大的差别。小剂量分次有利于避免组织的晚期损伤，而单次大剂量对控制与早反应组织放射反应类似的肿瘤有利。③在靶区比较大的情况下，靶区周边的剂量下降速度趋缓，"刀"的特性变差，容易对周围正常组织产生比较大的损伤，不宜使用。由此认为，对体部肿瘤以及头部体积较大肿瘤，分次放射治疗可能得到较好的治疗增益比。

分次 X 刀放射治疗不能使用带创伤的基础环固定方法，只能使用可多次重复使用的无创基础环，如目前常用的戴面罩的分次基础环以及三点（鼻梁和左右外耳孔）固定式基础环，精度差于有创型基础环，误差在 1mm 左右。

治疗分次方案的选择一般以利用线性二次方程为基础计算等效生物效应，以使治疗收益（局部控制率和并发症发生率的比值）最大化为目的，但是目前各类肿瘤的临床研究尚未有确定性结论。

五、射波刀立体定向放射治疗系统

射波刀（Cyber knife）治疗系统是一种无须定位框架的立体定向放射治疗技术，与其他治疗系统相比，它具有更高的精确性和灵活性，理论上可以治疗身体任何部位的肿瘤，并在一定程度上弥补了传统 X 刀和 γ 刀所无法治疗可移动器官肿瘤的缺陷。

射波刀系统的主要构造是安装在一个机器臂上的直线加速器，经过专门设计可从数百个角度发出立体定向放射线，与其他固定的放射治疗装置不同，这种机器臂可以在不同平面多方位移动，不受干扰地准确瞄准肿瘤靶区。因此，射波刀系统能够方便地避开健康组织，对肿瘤靶区进行高度适形和个体化的治疗，是一套可以同时对多个肿瘤进行"手术"治疗的智能型放射治疗设备。

对于可移动器官肿瘤的照射，射波刀系统采用实时影像引导技术，能够持续追踪、监测并自动矫正，针对肿瘤位置不可预测的移动，能够及时纠正机器臂的照射方向，使照射野的任何调整都符合预定的治疗计划，以确保"手术"治疗的精确性。对于体部肿瘤，可将 4~5 颗金属标记植入受检者体内肿瘤病灶附近，治疗时利用金属标记定位，如果受检者呼吸运动影响金属标记定位，可根据受检者的呼吸运动波谱进行相应调整，纠正定位偏差。

第三节 近距离放射治疗系统

一、概述

近距离放射治疗（brachytherapy）也称内照射放疗，是通过施源器或把密封放射源直接放到肿瘤中或其附近，把高剂量的辐射送到一个有限的体积中对病变区进行治疗。近距离照射剂量分布的最基本的特点为平方反比定律，即放射源周围的剂量分布是按照与放射源之间距离的平方而下降的。这样，近点源的剂量率非常高，但距源几个厘米以外其强度会迅速减弱下来，肿瘤体积内剂量分布很不均匀，会形成超剂量区。

近距离放射治疗早期主要用于宫颈癌腔内照射和口腔癌的组织间插植照射。1960 年，美国 Henschke 首先设计了后装法腔内近距离放射治疗器械，医护人员可在安全的剂量范围内从容地操作：先用空容器安放在治疗部位，保证其位置准确；然后摄取满意的 X 射线片，标定放射源位置；再预算剂量分布方案。此种手动式后装法发展很快，但仍未能完全解决射线的防护问题。1965 年 Walstram 设计出第 1 台遥控低剂量率（LDR）后装机，工作人员完全免除辐射，从而开始机械远距离遥控后装机的大发展。近 20 多年来国内外后装机不断更新换代，发展迅速。1987 年荷兰核通公司推出高剂量率后装机尤为突出，装有高活度微型铱-192（^{192}Ir）放射源，由计算机控制，配置安全连锁系统及对剂量分布计算优化的治疗计划系统。这种新型的后装设备，有可靠的剂量检测和安全保障系统。自此，传统的近距离治疗从妇科癌症领域开始向全身各个部位扩展，并与体外照射配合治疗多种癌症类型。近距离放射治疗被广泛应用于宫颈癌、前列腺癌、乳腺癌和皮肤癌的治疗，也同样适用于许多其他部位的肿瘤治疗。

二、近距离照射方式

从照射方式上讲，近距离照射大致可分为腔内照射、组织间插植照射、管内照射和表面施源器照射。经典的近距离照射，参考点的剂量率为每小时 0.4~2.0Gy，这种剂量模式称为低剂量率照射，当前近距离照射参考点的剂量率往往大于每小时 12Gy，称为高剂量率照射，介于两者之间的为中剂量率照射。现代近距离照射中，基本都采用后装技术。放射源存放在治疗机储源罐内，使用的时候在计算机的控制下，由步进马达驱动，通过施源器将放射源自动送入治疗部位，实施近距离放射治疗。后装治疗最常使用的放射源是放射性核素 ^{192}Ir。^{192}Ir 放射源具有体积小、活度高的优点，新源活度可达 370GBq。但是铱源半衰期较短，只有 74.02 天①，临床上高剂量率后装治疗为了保证一定的铱源活度，1 年需要更换 3~4 次放射源。近年来无论是发达国家还是发展中国家，HDR 均正逐步取代低剂量率治疗技术，许多制造商也相继停产 LDR 设备，转而将 HDR 设备作为主要替代产品。

三、近距离照射常用放射性核素

放射性同位素衰变主要产生 α、β、γ 三种射线，近距离照射主要使用 β、γ 两种射线，应用 γ 射线多于 β 射线。除镭以外，放射治疗中使用的放射性同位素均为人工放射性同位素。除 ^{60}Co、^{137}Cs 外，这些同位素只用于近距离照射。迄今为止，科学家借助反应堆加速器生产了大约 2500 种同位素，用于近距离治疗的有数十种。

1. 镭-226（^{226}Ra）源 ^{226}Ra 是一种天然放射性同位素，不断衰变为放射性气体氡，镭的半衰期约 1600 年（a），氡-222（^{222}Rn）的半衰期为 3.80 天（d）临床应用的镭是它的硫酸盐，封在各种形状的铂铱合金封套中，具有密封及滤过 α、β 射线的作用。1mg 镭经 0.5mm 铂铱滤过后，距离镭源 1cm 处每小时的照射量为 8.25 伦琴（R）②。其能谱复杂，平均能量为 0.83MeV。由于镭获得困难，放射性强度低，

注：① 1Ci=3.7×10^{10}Bq（每千克库仑）。
② 1R=2.58×10^{-4}C/kg。

只能做近距离治疗。又因其半衰期过长，而衰变过程中会产生 ^{222}Rn，需要厚的防护层等，在医学上逐渐被 ^{60}Co、^{137}Cs 等人工放射性同位素代替。

2. 铯-137（^{137}Cs）源　^{137}Cs 是人工放射性同位素，其能量为单能，为 0.662MeV，半衰期 30.17a。距离 1 毫居里（mCi）^{137}Cs 在组织内具有与镭相同的穿透力和类似的剂量分布，且其物理特点和防护方面均比镭优越，是取代镭的最好同位素。^{137}Cs 的化学提纯存在着两个问题，一是放射性比活度（单位质量的放射性活度）不可能做得太高，主要做成柱状或球形放射源，用于中、低剂量率腔内照射放射源；二是 ^{137}Cs 是从原子核反应堆的裂变物中提取的，混有 ^{134}Cs 同位素，^{134}Cs 的能谱比较复杂，且半衰期短，如果 ^{137}Cs 含有太多的 ^{134}Cs，剂量计算方面比较困难。

3. 钴-60（^{60}Co）源　^{60}Co 是人工放射性核素，其半衰期为 5.27a。核内的中子不断转变为质子并放出能量为 0.31MeV 的 β 射线，核中过剩能量以 γ 射线形式发出。距离 1mCi ^{60}Co 源 1cm 处，每小时照射量为 13R。因此，1mCi ^{60}Co 约等于 1.6mg 镭当量。

^{60}Co γ 射线的平均能量为 1.25MeV，比镭略高，可作镭的替代品。制成钴针、钴管等。由于其放射性活度高，且易得到，因此在近距离照射时，多用于作高剂量率腔内照射。

4. 铱-192（^{192}Ir）源　^{192}Ir 也是一种人工放射性核素，它由铱-191 在原子反应堆中经热中子轰击而生成的不稳定放射性核素，能谱比较复杂，平均能量为 360keV，半衰期为 74.20d。距 1mCi ^{192}Ir 源 1cm 处每小时的照射量为 4.9R。

由于 ^{192}Ir 的 γ 射线能量范围使其在水中的衰减恰好被散射建成所补偿，在距源 5cm 的范围内任意点的剂量率与距离平方的乘积近似不变，此外 ^{192}Ir 的粒状源可以做得很小，使其点源的等效性好，便于计算，^{192}Ir 是较好的放射源，用于高剂量率腔内照射和组织间插植。

5. 碘-125（^{125}I）源　^{125}I 是人工合成放射性核素，其半衰期为 60.14d，相对较长，通常做成粒状源。用于高、低剂量率的临时性或者永久性插植治疗。其衰变过程，93%的衰变能量经内转换释放 X 射线和电子线，另外 7%释放 γ 射线，能量为 35.5keV，易于防护。^{125}I 的特点在于其剂量率较低，作用时间长，治疗比增加。因此可使正常组织的损伤减少，而对杀伤肿瘤细胞的作用没有降低，一直用于眼内黑色素瘤的巩膜外插植和立体定向引导的颅内插植。

6. 钯-103（^{103}Pd）源　^{103}Pd 源开发于 20 世纪 80 年代初，主要用于永久性插植治疗，平均能量为 21keV，半衰期为 17d，较 ^{125}I 半衰期短，对细胞倍增时间不足 5d 的肿瘤治疗不仅有较高的生物效应剂量，而且治疗后肿瘤残存细胞较少。

四 近距离治疗粒子源的特征

一个给定的放射源的源强一定要与总放射源的活度成比例，放射源的活度是放射源非常重要的特征。但是剂量学所关注的并不是一个现有的源，而是靶区组织内剂量的分布，影响组织间粒子种植剂量分布的因素包括：①距离，遵循反平方定律；②放射性粒子衰减，包壳的影响；③周围介质的吸收；④反散射光子的影响。

在水或组织中，放射源周围照射野剂量分布的特征，通常用某一点的吸收剂量率表示。这样很容易将吸收剂量率的特征分为三个组成部分：参考点的剂量率、沿着参考轴的剂量率分布和远离参考轴的剂量率变异。在所有这些参数中，只有第一个参数是绝对的，并且每一个放射源都需要确定其在脂肪和水中 1cm 距离的每单位源强的绝对剂量率。

五 近距离放射治疗机的特点

近距离治疗机治疗的方式是将封装好的放射源，通过施源器和输源管直接植入受检者的肿瘤部位进行照射，与粒子源植入不同。其基本特征是放射源贴近肿瘤组织，肿瘤组织可以得到有效的杀伤剂量，而邻近的正常组织，由于辐射源剂量随距离增加而迅速跌落，受量较低。

（一）现代高剂量率后装机具有的优点

现代近距离治疗较早期近距离治疗有两个明显的不同，即采用后装技术和高剂量率治疗。所谓后装技术就是，在治疗前，仅将空施源器放入受检者体内，进行拍片及剂量分布计算，直到剂量分布满足临床要求后，工作人员离开治疗现场，在控制室通过微机控制放射源进入预先计划的治疗部位治疗。该技术的使用，使工作人员和受检者减少了不必要的照射。

1. 单一高强度 ^{192}Ir 微型源　^{192}Ir γ 射线的平均能量只有 0.384MeV，半价层为 3mmPb，在距源 7cm 内组织中散射线量与介质吸收量基本相等，组织中与空气中剂量比值为 1，简化了剂量计算。^{192}Ir 半衰期只有 74 天，比其他近距离治疗用放射源如 ^{137}Cs（半衰期 30 年）或 ^{60}Co（半衰期 5.3 年）要短，在废弃放射源的管理方面具有一定优势。但是，每隔 3~4 个月就需更换放射源，即每年每台设备需 3~4 个放射源，以保证临床需要的剂量率，这使得成本增加，并提高了发生事故的风险。

高剂量率后装指参考点的剂量率大于每小时 12Gy，与低剂量率后装相比，它的治疗时间短，一般几分钟至十几分钟即可完成一次治疗。受检者不需要住院即可接受治疗，减轻了行动上的不便；施源器在短时间内固定方便，在治疗过程中易于防止其几何位置的改变；相同的投入，可以治疗更多的受检者，节约了社会资源。

^{192}Ir 源最高强度在 370GBq 以上，活度高，采用分次治疗，每次治疗时间短，多为数分钟至 30 分钟，受检者不需住院，可在门诊放射治疗，极大地减轻了受检者的心理负担和经济压力，同时机器的利用率高，尤其适用于有大量受检者的医院。源壳外径只有 1mm 左右，从而施源器外径可以微型化，较小的直径使得放射源可方便地通过植入导管，进行组织间照射、腔内照射和管内照射，有效地扩展了后装治疗的领域，小腔道治疗如上宫腔管时不需扩宫，减轻了受检者痛苦和并发症发生率，组织间插植也由于插植针微型化而使出血、针道播散大为减少。

现代近距离治疗的其他特性：一个高活度放射源；放射源微型化，最小的放射源可进入冠状动脉内治疗血管内再狭窄。正是由于这些特点，高剂量率后装技术备受推崇，并迅速得以推广，成为治疗肿瘤的有力武器。

2. 计算机优化、测算、控制、储存治疗计划，使治疗更为合理、精细、准确、方便。在给受检者上施源器后，转入定位缆，模拟定位机下摄片，调整施源器位置至符合要求。然后用数字化仪输入各驻留点，用 TPS 重建各点的三维坐标，根据临床要求，设计和优化治疗计划，确认合理后，在电脑控制下实施个体化治疗。

3. 电脑遥控的步进马达系统，实行"假源探路，真源治疗"。先驱动假源模拟治疗，一切正常后，再驱动真源按计划治疗。放射源步进到位精度可达 0.5mm，源驻留时间精确度也达千分之一秒。在 HDR 近距离治疗中使用步进源还可具有额外的优势，即通过优化步进源在各个驻留位置的驻留时间，使得剂量分布与靶区较好地适形。这样可实现调强近距离放射治疗，即对肿瘤的不同部位给予所需要的剂量分布。

4. 治疗安全可靠，带有监视系统、安全连锁装置和声光报警系统，有效地减少了卡源和放射线泄漏等事故的发生。治疗隔室进行，完全免除了医护人员的辐射损伤。

（二）近距离治疗剂量学特点

现代近距离治疗使用的放射源都是微型化的，比早期的点状源和线源更小。不管是何种布源方法和剂量计算，以及采用何种治疗方式，它们的剂量分布都遵循距离平方反比定律。

1. 距离平方反比定律　距离平方反比定律是指放射源周围的剂量分布随着离开放射源的距离的增加而下降，剂量与距离的平方成反比。因此，在距离放射源较近的区域，剂量变化较大，而在距离源较远的区域，剂量变化就较小。例如，距离放射源 0.5cm 和 1cm 之间，或 3.5cm 和 4cm 之间的剂量变化分别是 4.0 倍和 1.3 倍。

2. 剂量率效应　现在近距离治疗的另一个重要问题是它与传统低剂量照射的剂量率效应问题。近距离剂量率根据参考点的剂量率的不同分为三类。①参考点剂量每小时在 2~4Gy 的模式叫低剂量率照射，也就是传统模式。②参考点剂量每小时大于 12Gy 的模式称为高剂量率照射。③基于两者之间的称为中剂量率照射。

传统的低剂量率采用连续照射的方式，经过了大量的临床实践，已经取得丰富的经验及较好的疗效。目前采用的高、中剂量率照射，其生物效应与低剂量率相比还不十分清楚。与传统的连续照射不同，一般采用类似外照射的方法，分次照射，分次剂量多为 5Gy。分次治疗水平，指分次剂量和总剂量，一般采用线性二次（LQ）模型的计算方法，使现代近距离治疗产生的生物效应与传统的低剂量率连续照射方式的生物效应等效。

3. 剂量分布的特点　基于近距离治疗平方反比定律的特点，它与外照射主要有两个方面的不同。①近距离的治疗范围有限，如果选择放射源某一点为剂量参考点，那么与该点相比近源点的剂量要比该点高，会形成一个超剂量区。②根据以上的特点，近距离治疗不采用剂量均匀性的概念。外照射时，计划靶区的剂量变化要求在 95%～107%。而近距离治疗时，剂量按平方反比规律变化，在治疗范围内，剂量不可能均匀。

第四节　质子、重离子放射治疗系统

一、质子放射治疗系统

与 $^{60}Co\gamma$ 射线、高能 X 射线、电子射线和中子射线相比，质子在放射物理剂量分布方面有明显的优点。然而，由于质子放射治疗设备及技术较复杂，规模庞大，造价昂贵，因而发展缓慢。随着现代放射医学的发展，适形治疗和调强治疗等先进放射治疗方法相继提出，质子治疗的优越性进一步为人们所认识，质子治疗已经步入快速前进的轨道。在此对质子放射治疗系统作一简述。

（一）质子的放射物理学、放射生物学特性以及剂量学特点

质子进入人体后，由于电离作用其能量逐渐损失。质子的射程取决于其能量。单能质子的射程分散很小，在质子径迹终点处，能量骤然释放，形成一个尖锐的剂量峰，质子的这种剂量分布形式最早由 Bragg 和 Kleeman 于 1904 年观察到，故取名为 Bragg 型剂量分布，这是质子束剂量分布的主要特点。

1. 质子束的放射物理学特性　质子束的最大特点是它进入人体内以后可形成尖锐的 Bragg 峰，在峰形成之前的低平坦段称为坪，峰后则是一个突然减弱陡直的尾。由于 Bragg 的峰太尖，所以一般都将它扩展成与肿瘤大小相吻合的扩展的 Bragg 峰（图 8-4-1）。

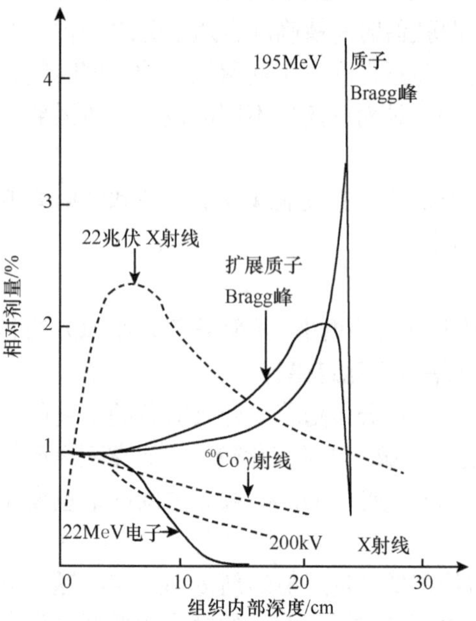

由于质子束的能量巨大，且质量远大于电子，在到达靶区的途中与组织的多次电子作用导致的散射角远小于电子线，故而在照射区域周围的半影非常小，而且由于质子束峰后面的剂量锐减，所以在肿瘤后面与侧面的正常组织可以得到较好的保护。而肿瘤区域前面的受照射剂量也只有高能 X 射线和电子线的一半，其正常组织损伤也非常小。质子的剂量分布远优于光子，但是仍达不到理想，采用多野照射可以改善剂量分布，适形治疗的效果也优于光子。

2. 质子束的放射生物学特性　质子和电子、光子一样同属于低 LET 射线，其相对生物学效应近似为 1，光子治疗的许多经验可以直接用于质子治疗。但是，当质子能量降到几兆电子伏时，LET 增加，其生物学效应将增加到 2 以上。

质子放射治疗优于高能 X 射线和 $^{60}Co\gamma$ 线，主要是质子在放射物理剂量分布上的优点。然而，就质子的放射生物效应而言，即对肿瘤的杀灭效应和对正常组织的损伤，质子和

图 8-4-1　质子束 Bragg 峰

上述光子没有明显的差别。所以，对抵抗放射线肿瘤细胞的杀灭效应不强，如缺氧肿瘤细胞和放射不敏感的 S 期等肿瘤细胞。质子对缺氧细胞的氧增强比（OER）为 2.5~3.0，以致需用近 3 倍于杀灭有氧细胞的剂量来杀灭乏氧肿瘤细胞。由此导致肿瘤周围正常组织所受剂量明显提高。虽然质子的放射生物学特性与高能 X 射线相似，但其生物学效应却高于 X 射线。一般认为用于医学治疗的质子束，其相对生物学效应（RBE）应为 1.00~1.25。RBE 与质子能量和测定方法不同略有差别，但是其实际应用中均将其考虑为 1.10。由于质子线束的 LET 要比 γ 射线高，故其照射后所产生的潜在致死性损伤的修复也要比 γ 射线小，这一优点已经成为解释质子治疗肿瘤疗效良好的理论基础。

剂量分布均匀并不代表组织内的 LET 都是一致的，组织内的 LET 的不一致可能导致其放射生物学效应的不一致，从而导致肿瘤的未控和复发。质子射线治疗使用扩散的 Bragg 峰时，就存在着放射生物学效应不均匀的现象，故采用质子线束治疗肿瘤时，不应只是单纯地去考虑其剂量分布的均匀性，从而忽略了其 LET 潜在的生物学效应，质子的 OER 与高能 X 射线相似，均为 1.0 左右。

3. 质子束的剂量学特点　质子是带正电的粒子，质子与组织的相互作用，主要是通过与原子核外轨道电子的碰撞损失能量，质子质量约为电子质量的 1835 倍。质子进入人体后，在行进中转移给组织的能量（质子能量损失）反比于质子运动速度的平方，越接近射程末端，能量损失越多。单能质子的射程分散很小，在质子径迹终点处形成一个尖锐的剂量峰，即 Bragg 峰，峰值前的剂量约为峰值剂量的 20%，峰后面的尾巴很小。

用质子束治疗肿瘤比用 X（γ）射线光子优越的地方主要在于利用质子束的 Bragg 峰。由于质子在物质中沉积能量的过程中，在 Bragg 峰后面能量沉积速度迅速降为零，所以利用这种特性通过调节质子 Bragg 峰的位置，使得峰值位置精确位于病变上，就能够使高剂量区对不规则肿瘤的适形效果更好，对肿瘤前面的正常组织损伤较小，几乎不杀伤肿瘤后面与侧面的正常组织。由于质子的 Bragg 峰区的范围很窄，必须用调能器将其展宽。随着峰区的展宽，峰区前的坪区剂量也提高了很多，展宽后的质子束称为 SOBP。因此，为了得到较高的治疗增益比的剂量分布，与 X（γ）射线的治疗类似，质子治疗也采用多野照射。

（二）质子治疗的照射方法

1. 质子立体定向放射治疗　质子立体定向治疗包括：①立体定向放射外科（SRS）：即给予靶区高剂量的一次性照射将肿瘤杀死，SRS 主要适用于颅内良性肿瘤、血管畸形、功能性疾病以及体积小的恶性肿瘤；②立体定向放射治疗（SRT）：即每次给予相对高剂量的分次照射。

质子刀的原理为质子线束以一定的角度射到受检者的体内并达到肿瘤组织，此时可通过调整质子线束的能量，使其 Bragg 峰落在肿瘤组织内，然后使机架按其旋转轴旋转。在其旋转治疗过程中，根据在不同方向上肿瘤深度的不同，可不断调整 Bragg 峰的深度，使其始终包括肿瘤组织。

由于采用的是旋转治疗方式，其照射的路径即皮瘤距在不断发生变化，故正常组织所承受的剂量很小。而肿瘤组织却一直处于质子束的 Bragg 峰区内，即高剂量区，这样即可使肿瘤区域比正常组织获得高得多的照射剂量。

2. 质子适形及调强放射治疗　质子适形放射治疗的实现主要根据 CT 和 MRI 所提供的靶区和周围正常组织在三维方向上的位置、大小和形状等资料，利用旋转治疗床、治疗机头、准直器、适形挡块以及治疗床的相互协调运动来完成。对于线束直径较小的单能质子束来说，它的 Bragg 峰区很窄，故不能用于适形放射治疗。为此需要增宽 Bragg 峰值的峰区，即进行束流的扩展。

在横向上，可利用一系列散射器和准直器构成的系统，在 X 轴和 Y 轴的方向上进行适形扩展，使其扩展到束流能够覆盖整个肿瘤组织，达到横向扩展的目的。在纵向上，可按照肿瘤的厚度增加束流的能量分散范围。其目的就是使靶区内及表面处的剂量生物学效应处处相等。这就必须对照射野内各点的输出剂量率或照射强度按照要求进行调整。因此，引入了调强的概念，称为质子调强治疗技术。

3. 质子扫描照射技术　质子扫描照射主要有光栅扫描（线扫描）照射和像素扫描（点扫描）照射两种，它们与前面所说的适形放射治疗不同，适形放射治疗是通过散射方法将束流扩展并均匀，而质子扫描照射是将从加速器引出的笔形束，通过偏转磁铁实现扫描的。线扫描是利用 X 和 Y 方向两块二级偏转磁铁扫描，点扫描是利用一块脉冲磁铁和一块扫描磁铁，配合治疗床的机型运动进行的扫描。

（三）放射源的选择及照射剂量

根据肿瘤在体内的深度和厚度的不同，可选择不同能量的质子线束，加速器引出的质子线束的能量为 230MeV 固定值。因此，须在加速器的治疗机头之间加一个能量选择系统，这个能量选择系统由降能器和离子光学用的各种磁铁与测量组件所组成。当质子线束通过该系统的石墨层时，石墨层的厚度越大，其降低质子线束的能量也就越多，质子线束通过不同厚度的石墨层后，就可以得到不同能量的质子线束。当加速器引出的 230MeV 固定能量的质子线束进入能量选择系统后，通过调节降能器的不同厚度，就可以得到 70～230MeV 的连续可调的不同能量的质子束流。

（四）质子治疗与其他放射治疗方式的比较

1. 与立体定向放射治疗比较　近年来，立体定向放射治疗（γ刀、X 刀）已经广泛用于中枢神经系统肿瘤和良性疾病（如脑动静脉畸形）等的治疗中。从目前的研究情况看，质子治疗对小的肿瘤（<26.0mm）无明显剂量分布优势。而对于较大的、形状不规则的肿瘤和肿瘤位于脑组织周围者，质子治疗则优于其他治疗方法，即可减少正常组织的损伤，而且治疗计划设计时间也明显缩短。

2. 与适形调强放射治疗比较　适形调强放射治疗（IMRT）是在普通高能直线加速器的基础上，通过多叶光栅的运动，在三维治疗计划系统的控制下，实现照射野内高剂量区域与肿瘤或靶区的形状基本一致。此减少了周围正常组织的受照剂量，提高了靶区的治疗剂量。当然，目前质子治疗也已经发展到多野照射、三维适形计划、补偿器的束流调强等照射技术，从而利用质子束 Bragg 峰的优越性，大大超过了高能 X 射线的治疗结果。

3. 与其他粒子放射治疗比较　其他粒子也具有类似于质子束 Bragg 峰的特性，而且 LET 也比较高，对肿瘤控制比较有利，对乏氧细胞同样具有较强的杀伤。但高 LET 射线对各种细胞杀伤力的差别较小，且高 LET 射线的损伤不易修复。重粒子在体内进行传输时，一些粒子由于核碰撞而碎裂，此碎片具有较强的射程，导致 Bragg 峰后尾较大而长，很不利于保护肿瘤区域前后的正常组织。从剂量学方面看，高 LET 射线对肿瘤前后的正常组织保护不利。

（五）质子治疗加速器的比较

回旋加速器的磁场是恒定的，质子轨道是螺旋线，因此磁极必须是圆柱形。当质子能量较高时，加速器的磁铁就十分笨重。磁铁随质子能量增加而增加，以保证质子在区域内做旋转运动。在同步加速器中，磁铁按照一定的周期结构分布在环上，重量大大减轻，在环上安放一个或几个高频加速腔可以加速质子，直线加速器也是利用高频电场加速带电粒子的。在直线加速器中束流沿直线运动，粒子依次通过一系列加速而获得所需的能量。

回旋加速器的主要优点：①操作方便，稳定可靠；②产生的是连续束，而且流强调节方便。因此适用于各种散射式和扫描式的束流配送系统；另外，束流强度相当宽裕也是一个优点。它的主要缺点是束流品质较差，输出能量不可调，有时需要用吸收体大幅度降低能量，使束流品质更差。除了常规回旋加速器外，超导回旋加速器也能用于质子治疗，这种加速器总质量和功率消耗约为常规质子治疗回旋加速器的 1/3，但其性能是相同的。

同步加速器与回旋加速器相反，它的主要优点是输出能量可调，而且束流品质比回旋加速器好。但其主要缺点为：①操作比较复杂；②获得的宽脉冲顶部往往不平坦。此外，同步加速器属于弱流加速器，束流强度基本够用，但是裕量不大。S 波段的直线加速器束流品质非常优良，束流发射度比其他加速器小得多。因此束流运输系统中的磁铁和转动机架的重量大大减轻，造价也显著降低，但是它输出的是窄脉冲束，要进行束流扫描必须能够调节逐个脉冲的电量，这是相当困难的事情。

二 重离子放射治疗系统

重离子指原子序数大于 2 并失去了全部或部分的原子，形成带正电荷原子核，如碳离子、氖离子、硅离子、氩离子等。肿瘤重离子治疗指加速重离子使之处于高能状态，并在束流上予以控制，从而对恶性肿瘤产生治疗作用。由于普通电离辐照对剂量深度分布均呈指数衰减或略微上升而后衰减的特征，所以治疗受到很大限制；而重离子束以其独特的放射物理学和放射生物学性质，在放射治疗上独具优势。

（一）重离子射线的放射物理学和放射生物学特征

1. 重离子放射物理学特征　①重离子射线是高 LET 射线。在它穿越物质时，在每单位射程上损失的能量较大，如 430MeV 的碳离子（C-12）的 LET 是 245~280keV/μm，而 ^{60}Co γ 线为 0.2keV/μm，所以 ^{12}C 射线也称为致密电离辐射。②重离子进入人体后的深部剂量分布和质子类似。重离子进入人体后在其途径上能量损失较小，因而形成相对低剂量的一个屏区。当其在射线接近终末时，释放大量能量形成 Bragg 峰。250MeV 碳离子的剂量分布与质子的 Bragg 峰比较，重粒子的特点是在 Bragg 峰后有一个"尾巴"，即存在一定的剂量，而且射线能量越大，此"尾巴"越大，所以过高能量的重离子束不适合肿瘤放疗。重离子的 Bragg 峰也能被扩展，采用和质子 SOBP 同样的技术。目前较常用的是 430MeV ^{12}C 射线。③重离子的横向散射较少。如碳离子束在截面为 2mm 时，射线的横向散射（歧离）为 0.43%，即 0.43mm，比低 LET 射线小。因此，放射野的边缘比较尖锐。④重离子带有电荷。因此重离子可用扫描磁铁来引导，进行射线扫描，实施调强技术，达到精确的适形照射。⑤重离子照射后可进行正电子成像扫描（PET）。由于重离子的质量大，因此除与原子核外的电子发生碰撞之外，还有一定的概率与原子核碰撞发生核反应。如碳离子与体内的碳原子核碰撞使 ^{12}C 核被撞出一个中子，变成 ^{11}C，^{11}C 能发出一对 511keV 的正电子，当正电子淹没时，辐射能被 PET 所探测到，进行 PET 三维成像，用于验证碳离子放射肿瘤时高剂量区的立体形态是否精确地和肿瘤一致。体内除碳外，氧也可从 ^{16}O 变成 ^{15}O，释放出一对正电子。

2. 重离子放射生物学特征　①重离子的相对生物效应（RBE）。重离子射线在其射程终端，即 Bragg 峰处造成 DNA 双键断裂的比例高，因此细胞修复放射损伤的概率小，放射损伤或肿瘤杀灭效应高，RBE 较大。在 Bragg 峰前的坪区，RBE 相对较小近似于 1.0。然而对重离子的 RBE 还未完全了解，目前已知它受多种因素影响，情况较复杂。它的 RBE 值大小与下述因素有关：射线的种类、能量、剂量，RBE 测定所用的生物观察点。显示了重离子 RBE 的复杂性。重离子杀灭肿瘤细胞时对氧的依赖小。Kubota 等曾对碳离子涉及的生物学效应进行实验研究，显示了射线 LET 与 RBE 及 OER 的关系，提示碳离子在坪区和 Bragg 峰的射线的 RBE 不一样，在坪区的 RBE 为 1.2，而在 Bragg 峰处为 1.8~2.5。②重离子射线的 OER 小。重离子在 Bragg 峰处射线杀伤肿瘤或对正常细胞的损伤并不依赖于氧的存在。因此，OER 较小，LET 在接近 200keV/μm 时，OER 接近 1。LET 越高，OER 越小。③细胞周期各时相对重离子射线的敏感性相差很小。在重离子坪区的射线杀灭各期相细胞的敏感性与高能 X 射线相同，如 DNA 合成的 S 期细胞拮抗放射。然而，在 Bragg 峰区射线的细胞致死效应几乎不受细胞时相的影响，S 期细胞的放射抗性消失。

重离子的放射物理学特征和质子射线相同，但它具有以下更多优点：①在 Bragg 峰区的射线对缺氧肿瘤细胞的杀灭效应更高，OER≈1；②在 Bragg 峰区的射线对抗放射的肿瘤细胞的杀灭作用更强；③重离子在坪区射线的放射物理效应和氧依赖性与低 LET 的高能 X 射线类似；④重离子射线的侧向散射更少，使射野的边缘更锐利；⑤重离子 Bragg 峰射线对肿瘤的杀灭以 DNA 双链断裂为主，因此不存在亚致死性损伤（SLDR）和潜在致死性损伤的修复（PLDR），所以照射肿瘤时，放射治疗的次数可显著减少。当然，对肿瘤周围正常组织的照射主要使用了重离子的坪区部分，仍然存在 SLDR 和 PLDR，分割照射的使用有利于肿瘤周围正常组织的放射损伤的修复。然而质子和重离子放疗中正常组织受到的剂量较小，因此照射的分割次数也可减少；⑥重离子照射后可用 PET 检查，用以验证放射剂量给予的正确性。

（二）医用重离子加速器

加速器类型的选择：主加速器系统是重离子治疗装置的核心，经主加速器加速后离子束的能量才能达到临床治疗的要求。有两种类型的重离子加速器可以满足要求,它们分别是回旋加速器和同步加速器。经典回旋加速器为克服相对论效应的影响,其能量不能满足要求。可用于重离子治疗的有等时性回旋加速器、同步回旋加速器及超导回旋加速器。

在相同束流磁刚度的情况下,回旋加速器的主磁铁需要较小的空间,这是由回旋加速器主磁铁固有的性质决定的,而且可采用超导技术提高磁铁的磁通密度,然而回旋加速器磁铁的重量甚至大于同步加速器磁铁的几倍,这几乎抵消了由于空间尺寸减小而节约的费用。回旋加速器提供连续输出的离子束,因而控制系统相对简单,但离子束能量的离散度大,能量歧离与平均能量的比值一般大于10^{-2},束流的这一初始能量歧离会对束流 Bragg 峰的最终宽度及 Bragg 峰后沿剂量下降梯度造成很大影响。

同步加速器需要一个较昂贵的离子注入系统和一个更为复杂的控制系统。"注入-加速-引出"周期性的运行模式造成引出束流具有典型的微观时间结构。束流只是在机器周期的引出相被引出,而注入相和加速相并没有束流被引出。其原理是,每一个束流脉冲的能量都可以被单独调节,称脉冲对脉冲式的主动能量改变。很明显,束流能量可主动改变的特性非常适合三维适形束流配送,而且同步加速器束流提供束流的能量离散度较小,通常能量歧离与平均能量的比值小于10^{-4},远远小于回旋加速器束流的比值,束流脉冲间的能量变化小于10^{-3},因而加速器克服了束流初始能量歧离大的弊端。

通过上面对回旋加速器和同步加速器优点的比较,可以清楚地看到同步加速器以其固有的能量灵活性、便捷的离子种类更换、高治疗三维适形程度,以及相对容易的保养与维修等优点,成为医用重离子加速器的首选。目前已经运行的日本千叶重离子医用加速器、兵库医用重离子加速器和德国德堡医用加速器都采用了同步加速方案。

(三)我国重离子治疗的发展

重离子束治疗肿瘤是当前国际上最先进、有效的放疗方法。中国科学院近代物理研究所在 2009 年制订了重离子束专用装置产业化生产项目计划。该项目利用研究方面获得的自主知识产权及技术成果,建造的一台小型紧凑、经济实用、自动化程度高的重离子束治疗肿瘤专用装置。该装置作为示范装置,将用以开展重离子束临床治疗肿瘤,每年治疗 2000 例左右受检者,深入开展重离子束治疗肿瘤研究,培养相关专业技术人员,并实现治疗装置的产业化。该项目包括离子源、注入器、主加速器、4 个治疗终端、束流配送系统、医疗设备、辐射防护系统、控制系统、治疗监测系统等。

第五节　普通模拟定位机

放射治疗需要在精确的靶区和精确的剂量控制下实施,而治疗前靶区的确定就需要通过各种影像手段来实现。这种通过影像方法确定准确靶区,并以二维或三维方式体现出来,确定多角度体表投影,依次制订合理计划、模拟治疗的方式、方法均可称为模拟定位。从过去的通过 X 射线诊断机和 X 射线片定位到近代应用的模拟定位机、CT 模拟定位机(CT-Sim),以及 MRI、PET 的应用、图像融合技术,可以发现当代定位技术有了飞跃性发展,定位精度越来越高,使精确放射治疗技术得以实现。目前普遍采用的定位设备是普通模拟定位机和 CT 模拟定位机,本节与下一节主要介绍模拟定位机和 CT 模拟定位机两种定位设备。

一、概述

在模拟定位机出现以前,多数医生用普通诊断 X 射线机拍摄的诊断用 X 射线胶片作为放射治疗平面信息来源,在诊断 X 射线胶片上进行靶区中心确定、辐射野大小形状设计,然后以人体解剖关系估算做出人体表面标记。但由于下述原因,它用作放射治疗的肿瘤定位和射野设计的依据较为困难:①诊断 X 射线机拍摄的 X 射线胶片所取得的平面信息不能真实和全面地提供放射治疗设计所需要的平面信息。诊断 X 射线机拍摄的 X 射线胶片,其 X 射线源(X 射线管焦点)到人体肿瘤中心的距离(FAD)和放射治疗时治疗机辐射源到人体肿瘤中心的距离(SAD)不一致。若诊断 X 射线机拍摄的 X 射线胶片，X 射线源（X 射线管焦点）到人体肿瘤中心的距离小于放射治疗，治疗机辐射源到人体肿瘤中心距离，按诊断用 X 射线胶片设计的辐射野在治疗机进行体位设计辐照，则受检者受到的辐射野小于设计的辐射野，反之情况相反；②用诊断 X 射线机拍摄 X 射线胶片时受检者的体位，不一定是放射治疗时受检者的体位，容易造成靶区中心的偏移及辐射野的偏移；③用诊断 X 射线机拍摄 X 射线胶片作治疗计划很难作治疗前的模拟观察。基于放射治疗的临床需要，放射治疗医生希望能直观地、等同放射治疗状态下进行放射治疗计划设计，放射治疗模拟机就是在这种思路下研制成功的。

模拟定位机应用于放射治疗临床开始于 20 世纪 60 年代末期，放射治疗模拟定位机在临床上的应用，受到了广大放射治疗医师的欢迎。它与等中心放射治疗机类似，能够模仿各种类型的外照射放射治疗设备在治疗时的位置和状态。在物理几何参数上一致，如机架旋转角度、源轴距离、准直器角度、射野大小、床面角度及位置等等同于治疗设备。机架可作正反向的 360°旋转，模拟治疗机的等中心旋转功能，而且运动速度有快、慢两挡选择，直接模拟放射治疗设备治疗过程。目前认为放射治疗前必须经过模拟机定位，以制订放射治疗计划，或最后放射治疗方案形成前进行验证和模拟，此项程序已成为各放射治疗单位必备的质量控制和验证手段，模拟定位机已成为放射治疗肿瘤靶区定位必不可少的基本设备，与 CT 模拟机相比应称为 X 射线模拟机，因其出现较早，使用普通、被临床上称为放射治疗模拟机（radiotherapy simulator），简称模拟机。模拟机实际上是一台安装在可以等中心旋转的机架上的诊断级 X 射线机。

普通模拟机的工作原理

（1）以 X 射线管焦点为辐射源模拟替代治疗机的辐射源，如医用加速器的靶点及 ^{60}Co 治疗机的 ^{60}Co 源。

（2）模拟机的机械运动可以模拟治疗机在放射治疗时的各种几何条件。

（3）通过电视系统（显示器）直接观察肿瘤放射治疗时所设射野的形状、大小和靶区中心及选择合适的机架角、准直器角等。

（4）通过测距灯确定肿瘤中心至体前皮肤或体后皮肤的距离（治疗深度）。

（5）以影像增强器顶面到等中心的距离、辐射源到皮肤的距离、辐射源到等中心的距离，以及测量肿瘤在等中心处各个方位的尺寸等为医生制订放射治疗计划提供各种所需的数据。

（6）模拟机室也需要设置激光定位灯，用来确定模拟空间的等中心位置，使通过模拟机制订的放射治疗计划在治疗机上能够实现。

普通模拟机的功能

模拟定位机除了透视和摄影的功能外，还应具有模拟治疗机有关机械参数的功能。在治疗设计过程中模拟定位机可以帮助医生完成以下几个方面的工作：①靶区及重要器官的定位；②确定靶区（或危及器官）运动范围；③治疗方案的确认（治疗前模拟）；④勾画射野和定位、体位设计参考标记，拍摄射野和定位片或证实片，检查射野挡块的形状及位置。

这些功能的实施通过两个步骤来完成：一为医生和计划设计者提供有关肿瘤和重要器官的影像信息，这些信息区别于来自常规诊断型 X 射线机的影像信息，能直接为治疗计划设计所用，如治疗距离处射野方向的 X 射线平片（BEV 片）或正侧位 X 射线片及机架旋转角度、准直器旋转角度、源瘤距、源皮距、升床高度等机械参数。根据治疗距离处的 BEV 片，可以设计制作射野挡块或多叶光栅形状；或通过垂直于射野中心输出方向的 X 射线片设计制作组织补偿器等，这些 X 射线片可以通过扫描仪或网络连接传输到治疗计划系统或直接使用。二是用于治疗方案的验证与模拟。经过计划评估后的治疗方案在形成最后治疗方案前必须经过验证与模拟，尤其是精确治疗的三维计划都是通过计算机软件在"虚体"上完成的，这些计划能否正确地实施在受检者身上需要模拟与验证。验证与模拟须附加治疗附件，如射野挡块等之后，完全按治疗条件如治疗体位、机架转角、准直器转角、治疗床转角、射野"井"形界定线大小、源皮距或源瘤距等，进行透视和照相的验证，并与治疗计划系统给出的 BEV 图（DRR 片，即数字重建照片）进行比较，在允许的误差范围内才能在治疗机下实施治疗。模拟机拍摄的定位和验证 X 射线片是静态影像，可以利用带有标记的定位框架或在受检者体内设置内、外标记，在透视状态下观察靶区和器官的运动范围，进一步确认照射范围实施的可行性与周围重要器官之间的位置关系。一旦治疗计划被确认，治疗计划的相关信息（如等中心投影的位置）需要标注在受检者皮肤或体位固定器上，标记要清晰、可靠，等中心的投影位置为分次体位设计照射的依据，在整个疗程中不能变动。

模拟机除了上述功能外，尚有测量靶区深度的功能，将靶区置于模拟机机架旋转轴心上，则在受检者的皮肤上可见射野的十字中心点，开启测距灯可读得源皮距，将源轴距减去读得的源皮距即为靶区深度，受检者坐起则从床上或体模内可读得射线自靶区穿出皮肤的深度，所以利用模拟机可精确地测定受检者的体厚、肿瘤深度等数据。

此外，利用同样的原理对拟做穿刺活检的受检者，可将穿刺目标置于模拟机机架旋转轴心上，则立刻可在皮肤上读出穿刺点、穿刺方向及正确的穿刺深度，可以保证穿刺方便而顺利地完成。可见放射治疗模拟定位机不是 1 台普通诊断 X 射线机，而是 1 台专门设计的用于放射治疗模拟定位的装置。

四 放射治疗模拟机的发展

数字化模拟定位机的发展：随着数字技术在模拟定位机上的进一步应用，目前许多生产厂商的模拟定位机设备具有数字影像处理功能，采用标准的 DICOM 3.0 影像接口、RTP-link 或 DICOM RT 协议，使模拟定位机与各治疗机及计划设计系统之间实现无缝连接，图像、治疗计划参数等能直接传输到几乎所有放射治疗系统中，如与加速器的电子射野影像设备（electronic portal image device，EPID）连接进行治疗体位设计的验证，与计划系统的数字重建照片（DRR 片）进行比较等。

在影像方面，新一代的模拟机，采用数字式平板影像采集技术，如 Nucletron 公司生产的 Simulix EVOLUTION^{TM} 模拟定位机通过使用 41cm×41cm 的非晶硅（α-Si）探测器，替代传统光学影像增强器，像素可达 1024×1024，这可以提供高空间分辨力和对比度的图像。与影像增强器相比，数字影像方式可以在照片之后进行对比和亮度等图像后处理操作，避免了因拍片条件选择不合适造成的废片和重照，并且易于保存和传输。新式的模拟定位机配有专用的数字影像模拟（电子模拟）工作站，可以在工作站上作定位影像的窗宽和窗位的调整，测量有关感兴趣点的深度和距离，并且可以进行不规则射野挡块和多叶准直器形状的设计，也可在图像上加上标记及文字等。电子模拟提供拖放功能来模拟改变射野中的参数，包括十字线、等中心、小机头角度、治疗床位置和多叶光栅设置等，模拟机能自动调整到新位置并重新获取图像。这个独特的设计能缩短模拟过程和操作时间，提高了精度，最重要的是免去了传统利用连续透视来找寻新位置的方法。设计结果和影像可一直存储在系统计算机内，在需要的时候，调阅比较。因此可以降低放射剂量，减少受检者的射线剂量或照射时间，同时可以延长 X 射线球管的寿命。

五 放射治疗模拟机与医用电子加速器精度比较

放射治疗模拟机的设计目的是模拟医用电子加速器或 ^{60}Co 的所有治疗所需的几何参数，因此对它的性能要求和检测方法类似于被模拟的放射治疗设备，但几乎所有放射治疗模拟机性能指标的精度要求都比医用电子加速器的高。这是因为我们希望肿瘤吸收剂量的误差能被控制在所容许的范围内。也就是说，模拟定位过程会产生肿瘤的定位误差，在加速器上治疗过程又有误差，这些误差的共同作用（叠加或补偿）形成肿瘤吸收剂量误差的重要部分（这里不讨论治疗计划和机器剂量误差）。下面以辐射束轴指示为例，说明肿瘤定位误差和治疗体位设计误差共同作用的情况。

在模拟机上，医师在 X 射线透视系统下确定出肿瘤的治疗方位、界定辐射束轴和界定野的大小，然后通过界定辐射束轴的界定光野指示，在受检者皮肤上做出界定辐射束轴入射标记。这时，模拟机的界定辐射束轴的指示误差就包含在受检者肿瘤定位的标记中。当受检者到医用加速器进行治疗时，医师将治疗辐射束轴的入射点（叉丝）对准受检者皮肤上的界定辐射束轴入射记后进行治疗。此时，医用加速器治疗辐射束轴的指示误差将与放射治疗模拟机的界定辐射束轴的指示误差共同作用。最糟的情况是两个误差值相加，使得肿瘤治疗中心的实际位置偏离理想位置，导致肿瘤吸收剂量误差。表 8-5-1 把医用电子加速器和放射治疗模拟机中影响受检者靶区内等中心定位点精度的那些指标的极限误差作了一个比较。

表 8-5-1 放射治疗模拟机与医用电子加速器的精度对照表

	医用电子加速器 治疗辐射野/mm		放射治疗模拟机 界定辐射野/mm	
	X 和 Y	Z	X 和 Y	Z
辐射野（界定辐射野）中心和边缘的光野指示	±2		±1	
辐射束（界定辐射束）轴的指示	±2		±1	
辐射束（界定辐射束）轴相对等中心的偏移	±2	±2	±1	±1
等中心的位置指示	±2	±2	±1	±1
沿辐射束（界定辐射束）轴到等中心的距离指示		±2		±1
总极限误差	±4	±3.5	±2	±1.7

由于表中所列性能指标的指示误差相互独立（线性无关，任意两误差间的相关系数为 0），所以每项误差对合成误差的贡献相当（各极限误差传递系数为 1）。因此，从机器制造者的角度而言，应该尽可能地提高机器的精度；从机器使用者的角度而言，应该深入了解机器的偏差方向，尽可能地通过人为的体位设计补差，使综合误差达到最小。

第六节 CT 模拟定位机

利用 X 射线模拟机提供的影像进行肿瘤放射治疗定位已开展多年，虽然这些影像很有用，但由于影像重叠又缺乏组织的密度差而不能区分软组织的结构。CT 的发明揭开了 20 世纪放射治疗技术革命的序幕。1979 年，Goitein 率先将这一划时代的影像技术应用于放射治疗。CT 利用多个层面上的图像可正确地三维重建人体的解剖结构，而 CT 模拟机可通过对肿瘤和正常组织的正确重建及运用射线透过不同组织密度衰减因子的计算，提高放射治疗剂量计算和治疗计划设计的精确性，做出最佳的照射方案并加以实施，因而有可能使某些肿瘤的控制率得以提高，成为立体定向放射治疗、适形放射治疗乃至调强放射治疗必不可少的设备。

早期的 CT 应用主要局限于以下两个方面：①为治疗计划设计提供精确的肿瘤靶区定义；②为吸收剂量计算提供组织不均匀校正。在过去的 20 多年里，由二维常规放射治疗发展到三维适形调强、立体定向等精确放射治疗，放射治疗技术取得的这些突破性进展均得益于 CT 模拟机的发展。现代 CT 模拟机不仅可以像诊断 CT 机一样为治疗计划的设计提供高质量的影像资料，协助临床医生精确勾画肿瘤靶区及危及器官的轮廓，进而帮助治疗计划系统进行组织不均匀性校正，提高治疗剂量的准确性；借助复杂的计算机软件，将计划设计的照射野的三维空间分布结果投射到 CT 重建的受检者解剖资料上，在激光定位系统帮助下，实现对治疗条件的虚拟模拟。因此从某种意义上讲，现代 CT 模拟机综合了部分影像系统、计划设计系统和传统常规模拟机的功能。

CT 模拟机的发展非常迅速，三维放射治疗的基础要求每个接受放射治疗的受检者都要接受 CT 扫描的定位，这就要求每个放射治疗中心都要配备 CT 设备，但是每家医院的条件不同，可以根据 CT 模拟定位原理，分以下三种方式实现。

第一种方式是放射治疗自主型，它是在常规 X 射线模拟机上加装 CT 功能替代 CT 扫描机，称为模拟机 CT。在外观上它与常规 X 射线模拟机没有什么区别。由于图像质量差、扫描层数少而限制三维显示功能的应用。另外，它每次定位对受检者的照射量也比较高。

第二种也是放射治疗自主型，不同之处在于放射治疗科有专用 CT 扫描机，它是标准的 CT 模拟系统。

第三种是利用医院现有的 CT 扫描机，再适当增加一些辅助装备和多功能三维治疗计划系统以网络的形式连成一个系统，这种方式使得医院资源得到更合理的利用，适用于大多数医院。因此，在三维适形放射治疗中，CT 模拟机比模拟机 CT 更适合临床的需要。

模拟机 CT

模拟机 CT 的设备是在常规 X 射线模拟定位机的基础上，在常规 X 射线模拟定位机机头及影像增强器上各加一个准直器，并在影像增强器上加一套数据采集装置。有的技术是将 X 射线准直器开成横跨受检者身体的窄长束，并偏向受检者一侧；影像增强器也偏轴设置在受检者的一侧并包括等中心。影像增强器的信号输出给线阵排列的 500 个光敏二极管；另一组二极管线阵排列位于影像增强器的表面，覆盖 X 射线束和受检者被扫描的范围。机架旋转 360°获得扫描截面的信息。

模拟机 CT 有以下几个特点：①与诊断 CT 相比，它的有效扫描孔径较大，适用于任何治疗位置，有更大的物理净空，尤其是临床上特殊体位的治疗（乳腺癌受检者双臂上举位），可以完全模拟治疗体位；②保存动态平面 X 射线放映影像的同时，可更直接地观察靶区；③通过 CT 扫描能够可视化地观察靶区放射野的路径，并可实时观察；④模拟机 CT 需要的扫描时间比较长。模拟机 CT 有效扫描野一般在 80~150cm，但每层扫描时间长达 55s 左右，整个扫描时间需要 20min 左右，可能会由于呼吸及器官的运动而影响影像质量，特别是在胸腹部，图像质量较差；⑤模拟机 CT 的 X 射线球管的负载热量较高，这限制了模拟机 CT 的扫描层数，不能将 CT 扫描的层距得得太小，层厚一般为 2~10mm，一般情况下可扫描 7~20 层。因此不仅用于三维图像重建质量较差，并且也限制了它在临床中的实际应用；⑥扫描层间有较长时间不出 X 射线；⑦CT 影像质量比诊断 CT 差。

四 CT 模拟机

CT 模拟机（CT simulator）是兼有常规 X 射线模拟机和诊断 CT 双重功能的定位系统，通过 CT 扫描获得受检者的定位参数来模拟治疗的机器。一个完整的 CT 模拟机由三个基本部分组成：①一台高档的大视野的[扫描机孔径（FOV≥70cm）]CT 扫描机，以获取受检者的 CT 扫描数据。CT 扫描机孔径越大越好；②一套具有 CT 图像三维重建、显示和射野模拟功能的工作站，一套具有 CT 图像的三维重建、显示及射野模拟功能的软件。这种软件可以独立成系统，也可以融入三维（3D）治疗计划系统中；③一套专用的激光灯系统，最好是激光射野模拟器。在精确放射治疗体系中，上述设备均不可或缺，且具有一定要求。进行体部 CT 模拟定位时，还应尽可能配合呼吸控制系统进行。在精确放射治疗中，靶区控制相对严格且适形度高，稍有偏差即可导致治疗失败。治疗机配备实时验证系统也是非常必要的。

（一）CT 模拟过程

CT 模拟过程要求一个团队的合作，包括医师、物理师、剂量师、技术师、护士、医院管理者等。全体人员需要明白过程中每个环节及他们自身的技术要求，充分发挥 CT 模拟的优势需要知识广博、经验丰富的工作人员。各项任务及责任应被分配至个人。已有不少关于 CT 模拟过程的描述，通常包括以下几个步骤：①受检者体位设计、固定及标记受检者，利用激光定位系统，采取与治疗时完全一致的体位和固定方式对受检者进行体位设计；②CT 扫描，按规范和统一的条件对受检者进行薄层 CT 扫描；③图像上传，将图像资料以 DICOM 协议格式传送到虚拟模拟定位工作站；④确定初始坐标系统；⑤确定靶区及等中心；⑥根据等中心的坐标标记受检者及固定装置；⑦勾画关键器官及靶区；⑧设计照射野；

⑨传输数据至治疗计划系统进行剂量计算;⑩治疗前的书面文件准备,进行必要的验证及治疗计划检查。

以上过程及实施在不同的治疗中心可能各不相同。整个系统流程设计有赖于现有资源（设备及人员）、受检者量、设备不同位置、工作人员相隔距离。设备以及人员的交流渠道应保持畅通以避免错误及不必要的二次模拟。CT模拟申请表格可用于医师与其他科室人员交换有效信息。CT模拟扫描类似常规诊断扫描，但有一些区别。受检者摆位及固定非常重要。扫描参数及大范围扫描体积得到的大量断层图像常常使CT机的技术功能力所难及。CT模拟机操作人员必须清楚CT机的功能及不足。以下是CT模拟过程的主要步骤概述。

1. 受检者体位设计及固定　放射治疗的成功基于恰当的体位设计及固定。体位设计要求尽可能让人舒服，感觉不舒服的受检者通常治疗体位设计重复性差。固定装置大大改善了体位设计的重复性及严格性。受检者体位设计应考虑关键器官及靶区的位置、受检者总体健康状况及灵活度、可能植入物及现有的固定装置。受检者初次固定后，先进行定位扫描以确定受检者体位是否笔直，固定装置不应导致伪影。

2. 扫描方案　CT模拟扫描参数的选择和设定应该同时考虑CT断层及DRR图像质量并且应快速采集，以减少受检者移动。影响断层及DRR图像质量的参数包括：峰电压、毫安·秒、层厚、层间距、螺距比、算法、扫描体积、整体扫描时间及FOV。现代CT机都配有预设方案，通常包括考虑到虚拟模拟过程的"放射治疗"扫描预案。通常设置足够的预案参数，必要时可以修改。放射治疗扫描方案参数会兼顾毫安·秒、层厚、层间距、螺距比以及扫描体积等多种因素。提高毫安·秒时，缩小层厚及层间距、螺距比，会不同程度地改善断层图像及DRR质量。对于螺旋扫描，这些参数（除层间距外）在扫描采集中明显影响了球管热容量，限制了扫描长度。为得到适宜的DRR经常需要大范围的扫描。如果X射线球管达到热容量极限，就必须停止扫描等待球管冷却。冷却时间可达数分钟，导致受检者能可能移动，降低图像空间精确性。

3. 扫描范围　医师确定扫描范围，应将扫描区域在准备放射治疗的区域外上下多扫至少5cm。层厚及间距不必在整个扫描中保持一致。感兴趣区可用薄层（3mm）扫描，其他地区用较大层厚（5mm）。这样就能降低球管热量却保持很好的DRR质量。解剖图画能够帮助扫描边界的确定。

4. 对比剂　对于有些治疗部位，对比剂有利于区分肿瘤与相邻的正常组织。对比剂并非任何时候都有帮助，要慎重使用，特别要注意相关禁忌。在考虑组织异质剂量计算中，对比剂会因为人为分配的CT值及相应的组织密度导致剂量分布误差。

5. 特殊考虑及指导　每个治疗部位有其独特的考虑和要求，在CT扫描过程中应指明。特殊考虑包括：各个医师的习惯与偏好；手术瘢痕标记线放置，以利于CT图像上的参考；带起搏器或其他植入物的扫描；儿科受检者扫描；麻醉受检者扫描等。针对新出现问题及特殊要求的扫描受检者应建立有效的沟通渠道及责任制。

6. 参考标记　CT扫描中需要在受检者身上放置一系列标记点，使受检者能以同样的治疗体位在加速器上复位。标记点什么时候放置及如何对应解剖标记可由两种不同方式进行。

（1）等中心不再移动方式（绝对坐标标记法）。受检者尚在CT扫描床上时，图像已传至虚拟模拟工作站。医师勾画靶区，然后软件计算所勾画体积的中心坐标。此时，受检者仍以治疗体位躺在扫描床上。算出的等中心坐标传至CT机，依次调整床位及矢状位可移动激光灯，并标记受检者。第一次照射治疗，受检者就根据这些标记体位设计。这种方式要求CT扫描时医师在场，并且受检者整个扫描过程稍微长些。但是，CT扫描过程中进行的等中心标记无须再次移动即可直接用于治疗机上的体位设计。

（2）等中心事后移动方式（相对坐标标记法）。这种方式无须医师参与CT扫描过程。医师在此之前，根据诊断结果（CT、MR、PET、触诊等）告诉技术员在哪里放置参考标记点。例如，"在受检者中线左侧4cm的隆凸水平位上和侧中线上放置标记点"。这样做的目的是尽可能地让初次标记接近最后等中心的位置。CT扫描前，用标记笔标记受检者，然后在上面放置对X射线不透明的标记点，以便在CT图像上作参考。这些标记点可由焊锡线、铝线或商业专用的标记点制成。CT扫描完成后，受检者离开，图像传至虚拟模拟工作站。随后，医师勾画靶区体积及确定最后治疗等中心，在模拟机上利用激光灯根据虚拟模拟工作站给出的坐标移动治疗床，定出靶中心在体表的三个（前及左右）投影，并拍摄射野证实片。这是目前大多数放射治疗单位采用的一种方法,其优点是不需要专用的CT,占用CT机时少,不需要专用的激光灯。主要缺点是:难以保证体位重复及标记点不移动,无法标记非共面射野的中心点。

（二）CT模拟机的临床应用价值——放射治疗定位

放射治疗的原则就是使放射线剂量最大限度地集中在肿瘤上,使周围正常组织的照射剂量减少到最低程度。传统的模拟定位机对显示病变的准确位置、外侵程度及其邻近组织结构关系无法判断,CT定位扫描能够准确地显示病变的大小范围,详细观察病变与周围正常器官的临界关系,精确地规划出病变靶区的照射范围,测量出照射角度及体表照射的准确性。尤其是对避开敏感要害器官组织的照射,如脊髓、脑干、肾脏等应最大限度地减少不必要的放射损伤。

由于CT扫描有较高的密度分辨力,对全身各部位均可实施定位,而X射线机透视下定位仅对胸部病变及食管、胃肠有较高的准确性,对颅脑、颈部及腹部实性脏器及肿瘤则望尘莫及。

CT扫描能够准确地分辨出病变的密度,解决了部分病变与周围组织结构无理想对比度而定位较难的问题,准确地测量出体表至病变的深度以及照射角度,为放射治疗剂量的制订提供参考资料。

CT定位扫描能够清晰显示体内淋巴结转移及分布情况,有助于肿瘤的TNM分期,对病变区域进行CT定位扫描后,根据图像确定肿瘤的上下界限及侵犯范围。利用CT的准确走床及激光定位灯的指引进行放射治疗定位。利用CT后处理功能对肿块大小准确测量,设计照射野及照射角度,为制订放疗计划提供充分可靠的依据（虽然采用CT定位费用稍显昂贵,但是CT定位的同时也是一次CT检查,尤其对化疗后或准备二次放射治疗的受检者,CT扫描可以明确肿瘤的发展情况,大大提高治疗效果。）

总之,随着医学影像技术的不断发展,对肿瘤综合治疗的要求越来越高,由于CT定位扫描技术能够准确地确定肿瘤位置、大小、范围及外侵和淋巴结转移情况,所以对病变照射靶区的大小及照射高度起到了指导作用。所以,在肿瘤受检者设计放射治疗计划时,CT定位扫描非常必要。而对CT放射治疗定位扫描图像的质量控制显得尤为重要。根据欧洲共同体工作文件（EUR16262.1997.4）,CT图像质量控制的内容包括以下几个方面。

1. 诊断学标准　包括解剖学影像标准和物理学影像标准。解剖学影像标准满足临床要求。以解剖特征的显示程度来表述,分为"可见"、"显示"和"清晰显示"。物理学影像标准是通过测试进行客观评价,它依赖于CT设备的技术性能和所选的技术参数。

2. 成像技术条件　包括层厚、层距、视野、曝光参数、重建算法、窗技术、检查体积、机架角度等。

3. 临床及相关的性能参数　包括受检者准备、检查方法、成像观察条件、激光照相等。受检者辐射剂量标准CT是一种辐射剂量较高的影像检查设备,在不影响图像质量及诊断要求的前提下,应尽量降低辐射剂量。

CT图像质量控制的措施包括①提高空间分辨力:采用高空间频率算法、大矩阵、小像素值、小焦点和增加原始数据量的采集可以提高空间分辨力。另外,采用薄层扫描可提高Z轴的空间分辨力。②增加密度分辨力:探测器的效率越高、X射线剂量越大,密度分辨力越高。③降低噪声:X射线光子能量增加3倍,噪声可减小一半;软组织重建算法的密度分辨力高;层厚越薄噪声越大。④消除伪影:减少因受检者因素造成的运动伪影,避免因设备因素和扫描条件不当造成的伪影。⑤减少部分容积效应的影响:对较小的病灶尽量采用薄层扫描。

（三）CT模拟定位系统的特点

（1）准确定位靶区　CT模拟定位系统能对不规则肿瘤制订出精确的三维立体治疗计划,提供近似肿瘤实际形状的真正适形放射治疗。对无骨性标志的软组织肿瘤,CT模拟定位系统比常规平片提供了更好的靶区形态。

（2）利用三维影像重建技术能够更加清楚地区别肿瘤和其他正常组织器官的空间关系,采用了"BEV"技术可确定最佳的照射角度和射野形状来避开重要器官。

（3）CT模拟定位系统用以进行常规模拟定位系统不能完成的复杂治疗计划。尽管CT模拟定位系统能够提供肿瘤和重要器官的准确位置,从而使得放射治疗计划的剂量分布更加精确合理,但它仍不能完全取代常规模拟定位机。它的不足之处在于：①对于明显的肿瘤，大视野照射移动器官的肿瘤等，使用常规模拟定位机更为方便；②CT 模拟定位系统中的 CT 扫描过程所用时间较长。

（四）CT 模拟机与常规 X 射线模拟机的比较

1. CT 模拟机与传统模拟机的相似点　模拟前都需要固定受检者，对 CT 模拟机，由于对体位的要求进一步提高，所以治疗体位固定器是必不可少的；都需要进行靶区定位，选择等中心点，并根据肿瘤与正常组织的关系确定合适的射野方向，模拟机不能给出剂量学资料，如果 CT 模拟机不与三维 TPS 配合同样不能给出剂量学资料。孔径一般为 65～85cm，有效扫描射野达 40～60cm。

2. CT 模拟机与传统模拟机的不同点　在 CT 模拟的过程中肿瘤的区域是在 CT 断层上勾画完成的，同时还可以结合多种影像手段，如 MRI，再叠加到 DRR 上去设野，定位精度大大提高。因为 CT 模拟获取受检者的三维数据（受检者假体、虚拟受检者）以后，所有的靶区勾画和设野工作都可以在虚拟受检者上完成，给医患都带来了极大的便捷。这不同于 X 射线模拟机必须需要受检者的全程参与，受检者自始至终需要躺在模拟机上不动。CT 模拟使放射治疗医生第 1 次从三维角度去确定靶区和设野，虚拟模拟软件的应用使大量在 X 射线模拟机上的物理模拟工作简化到虚拟模拟工作站上的软件处理，使工作效率大为提高。

CT 模拟定位系统提供三维信息，可进行辐射野设计、计算及评价，与常规 X 射线模拟机相比有更强的功能。各参数精确程度与常规 X 射线模拟机相比见表 8-6-1。

表 8-6-1　CT 模拟定位系统与常规 X 射线模拟机应用的比较

	CT 定位系统	常规 X 射线模拟机
靶区定位	＊＊＊	＊
靶区及重要器官确认	＊＊＊	＊
射野挡块	＊＊	＊
观察器官运动	＊	＊＊＊
多个治疗野衔接	＊＊	＊
皮肤标记	＊＊	＊＊＊
射野片验证	＊＊	＊＊＊
治疗方案的修改	＊＊＊	＊

注：＊代表精确程度。

3. CT 模拟的缺点　CT 模拟的缺点是对于一些常规的简单治疗，处理过程过于复杂。另外容积扫描所获得的是一个静止状态图像，不能反映正常呼吸状态下的脏器运动。在进行胸腹部 CT 模拟时应结合呼吸控制系统使用。当然 CT 模拟的配套价格也较昂贵。

（五）CT 模拟中的质量保证

CT 模拟作为精确放射治疗过程中的一个关键环节，其质量保证的概念范畴与放射治疗是完全一致的，即在确定最终治疗方案时为确保治疗方案的一致性并安全有效地实施这个方案而采取的包括监控靶区剂量、工作人员及受检者安全的所有手段。这些手段涵盖工作前、工作中及工作后的设备、程序；还包括对设备工作状态的控制及操作过程的控制。CT 模拟机的质量保证（QA）由以下几个要素构成：CT 机、CT 模拟软件、整个 QA 过程。

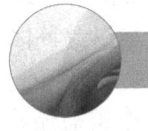

思考与练习

简答题

1. 常见的放射治疗设备有哪些？
2. 简述医用电子直线加速器的工作原理。
3. 感应加速器、回旋加速器和直线加速器有什么特点？
4. 为什么 Ir^{192} 是最适合的内照射放射源之一？
5. 比较常规模拟机与 CT 模拟机的特点？CT 模拟为什么需要较大的 CT 机孔径？

（姚志峰）

第九章 医学图像打印原理

学习目标
1. 掌握：激光打印和热敏打印的原理，以及医学图像打印的质量控制。
2. 熟悉：喷墨打印原理。
3. 了解：照片自助打印原理。

随着数字化影像设备的出现，医学影像由原来模拟图像转换为数字图像，传统的胶片冲洗和自动洗片机已逐渐淘汰，数字图像打印技术成为现代医学影像系统中最先进的硬拷贝技术。数字图像打印技术因其拥有大容量影像信息的记录能力和能得到优质的图像等优势，目前许多医院都在使用这种技术。数字图像打印技术的发展，为医学影像科全面数字化奠定了基础。

1972年CT机的问世，胶片的硬拷贝促使了CRT型多幅相机的出现。10年后湿式激光打印机问世，由于应用数字激光打印，成像质量及其功能明显优于CRT型多幅相机。1994年干式打印机的制造成功，是胶片成像技术的革命性成果，从而结束了医学影像胶片冲洗工艺中的繁琐工作，使放射科工作环境变得明亮、舒适、干净（无须排废），设备明室安装、操作灵活。

按照数字图像打印技术的发展，打印技术主要分为干式打印技术和湿式打印技术。医用干式打印技术通过网络连接医院、医疗单位的影像科室设备或工作站获取图像，将图像打印到高分辨力医用胶片上，供医生诊断。这些影像设备包括CR、DR、CT、MRI、DSA、ECT、乳腺成像、口腔科成像等。

干式打印技术相对于湿式打印技术所具备的优点包括：①所获得的图像质量较稳定，最大密度和对比度较高。②由于干式胶片不再经过显影、定影、水洗、烘干等处理，不需要洗片机而直接打印出胶片，从而提高了工作效率，对环境不存在污染。③机器占地面积小，安装简便，不需要进水排水管道。④明室操作，简便易行。但在空间分辨力方面，两种技术均等，影像各参数达到临床诊断要求，现在医院应用较多的为干式打印技术。当然，干式打印技术也存在缺点：干式胶片保存时间与环境温度有很大关系，当环境温度在25℃以下时，胶片可保存30年，伴随着温度升高，保存时间逐渐降低。

目前多数干式打印系统都有网络连接设计，且符合最新的DICOM 3.0标准，适合在PACS环境中进行网络分布打印。干式打印在图像质量、网络打印、节水以及环保等方面的优势，使其在今后数字化影像科中发挥着越来越重要的作用。

干式打印技术在使用过程中需注意以下问题：①热成像银盐还原的理化过程，银离子部分由光子经加热催化成颗粒，尚存在部分未被催化的银离子，在传统胶片处理中这部分银离子被定影清除，但干式胶片不会。因此这部分银离子在胶片存放过程中，存放条件近似成像程序的条件时，会继续显影。②未感光胶片储存要严格按照储存条件：通风、干燥、阴凉，温度：5~24℃，湿度：30%~34%，防止辐射及化学气体侵蚀产生胶片灰雾，胶片透明度低，影响胶片成像质量。③干式打印工作场所要注意环境温度，保持通风，避免室温过高。④不论何种干式打印技术的打印机都要保持室内清洁，减少尘埃，并定期清理打印机加热鼓和热力打印头。

干式打印成像技术根据显影成像过程中有无激光，按照图 9-0-1 所示，分为激光成像和非激光成像。激光成像打印又分为激光热成像打印技术和激光诱导成像技术。非激光成像技术中常用的有热打印技术和喷墨打印成像技术。从以上四种打印技术来看，前三种技术是放射科常用的打印机技术。可以看出干式打印机可分为有激光的打印机和无激光的打印机。从使用的胶片上可分为含银盐的和非银盐的。除干式喷墨成像技术外，其他几种技术都是热处理成像，因此有人称为热打印成像，目前市场上主流产品以激光热干式成像技术和直接热打印技术为主。

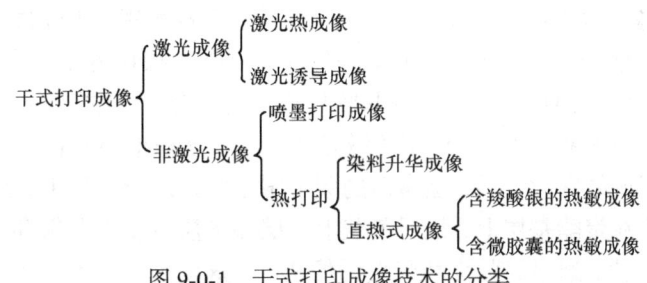

图 9-0-1　干式打印成像技术的分类

第一节　激光成像原理

激光热成像打印技术其原理如图 9-1-1 所示，当激光热敏胶片被激光扫描后，激光进入胶片敏感层将银离子变成金属银而形成潜影。激光照射后的胶片，从旋转的热鼓上吸收热能，潜影在热能的作用下而显影。热鼓的温度为 120℃以上，通过这一催化作用过程，银离子变成可见的金属银，形成带有不同密度的影像。金属银的数量和曝光在胶片上的激光光子数成正比，胶片光敏层中的银离子一部分通过曝光并加热催化形成银颗粒，另一部分则未曝光催化，银离子残留在胶片上。在传统胶片冲洗过程中，未经曝光照射的银离子经定影清离出胶片。在激光热成像中没有定影程序，胶片中未曝光的银离子还残留在胶片上面。

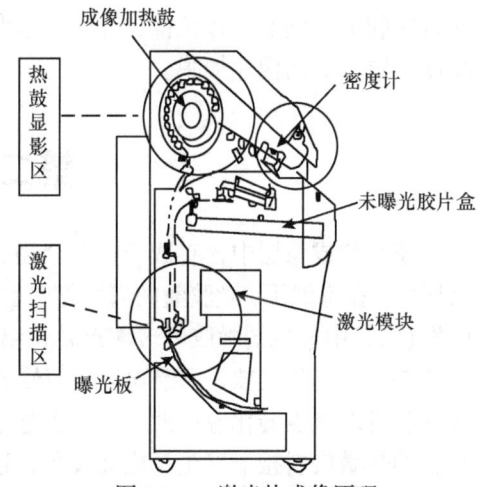

图 9-1-1　激光热成像原理

热敏胶片的银离子部分由光子经加热催化形成银颗粒，其他尚存有部分未被催化的银离子，它不像传统的显定影胶片那样把未经曝光的银离子清离胶片，它还残留在照片上面。照片存放环境近似它的成像条件时，残留在照片上的银离子将有可能继续变成银颗粒，也就是俗称的继续显影，也就是形成照片后存放就不再避光，阳光中的红外线能量强度不能与热打印中的激光束相比，但同样会出现少量的光子进入残留银离子中产生催化作用，同样有机会使少数残留银离子变成金属银形成新的潜影。当照片储存环境温度过高时，照片会变灰变黑，此为该技术的最大缺点。

胶片接受激光扫描后产生的感光效应，是光电吸收产生的光电子造成的。一个高能量的激光光子，能与胶片敏感层中的银离子作用，可以在多个颗粒的感光中心产生上万个银原子。当然，不同波长的光线就应有不同厚度的乳剂敏感层相对应。金属银数量与曝光在胶片上的光子数成正比。激光的直线 3 次扫描成像技术保证了在整个胶片进行连续的同样的曝光，消除了两像素线间的间断。4352×5295 的高清晰度像素，以及 0.25～3.00 的光学密度产生的丰富灰阶能提高影像的层次。理论上讲，曝光后的胶片中银原子大致分成三种形态存在于敏感层之中：感光充分的金属银颗粒，感光不足的不成熟金属银颗

·187·

粒，未感光的银离子，这是成像后显示不同密度层次的关键。

激光热成像打印技术都是采用激光扫描逐点曝光的方式扫描胶片，激光束按照图像信息向胶片作离散数字式扫描，非常精细地完成了预定格式的打印，从而保证了医疗影像在成像过程中的精密性和一致性。不但图像边缘锐利度高，而且在激光曝光过程中打印头不接触胶片，避免了打印头与胶片的摩擦产生打印头损耗和对影像的损伤。

激光热成像技术已经比较成熟，富士公司的 DRYPIX7000 的分辨力超过 500dpi，灰阶级数可达 14 位（16348 级），目前为市场上的主流产品。

激光热干式打印成像技术应用激光光源，使用热敏胶片形成潜影，再经过加热后形成影像，是目前干式打印成像技术中较成熟的一种技术，它具有速度快、环保、操作方便的优点。

激光诱导成像技术是激光热成像与单一碳基胶片技术的结合，激光扫描方式和激光热成像技术基本一样，不同的是使用了单一碳基胶片。高精密的激光束作用于面积很小并各自独立区域中的热敏附着层而形成图像潜影，使该区域的碳被激活，被激活的碳吸附于胶片的覆盖层上，然后将包含有负像的覆盖层拔掉，所需的正像保留在聚酯基层上，最后覆盖上一层保护层以便永久保存。胶片上碳素色去除的程度与入射的激光光强成正比，通过光强变化形成图像灰度，这就是该技术的成像原理。单碳基胶片不含卤化银，其表面是均匀涂抹的碳粉，对普通光线不敏感，可明室操作。

所有的干式激光成像的流程主要包括：①首先，胶片进入打印机扫描区。②激光发生器稳定运行，激光束按图像数据信息向胶片作离散的数字式扫描，非常精密地完成预定格式的打印，这一步为激光束对胶片图像层产生激励，类似传统成像的光化学反应，形成潜影。③紧接着由机械手撕下透明表层薄膜，这时薄膜上得到的一张正像，胶片上即为负像。④为保证负像胶片的耐久保存，继续由机械手覆盖上表面保护层，如同像片加膜。

第二节　热敏成像原理

胶片的成像层中含有成千上万个染料微胶囊和显色剂微胶囊颗粒，它们被均匀分散在含有黏合剂的涂层中。在室温下，微胶囊的囊壁把热敏染料等与显色剂隔离开从而阻隔了热敏染料与显色剂发生反应而发色，其中显色剂微胶囊玻璃点转化温度低于染料微胶囊囊壁的玻璃点转化温度，在高温加热过程中，显色剂微胶囊先变软，囊壁软化从而使囊壁的物质透过性显著增加，迅速释放出显色剂，继续加热到染料微胶囊玻璃点转化温度时，可以使先释放出的显色剂渗透进入染料微胶囊内部，与微胶囊内处于熔融状态的热敏染料接触发生反应而发色，这一反应每一像素只有 5ns 时间，即发色后胶囊温度也即冷却，微型胶囊又重新变成非通透性，而停止继续发色反应，保持了反应后的原始密度，温度不同微胶囊的渗透性不同，从而胶片上显现出不同发色密度。如图 9-2-1 所示，当温度降回至室温后，显色剂释放和渗透均停止，微胶囊内热敏染料发色形成一定的光学密度，且无定影程序。

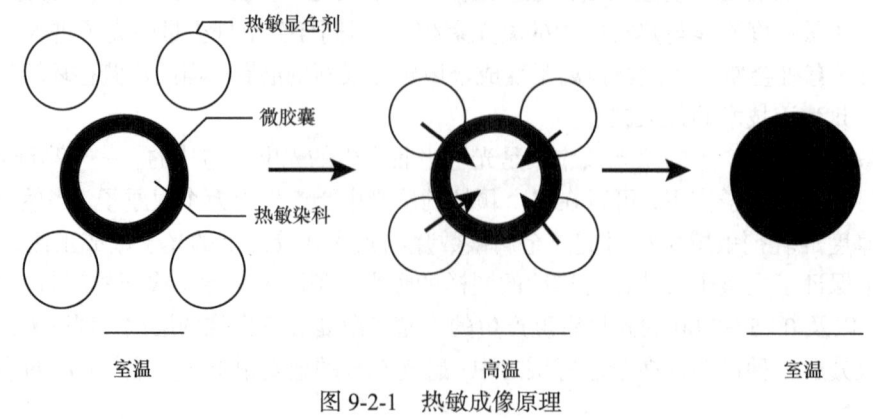

图 9-2-1　热敏成像原理

如图 9-2-2 所示，热敏打印技术是将图像数据转换成电脉冲后，传送给热力打印头，热力头再将电能变成热力，使热敏胶片显像。热力打印头由微小的热电阻元件组成，排成一列。电脉冲通过热电阻变成热能，每个元件产生的热能传到热介质表面，产生化学反应，形成相应的图像元素。电信号的强弱变化使温度升高存在差异，作用于胶片的敏感层而产生相应的像素。热力打印头元件的相应能力是靠可变电压来控制的，理论上讲，在瞬间让打印头的温度升高又降低到起始发色温度（每个像素灰阶的不同决定这一条件）是不太可能的，所以这种打印速度相对缓慢。热敏打印技术的图像分辨力可达 508dpi，50μm 大小的像素点。热敏打印技术所需的胶片对光不敏感，明室操作无意外曝光之担忧，而且机械结构较简单，易于操作和故障处理，开放式接口。

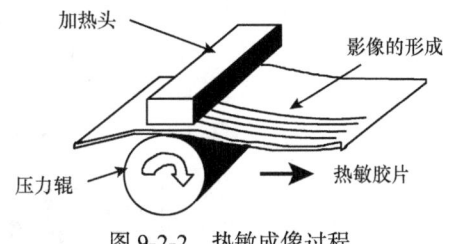

图 9-2-2　热敏成像过程

直热式成像的原理是热敏胶片被加热头和打印辊轴紧压在中间，打印辊轴转动，带动胶片传送，热敏头将热量转移到胶片，根据受热不同，胶片形成光学密度不同的黑白影像。

热敏成像仪由 220V 交流电源接口、24V 电源、PC 电源、操作面板、片盒、散热风机、胶片输出轮、散热风机、热敏头、热敏头散热片等组成，如图 9-2-3 所示。

热敏成像仪工作流程是通过网络获取 DICOM 格式医疗影像图像，然后直接以热敏成像的方式将图像精细输出到热敏干式胶片硬拷贝上，作为医生的诊断依据。成像仪可以接收来自医用影像采集设备的 DICOM 信息，经过自身图像处理后，将数字信息转换为电脉冲，通过热敏头把数字图像输出到胶片上，整个处理过程能够自动完成。

根据 DICOM 信息，胶片捡起部件自动从上储片槽或下储片槽中捡起指定规格的胶片，胶片传输装置将胶片送到热敏头工作区，图像处理及机电控制软件控制热敏头驱动器，热敏头将胶片紧紧压在橡胶打印辊轴上，根据图像密度信息，把不断变化的热量传输到胶片上。根据热量不同，胶片涂层内显色剂微胶囊、染料微胶囊呈现不同程度的软化和玻璃化，显色剂与燃料接触发生反应而发色，在胶片上形成清晰的黑白医用图像，打印完成后，胶片自动落到接片盘内，接片盘在成像仪的顶部，可以堆叠约 100 张胶片，等待医务人员取走、观片、诊断（图 9-2-4 和图 9-2-5）。打印过程无毒、无害，胶片不含任何金属成分；一张胶片可以各种格式排版，最多 54 幅图像；热敏头由 4480 个精密发热单元组成，打印到 14in×17in①的胶片上，能够得到 4480×5440＝2437.12 万像素的高分辨力影像。

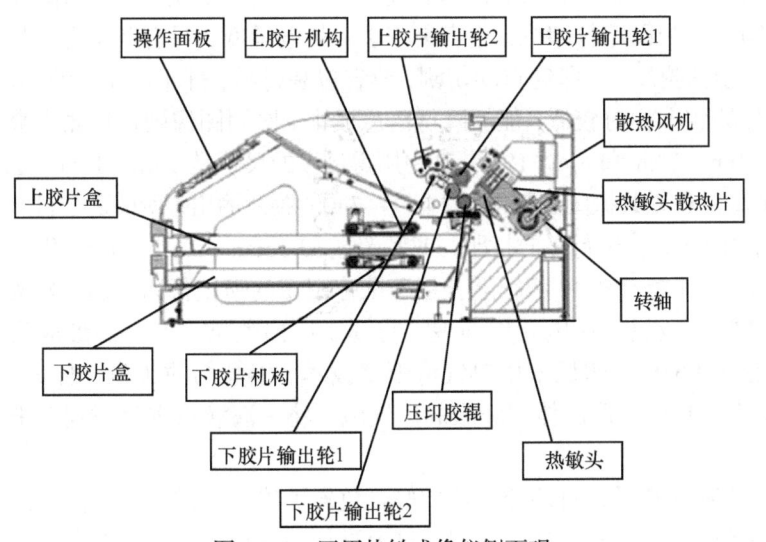

图 9-2-3　医用热敏成像仪侧面观

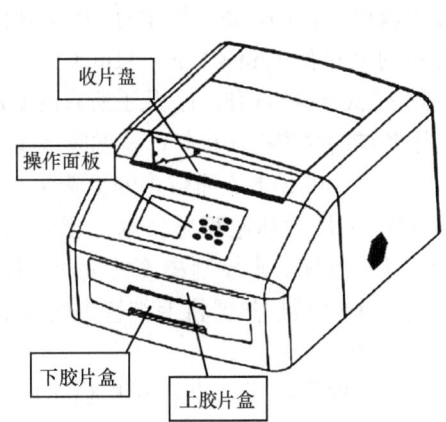

图 9-2-4　医用干式成像仪前面观

① 1in≈2.54cm

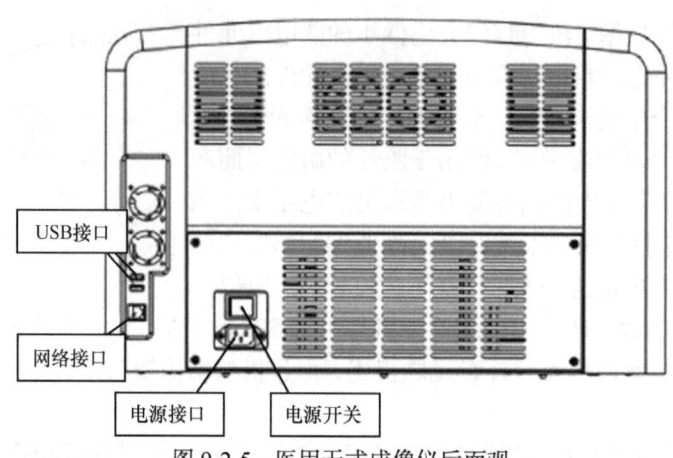

图 9-2-5　医用干式成像仪后面观

第三节　喷墨成像原理

图 9-3-1　喷墨成像打印机

干式喷墨成像技术在放射影像科（除心血管介入成像）很少用，在超声、核医学、血管介入成像中多见。它是在相纸或透明片基上打印出黑白或彩色的图像，喷墨成像打印机外形如图 9-3-1 所示。

医用数字化图像喷墨打印成像系统包括喷墨打印机、自接收医学 DICOM 标准图像并转化为普通 Windows 协议图像格式输出的服务器和喷墨打印胶片。支持黑白和彩色打印，有非常宽的应用范围，可以打印黑白的 DR、CR、CT、磁共振图像，并可以实现彩色输出，也可以打印彩超和 CT 三维重建等彩色图像。伴随着喷墨打印技术的发展，越来越多的高分辨力大幅面喷墨打印机得到应用，高分辨力、多灰阶的医用图像以喷墨打印的方式输出也逐渐成为主流之一。

喷墨打印是物理成像，与之前通用的干式激光成像和热敏成像相比，无任何化学反应，更加低碳环保，符合低碳医疗新趋势，而且喷墨打印机作为民用打印机，更容易安装，耗电量低，只有几十瓦，是医用激光和热敏打印机的十分之一；采用卷轴胶片，打印完自动切割，节省包装材料，打印机无须预热，开机就可以打印，而且喷墨打印机和胶片的成本相对较低，能够降低医患成本。医用图像硬拷贝输出最常用的尺寸有 14in×17in、11in×14in、10in×12in 和 8in×10in，其中用得最多的尺寸是 14in×17in，也就是 35.56cm×43.18cm，几乎所有的 CT 图像和磁共振图像都采用 14in×17in 的胶片输出，所以适合打印医用图像的喷墨打印机打印宽度应该超过 35.56cm，进行竖向打印，或者超过 43.18cm，进行横向打印。

目前，市场上流通较多的爱普生 4910 和佳能 iPF510 都很适合用于医疗图像的喷墨打印输出，爱普生 4910 采用微压电喷墨技术，压电元件收缩吸墨，压电元件伸展，将墨水压出喷嘴，在墨滴形成瞬间，马上收缩，来控制墨滴的大小。佳能 iPF510 打印机采用热气泡喷墨技术，墨盒与喷头是一体的，通过一个微型加热器将毛细管中墨水加热到沸点，形成体积膨胀的蒸气泡，将一滴滴墨水喷射到毛细管的顶端。

乐凯医用喷墨胶片采用优质的 PET 片基为基材，打印透过性能好，色彩鲜艳，图像分辨力高，抗光、抗老化性能好。采用蓝色 PET 片基的医用喷墨胶片适合在观片灯上进行阅片诊断，主要打印黑白图像，包装方式有卷轴式和散叶片式两种；采用白色 PET 片基的医用喷墨胶片适合观片灯阅片和普通阅片，主要打印彩色图像，包装方式主要是散叶片式。

在喷墨打印胶片的生产和制造过程中，涂层技术直接决定着产品质量。通过在涂层中添加三氧化二铝无机颜料，在墨水接受层形成毛细管，提高涂层的固色性能，使得影像色彩鲜艳，光泽度高，图像质量更好；而且三氧化二铝能够增加涂层整体硬度，打印完成以后表面无压痕；三氧化二铝具有良好的耐光、耐水性，能够加快图像干燥速度，更能够增加图像保存寿命。

喷墨打印机最常见的故障就是打印头软性"堵头"，一般都是喷头上的墨水暴露在空气中黏度变大所致，可以通过打印测试条的方式，观察哪条测试线有断线情况，确定哪个喷头被堵，可以使用打印机驱动程序应用工具中打印头清洗功能对打印头进行清洗，清洗后的脏墨水会自动注入废墨仓，废墨仓满后会在显示屏上有提示，需要更换废墨仓。如果连续冲洗 3 次都没有重开，那打印头堵头比较严重，属于硬性堵头，通常需要专业人士进行处理，可以用酒精或蒸馏水长时间浸泡，或采用超声波清洗的方式进行清洗。注意，由于墨盒与打印头之间偶尔会有气体，也会出现少量不规则断线，在这种情况下，关闭打印机放置一段时间，重新开机即可正常使用。为了防止堵头，打印机如果长久不用，每隔一段时间要开机打印测试，防止墨水干涸堵住喷头；坚持使用正确型号墨水，防止不同墨水混合产生沉淀。

目前，将数字医疗影像输出到喷墨打印机的技术已经非常成熟，医院也能够认可这种打印方式和打印质量。国内有几个公司正在推广这种喷墨打印方案，喷墨打印速度曾经是喷墨打印发展的一个瓶颈，比如爱普生 4910 打印 14in×17in 胶片，在照片纸优质打印的模式下，需要 2min 左右，相比医用激光打印机 0.5min 和热敏打印机 0.8min 的时间是长了许多。为了解决这个问题，有些厂家将数台喷墨打印机通过柜子叠放在一起共同连接到同一台服务器上，数台喷墨打印机共同承担打印任务，获得了很好的效果。

第四节　照片自助打印原理

为了方便受检者更早地拿到影像结果，目前许多医院采用照片自助打印技术。用照片自助打印技术可以从医疗影像诊断设备或者医疗影像处理系统，获取医疗影像的一种硬拷贝输出，它是采用直热式热敏成像技术，直接在医用干式热敏胶片上成像，具有不需冲洗加工、输出快速、操作简便、无环境污染等优点。它能够自动按照受检者编号和姓名分拣影像资料和诊断报告。当受检者的条码、二维码等信息输入到照片自助打印机时，所需图像资料就会自动输出，实现受检者的自助服务。

照片自助打印机在市场推广和使用过程中主要优势包括：①以单台设备替代人工操作，避免了复杂的定制过程，便于迅速普及。②单台设备体积小、重量轻，放置位置比较随意，能避免受检者排队的拥挤和实现 24 小时的自助化服务。③兼容医学 DICOM 标准模式、自助成像仪查询模式和打印共享（网络打印）模式多个标准模式，直接从 PACS 的输入设备及 PACS 的单台工作站获取信息，无须通过 PACS 服务器进行中转，能减少服务器压力并降低医院的成本。④简单的扫码或插卡即能帮助受检者获取到诊断资料，方便快捷。综上所述，照片自助打印机独具的多兼容标准模式，与用户亲和力必定会为医院降低人员成本、提高工作效率和缓解医患矛盾提供解决方案。

第五节　医学图像打印的质量控制

胶片的图像质量直接关系到受检者的诊断结果，故胶片打印的质量控制至关重要。要求以肉眼视觉检查打印影像无几何畸变。良好的图像边线应完全可视，线条应笔直。图像的光学密度适中，无任何伪影，影像的组织结构对比度良好。

打印机是复杂的且需要经常维护的设备，同时激光胶片参数易于变动，往往不同生产批次的胶片感光度略有差异，为保证照片质量需要根据激光胶片的感光度来调整激光束照度。另外，在 PACS 系统中的网络打印机，在打印不同模态的图像时也会出现偏差。打印质量会发生改变，因此对打印机按需进行的一系列检测、调整，必须由专业人员实施质量控制程序。一般来说，对于干式打印机应每天运行一下检测程序，对湿式打印机应每周运行一下检测程序，工程师每年至少应对每一台打印机进行一次全面检查、检测。对打印机不进行严格的质量控制是非常危险的，可能由于胶片质量问题造成误诊。胶片打印的质量控制可作为一个降低医疗服务费用的有效工具，提高医院的社会效益和经济效益。

尽管越来越多的影像科开始采用软拷贝，但硬拷贝在很长一段时期内不会消失，打印机仍将作为影像设备重要的组成部分，在影像科和临床科室具有重要应用价值。随着影像科进一步的数字化、网络化及其工作模式、诊断模式的改变，胶片打印在医院中的地位及其应用价值将进一步完善和提升。

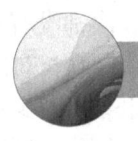

思考与练习

简答题

1. 简述激光打印原理。
2. 简述热敏打印原理。
3. 医学图像打印的质量控制有哪方法些？
4. 简述自助图像打印的过程。

（焦德琼）

第十章 图像存储与传输系统

> **学习目标**
> 1. 掌握：图像存储和传输系统（PACS）的原理、主要功能，以及 PACS 功能的基本构成。
> 2. 掌握：DICOM 标准及应用、服务器的要求。
> 3. 掌握：放射科信息系统特点与流程。
> 4. 熟悉：PACS 的优势与限度、互联网医学影像质量控制、受检者隐私保护的相关要求。
> 5. 了解：医院 PACS 的效益评估、数字云的基本概念与特点。

医学影像信息学是以数字图像为基础，利用计算机对医学影像进行后处理，并通过网络技术最大限度地获取医学影像信息，对其进行存储、传输、查阅、利用，甚至还可通过各类搜索引擎在最短的时间内利用互联网查全、查准医学影像相关信息，并对医学影像临床、教学、科研、设备及其科室进行全面质量管理与质量控制及其评价，采用动态网络信息使原始图像的信息量最大限度"增值"的一门新兴的、多学科交叉的边缘学科。无疑，医学影像信息学对于改善医疗流程，提高临床、教学、科研、管理水平有着极其重要的意义，它促使放射科信息系统（radiology information system，RIS）、医院信息系统（hospital information system，HIS）及图像存储和传输系统（picture archiving and communication system，PACS）相互融合构成医学影像信息系统（medical imaging information system，MIIS）。因此，医学影像信息学离不开包括 PACS 建设在内的生物医学工程，离不开医学影像技术学，离不开医学影像信息检索，甚至还包括因特网在内的多学科交叉的结晶，从根本上丰富、发展、完善了医学影像信息学的内涵与外延。概括地讲，医学影像信息学就是研究医学影像信息的获取、处理、传递、存储和利用规律的一门学科。

第一节 PACS 的产生与原理

PACS 是医学影像信息学的基础，也是医院信息系统中的一个重要组成部分，它是用计算机和网络技术对医学影像进行数字化处理的系统，其目的是代替传统的模拟医学影像体系。它主要解决数字化医学影像的获取，数字化医学图像的高速传输，数字化医学图像的存储，图像的数字化重现和处理，图像信息与其他信息的集成 5 个方面的问题。

PACS 于 20 世纪 80 年代初兴起，早期主要采用专用设备，整个系统价格昂贵。进入 20 世纪 90 年代后期，随着微型计算机性能的迅速提高，网络技术的快速发展，建设 PACS 的成本降低到大多数医院可以接受的水平。随着现代影像检查设备的不断发展，影像数据的来源和性质也发生了非常大的变化。检查设备由常规 X 射线检查发展到数字化的 CR、DR，由普通 CT 发展到螺旋 CT 再到多排探测器 CT，得到的医学影像数据由原来以胶片为介质的静态图像发展到可以调整的动态数字化图像；单次检查的图像数量由原来的几幅、十几幅发展到现在的几千幅。胶片结合观片灯的传统阅片方式已经不再适合现代医疗影像设备产生的数字化的、海量的图像信息的阅读和诊断。因此只有改变传统的阅读方式，使用

PACS 进行屏幕阅片才能满足数字化、海量图像数据的诊断需求。

一、概述

PACS 这一术语是由迈阿密大学医学院的 A. J. Duerinckx 于 1981 年提出的，由于它的代表性和国际通用性，一直沿用至今并越来越被人们所接受。目前，PACS 已经发展到了第三代。它是由图像采集装置、存储系统、显示设备、计算机处理器和数据库系统组成，这些组成部分通过通信网络系统连成一体，从 1986～1996 年 PACS 的相关技术已走向成熟，它们在医学影像科甚至整个卫生医疗系统得到了应用，特别在临床应用的 PACS 也逐渐在整个医院甚至在医院之间逐渐应用开来。PACS 起源于放射学，而这个概念可以应用到要求大批量图像和文字数据处理的任何科学领域。

随着医院现代化程度的不断提高，各种影像在疾病的诊断中起着越来越重要的作用，对于影像科室的诊断需要各种不同种类的影像，如普通 X 射线图像、CT、MRI、DSA、超声或同位素扫描等的图像，如果是对受检者的临床诊断同样依重于影像资料，或者是各科室之间或医院之间或是城市之间或是国际之间的综合会诊。那么，影像资料的获取是一个复杂的过程，费时费力，会对疾病的诊断造成延误，由于计算机技术的飞速发展，且各种影像都可以实现数字化作为基础，所以可通过通信传递将各个存储系统的资料进行共享。PACS 就在这种情况下应运而生。

PACS 是建立在医学成像、图像处理、工作站及网络设计、数据库、软件工程和通信工程基础上的技术含量高、实践性强的高新技术产品，旨在全面解决医学图像的获取、显示、存储、传送和管理的综合系统。近年来，随着数字成像技术、计算机技术和网络技术的进步，PACS 迅速发展起来，它是放射信息学的一个重要组成部分。它将计算机处理和现代通信技术应用于医学图像成像系统，充分利用有限的图像资源，将医用图像变换成数字图像信息用数据文件的形式保存起来，供以后反复调阅，并可通过各种公用或专用通信网络、计算机局域网、广域网或电话网在医院各科室、城市各医疗单位、地区或国家之间传送。比如，部门一级的 PACS 基本系统和医院范围内的 PACS 集成系统，一般均利用计算机局部网络（LAN）来实现医学图像和病案等软拷贝的传输，图像远程传输则可利用公共电话交换网和计算机广域网（WAN）来实现。它的发展和普及将对放射医学、影像医学、数字图像技术、计算机应用、现代医疗技术和医院信息系统（HIS）的建设发挥重要的作用。PACS 成了当今国际医学图像界的研究开发热点。美国放射学会（ACR）与美国电气制造商协会（NEMA）共同组成的联合委员会于 1993 年 11 月发布了 DICOM 3.0 标准，其中包括了一致性、信息目标定义、服务分类的技术指标、数据词典、信息交换、网络通信、点对点通信、介质存储及文件格式等内容。

PACS 一般以医院影像科室装备的医学图像设备为基础，逐渐扩充到其他的科室，目标是提高有关科室诊断、治疗和护理质量，提高各科室甚至整个医院的工作效率，为受检者提供及时而有效的服务。尽管 PACS 目前仍存在着投资高，技术困难和难以适应荧光屏观察的暂时困难等缺陷，然而，从长远的战略眼光来看，前景十分可观。

1994 年在北美放射学会年会上，有近 40 个厂家展出 PACS 技术和产品。在美国，PACS 已与国家级的通信网络相结合，成为美国军队和许多大医院提高图像诊断效率和节省成本的必备系统，仅 1994 年 PACS 产品总销售额达 3.98 亿美元，1995 年为 4.73 亿美元；在欧洲，PACS 已与 HIS 相融合，形成日渐扩展的医学信息网，且应用领域逐渐扩大；在亚洲的一些发达国家和地区，越来越多的小型和专用 PACS 或类 PACS 系统已在医院投入使用。在我国，PACS 的研究开发尚处于起步阶段，与国外相关产品相比，在规模、性能与功能方面，还有相当的距离，但通过切合实际的不懈努力，综合考虑了用户需求与承受能力、计算机设备与网络设施现状、国际标准与用户实际需求之后，生产出的 PACS 系统同样会受到医学界的青睐。

二、PACS 的原理

根据 PACS 的覆盖范围，可将其分为小、中、大 3 种类型。小型 PACS（科室级）：在医学影像学科范围内传输图像信息的网络；中型 PACS（医院级）：图像信息除了在影像科室传输外，它还能给临床相关科室提供影像服务；大型 PACS（区域级）：将院际的或城市间的 PACS 称为异地 PACS 或区域 PACS，它的特点是图像传输需借助公用通信网在广域网上进行。远程放射学正是在大型 PACS 的基础上发展起来的。目前，在我国主要以医学影像学科内部 PACS 和医院范围的 PACS 为主，这两种系统从技术而言相对容易实现。可以利用以太网在科室内部及科室之间实现医学图像与信息资源的共享。

（一）医学影像数据的获取

从各种影像设备及时准确地获取图像及相关的其他信息（如受检者信息、图像采集参数和有关的图像处理等）一直是早期 PACS 比较难处理的一个环节。虽然当时已经出现 CT、MRI、CR 等数字化的检查设备，但是这些早期的数字化医学影像设备所产生的数字化图像都是由各个设备生产厂商自己确定的专有格式，别人无法利用，造成了不同生产厂商的设备产生的图像格式不兼容的问题。因此，早期的 PACS 多采用 A/D 转换技术，对胶片等介质上所记录的模拟信息进行数字化转换，得到数字化的医学影像，并输入 PACS。由于中间有一个 A/D 转换的过程，不可避免地会造成原有医学影像中一些信息的丢失，这样就使通过 A/D 转换所得到的数字化医学影像的诊断价值大打折扣。这个问题极大地影响了 PACS 的发展，成为早期 PACS 发展的最大障碍。

为了解决上述问题，DICOM 应运而生。最初是由美国放射学会和美国电气制造商协会于 1982 年联合组织了一个研究组，并在 1985 年制订出了一套数字化医学影像的格式标准，即 ACR-NEMA 1.0 标准，随后在 1988 年完成了 ACR-NEMA 2.0 标准。1993 年美国放射学会和美国电气制造商协会在 ACR-NEMA 2.0 标准的基础上，增加了通信方面的规范，同时按照影像学检查信息流的特点重新修改了图像格式中部分信息的定义，制订了 DICOM 3.0 标准。此后，DICOM 3.0 标准逐渐被世界上主要的医学影像设备生产厂商接受，成为事实上的工业标准。DICOM 3.0 标准解决了图像兼容和信息交换两大问题，为 PACS 扫清了发展道路上的最大障碍。

在遵从 DICOM 标准的环境中，PACS 获取医学影像的过程大致如下：①影像检查设备产生相应受检者的检查图像。②根据 DICOM 协议相关部分的定义生成包含受检者基本信息、扫描或曝光信息以及检查图像的 DICOM 格式文件。③按照 DICOM 协议的规定以及事先设置的传输参数，通过网络系统把图像文件发送至 PACS 或由 PACS 直接向设备查询并获取相关的检查图像。

由于 DICOM 协议的出现，PACS 从影像设备中获取医学影像变得非常便捷、可靠、灵活而且非常经济。主要体现在以下几个方面：①只要 PACS 和影像设备分别设置好 DICOM 相关的参数，并且保证设备与 PACS 间的网络联通，就可以非常便捷地得到影像设备的影像数据。②得到的影像数据中，除基本图像外还包括了受检者基本信息、图像采集参数等非常重要的信息，这样就使获得的信息更加可靠、安全。③在 DICOM 标准中定义了两种不同的影像数据获取方式：PACS 可以主动地到设备中查找，取得相关受检者的影像数据；也可以被动地等待接收设备传输的影像数据。这就使得影像数据的获取更加灵活。④遵从 DICOM 标准的影像数据本身就已经是数字化的数据，并且使用普通的个人电脑结合相应的软件便可以得到医学影像数据。早期普通使用的昂贵的 A/D 转换设备，如激光读取系统已无用武之地，这样医学影像数据的获取就变得更加经济。

（二）医学影像数据的传输

医学影像数据的传输是连接 PACS 各部分之间的桥梁。由于网络技术和计算机技术水平的制约，早期的 PACS 传输环节是系统的一个瓶颈，最普遍的两个问题是：影像浏览终端取得图像时间过长和网络拥堵。伴随着技术的更新和发展，传输问题已经得到了很好的解决，影像浏览终端可以在很短的时间内得到图像并开始诊断工作。目前，主要使用以下技术解决传输问题。

1. 先进的网络技术　网络技术经过几十年的发展，性能已经有了大幅度的提高。以目前医院内应用最为广泛的以太网为例，其传输速度已经由最初的标准以太网的 10MB/s 到快速以太网的 100MB/s，再到现在千兆以太网的 1000MB/s，甚至更高的 10 000MB/s；传输介质从以同轴电缆、3 类双绞线为主发展到现在的以高速光纤传输为主干，结合高速双绞线，如超 5 类双绞线或 6 类双绞线的部署模式。这些技术的应用使医学影像数据的传输速度有了百倍甚至千倍的提高。传输速度的提高可以大量减少医师在影像浏览终端浏览图像的等待时间，提高了医师的工作效率。当然这是理论情况，在实际的应用中并不能达到这个理论值，经过优化的网络其传输效率还是可以达到80%以上的。

网络的高速传输距离由过去的 1km 左右，发展到现在的在保证高速传输的情况下不低于 40km；在网络类型的选择上，由于以太网的优势，以前繁多的网络类型，如令牌环网、光纤分布式接口网络、异步传输模式网等逐步淡出局域网的舞台，目前以太网几乎一统天下。长距离高速传输的保证以及网络类型的统一，使医院内部或所有院区和分支部门间的网络互联互通变得十分简便，让 PACS 在医院内部网络逻辑结构复杂的情况下成功部署并普及应用（图 10-1-1 和图 10-1-2）。

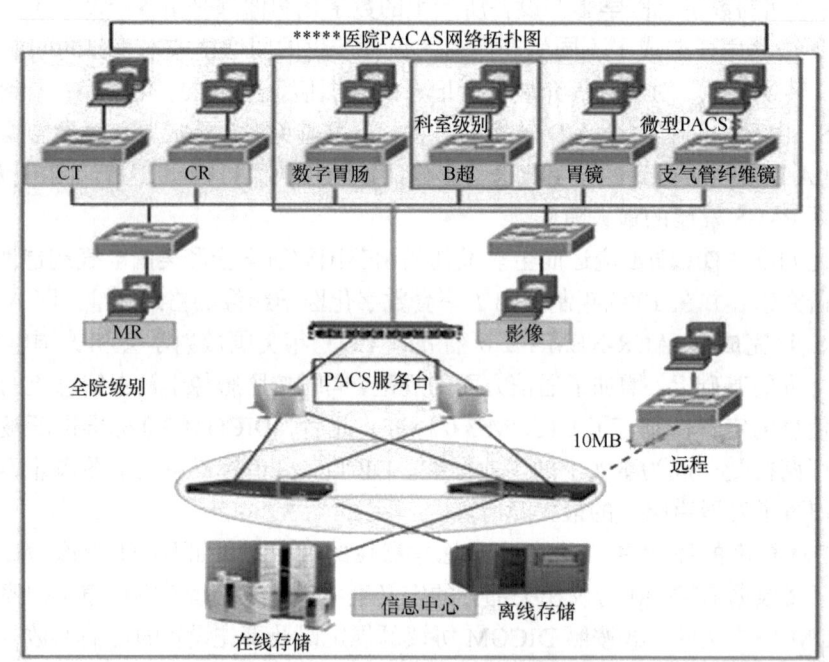

图 10-1-1　医院 PACS 网络拓扑图

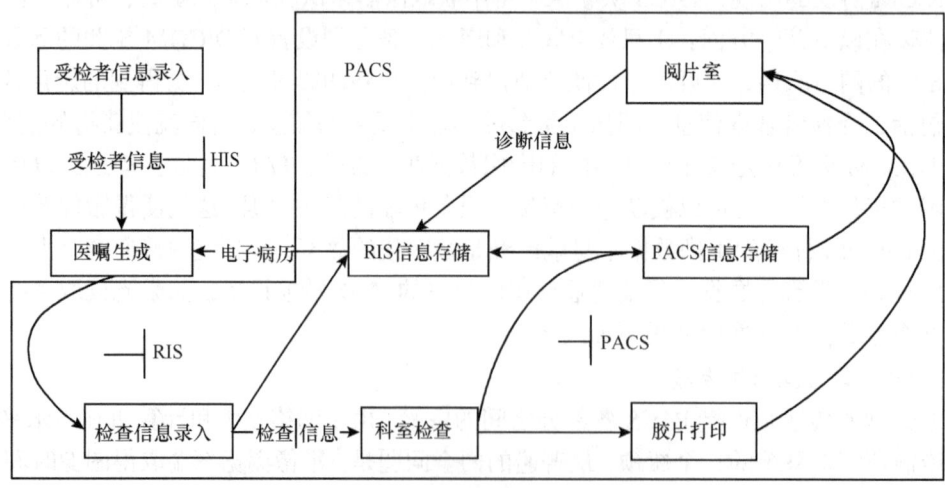

图 10-1-2　医疗影像信息管理系统

2. 图像压缩技术　数字化的医学图像数据量非常大，单次检查的数据量少则十几兆字节，多则上百兆字节，甚至可以达到上千兆字节。如此大的数据量在 PACS 中频繁传输，给网络带来巨大的压力，会造成传输网络的拥塞甚至瘫痪。因此，医学图像数据压缩技术就进入 PACS 领域中。图像压缩技术，是一种选择性地减少图像数据中的冗余度，从而达到压缩图像数据、缩短传输时间的软件技术。对图像进行压缩的好处是显而易见的，压缩后的图像容量可以成倍地缩小，对存储来说可以节省大量的空间，更为重要的是图像容量的缩小使传输所用时间更短,网络传输系统的压力大大减轻,可以较好地解决因为传输数据巨大而造成的网络拥塞和瘫痪问题。

DICOM 标准中推荐了多种图像压缩算法和压缩等级,以确保数字化医学图像压缩后的诊断价值。这些算法包括:JPEG image compression、JPEG-LS image compression、JPEG2000 image compression、RLE compression。联合图像专家组(joint photographic experts group,JPEG)专门致力于静止图片压缩。目前 JPEG 已开发 3 个图像标准。

第 1 个标准直接称为 JPEG 标准,正式名称叫连续色调静止图像的数字压缩编码(digital compression and coding of continuous-tone still images)。JPEG 算法共有 4 种运行模式,其中 1 种是基于空间预测(DPCM)的无损压缩算法,另外 3 种是基于离散余弦变换(DCT)的有损压缩算法。

第 2 个标准是 JPEG-LS,正式名称是连续色调静止图像无损/接近无损压缩标准(lossless/near-lossless compression standard for continuous-tone still images)。JPEG-LS 仍然是静止图像无损编码,能提供接近无损的压缩功能。JPEG-LS 算法的复杂度低,却能提供高无损压缩率,但它不提供支持扩缩、误差恢复等功能。

第 3 个标准是 JPEG 最新的 JPEG2000 标准。该标准不仅能提高图像的压缩质量,而且还能得到许多新功能,例如,根据图像质量、视觉感受和分辨力进行渐进传输,对码流的随机存取和处理,开放结构,向下兼容等。与以往的 JPEG 标准相比,JPEG2000 压缩率比 JPEG 高约 30%,它有许多原先的标准所不可比拟的优点。JPEG2000 与传统 JPEG 最大的不同在于它放弃了 JPEG 所采用的以离散余弦变换为主的分块编码方式,而改为以小波变换(wavelet transform)为主的多分辨力编码方式。

除 DICOM 标准中推荐的这些压缩算法外,一些厂商也使用其他的一些压缩算法解决医学图像数据问题,如超声心动和心导管的动态图像,用运动图像专家组(moving picture expert group,MPEG)标准对图像进行压缩,同样取得比较好的效果。医学图像关系到医学诊断的准确性,过高的压缩比率会使影像数据体积减小到原来的几分之一,甚至上百分之一,势必造成原图像部分信息的丢失,从而影响图像质量,导致图像质量退化。因此,如何在图像压缩比率和图像质量之间谋求平衡仍然是有待解决的一个问题。目前在应用于诊断的环境中通常使用无损压缩算法,压缩比率保持在 4∶1 或 2∶1。这样图像经过解压缩后可以完全还原到压缩前的状态,保证了数字化医学图像的诊断质量,并且可以做进一步处理,如三维重建。只有在一些对图像质量不敏感或对传输速度要求较高的环境中,如影像浏览、远程放射才适当使用有损压缩算法。

(三)医学影像数据的存储

存储在 PACS 中的医学影像数据包含了丰富的病例及其影像学信息,这些医学影像学数据可以随时按不同的要求完全地重现出来。从医院的角度来看,这些医学影像学数据的价值是巨大的。医院为了更好地管理、利用这些资源,就要求 PACS 能长时间保存医学数字化图像,以较短的等待时间调阅任意时期的历史影像资料。医学数字化影像自身文件大,不允许使用有损压缩算法,这使得医学数字化影像的存储成为 PACS 最为重要的功能之一。

1. 存储结构　目前应用较为广泛的存储结构有集中模式和分布式模式。

(1)集中模式:由 1 个功能强大的中央管理系统(服务器)及中央影像存储系统服务于所有 PACS 设备和影像,以提供集中的、全面的系统运行和管理服务。集中模式有利于对系统资源和服务实施进行有效的管理,每个用户可以在 PACS 网络覆盖范围内的任何地点、任何时间访问影像,但对网络宽带及传输速率、管理系统设备软件和硬件性能及稳定性要求较高。

(2)分布式模式:PACS 由多个相对独立的子单元(系统)组成,每个子单元有独立的存储管理系统。可以设或不设中央管理服务器,但通常应具有 1 个逻辑上的中央管理系统/平台。该模式也可以由多个 mini-PACS 整合形成。分布式模式是早期 PACS 最为常见的存储模式,它有利于减轻网络负荷,结构的安全性比较好。缺点是比较复杂,实现比较困难,资源和服务的管理、利用不如集中模式。

2. 存储方法　早期的 PACS,由于网络性能和存储技术的制约,通常把存储系统分为 3 个级别。

（1）在线存储：使用高性能的存储设备，如服务器直接挂接硬盘或高性能磁盘阵列，用来存储访问概率最大或对访问响应速度要求高的医学影像数据（通常是6个月以内的）。

（2）近线存储：使用性能一般的存储设备，如普通磁盘阵列，存储一定时期内被访问概率较低的医学影像数据。

（3）离线存储：通常使用性能相对最差、容量大、价格便宜的存储设备，如磁带库或光盘库，用来存储被访问概率非常小的医学影像数据。保证影像数据的安全性和完整性，供以后需要的时候调阅。为防止数据丢失，存储系统中应该有备份部分，有一些厂商为降低成本，使用离线部分作为医学影像数据的备份。

3. 随着网络技术、存储技术的发展，网络和存储设备的性能都有了大幅度的提高，存储设备的成本投入也快速下降。PACS存储系统已经从早期的三级存储，逐渐发展到现在的二级存储，即在线存储部分和备份部分。适合PACS使用的存储方案主要包括：磁盘类、光盘类和磁带类。磁盘类由于拥有高性能，主要应用于在线存储部分；光盘类和磁带类性能相对较差，多应用在备份部分。

（1）磁盘类。磁盘类存储系统主要包括磁盘阵列、存储局域网（SAN）、网络直连存储（NAS）。

1）磁盘阵列是最为传统的存储解决方案，在各种情况下都有着比较成功的应用。磁盘阵列将多个磁盘进行统一管理，使它们能够并行操作，以提高整个磁盘设备容量、传送能力及可靠性，其主要由阵列柜和放置在其中的硬盘组成。磁盘阵列与外部接口主要有小型计算机系统接口（small computer system interface，SCSI）和光纤通道（fibre channel，FC）接口。SCSI接口的连接速率已经达到640MB/s，光纤通道接口达到2GB/s的高速度，从传输性能来看完全可以满足PACS的要求。由于廉价的磁盘冗余阵列（redundant arrays of inexpensive disks，RAID）技术的应用，磁盘阵列的容量和安全性都达到了比较满意的程度。不足之处在于阵列磁盘机的限制（一般10~12个硬盘位），其容量虽然可以超过1TB，但一旦所有盘位插满硬盘，阵列本身扩展能力达到极限，其扩展性将变差。

2）存储区域网络（storage area network，SAN）是一种类似于普通局域网的高速专用存储网络，它通过高达2GB/s的光纤通道集线器、交换机和网关等连接设备建立起服务器和存储设备之间的直接连接。SAN不是一种产品而是配置网络化存储的一种方法。这种网络技术支持远距离通信，允许存储设备真正与服务器隔离，使存储成为所有服务器共享的资源，并且近乎无限地扩充SAN的存储容量。虽然SAN的性能和扩展能力对PACS非常适合，但其高昂的价格是多数医院承担不起的。

3）网络附属存储（network attached storage，NAS）是一种将分布独立的数据整合为大型、集中化管理的数据中心，以便对不同应用服务器和终端进行访问的技术。一个NAS可以是一个服务器或一组专门用来存储的服务器群，在这样的体系结构中，磁盘空间的扩展如同在网络上添加打印机一样简单便捷，因此NAS的扩展性最佳。尽管NAS内部也组成了RAID，但由于其附加于网络，所以传输性能受网络因素的影响较大，单纯从性能参数看它的性能较磁盘阵列和SAN差。

（2）光盘类和磁带类。目前可以满足PACS需要的光盘类和磁带类存储设备主要有光盘库（CD盘库和DVD盘库）、磁带库。

在性能方面，光盘库、磁带库由于其中包含了机械转换机构，性能必然受到较大的影响。磁带库更换磁带的时间平均在18~30s，对数据定位时间平均也要15s，这样数据还没有开始读取就已经用去30s以上，而且根据接口的不同，传输速率通常不大于80MB/s，再加上网络的影响，直接调用其上影像数据的等待时间可想而知。光盘库的情况好一些，更换光盘的时间只需3~5s，读取反应时间为百毫秒级，传输速率32倍速，理论上为4.8MB/s，若4台CD-ROM并发读取为19.2MB/s。光盘库、磁带库通常配有1~6个驱动器，并行访问性能比较差。

光盘库、磁带库扩展能力一般，当库中的光盘或磁带用完后换入新的光盘或磁带，换到库外的光盘或磁带上的数据就变成非在线的数据，这就带来一些问题。当有医师需要调用这些数据时，要有系统管理员的参与完成，这样调用的效率就大大降低了，因此光盘类和磁带类适合作备份部分。

（四）医学影像的重现和处理

数字化的医学影像信息进入 PACS 后，是为了对其在计算机屏幕上进行重现和处理，实现在计算机屏幕上阅片的软拷贝阅读（soft-copy reading），用这种诊断方式取代传统的胶片（硬拷贝）结合观片灯的诊断模式。

1. 医学数据的重现　医学数据的重现是进行"软阅读"方式的基础。医学影像在计算机显示器屏幕上显示的质量，对于影像诊断细节的观察至关重要，因此显示器就成为"软阅读"的关键所在。

普通彩色显示器的亮度只是灰度显示器（医用显示器）的 1/8 左右，它由红、黄、绿 3 个单元组成 1 个像素，其空间分辨力不及灰度显示器，所以医学影像诊断应尽可能使用灰度显示器。

2. 医学影像的处理　通常 PACS 的影像处理包含以下功能：缩放、移动、镜像、反相、旋转、滤波、锐化、伪彩、播放、窗宽窗位调节、提供 ROI 值、长度、角度、面积等数据的测量。这些都是为辅助医师诊断而提供的最基本的图像处理功能。随着技术的进步和新型影像检查设备的投入使用，PACS 的影像处理功能也在随之改变。

（1）三维技术得到了广泛的应用。通过三维重建后的图像，可以在一定程度上弥补设备的缺陷，医师可以快速、准确地找到关键断面和病灶，准确直观地了解到病灶与周围组织的关系。

（2）计算机辅助诊断功能越来越多。计算机辅助诊断功能的应用，可以自动计算出左右心室容量、喷射指数；有的标注出血管狭窄、钙化位置、乳腺癌可疑点、提供 PET SUV 值和 CT 值等。这些功能极大地减轻了医师阅片工作的劳动强度，节约了诊断时间，提高了工作效率。

（五）医学影像信息与其他医疗信息的交换

近年来，随着医院管理信息化的程度不断加深，在 HIS 的各子系统之间医疗信息的交换日益成为人们关注的问题。随着大规模集成电路技术、大容量低成本存储系统、光纤和高速网络通信技术的进一步成熟，影像的实时分析成为可能，加上医院对"无胶片"诊断及影像学数字化管理的需求，PACS/RIS 快速发展。PACS/RIS 作为在医院信息管理系统中医学影像信息的产生者，以及其他医疗信息的使用者，成为医疗信息交换过程中一个重要的组成部分。在这样的环境中，PACS/RIS 已经不能再像以往那样作为一个相对独立的系统工作，它需要与外界进行大量信息交换。需要与 PACS 进行大量信息交换的部分主要包括影像检查设备、RIS 及 HIS。

在信息交换过程中，除 DICOM 标准起着重要的作用外，HL7 协议也扮演着重要的角色。健康水平第 7 层（health level seven，HL7）组织的主要目的是发展和整合各型医疗信息系统间，如临床、检验、药店、保险、管理、行政及银行等各项电子资料的交换标准。HL7 已被全球多个政府机构及大型企业所采用。它致力于发展一套联系独立医疗计算机系统的认可规格，确保医疗卫生系统如医院信息系统、检验系统、配药系统及企业系统等符合既定的标准与条件，使接收或传送一切有关医疗、卫生、财政与行政管理等资料或数据时，可达到及时、流畅、可靠且安全的目的。

HL7 通信协议汇集了不同厂商用来设计应用软件之间接口的标准格式，它允许各个医疗卫生机构不同的系统之间，进行重要资料的通信往来。通信协议的设计同时保留相当的弹性，使得一些特定需求资料的处理维持兼容性。HL7 组织参考国际标准组织（ISO）开放式系统互联（open system interconnection，OSI）的标准通信模式，将 HL7 纳为最高的一层，也就是应用层。它的规范提供了关联性的分类、有效检查的产生、结构性交换资料的机制与协商；功能则包括安全检查、使用者身份确认、有效检查、交换运作流通及其中最重要的资料交换建构等。

HL7 已经成为医疗信息交换协议的权威，允许不同系统在交换资料及数据时取得快捷、一致的效果。目前 HL7 的最新版本为 Version2.5 2003，是由 ANSI 的程序投票一致通过的标准，也是被广泛使用的一个版本。HL7 组织正积极致力于发展新的版本。

1. 与影像检查设备间的信息交换过程　PACS 与影像检查设备间的信息交换，主要是医学影像的交换。与影像检查设备进行医学影像的交换是 PACS 同外界最基本的信息交换。信息的交换过程同 PACS 获取医学影像的过程相差无几，只是在这个交换过程中保存在 PACS 的 DICOM 格式的影像文件也可以返回到影像检查设备。因此与影像检查设备之间进行医学影像的交换是 PACS 的基本功能之一。

2. 与 RIS、HIS 之间的信息交换过程　RIS 是用来优化、管理影像科室日常诊断工作流程的系统，它是 PACS 最重要的"伙伴"，也是信息放射学中重要的组成部分。其主要功能包括预约登记功能、受检者基本信息和检查信息的输入即分诊功能、诊断报告的生成和确认功能、受检者相关信息的查询功能、影像科室工作量和其他管理信息的统计查询功能。

目前 RIS 的架构主要有两种：①PACS 与 RIS 相互分离，使用各自的数据库，各为独立的系统，在欧美 RIS 多采用这样的结构；②PACS 与 RIS 融合在一起，使用同一套数据库，PACS 与 RIS 是一个不可分割的整体，这种架构主要是国内厂家根据国内影像科室的工作流程及工作习惯而设计的，并在很多医院取得了很好的效果。

无论 PACS 和 RIS 如何组合，能够与 HIS 进行信息交换是 PACS/RIS 最基本的也是最重要的要求。在不与 HIS 连接的环境中，RIS 要完成预约登记和分诊功能，要靠操作人员录入很多信息，如受检者的人口信息、受检者本次检查的相关信息，这就增加了分诊操作员的负担。当两个系统进行信息交换后，RIS 识别相关的受检者识别码，通过 HL7 协议或专门的接口可以直接显示该受检者的人口信息，以及本次检查的信息。这样，分诊操作人员只需录入几个相应字符即可完成预约或分诊操作，大大提高了工作效率。在通常的工作流程中，影像检查的诊断报告确认完毕后，胶片和报告由受检者自己或影像科工作人员带到临床医师处，再由临床医师完成临床诊断。这个过程中可能由多种原因造成临床医师得到受检者影像信息不及时，延误诊断。在 PACS/RIS 与 HIS 可以进行交换的情况下，受检者的医学影像信息和影像诊断信息可以第一时间出现在临床医师的工作站上，省去胶片和诊断报告传递的时间，避免一些人为的错误，节约了临床诊断的时间，同时也在一定程度上确保了临床诊断的准确。

无论何种架构的 RIS 都需要与 PACS 以及影像检查设备进行受检者信息的交换，这对于 PACS 和影像检查设备都是十分有意义的。在传统的影像检查流程中，设备操作技师或医师不能及时了解到要为哪些受检者进行检查，影像诊断医师也不能了解到要进行诊断的受检者当前处于检查流程中的哪个步骤，这样就造成了影像检查、诊断过程中局部工作的无计划。而且很多受检者的信息分别存在于互不交换信息的 HIS、RIS 和 PACS 里面，许多信息需要在不同的系统和检查设备上重复输入，不能充分共享，更重要的是无法保证数据的一致性。在 RIS 可以与 PACS 和影像检查设备进行信息交换的环境下，结合 RIS 与 HIS 的信息交换过程，可以很好地解决这些问题。当有一个新的受检者信息进入 HIS 或原有某受检者信息发生改变时，HIS 会自动通过 HL7 协议更新 RIS 的数据库，保存这些受检者信息；每完成一次预约或分诊，RIS 会自动通过 HL7 协议通知 PACS 和影像检查设备有新的检查将要进行；检查开始时，影像设备会通过 DICOM 标准的相关部分由 RIS 查询受检者和检验基本信息，提取到设备操作台，并自动填写影像设备所需信息；检查完成后，影像设备会通过 DICOM 标准的相关部分通知 RIS 检查完成；影像诊断医师会在 RIS 得到相应的状态提示，并完成报告，RIS 会通过 HL7 传送报告给 HIS。这样就形成了一个完整、顺畅的工作流程，解决了受检者基本信息的多次输入问题。

PACS 的主要功能

从工程的角度看，PACS 有如下功能：①采用计算机技术存储和管理数字化医学影像资料，做到图像的高速存取；②采用光盘存储技术，可靠性高、节省资金，实现医院的无胶片化存档和管理；③利用网络技术，实现影像资料的共享，可提高医学图像的利用价值和复用率，从而充分利用有限的图像资源；④在国际信息联网或多种通信技术充分发展的前提下，容易达到远程影像和远程医疗的目标；⑤应用多种图像处理手段将大大丰富医生的诊断信息。

从临床的角度观察，PACS 的优越性有：①将从根本上改变传统的对胶片等硬拷贝的手工管理方式，有效提高医学图像的服务效率；②对图像可进行多种后处理，从而可以观察到传统胶片无法观察或很难观察到的新的信息，有助于快速、准确地作出诊断；③与传统方式相比，可减少档案保存设施和管理人员,从而降低图像的存档成本;④可克服时间上和地域上的限制,使医护人员能为各类受检者提供及时的诊断、治疗和护理;⑤采用全数字化的 X 射线摄影可使受检者的受照剂量下降一个数量级;能有效减少受检者的辐射损伤;⑥以影像再处理,间接地提高诊断效率。一个完整的 PACS 是由医学图像采集、大容量数据存储、图像显示和处理、数据库管理、用于传输图像的局域或广域网络等五个单元组成的。PACS 还常常需要与 HIS 及 RIS 连为一体。

第二节 PACS 功能的基本构成

一、PACS 的组成

PACS 基本上由医学图像采集设备、大容量数据存储设备、图像显示和处理设备、数据库管理设备与通信设备等五部分组成。图像采集设备包括各类断层扫描成像系统和各种射线照相技术形成的胶片等硬拷贝数字化扫描采集设备,以及 X 射线数字化的采集设备;图像显示和处理设备包括各种图像终端、图像工作站(图 10-2-1)。

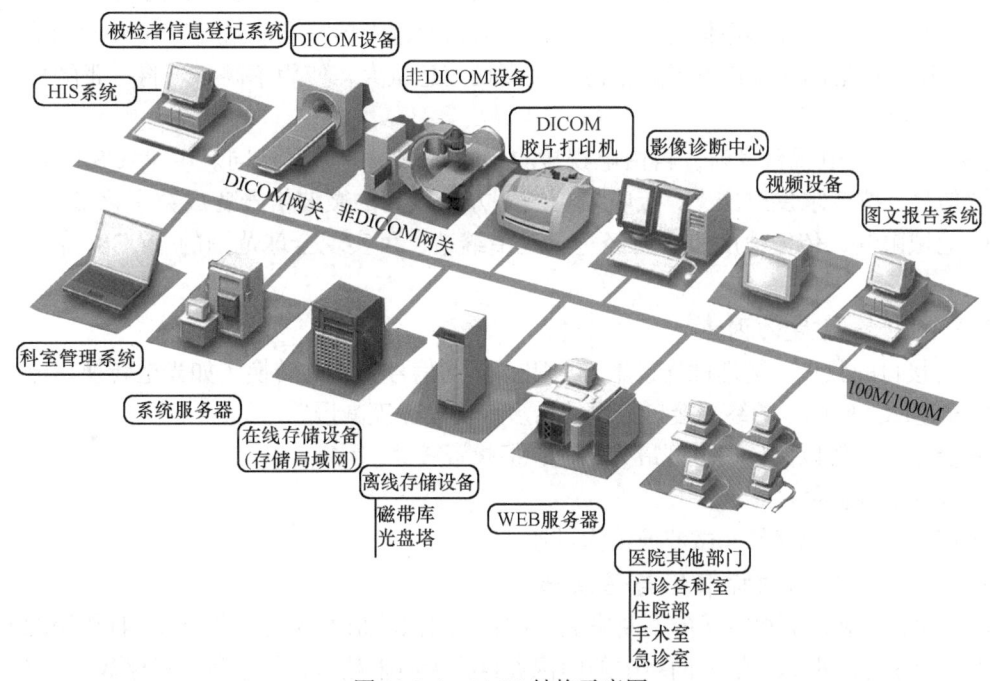

图 10-2-1 PACS 结构示意图

PACS/RIS 功能的基本构成:①受检者登记终端。PACS 具有独立的受检者登记终端,可以将受检者资料送到 RIS 服务器,与 PACS 图像资料自动接合,自动管理。通过 worklist 将受检者的基本信息传输到各种医疗影像设备,实现信息共享,避免信息重复输入。②图像采集模块。医疗设备与 PACS 的接口,通过网络接口(DICOM3.0)将影像设备上的图像数据采集到 PACS 服务器中。③图像浏览终端。该终端从 PACS 服务器上查询检索到诊断医师所需的受检者资料后,提取图像资料和相关的其他资料,并将图像用高分辨力显示器进行显示。④诊断报告模块。完成影像诊断书写、审核、存档及报告打印等功能。⑤图像输出及打印模块。PACS 可将 DICOM 标准格式的图像转换成 Windows 所通用的标准 BMP 或 JPEG 格式,方便医师进行教学和科研工作。同时可提供 DICOM 接口的打印模块,将图像用高品质的激光打印机打印在纸张或胶片上。⑥图像存储模块:有在线、近线、离线存储三种形式。设备选择磁盘阵列、光盘库、磁带库、MO 和 CD-R、DVD 等。⑦系统管理模块。在对 PACS 上的基本信息如用户、权限等系统管理的同时,对整个医院影像设备的成本效益进行统计分析,并且对医师的工作进行实时监控。⑧图像后处理模块。3D 工作站上进行各种 2D、3D 图像后处理等。⑨图像共享及远程会诊系统。

通过医院内部局域网将图像发送到其他科室，实现影像资料共享，并可提供 Web 服务，通过 Internet 传送图像，实现远程会诊。

医学影像传输

影像的传输是 PACS 各部分之间的桥梁，其关键是传输速度和单位时间内的传输量，即信息流量，这也是限制 PACS 大范围应用的因素之一。

（一）传输类型

根据传输的目的分为直线型、星型、圆型和平行型。两点间的传输主要用摄影设备与计算机中心之间及终端间的联系；星型是计算机中心与各个终端间的联系；圆型和平行型则是各医院的 PACS 之间的联系，以形成中心系统乃至大型网络。

（二）传输方法

目前用作影像信息传输的媒介基本有三种：电信号、光信号和微波。

1. 公用电话回路　将 PACS 内的影像信息以电信号的形式，通过电话线来完成信息转换。这种方法简便易行且费用低，但传送速度太慢。经过信息压缩后的一张胸片大约需 10min 才能传送出去。

2. 光导通信　将数字化影像信息变换成光信号后，通过光导纤维来完成 PACS 间的信息交换。光纤通信技术可以准确地高速度传输影像信息，且交换信息量大，使用率高。若将一张胸片的信息传到 300m 以外只需 0.16s。

3. 微波通信　与电视台发射，再由电视接收机再现影像的原理相同。由 PACS 中心将数字化影像变成微波信号，按要求发射出去，接收信息的一方将收到的微波信号变成数字化影像并重建图像。此方法不受地域限制，传输速度快，若经过卫星中继站，可实现全球范围的 PACS 传输。缺点是设备投资太大。

（三）影响传输速度的因素

1. 终端与接口的数量　物理性连接增加电阻，不同信号介质的转换（如光电转换、电光转换）均直接影响传输速度。所以，随终端接口数量的增多，传输速度减慢。

2. 传输类型　一般以圆型加星型最为迅速，但投资较大；使用电话回路则速度太慢。

3. 传输媒介　一般以光导和微波通信为迅速。

（四）医学影像传输的标准化与信息压缩

随着数字化技术和计算机技术的不断发展，数字化图像的采集方式越来越多，且传统的 X 射线摄影也在逐步走向数字化。那么，输入网络中的图像资料将会越来越多，信息量会越来越大。在 PACS 中，图像的标准化和信息压缩便成了医学传输中的首要问题。

1992 年，ACR-NEMA 在北美放射学会上展示了它的第三个版本，并被正式命名为 DICOM 3.0，这个版本不但兼容了前面的版本，而且还进行了多方面的扩充和改进，最主要的特点是将点对点的通信标准扩展为建立在 OSI 和 TCP/IP 基础之上的医学影像的网络通信标准。DICOM 3.0 还允许建立多种文件夹，且每个文件夹都可存入多幅图像。该版本还淘汰了以前的 50 帧接口协议，取而代之的是更适合于新成像设备和通信管理的接口。它能够支持几乎所有的数字化影像设备、HIS 和 RIS。DICOM 标准主要针对 PACS 的图像统一和高效率的传输而制订。

为了达到高效的传输，必须对 PACS 中的信息流进行压缩，在 ACR-NEMA 标准的第二个版本中就已经制订了图像压缩的标准，它包括压缩、量化和编码三个部分。目前公认的压缩标准有 JPEG 和 MPEG，它们适用于静止图像和运动图像的压缩编码，不但可以压缩灰度图像，而且可以压缩真彩色图像，所以 JPEG 很容易应用于 PACS 中。有人对一幅 2000×2000×12 位（8M）的 X 射线图像进行了 JPEG 压缩，压缩比在 10：1 的情况下，图像仍能保持原来的细节，并通过 ISDN 传递时，所需时间由原来的 17min 左右缩短到 100s。上述压缩是有损压缩，它也是影像压缩中采取的主要方式，在无视觉损失的情况下，力求更大的压缩比有利于争取宝贵的时间和效益。无损压缩的压缩比十分有限，故没有研究的必要。

 PACS 系统逻辑结构

（一）DICOM 采集

支持各种接口影像设备影像数据的获取，各种影像数据一旦进入 PACS 系统，其格式均为 DICOM 3.0 标准格式。

DICOM 3.0 接口：DICOM 网络方式获取影像，可写回到原设备中。

各种视频接口：通过视频采集，将从影像设备上接收的模拟视频信号转换成 DICOM 3.0 标准格式的数字影像。

（二）DICOM 服务器

实现 DICOM 标准格式文件的传送、接收、转发、调度等服务功能，是 PACS 的核心，也是影像设备和 PACS 之间的网关，同时也是其他应用程序的接口部分。

DICOM Server 具备下面特点：DICOM 存储，DICOM 查询，DICOM 应答，产生工作清单、调度、转发、分发等。

（三）DICOM 打印服务器

打印服务程序是将 DICOM 标准格式文件通过 PACS 网络在激光打印机上硬拷贝。PACS 建立后将为医院实行无胶片化管理奠定基础。由于我国现行的医疗管理体系以及国内医学影像信息化的整体水平有待提高，所以在医院 PACS 系统建成后的一段时期内，彻底实现医院无胶片化管理尚不可行。

PACS 在设计系统功能时，考虑到 DICOM 打印服务器，它的功能有 DICOM 胶片和纸张打印；重叠信息（受检者、影像、检查）打印；影像注释打印；支持专门多模态打印。

DICOM 打印服务器作用：优化相机使用资源，减少实际所需的激光相机的数量；提高放射部门的工作效率和运行成本。

（四）PACS 管理工具

PACS 管理工具是系统管理员对数据库系统维护的必要的有效工具，使用方便的窗口界面实现。①用户管理：在线用户管理和建立新用户；②部门管理：用于 PACS 中各应用部门的管理；③权限管理：用户和部门使用权限授予和控制；④系统管理：信息登录、系统设置、系统维护；⑤存储管理：影像数据流向管理。

（五）远程服务系统

目前可以通过 Web Server 的各种功能，提供远程用户 PACS 的各类服务，类似于 ISP，可以为远程医疗提供必要的技术支持，也是为今后基于 Internet 的远程医疗系统的建立提供有效的升级扩展空间。

当 Internet 的稳定性和速度提高以后，基于 Internet 的 PACS 服务将成为现实，此时可以通过远程服务系统，实现 Internet 上的 PACS 服务。

（六）胶片处理系统

数字胶片处理系统，采用专用扫描仪将医学胶片通过扫描进行数字化，并转换成 DICOM 数据，将胶片上的影像存储在 PACS 系统中。

通过数字胶片处理系统，可以解决医院胶片易丢失、变质、损坏、量大难以储存等问题。在数字胶片处理系统中，医生可按照自己需要方便地从系统中查询出所需胶片，并可对其进行处理、标注、测量、统计、复制、打印。

四 DICOM 标准及应用

（一）什么是 DICOM

DICOM 是美国放射学会和美国电气制造商协会组织制订的专门用于医学图像存储和传输的标准名称。经过十多年的发展，该标准已经广泛地被医疗设备生产商和医疗界接受，在医疗仪器中得到普及和

应用，带有 DICOM 接口的 CT、MR、DSA 和超声设备大量出现，在医疗信息系统数字网络化中起了重要的作用。

1993 年公布的正式版本 DICOM 3.0。与 2.0 版本相比，3.0 版本采用了面向对象的分析方法，定义了医学图像在存储和通信过程中的各种实体和关系，提供了对 ISO-OSI 和 TCP/IP 的支持，使得在医学图像应用层上可以与其他通信协议直接通信而不需要重新编写程序。考虑到技术的发展，标准采用了大部分的文档结构，对可能变化或扩充的部分以附录的形式提供，这样标准在更新时涉及面可以尽量小。

（二）基本概念和定义

DICOM 标准涉及医学图像、数据通信、管理信息系统等领域，在标准中采用了面向对象的描述方法和 E-R 模型，引入了大量的专业术语，给标准的阅读和理解带来了困难。下面简要地解释标准中的常用技术词汇和缩略语。

1. 实体（entity） 表示一个或一类有相同特性的应用对象，在计算机系统分析中，凡是可以区别并被识别的事、物、概念等，都可以被抽象为实体。实体通常具有的一些特征，称为属性。例如，受检者是一个实体，具有姓名、性别、年龄等属性。图像也是一个实体，有尺寸、数据等属性。

2. 联系（relation） 表示实体之间的相互关系，如受检者实体与分析实体之间存在的引用联系，打印机实体和胶片实体之间存在的打印联系。

3. E-R 模型 描述现实世界的一种信息模型，通过定义实体及实体间的联系，表现系统的需求和功能，通常以 E-R 图的方式表示。在 DICOM 中，用方框表示实体，菱形框表示联系，用带箭头或不带箭头的线段将实体与联系连接来表示它们之间的联系，这是面向对象的分析方法所采用的主要表示方法，是对客观世界的一种抽象。

4. 对象（object） 外部事物在计算机内部的表示，是事物属性值和处理方法的集合。对象具有封装和继承的特征，封装是指对象将属性和方法集合在一起，通常情况下只提供给自己和派生对象使用。继承是指当一个对象是由另一个对象派生出时，它就自动具有父对象所具有的属性和方法。面向对象的方法就是以对象技术为中心，分析系统中各种信息之间的关系，抽象出系统各层次的对象模型，给出准确的系统描述，并在计算机系统中给予实现。应用面向对象的方法，可以提高开发效率，实现软件重复使用。

5. 信息对象定义（information object definition, IOD） 信息实体的抽象，是 DICOM 命令的作用受体。

6. 服务（service） 某对象为其他对象或程序提供的功能，当要求使用此功能时称申请服务，申请服务的对象称服务用户，能完成该功能的对象是服务的提供者。

7. 服务对象对（service object pair, SOP） DICOM 信息传递的基本功能单位，包括一个信息对象和一组 DICOM 消息服务元素。

8. 协议 在计算机网络中，为保证能正确地传输数据而必须共同遵守的通信规则和格式。

9. ISO-OSI 国际标准化组织（ISO）所定义的开放系统互联（OSI）的七层网络参考模型，作为一个严格的网络模型，对计算机网络的研究和发展起到重要的作用，但由于各种原因，在实际中并未得到广泛的普及使用。

10. TCP/IP 是传输控制协议/互联网协议，首先在 UNIX 系统中使用，随后成为计算机网络中不同计算机之间通信的主要协议，是互联网的基础。

（三）标准的组成

DICOM 标准经历了一个从无到有、从简单到复杂的发展过程，在标准的制定过程中不断听取工业界、学术界、医疗界等各方面的意见和建议，注意标准的可扩充性和扩展性，经历 ACR-NEMA 1.0 和 2.0 的版本到目前的 DICOM 3.0 版本，标准的组成也在不断地加以补充，目前标准共由以下 14 个基本部分和扩充部分组成。

第一部分给出了标准的设计原则，定义了一些术语，对其他部分给了一个简要的概述。

第二部分给出了 DICOM 的兼容性定义和方法，兼容性是指遵守 DICOM 标准的设备能够互相连接和操作的能力。由于 DICOM 标准内容庞大，功能复杂，包含面广，到目前为止，还没有什么设备能够涵盖所有的 DICOM 功能，只是实现本设备必需的功能。因此标准要求设备制造商必须给出本设备所支持的 DICOM 功能的说明，即兼容性声明。本部分标准内容定义了声明的结构和必须表现的信息，包含可以识别的信息对象集合、支持的服务类集合、支持的通信协议集合等三部分。标准没有规定兼容性实现的测试和验证的过程，用户在采购 DICOM 功能的设备时，必须注意各设备的兼容性水平是否一致，否则各设备互联时会出现一些问题。

第三部分如何定义信息对象，对医学数字图像存储和通信方面的信息对象提供了抽象的定义，每个信息对象定义是由其用途和属性组成的。为方便标准的扩充及与老版本的兼容，在 DICOM 中定义了复合型和普通型两大类的信息对象类。普通型信息对象类仅包含现实世界实体中固有的那些属性。复合型信息对象类可以附加上并不是现实世界实体中固有的属性，如 CT 图像信息对象类既包含了图像固有的日期、数据等实体的属性，又包含了如受检者姓名等并不属于图像本身的属性。复合对象类提供了表达图像通信所需的结构性框架，使网络环境下的应用更加方便。

第四部分对服务类进行了说明，服务类是将信息对象与作用在该对象上的命令联系在一起的，说明了命令元素的要求及作用在信息对象上的结果。典型的 DICOM 服务类有查询/检索、存储、打印管理服务类等。服务类可以简单理解为 DICOM 提供的命令或提供给应用程序使用的内部调用函数，实际上是 DICOM 消息中的命令流。

第五部分概括数据结构和语义，说明了 DICOM 应用实体如何构造从信息对象与服务类的用途中导出的数据集信息，给出了构成消息中传递的数据流编码规则。数据流是由数据集的数据元素产生的，几个数据集可以被一个复合数据集引用或包容。一个复合数据集可以在一个"数据包"中传递信息对象的内容。

第六部分概括数据字典，是 DICOM 中所有表示信息的数据元素定义的集合，在 DICOM 标准中为每一个数据元素指定了唯一的标记、名字、数字特征和语义，这样在 DICOM 设备之间进行消息交换时，消息中的内容具有明确的无歧义的编号和意义，可以相互解释。

第七部分提及消息交换，消息是由用于交换的一个或多个命令以及完成命令所必需的数据组成的，是 DICOM 应用实体之间进行通信的基本单元。

第八部分涉及消息交换的网络支持，说明了 DICOM 实体之间在网络环境中通信服务和必要的上层协议的支持，这些服务和协议保证了应用实体之间有效地通过网络进行通信。DICOM 中的网络环境包括 OSI 和 TCP/IP 两种参考模型，DICOM 只是使用而不是实现这两类协议，因而具有通用性。

第九部分谈及消息交换的点对点通信支持。说明了与 ACR-NEMA 2.0 相兼容的点对点通信环境下的服务和协议，包括物理接口、信号联络过程以及使用该物理接口的与 OSI 类似的会话/传输/网络协议及其服务。

第十部分阐述了用于介质交换的介质存储和文件格式，说明了一个在可移动存储介质上医学图像信息存储的通用模型。提供了在各种物理存储介质上不同类型的医学图像和相关信息进行交换的框架，以及支持封装任何信息对象定义的文件格式。

第十一部分概括了介质存储应用卷宗，用于医学图像及相关设备信息交换的兼容性声明。给出了 DSA、B 超、CT、MR 等图像的应用说明和 CD-R 格式文件交换的说明。

第十二部分列举了用于介质交换的物理介质及格式，提供了在医学环境中数字图像计算机系统之间信息交换的功能。这种交换功能将增强诊断图像和其他潜在的临床应用。

第十三部分提及点对点通信支持的打印管理，定义了在打印用户和打印提供方之间点对点连接时，支持 DICOM 打印管理应用实体通信的必要的服务和协议。

第十四部分说明了灰度图像的标准显示功能，仅提供了用于测量特定显示系统显示特性的方法，这些方法可用于改变显示系统以与标准的灰度显示功能相匹配或用于测量显示系统与标准灰度显示功能的兼容程度。

(四) 临床应用

毫无疑问，DICOM 是医学图像信息系统领域中的核心，它主要涉及信息系统中最主要也是最困难的医学图像的存储和通信，可直接应用在 RIS 和 PACS 中。DICOM 也是研究和开发具有网络连接功能、实现信息资源共享的新型医疗仪器的技术基础。医疗仪器在朝着自动化、智能化发展的同时，也在向着具有通信能力的遥控遥测和信息远程获取的网络功能发展，医疗仪器既是医疗信息系统中的信息源，又是系统中的信息使用者，是信息系统中的一个主要环节，网络化的医疗仪器对医学信息系统的重要性是不言而喻的。

DICOM 标准的另一个特点是它定义在网络通信协议的最上层，不涉及具体的硬件实现而直接应用网络协议，因此与网络技术的发展保持相对独立，可以随着网络性能的提高而使 DICOM 系统的性能得到改善。DICOM 尽管提供了 OSI 的网络模型，但实际上绝大部分网络都是在 TCP/IP 协议下构成的，网络硬件采用的形式可以多种多样，如 100M 的双绞线 100Base-T，光纤 FDDI，综合业务数字网 ISDN，T1 线路等，还有速度较低的 10 兆网 10Base-T 和电话线路。只要设备具有支持 TCP/IP 协议的网络接口，在软件的支持下，就可以做到像 PC 机一样实现"即插即用"，非常方便地加入医学信息系统的网络中。在这样的意义下，用 DICOM 实现的医疗信息系统，无论 RIS 还是 PACS，都具有类似的结构。

在采用 DICOM 标准的信息网络系统中，所有 DICOM 设备之间都可以按照 DICOM 的网络上层协议进行互相连接和操作。临床医生可以在办公室查看 B 超设备的图像和结果，可以在 CT 机上调用 MR 图像进行叠加融合，也可以通过网络调用存储在其他医院的图像结果。无论是本院、本地还是相距很远的外地，DICOM 设备都可以通过网络相互联系，交换信息。

由于提供了统一的存储格式和通信方式，普及 DICOM 标准（图 10-2-2）可以简化医疗信息系统设计，避免许多重复性的工作，加快信息系统的开发速度。对于实现无纸化、无胶片化的医院和远程医疗系统的实施将会起到极其重要的作用。

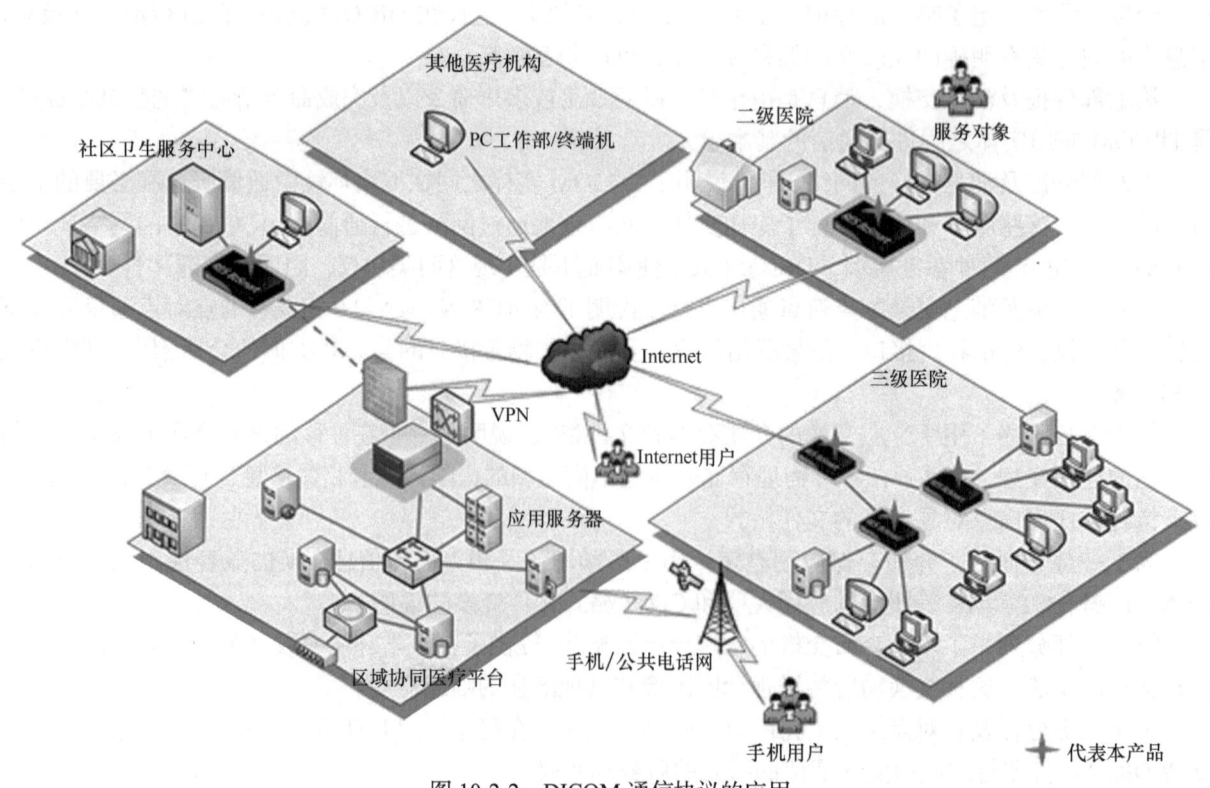

图 10-2-2　DICOM 通信协议的应用

五、服务器的要求

(一) 服务器的定义

服务器的作用是运行网络操作系统,提供硬盘、文件数据及打印共享等服务功能,是网络控制的核心。其基本硬件设计遵循于通用计算机模型,对于大部分的服务器而言,它们所有组件的工作量都比普通计算机大得多,因此服务器的大致要求也要高于普通机,其具体要求:每个部件必须按照工作量标上地址,以确保不存在虚连接;服务器一般需要容量相当大的存储器,并且是不同类型的存储器;由于需要非常强的硬盘驱动,所以硬盘必须运行在一个独立接口上;服务器需要多个处理器处理大量的数据;I/O 设备的速度要求非常快。通常网络中至少有一台服务器,其运行速度直接影响整个局域网的速度。

(二) 服务器类型

依据服务器在整个网络中的作用分为:应用服务器、通信服务器和网络服务器。在医学影像网络中主要应用服务器,按其性能和用途可分为工作组级服务器、部门级服务器和企业级服务器。每种级别的服务器对硬件的要求也有不同,总的要求随级别的增高而相应增高。在科室中建立服务器应用 Inter 系列 CPU 就可以达到要求,院级的服务器则一般采用 RISC 技术的 CPU,大都运行 UNIX 操作系统,由于医学影像科室处理数据量大,要求速度快等,一般也采用 RISC 技术的 CPU。在网络技术和硬件技术的不断发展,以及区域医疗共享的环境下,逐渐出现了地区性甚至跨地区性的影像诊断服务的共享,单台或单功能的服务器已不能满足现实的需要,从而在影像诊断服务的共享系统中出现集群服务器,从而满足构建远端医院医学影像业务数字化的完整模型,实现远程医学影像信息的共享、异地发布和医学影像的远程医疗模型。

(三) 院级服务器要求

院级服务器由于需要处理大量数据,存储大量图像信息以及确保图像信息的不丢失,且其不用进行图像的大量后处理及图像的打印,也就是说其主要功能是数据的分类及图像数据的存储,除满足上述要求外还应加大硬盘的存储能力和 CPU 数据分类能力。

(四) 医学影像科服务器要求

医学影像科是图像采集、处理的主要区域,其服务器根据功能作用不同分为:数据采集服务器、图像处理服务器、图像打印服务器及报告书写服务器。数据采集服务器具有图像数据采集及图像处理和图像打印的功能,考虑数据采集的效率,其仅作为数据采集及相关图像数据的后台运算;图像处理服务器主要进行图像的后处理,其功能及运算效率是医学影像科要求最高的服务器,并且增加了 3D 处理功能;打印服务器及报告服务器满足定义中要求即可。

无论是区域集群服务器、院级服务器,还是医学影像科级的服务器,其基本构架和硬件组成基本相同,内部都采用单机多 CPU 的模式,从而增加数据处理的效率。在服务器软件系统中应更侧重于数据的安全性,保证数据的不丢失及较强的容错性能。

第三节 PACS 与医院信息系统

一、PACS 与 HIS

(一) PACS 与 HIS 系统的连接方式

1. HL7　优点是标准化程度高,在不同的公司之间集成时,接口设计比较规范,容易调试。缺点是接口复杂,工作量大,运行效率较低。

2. 动态库　优点是运行效率较高,在两家公司之间集成时,接口设计比较方便。缺点是接口不通用,和不同公司连接时,还得重新设计接口。

3. 数据库共享　优点是数据存取效率高,在两家公司之间集成时,接口设计比较方便。缺点是安全性差，容易造成数据结构的泄露，对知识产权的保护有影响。

4. 直接访问　优点是数据存取效率高，缺点是接口不通用，和不同公司连接时，还得重新设计接口，安全性最差，数据结构是开放的，对知识产权的保护不利。

5. 一体化设计　优点是在数据结构、界面、流程上达到高度统一，是一体化电子病历的核心技术方案，数据高度共享，在管理和技术支持上比较方便，降低医院建立和扩充信息管理系统的成本，缺点是对公司的技术水平和研发能力要求很高，如果一家公司的技术力量或研发能力不足，不一定能同时把PACS 和 HIS 都做得很好（图 10-3-1）。

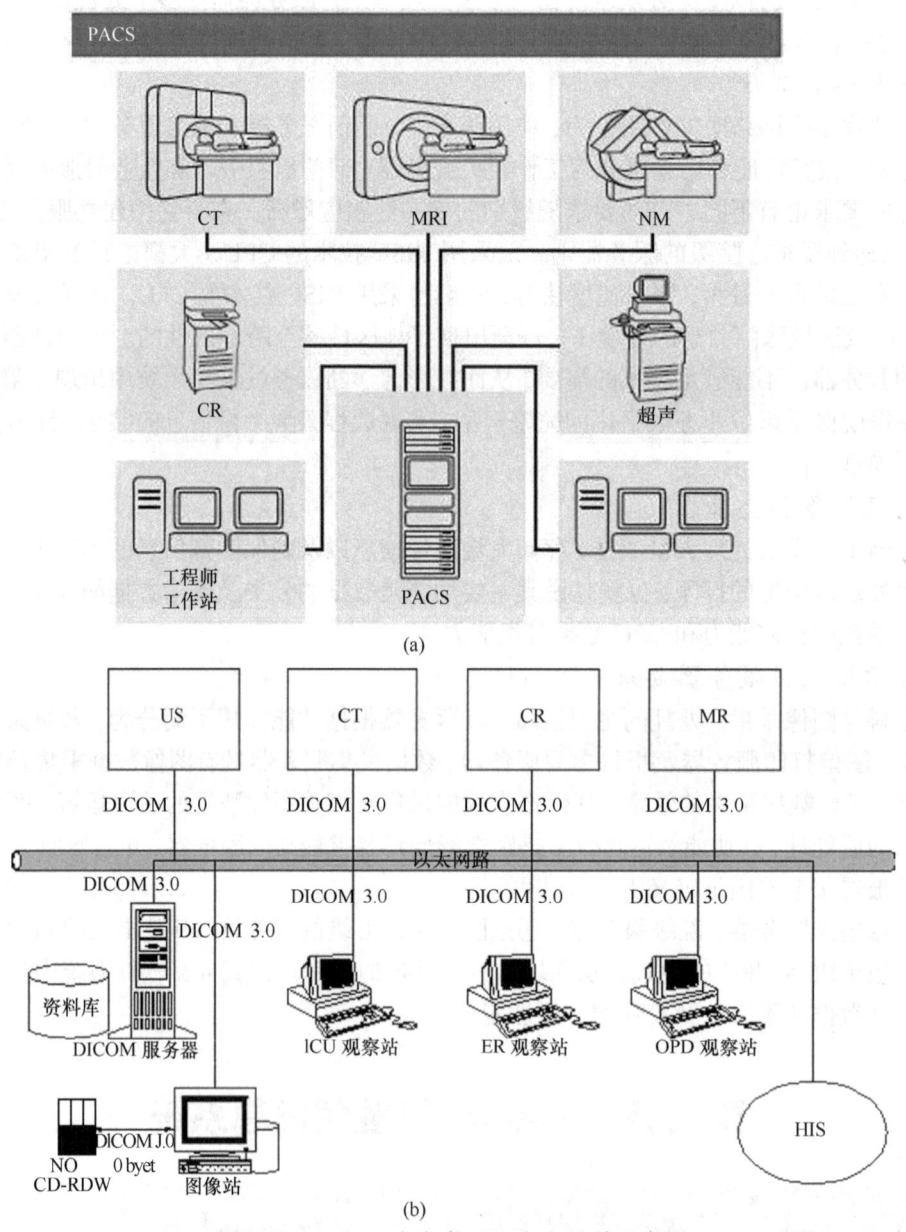

图 10-3-1　PACS（a）与 HIS（b）连接示意图

（二）PACS 和 HIS 系统接入的网络安全

作为医院信息化、网络化的重要评价标准，PACS 和 HIS 是两大重要工程，考虑到经济效益、维护运行、实际需要和领导决策等因素，两者往往不会一并构建。但随着 PACS 与 HIS 的发展，以及医院各科室间信息交流日益增多，两者完成无缝融合，真正实现了全院所有信息共享，在各科室能够实现普通 PC 调阅成为必然趋势。

有关 PACS 与 HIS 各自布线的方案，配置原则以及相互融合时接口选择等均是非常重要的问题。但安全问题,特别是网络安全显得尤为突出。

对网络安全威胁主要有非授权访问、冒充合法用户、线路窃听、破坏数据完整性、干扰系统正常运行、利用网络传播病毒等,这些情况中有些仅仅会对信息的保密性产生影响,而有些则会对服务器及数据本身造成巨大的破损。对于 PACS 与 HIS 连接形成的网络,笔者认为虽然对安全级别应该有所要求,但考虑到内部信息交换中过多的安全认证,操作访问限制会给使用带来极大不便,所以考虑设置在 B2 或 B3 级即可。

针对各种攻击手段进行预防和控制的手段包括:①针对采用内存驻留程序和特洛伊木马情况应使用关机自动刷新内存,同时加装软件狗;②地址欺骗攻击情况采用 Web 站点阻断工具;③TCP 序号攻击情况可以提高 TCP 申请级别,限制非法序号;④对于路由选择攻击的反击方法是优化路由协议;⑤至于滥用 ARP 引起广播风暴,则采用异常监测模型,对网络实时监控。

目前在两个网络间架设软件和硬件防火墙是主要的防护手段之一。防火墙的发展趋势正朝着状态的多层检查类似于网关模型方向发展,它直接检查 OSI 模型的所有七层协议。从分类选取上考虑防火墙有:①数据包过滤型;②双位置网关型;③关机屏蔽型;④子网屏蔽型。PACS 和 HIS 构建中建议采用③或④型。

安全问题固然重要的,但抛开网络传输速度、图像显示质量、存储容量等一系列问题而只片面强调安全,造成速度延迟、图像粗糙、设备落后也不是我们希望的。所以有时在考虑安全的同时,也必然要兼顾其他方面问题,这样才能使 PACS、HIS 的网络安全有意义,才能使二者融合产生更高效率(图 10-3-2)。

图 10-3-2　网络安全示意图

二、RIS 系统特点与流程

RIS 是近几年随着 HIS 和 PACS 的逐渐普及而发展起来的,成为医院信息管理系统的一个重要组成部分,也是目前国外比较流行的解决方案,国内已有不少医院和软件公司在尝试 PACS/RIS 的建设。国内许多的 PACS 软件已经或多或少地涉及了基础的 RIS 功能,但还不能完全满足医院的实际要求。

应该说广义的 HIS 是包含 RIS 和 PACS 系统的,但是通常提到的 HIS 系统仅是一种医院的 MIS 系统,是狭义的 HIS。由于 RIS 和 PACS 系统的特殊性,需要细分出来由专业的公司去解决。

1. 预约登记　多项目分组预约,复诊信息重复调用,与 HIS 共享信息,汉字输入模块化,直观的日历显示功能,可按分钟自由定义预约时段。

2. 检查安排　灵活地按设备和人力分组安排,权限操作,受检者详细信息显示,按日打印受检者检查信息。

3. 诊断报告　提供可自由定义的多种报告模板,并具有方便的检索模板,由片语字库修改报告,报告格式自由组合,并可方便获取 PACS 图像及各种诊断信息。

4. 检索查询　方便地检索及组合查询,检索结果打印,并可结合 PACS 的查询相互检索。

5. 统计分析　强大的图表统计功能,可统计项目灵活可变并可以自由定义组合,还可按日/周/月/年统计检查人数、金额、工作量。

系统管理可灵活设定系统环境、权限管理、备份还原资料库,并可设定与 HIS 及 PACS 的接口。

由于本系统的多层结构设计,所以可组合出多种多样的逻辑虚拟设备。最终实现让不同需求的用户所面对的都是他所感兴趣的数据及管理方法。实施 RIS 后,可以大大简化医院现在的工作流程,提高工作效率。RIS 是一个"桥梁",也应该是一个工作流,说到底 RIS 仍然是一个管理信息系统,在放射科内部实现以受检者为中心,是医院信息系统发展的必然方向,只有这样才能发挥 RIS 的真正意义。

医院 PACS 的效益评估

购买 PACS 设备的评估论证是一项非常棘手和复杂的课题,技术的飞跃性进步导致硬件价格的下降和系统总体性能的提高,以及过去宏伟、庞大的构思相比,现在更多了一些冷静的思考和循序渐进的策略,这使得 PACS 的评估论证相对于过去比较明智。

实施 PACS 项目前,必须进行财务论证并得到核准后方可进行,这就要求确定一个在合理时间范围内的投资回报时间表,一般 3 年。因为医院 PACS 系统的实施和应用才刚刚开始,其带来的效益是难以确定和定量分析的,所以目前有关 PACS 的费用和效益关系的研究仍然难以满足要求。

许多早期安装的 PACS 系统是利用基金完成的,而不是建立在可行的系统解决方案以及对费用和效益的评估基础上。但现在,医院首先要进行投资回报的模拟评估,然后再确定 PACS 系统的配置,并论证来自制造商的可行方案,这是确保项目成功的良好开端。

过去 PACS 费用和效益的评估将注意力集中在胶片花费减少,处理、运输胶片的人员减少,储存胶片的空间减少以及等效工作时间减少等方面。虽然这些效益是确实存在的,但大多数都是 3 年以上的长期效益,不能适应医院行政管理人员要求的回报标准。因此在与医院管理者评估和论证 PACS 的投资回报时间表时,需要扩展涉及的范围,建立完善的评估模型,要从整个医院的角度论证,而不能局限在影像科一个部门。

(一)住院日减少模型

1. 原理　住院日减少模型清楚地表明了 PACS 的快速投资回报,其理论依据是 PACS 提高了放射科医师和临床医师之间的影像通信传输效率,能够更快地做出诊断,减少受检者平均住院日,年收治住院受检者数增加,医院经济效益增加,同时受检者的支出也有一定减少,产生良好的社会效益。

2. 模型　以某医院为例,病床 1200 张,平均床位使用率 95%,未应用 PACS 系统的平均住院日为 20 天。在该模型中,年工作日若以 365 天计算,则每年可收治受检者 21900 人次;假设住院受检者中 60%需作影像检查,并等待报告结果,如果这 60%的受检者在 PACS 的管理下,平均住院日缩减了 5 天,则 60%的床位每年可多收治受检者 4380 人次;如果住院受检者平均医疗支出 5000 元/人次,每日住院基本生活支出 50 元/天,则每年医院可多创收 2518.5 万元,每年受检者可节省花销 328.5 万元,结果表明 PACS 带来了可观的经济和社会效益。

3. 公式　医院 PACS 创收=病床数×平均床位使用率×影像检查人数比例×[(年工作日/PACS 住院日)−(年工作日/原均住日)]×人均支出,受检者节省=病床数×平均床位使用率×影像检查人数比例×(年工作日/PACS 住院日)×人均日基本支出×平均住院日缩减天数。

4. 结论　住院日减少模型适用于医院级集成 PACS 系统的效益评估,是 1 年快速投资回报的理论依据。

(二)胶片节省模型

1. 原理　医院实现彻底无胶片化是不现实的,但部分无胶片化是可行的。将传统工作模式下,医院留底保存的影像存储在 MOD、CD-R 及 WORM 等光存储介质中,实现管理无胶片化,降低了影像科室的经营成本。再有,管理无胶片化的同时减少了激光相机和洗片机的磨损,延长了设备使用寿命;降低了洗片药水的消耗,有利于保护环境;减少了胶片存储占用的空间,为医院节省了日益宝贵的建筑使用面积。

2. 模型　假设某影像科 CT 和 MR 每个工作日共检查 200 例受检者,年实际工作日以 250 天计算。在实现管理无胶片化以前,每个受检者要通过激光相机打印两套胶片,一套医院留底保存,另一套受检者取走;如果平均每个受检者需打印 2 张胶片,胶片价格 30 元/张,则 1 年需胶片费 600 万元。实现管理无胶片化以后,每年将节省一半的胶片费用,3 年累计节省 900 万元。如果用 700M CD-R 光盘,每个受检者用 1 张,价格 2 元/片,则每年购置光盘需 10 万元,相对于胶片来说,费用极低,3 年实际节省 420 万元。

3. 公式　实际节省费用=年实际工作日×日检受检者数×(人均胶片数÷2)×胶片价格−(年实际

工作日×日检受检者数）×光盘价格。

4. 结论　胶片节省模型适用于影像科室小型 PACS 系统以及医院级集成 PACS 系统的效益评估，3 年长期投资回报的理论依据。

（三）等效工作时间减少模型

1. 原理　PACS 提高了临床医师和放射科医师的整体工作效率，意味着在每日工作总量不变的前提下，等效工作时间相应减少了，只需聘请较少的医师就能完成工作，为医院节省了劳务开支。

2. 模型　假设某医院有 1000 名医师，人均月工资 3000 元，与放射科有工作关系的占 60%，如果 PACS 系统能把工作效率提高 20%，等于全院只需 900 名医师即可完成同等工作量，每年可节省 432 万元的劳务开支。

3. 公式　每年节省劳务开支=医师总数×工作关系比例×工作效率提高比例×人均年工资。

4. 结论　等效工作时间减少模型主要适用于医院级集成 PACS 系统的效益评估，是 PACS 间接投资回报的理论依据。

第四节　PACS 与互联网

一　PACS 的优势与限度

PACS/RIS 在国外已经应用多年，在国内也普遍被医院所接受，国内的 PACS 进入了应用规模不断扩大、发展迅速的时期。PACS/RIS 的临床应用有以下优点：①计算机屏幕阅片方式取代传统的阅片方式，为医师提供更加丰富的影像信息，避免因信息不充足而造成的漏诊和误诊。②快捷、方便的历史图像查询、调用。能够随时调阅不同时期和不同成像方法的影像数据，并可进行影像数据的再处理，便于对照和比较，为医师诊断带来极大方便。③查询功能方便病例查找，并且可以按描述、诊断等方式，查找感兴趣病例；方便计算工作量、病种量、病种分布等相关数据，掌握科室每位医师的工作状况，极大地方便了科室管理和科研教学工作。④影像数据及相关资料能够在全院范围内甚至院际间快速传递，做到资源共享，方便医师调用、会诊以及进行影像学对比研究，更有利于受检者得到最好的诊断治疗。⑤PACS 采用了大容量存储设备，使影像存储实现了无胶片化，减少了胶片使用量，减轻了胶片管理的工作压力，减少了激光相机和洗片机的磨损，降低了冲洗药品的消耗，大大降低了经营成本，而且避免了胶片借调过程中易出现的问题，完善了医学影像资料的管理，提高了工作效率。⑥使用 PACS/RIS 进行计算机辅助教学。利用 PACS 可长时间、无损失地储存影像资料的特点，可使学生接触到大量珍贵的、罕见的病例，可以进一步提高教学质量。⑦PACS/RIS 与 HIS 的互联，减少信息的重复录入，大大提高了医院医疗、急救的工作效率。⑧远程会诊，与 HIS 连接使医学影像资料与文字资料集合成一个完整的电子病历，克服了时域和地域的限制，开展多学科会诊、异地影像会诊。

目前 PACS 的主要不足有：①PACS 价格昂贵，建成后还需不断完善，投入的资金较多，这是限制其发展的瓶颈。②PACS 融合了计算机技术、网络技术、通信标准等多方面的高新技术，要使 PACS 能正常、高效的运行，除影像医师、技术人员外，还需要计算机、网络、管理等多方面技术人员的相互配合。目前，医院缺少这种医、工、管结合的综合性人才，这也是制约 PACS 普及、发展的重要因素。

二　统计功能

该系统可以统计出某段时间内检查医师、申请医师、审核医师、设备的工作量、阳性率和阴性率、住院受检者总数和门诊受检者总数、胶片使用总数、收费情况及某个部位的检查量。

⚠ 某段时间指根据医生需要而设置的时间范围。

1. 系统登录　在受检者管理系统中点统计按钮（图 10-4-1），显示界面如图 10-4-2 所示。

图 10-4-1

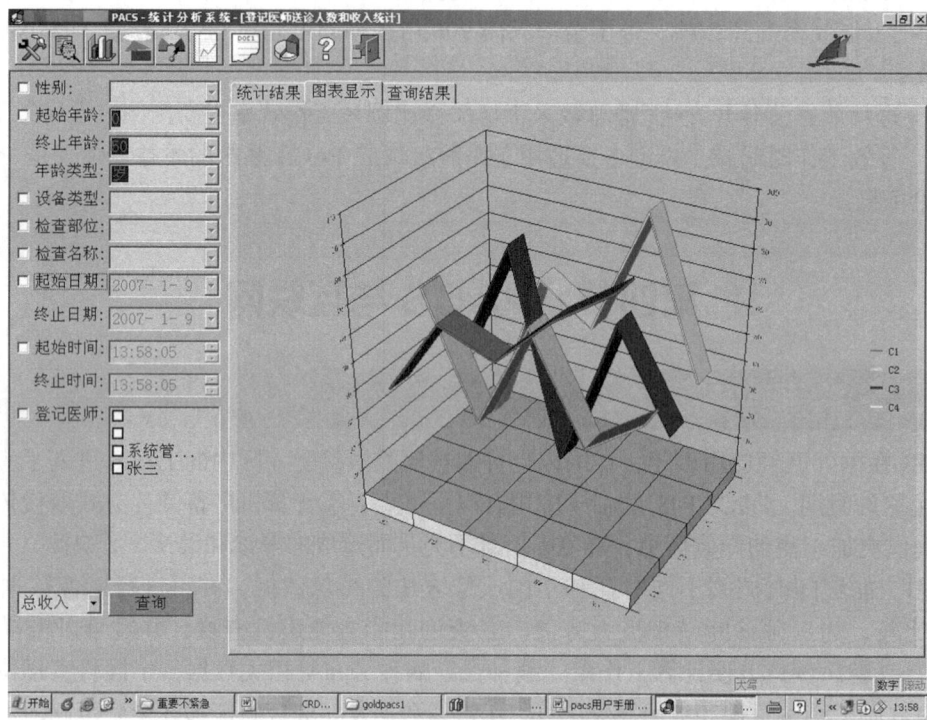

图 10-4-2

2. 功能介绍 根据左列姓名、起止日期、登记医师等字段可以进行精确查询，并以图标的形式显示。"🛠" 为查询结果字段配置。可以根据自己的需要配置统计字段并打印。界面如图 10-4-3。

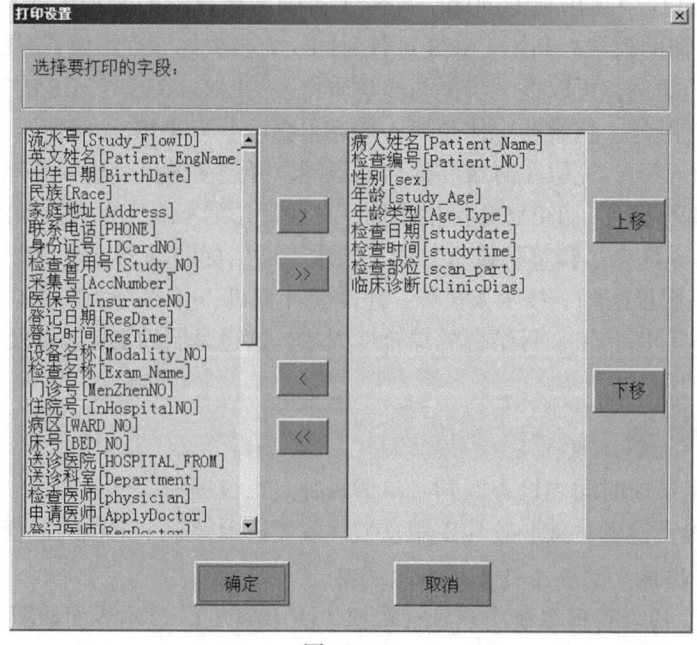

图 10-4-3

"▨"代表导出当前的统计数据为 EXCEL 文件。

"🖨"为直接打印。

"📊"为基本工作量的统计。菜单栏中包含各工作量类别，如图 10-4-4 所示。

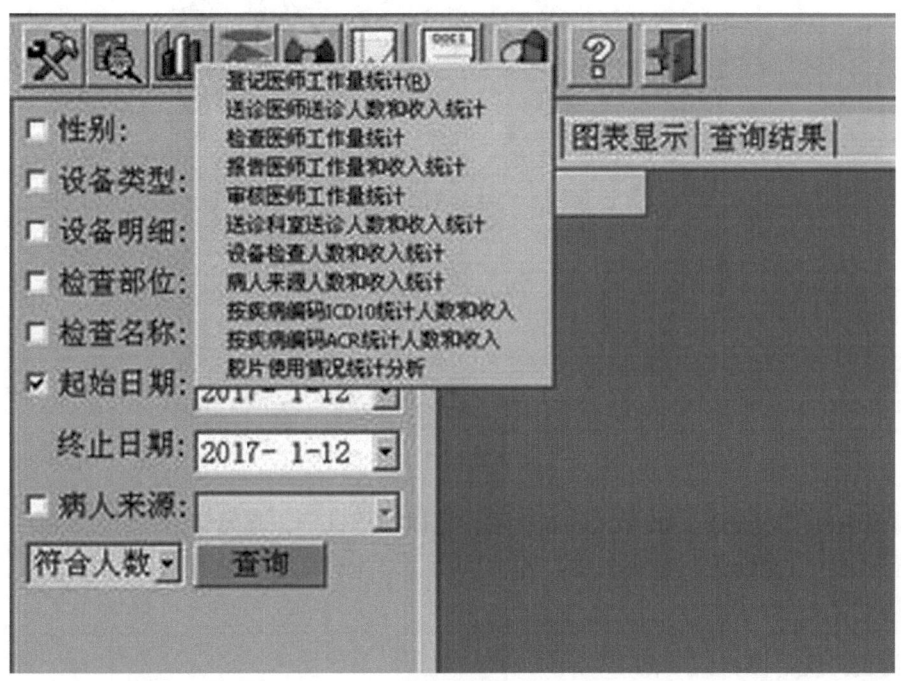

图 10-4-4

"🏠"为诊断符合率统计。

"📈"为效率统计。

"📉"为工作量年度对比分析。菜单栏中包含了各年度工作量类别，用户可以根据自己的需要查看分析，如图 10-4-5 所示。

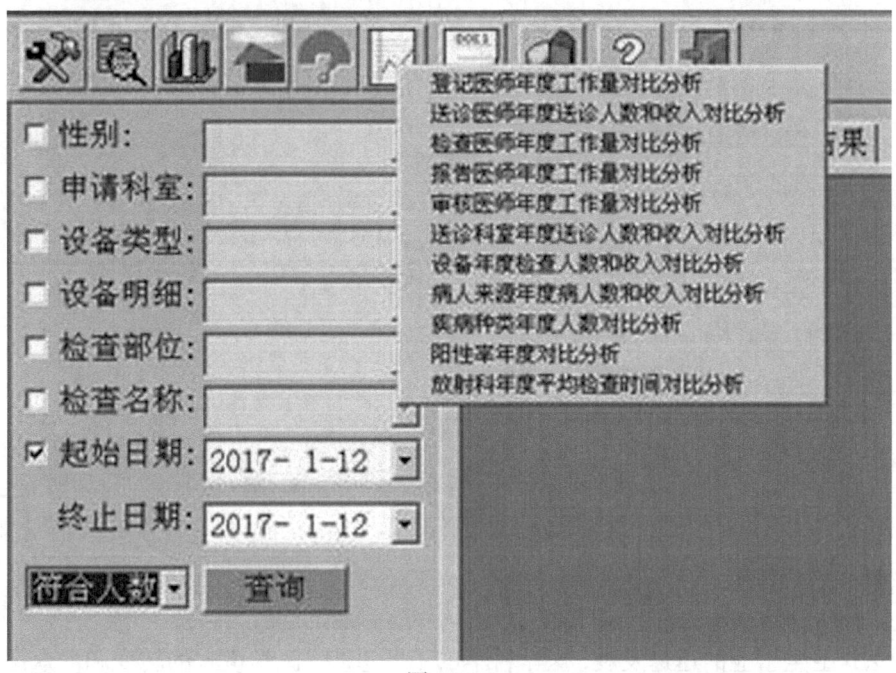

图 10-4-5

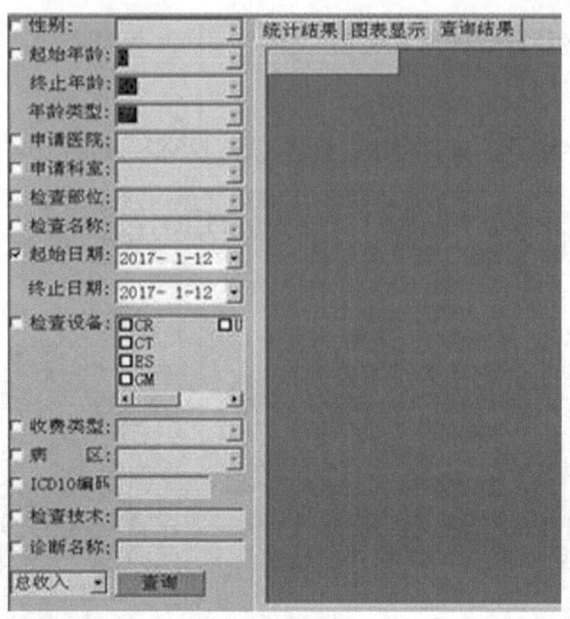

图 10-4-6

"![DOC]" 为多条件信息查询。如图 10-4-6 所示，可以根据性别、起始年龄、终止年龄、年龄类型、申请医院、申请科室、检查部位、检查名称、起始日期、终止日期、检查设备、收费类型、病区、编码、检查技术、诊断名称等查询。

"![图标]" 为选择统计图样式（图 10-4-7）。

"![?]" 为系统版本信息查看。

"![退出]" 为退出系统。

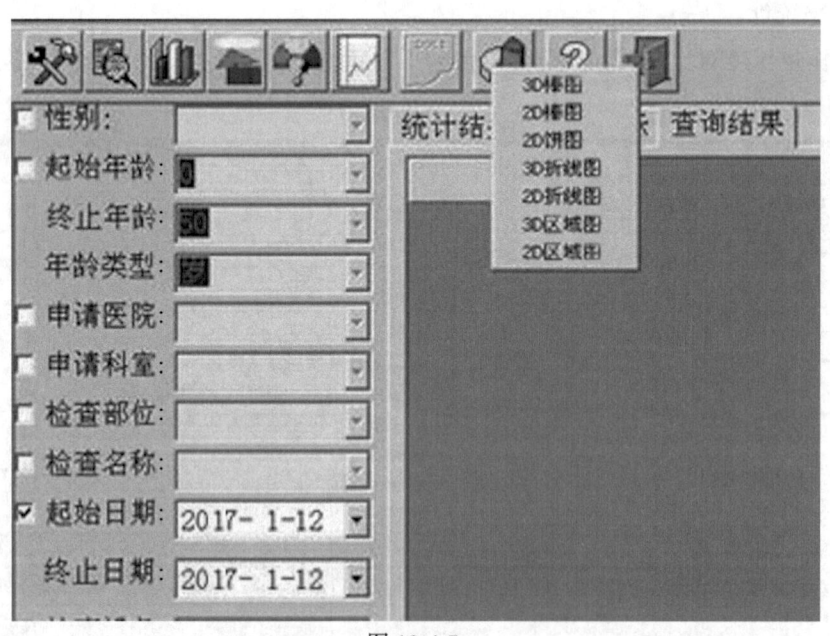

图 10-4-7

三、HIS 的现状与展望

随着我国医疗卫生事业的迅速发展，医学科学的不断进步，医学模式的转变和群众医疗观念的逐步改变，医院管理的难度加大，对管理的要求更高。然而当今计算机信息和网络通信技术的深入发展为提高医院管理水平创造了良好的条件,医院信息管理网络系统也逐渐在我国各级医院中推广应用。经过数十年的探讨与运用,目前 HIS 已从单机任务计算机管理和计算机网络的部门级信息系统阶段,向集成客户机服务器结构的、完整的医院信息系统阶段发展,并趋向范围更广的国际互联网扩展,从而与国际顺利接轨。HIS 应用的最终目的旨在提高医院综合管理水平,使医院的管理真正实现现代化、规范化和科学化,提高医院医疗护理质量,更好地为受检者提供优质服务。

（一）HIS 的构成与内容

医院内日常医疗行为和各种管理活动一般都贯穿三大信息:经济信息(受检者费用、药品和消耗等)、医疗信息(病历资料、医嘱、受检者检查诊断报告等)和行政管理支持信息(人事、设备、教学、科研、图书等),其特点是每日的信息量庞大,并且分散在各科室、各专业和各层次的人手中,传统管理方式是由人员来对各种信息进行处理、加工、交换和保存的,显然受到人为因素的左右,很难客观地反映问题所在,甚至不能当日交换,从而影响医院的工作效率和质量,也限制了医院的快速发展。HIS 就是应用计算机和网络通信等高科技手段对医院内大量信息进行数字化管理的现代信息系统,提供全院的经济运行、医疗质量、工作质量等信息,以及获取各部门的信息反馈,从而使各部门的管理者进行计划决策、组织实施、协调控制。目前多数 HIS 还是以单纯的经济核算为核心的收费、经济管理初级阶段的信息系统,实际上达不到真正意义上的 HIS。而较为完整的 HIS 应是以管理为核心的信息系统,包括医院内部所有信息,如收费、病案、药品管理、财务、经管、职能科室、总务后勤、医技等,其范围大,信息量多。完整的 HIS 既要为医院管理服务,又要为临床科研及教学服务;既包括基层窗口实时业务处理,又包括中高层信息综合与分析。HIS 应当是通过全面联网,实现基于成本核算的现代经营管理和基于提高医疗质量的现代医院主题管理的系统。

HIS 的构成一般由服务器、计算机、打印机、网络部件和辅助部件等硬件与网络操作系统、关系数据库系统、医院信息管理应用软件系统等软件两大部分组成。具体内容主要涉及:改善医院工作管理模式,解决医院管理中人工难以处理的问题;集中统一管理医院收支费用,堵塞收支费用中普遍存在的跑、冒、滴、漏现象;促使医院管理更加科学化、规范化,提高医院管理的综合档次;建立医疗、药品、受检者和医技数据库,使各部门能共享、分析和统计医院各种信息;提高信息的处理速度和准确度,达到高效率工作,指导管理控制与辅助决策工作;提供对临床诊断和医院管理的辅助决策支持;支持医院开展科研和教学。

（二）HIS 的作用

医院信息管理系统现代化是一场深层次的变革,是用计算机技术改造医院的传统管理方式,由原始经验型管理向科学型管理转化,是替代重复性繁重的脑力劳动的过程。这是因为只有使用计算机及信息化管理手段方能实现管理的标准化、规范化、制度化和科学化,并能排除人为干预,同时能够充分地节约医院日常工作中不必要的开支。医院管理计算机化也能够使各个部门工作有机衔接,方便受检者就医和医院的统计分析。通过网络化管理,提高医院的管理水平,及时、准确地为医院综合管理、经济核算、资金分配提供信息;提高了医务人员工作效率;方便受检者了解医疗服务和医疗费用各方面的信息,加强了医院经济管理,减少了漏洞;保证了住院费用的预收;提高了医疗和药品划价收费的准确性;保证了药品及时调价,实现了药品及时准确盘存核算、各项目的分类统计、出入院手续的办理和受检者费用核算等各个环节均由计算机代替,其效率远远超过人工。利用规范严格的软件和先进的硬技术相结合,杜绝了人为因素造成的损失。计算机联网的目的主要是有效、合理和科学地利用医疗信息,为医院领导决策服务,也是管理现代化的重要标志之一。信息本身是医院的一个主要资源,通过网络管理使信息为医院管理服务。计划、组织、指挥、协调、控制等管理职能的发挥,主要依附于医院各方面的信息。如果没有各方面的医院信息的综合利用,医院管理职能就不可能发挥,其管理水平就不可能提高。而医院信息是医院发展目标的向导,不论是临床工作还是科研教学的发展,都离不开医院信息利用,包括信息环境的利用。医院的发展,必须有现代管理水平,掌握不住医院的信息,要提高医院管理工作和改进管理方法手段是不可能的。

(三) HIS 的现状

1. **现状**　由于我国 HIS 是近十年才兴起，硬件部分费用昂贵，加之软件部分无固定模式及对 HIS 的理解不一，所以仍处于一种摸索阶段，同时我国地域广大，医院众多，尚无统一管理模式，故没有一种完全适合所有医院的成熟管理软件，这就形成了国内有众多的制作 HIS 的公司，并且往往是有针对性地对每一家医院人工管理模式设计管理软件。从而造成了各家医院往往注重收入部分的计算机网络管理，即大多数医院多是收费管理系统，这种较单一的信息系统，距真正意义上的医院信息系统还有相当大的差距，由于属于一种较为局限的网络，不可能提供大量共享信息，所以也达不到方便医疗和受检者的目的，同时由于信息量的局限也不能提高医院管理水平的层次。

2. **存在问题**　单一局域网信息系统的信息量是有限的，未能将所有的科室进行联网，数据信息不能进行共享，只是少数部门的工作方式改变，从而不能发挥计算机网络化管理的潜能，最终造成极大的资源浪费，有些环节甚至会造成日常工作量大于计算机管理前的日工作量。由于信息的采集、存储、加工、处理分散在多个环节和不同的部门级的信息系统中，而分散开的系统不能互相联通，信息不能共享，从而会出现上层领导的决策、管理与信息系统脱节的现象。HIS 的应用不应仅满足于模仿手工管理，而是要深入分析医院传统的运行过程和管理方式，发现问题，找出弊端，通过计算机的运行，使医院管理手段和方法有所变革，进而改变和影响医院的运行过程，从而不断提高医院的管理水平、工作效率和效益。

(四) HIS 的构建

HIS 的建设是一项极为复杂的系统工程，涉及医院各方面的内容，同时需投入大量的资金，是一项不断改进计算机硬件系统与软件系统有机结合的长期工程。若计算机网络规划不当，就会在以后的使用中埋下隐患，或者不能适应医院未来发展的需要，造成重复性投资，而软件不合适也同样影响到今后的工作。在筹建时，应进行深入广泛的调查研究，反复论证网络的建设方案，并参照已建网单位模式，吸取别人的成功经验。要确保所建网络在硬件上经济、合理、实用，不仅能满足医院自身发展的需要，而且给医院未来的发展留有一定的空间，便于以后网络系统的更新、升级与扩展。软件部分的设计要适应现有医院的工作模式，且符合标准化、通用性，以便在初始阶段系统易于成功和以后方便扩展。HIS 的建设通常不应采取一步到位的方式，最好循序渐进，分步骤分阶段开发。分步进行，采取开始小范围，在不改变现有的管理模式下，小规模应用，以经济核算为主，这样可留有一个缓冲的时间，各类人员又可在应用中得到学习、培训，积累相关经验。再逐步扩大应用规模，扩至职能科室管理和部分办公自动化功能。经数年的发展后，当计算机管理及操作人员具备相当能力时，再达到以管理为核心的全方位 HIS 建设阶段。

(五) 构建 HIS 的难点

我国 HIS 在实际应用中存在许多难点，主要有以下方面。

1. **硬件方面**　计算机网络的硬件更新太快，投资不菲，维护工作量大，加之医院多数员工计算机知识贫乏，极易造成一些不是故障的"故障"。

2. **软件方面**　各家医院规模、工作和管理模式不一，无成熟现成软件可供使用，软件往往需现场编译、修改和调试，运行中就可能出现诸多问题，给用户带来不便。

3. **医学术语方面**　国内医学术语尚无统一标准，这给医学信息的共享及利用造成了困难。

4. **原始数据的录入方面**　医院中的药品和医技检查等项目繁多，加之病名、病情等大量非常规词汇，同时医院日常工作中有大量的原始数据需要录入，录入的速度明显受到制约，尤其对于一般非专业培训的操作员。

5. **工作模式方面**　计算机处理流程往往影响医院各层人员的工作方式，从而管理模式发生变化，使许多人员感到不适应。

6. **观念方面**　人们对 HIS 的认识不同，要么不重视计算机网络管理，认为多花钱，多余的人做什么等，要么认为计算机什么都能做，若所提要求不能做就是软件不行等。

（六）HIS 的展望

对比国际上 HIS 系统，无论从硬件还是从软件上讲，我国还有较大的差距，多是运行于局域网，而国外则运行广域网，并已同 Internet 联通，管理者可以在千里之外对医院进行各种管理，医生可在任何地方对其住院受检者进行随访了解，甚至下医嘱，其信息的共享、管理模式都有一个明显的质的飞跃。

因此 HIS 系统的今后发展趋势应是以受检者为中心的医院信息系统，医院内所有的信息都将以无纸化为目标，并以数字化形式存储，医院内的所有终端及医学检查设备均与计算机相连通，各种医嘱和检查结果均由网络相互传送，从而达到信息资源的充分利用和共享，受检者只需登记一次交足预交金后便可在医院内所有科室畅通无阻地进行诊断、治疗及消费等各种医疗活动（图 10-4-8）。

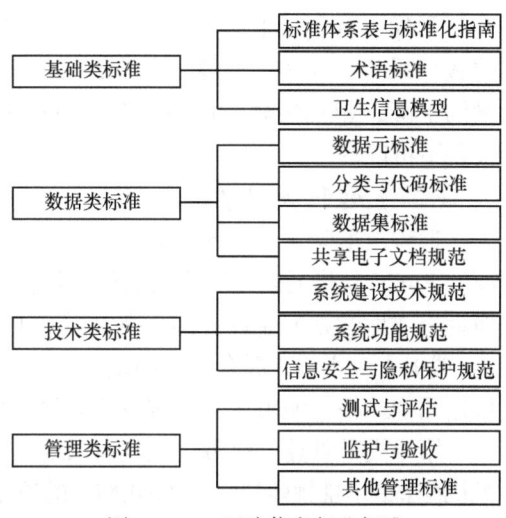

图 10-4-8　医院信息行业标准

四　PACS 与远程医学

在 1924 年 4 月的一期无线电新闻杂志封面上的 1 幅图就已描绘出 1 名儿童正在家里接受 1 位远方的医生经交互式会议系统而进行的检查。此事是在发明电视的 3 年之前，而第一代远程医疗（telemedicine）系统是在 20 世纪六七十年代才开始采用的。美国 Nebraska 大学是最早应用于远程医疗技术的地方，它用双向闭环微波电视进行精神病学会诊。20 世纪 60 年代后期，远程医学倡导者之一，Kenneth Bird 博士，在波士顿国际机场的简易诊所与美国哈佛大学附属麻省总医院之间建立了微波视频线路。这一系统用于跟现场的护士会诊，并且也用于远程医学各种应用方面的试验研究，包括远程放射学、远程病理学和远程皮肤病学。尽管在美国的这些时期的系统有许多成功之处，但资金提供是有限的，并且没有一个系统是能够自行维持的。北美唯一的远程医疗项目是在 1996 年前启动的，而且至今仍在运行中，由加拿大纽芬兰岛纪念大学管理。与其他中断的项目不同，该系统二十多年来主要是依靠像慢扫描电视和慢速数据传送这样的一些低级（lowerend）技术。这一系统采用电话会议形式也用于医学教育。若采用交互式电视会议方式，费用就比较贵。

虽然远程医学系统已发展了 50 多年，但是由于技术和经费的限制，远程医疗发展并不迅速，只是在近年来随着光纤网络、综合业务数据网（intergrated service digital network，ISDN）、异步传输模式（ATM）、压缩电视等新技术的出现及各种相关技术的发展，远程医疗系统才进入了相对实施的阶段。并且保健工业在提供医疗服务的远程通信和信息管理技术方面的飞速发展以及人们对高质量医疗保健需求的日益增长，促使人们对远程医学兴趣的激增，从而促进了远程医学计划在各大洲的开展。

美国在远程医学的计划实施是以高速数字网络的交互式电视会议技术为基础的。这类系统采用的标准带宽是 T-1 频带宽度（1.544MB/s）。其着眼点是为偏远的乡村和缺医少药的地区提供高质量的医疗服务。

远程医学是通过远程通信技术进行远距离的医学服务和教育的。它主要应用在医学研究、交流、教育、临床诊断、会诊治疗以及管理等方面，现有远程放射学、远程病理学、远程皮肤病学、远程精神病学、远程心脏病学、医疗会诊、医学继续教育等。

（一）远程医学

远程医学就其功能而言大致可分为三个类型：①远程教育（teleeducation）就是通过计算机网络或电信网络进行的医学教学；②远程会诊（teleconsultation）是远程医学的重点，它是两地或多地医生交互式共享受检者诊断信息，特别是放射学图像、超声图像、病理检查、心电图、血压等多种报告，由本地医生得出诊断报告的过程。③远程诊断（telediagnosis）是远程医学的最高类型。它是在分离医学影像及其他诊断信息的同时，最终由远在异地的专家来签署诊断报告的过程。它涉及图像质量的数据采集、压缩、传送、解压缩、处理和显示，且这些技术环节都不可有差错，以免造成图像质量的下降，影响疾病的诊断。在当前技术水平下，要想使数字化的医学影像数据在各个环节都毫无损失是不可能的。

（二）远程放射学

远程放射学（teleradiology）是远程医学的基础，它在远程医学的运行中起着主要的作用。通常所说的 PACS 是指局限于医院内或放射科室内影像存档和通信，属于局域网通信，距离一般不超过 10km；而远程放射学则要通过公共交换电话网（PSTN）、综合业务数据网（ISDN）、异步传输模式（ATM）、T-1 或 E-1 专用线、混合光纤同轴网（HFC）和卫星通信等进行远距离的图像传输，也可以通过 Internet 传送图像。根据城市之间和城乡之间的电信基础，远程放射系统可分为三个档次的类型。

第一类是低速、窄带远程放射系统，它以普通的 PSTN 为基础，以多媒体 PC 为平台，传输速率由微机配备的调制解调器（MODEM）的速率（14.4kbit/s 到 36.6kbit/s）来决定。其特点是投资少，通信费用不高，由于传输速率慢和微机的显示器分辨力有限，仅适用于 CT、MR、静态超声图像以及个别部位 X 射线片等中低分辨力影像的远程会诊。

第二类型是中速远程放射系统。以计算机工作站为平台，并配备 X 射线胶片数字化仪，把 ISDN 建立在现有 PSTN 基础上，通过一对用户线为客户提供多种综合业务，包括电话、数据、图像、电视会议等，它可在普通市话线路上实现基础速率带宽（64～128kbit/s），在干线网上实现主速率带宽（1.92Mbit/s）的传输，计算机工作站通过基础速率接口（BRI）或主速率接口（PRI）上网，模拟电话、传真机通过适配器上网。ISDN 很适于分散用户间歇型通信。

ISDN 是一种先进的数字通信系统，它将取代现有的大部分电话系统，使音频和非音频的业务一体化。这一技术将使异地的医学图像设备以快速的数据流（欧洲为 144Mbit/s，美国为 155Mbit/s 或者是 622Mbit/s）连为一体，解决了远程放射学的关键问题，即图像的传输问题。那时，人们就能很快捷地获取其他医院或医疗机构的图像，而且，可以随时随地与外地的专家进行会诊、交流。远程放射学的业务活动得到了真正的实施。

第三类是带宽高速远程放射系统。它主要运用了异步传输模式（AMT），它是一种以信元为单位的应用于网络主干的高速联网技术，它在同一网络上可高速传输包括语音、影像、数据等所有形式的信息。其速率从 T-1 的 1.54Mbit/s 到 2.4Gbit/s，如此高的带宽足可以满足远程医学涉及的所有领域。异地的医学影像学专家完全可以实时地指导远在 ATM 接口另一端的医学影像学医师进行影像的诊断，形式就像与医师坐在一个办公室一样。但这种系统成本昂贵，目前在我国使用如此高带宽的城域网还很少。只有上海有一条覆盖方圆 100km 的上海科技网，其主干传输速率为 155Mbit/s，桌面交换速率为 25Mbit/s。要实现远程放射业务的全面开展，还得解决远程放射系统中的图像传输标准、图像质量控制、图像压缩标准、不同影像诊断设备上网接口等一系列问题。

鉴于越来越多的医学影像学者使用全球计算机 Internet 网络，北美放射学会在其强大的电子出版媒体、全球信息网上开辟了一席之地，以供医学影像学者方便快捷地获取医学信息。为在 Internet 网上查找图像和感兴趣的资料，设计了北美放射学会网站（https：//www.rsna.org），各放射学会成员可以通过联网计算机在空中或单位获取学会和年会的信息，访问放射教学、实践和研究资料。另外，北美放射学会主页还可以指引访问 Internet 网上其他的资源。

五 PACS 与国际互联网

Internet 现今已发展成为连接世界各地学术、商业、政府部门的计算机网，从而代替了国防部维持该网络的服务。所有连接到 Internet 网的网络都是相对独立和平等的。Internet 网内部各种网络之间是通过光缆、卫星、微波、高速专用通信线和电话线连在一起的。另外，Internet 网中的许多网都是以太网，这样可看到 Internet 网的内部网所使用的各种网络通信手段与 PACS 完全一致，这就为 PACS 的扩展注入了活力。目前，Internet 网是全球最大的计算机网络。

数字化的放射科室有两个组成部分，即放射信息系统和数字影像系统。放射信息系统是医院信息系统的一个子集，主要是对受检者的数据进行细致的管理。数字影像系统有时也与 PACS 一样，包括图像采集、存储、传输、恢复、显示和处理。数字医院环境（digital hospital environment）由医院信息系统、PACS 和其他的临床数字系统组成。

PACS 是在处理放射科图像的基础上逐渐发展起来的，目前应用范围已经覆盖了 CR、DR、CT、MRI、DSA、超声、核医学、病理学和 ICU 等部门，它高质量的管理和高效率的运作，对医院、对受检者都能提供优质的服务，随着信息高速公路的发展，网络通信的速度会越来越高。因此，用不了几年，医学图像信息就会很快地在 PACS 上传输，就像电子邮件一样快速地在国际互联网中传播，到那时，不仅远程放射学将成为一种实用的学科，且能够在国际互联网中开展频繁的业务，可见它潜力巨大，前景光明。

第五节　医疗信息数字云技术

全球的信息技术日益创新，信息产业针对医疗领域全面信息化和医疗资源充分数字化正在全面地整合与创新，出现了日新月异的变化。尤其是医院影像信息数字化的建设是必不可少的环节，因为影像数据占整个医院临床数据的 80% 以上，无论是医院内部管理还是区域电子档案共享都是很大的难题。为此，必须大力加强远程医疗信息共享，电子档案建设，并充分利用影像方面的管理平台作为未来电子档案的有力依靠。

当今"数字云"技术也就是国际上通称的云技术（cloud technology），是基于"云计算"商业模式应用在网络技术、信息技术、整合技术、管理平台技术、应用技术等的总称，可以组成"资源池"，按需所用，灵活方便。

数字云的基本概念与特点

（一）数字云的基本概念

数字云的同义词有电子云、云技术、云计算等，严格地说，其含义是有一些差异，从概念的角度上称为"云技术"较为确切。云技术是分布式计算技术的一种，它的基本概念可以理解为通过网络将庞大的计算处理程序自动拆分成无数个较小的子程序，再交给由多部服务器所组成的庞大系统经搜寻、计算分析之后将处理结果回转给用户。通过这项技术，网络服务的提供者可以在数秒之内，处理数以千计甚至亿计的信息，达到和超级计算机同样效能的网络服务。

云技术是通过使计算分布在大量的分布式计算机上，而非本地计算机或远程服务器上，企业数据中心的运行将与互联网相连，这使得企业能够将资源随时切换到需要的应用上，并根据需求访问计算机和存储系统。这好比从古老的单台发电机模式转向了电厂集中供电的模式，这意味着计算能力也可以作为一种商品进行流通，就像煤气、水电一样，取用方便，费用低廉，而最大的不同只是在于它是通过互联网进行传输的。

对于云计算的定义有多种说法，对于到底什么是云技术，目前公认的是美国国家标准与技术研究院的定义：云技术是一种按使用量付费的模式，这种模式提供可用的、便捷的、按需的网络访问，进入可配置的计算资源共享池（资源池包括网络、服务器、存储、应用软件、服务），这些资源能够被快速提供，只需投入很少的管理工作或与服务供应商进行很少的交互。

（二）数字云的特点

云技术的特点有两个方面：一是优越性；二是潜在的危险性。其中优点为：高扩展性、按需服务、廉价等；而令人担忧的是其潜在的危险性。

1. 优越性

（1）能提供全面的计算服务：数字云为了能赋予用户丰富的信息要求提供数字云的供应商具有相当的规模和强大的计算能力。

（2）虚拟化：无论用户在什么位置，使用何种终端设备，一台笔记本，甚至一部手机，都可以获得所需的应用服务，其中包括超级计算机才能完成的计算。这是因为用户所请求的资源来自虚拟化的"云"，而不是固定有形的实体。

（3）高可靠性：数字云计算比使用本地计算机更可靠，这是因为云中所使用的数据具有多副本容错和计算节点采用同构、可互换等措施，使保障性服务具有高可靠性。

（4）通用性：在数字云的系统中，可以支持千变万化的应用，这是因为云计算不是针对待定的应用，而是同一个云可以同时支撑不同的应用。

（5）高扩展性：数字云的经营商为了满足应用和用户规模增长的需求，可以对"云"的规模进行动态伸缩。

（6）按需服务、按量付费：数字云是一个庞大的资源地，可以按需购买，就像按需买水电一样方便。

（7）廉价：数字云的自动化集中式管理使大量企业无须负担日益高昂的数据中心管理成本。因此可以充分享受"数字云"低成本的优势。

（8）利于环保：数字云不是简单的技术提升，它可以彻底改变人们的现实生活，同时，也利于环境保护。

2. 潜在的危险性　对于数字云、经营商必须提出两项服务：一是计算服务，二是存储服务。目前，世界上大多数提供这种服务的运营商都是私人结构，他们只能提供商业信用，而对于政府机构和对数据特别敏感的商业机构对选择数字云计算服务都有一定的警惕性。这是因为一旦这些用户大规模地使用私人运营商提供的云计算服务，无论其技术优势有多强，都不可避免地让这些私人运营商以信息的重要性为由对整个社会造成危害；另一方面在云计算中的数据，对于数据所有者以外的其他云计算的用户是保密的，但对提供云计算的经营机构而言确实毫无秘密而言，这些便构成了潜在的危险。

 云计算的起源，演化以及与软件的关系

（一）云技术的起源

云技术是在云计算技术中采用分布式处理、并行处理和网络计算的基础上发展起来的，可以看作这些计算机科学概念的商业化操作的表现，而云计算又是借用了量子物理学中的电子云（electron cloud）的概念，强调说明了计算的弥漫性，无所不在的分布性和社会性特征。

我们知道，电子云在原子核周围运动的电子是没有规律的，是弥漫在空间的，云状存在的。在描述电子运动时是用概率分布的密度函数理论，它赋予电子云概率性、弥漫性、同时性的特征。因而在IT行业中就出现了以 IBM 公司提出的一个无所不在的云计算（pervade），这种"云计算"理论不是纯粹的商业炒作，它会改变信息产业的格局，现在已经用的有谷歌文档（Google Docs）和谷歌软件（Google Apps），"谷歌文档"包括在线文档、电子表格和演示文档三类，这样用户就可以轻易地执行所有的基本操作，包括编制项目表、按列排序、添加表格、图像、注释、公式等。而且是完全免费的，这种大家熟悉的桌面风格让用户编辑起来倍感轻松，只需点击工具栏按钮，即可进行加粗、画线、缩进、更改字体和数字格式等操作。

在谷歌服务软件中，主要用于企业消息传输协作和安全，这些软件在各种规模企业的应用程序中，大大提高了工作效率，降低了 IT 成本。还有许多人都在使用 Office 办公软件，尤其是在许多远程办公软件 Office 字处理时，不是用自己本地机器上安装的应用软件，而是使用 Office 电子商务软件来完成一个交易程序，因为这些软件包括了现成的模版，对一个没有学习过高级语言程序设计的销售人员也能做出来。这种计算和产业动向是符合开源精神的。

（二）云技术的演化

云技术从 1983～2018 年的演化与发展中，经历了四个阶段（电厂模式、效用计算、网络计算和云计算）才发展到现在比较成熟的水平。

1. 电厂模式阶段　电厂模式好比利用电厂的规模效应，降低电力的价格，并让用户使用起来更方便，且无须维护和购买任何发电设备。

2. 效用计算阶段　在 20 世纪 90 年代，当时的计算设备的价格是非常昂贵的，这是普通企业、单位所不能承受的，所以很多人产生了共享计算资源的想法。后来，有人提出"效用计算"这个概念，即借鉴了"电厂模式"。

在计算机领域里就是整合分散在各地的服务器、存储系统以及应用程序来共享给多个用户，让用户能像使用电灯一样来使用计算机资源，并按使用量来付费。但由于当时整个工厂产业还处于发展初期，很多诸如互联网这样强大的技术还未诞生，所以虽然这个想法一直为人称道，但是还没有办法变为现实。

3. 网络计算阶段　网络计算是研究如何把一个需要非常巨大的计算能力才能解决的问题分成许多小的部分，然后把这些部分分配给许多低性能的计算机来处理，最后把这些计算结果综合起来解决这个大问题。但当时由于网络计算在商业模式、技术和安全性等方面还很不成熟，所以在实际应用中难以实现满意的计算效果。

4. 云计算阶段　人们希望 IT 技术中的效用计算就像使用的电力那样方便，并成本低廉，但与效用计算和网络计算不同的是，现在在需求方面已经有了一定的规模，同时在技术方面也已经基本成熟。

（三）云与软件的关系

（1）开发技术。在云技术的环境中，软件开发技术的整体架构将发生显著的变化，表现在：一是所开发的软件必须与云相应，使其能够与以虚拟化为核心的云平台紧密有机地结合，以适应运算能力和存储能力的动态变化。二是要能够满足大量用户的使用，这包括数据存储结构和处理的能力。三是云结构要符合互联网的要求，使其在互联网环境下提供所需的应用。四是安全性要高，可以抗攻击，并能保护私有信息。五是可工作于移动终端、手机、网络计算机等各种环境。

（2）软件与环境的适应性。在云技术环境下，软件开发的环境，工作模式也将发生变化。虽然，传统的软件开发理论不会发生根本性的变化，但基于云平台下的开发工具，开发平台将为敏捷开发、项目组内协同、异地开发等带来便利，并在软件开发项目组内利用平台实现在线开发，并通过云实现知识积累和软件复用。另外，在云技术的环境下，软件产品的最终表现形式更为丰富多彩。因为在云平台上，软件可以是一种服务，如软件运营（Saas）也可以就是 Web Services（一个平台独立的低耦合的、自包含的、基于可编程的 Web 应用程序，它可用开放的 XML 标准来描述、发布、发现、协调和配置这些应用程序，用于开发分布式的互操作应用程序），也可以在在线下载中应用。

（3）对软件检测方式的调整。在云计算环境下，软件开发工作的变化，使软件技术的架构发生变化。因而，要对软件检测，除了重点关注传统的软件质量的同时，还要做出相对应的调整，以适应在云计算环境下所提出的新的质量要求，如动态适应能力、庞大用户的支持能力、安全性以及平台兼容性等。

在云工作平台下，软件的测试工具、环境、工作模式也要随云计算环境而变化，要把测试条件从传统的本地方式移植到云平台上。

三　云计算的核心技术

云计算在实际应用中，包含有多种技术，从大的方面来说有软件和硬件。其中，软件是一种服务，即按照特定顺序组织的计算机数据和指令的集合；而硬件为通过网络提供存储和计算能力的新方式。云计算中应用的主要技术有：并行计算、虚拟化技术、分部式海量数据存储技术。

（一）并行计算

所谓并行计算是指同时使用多种计算资源解决计算问题，是提高计算机系统计算速度和处理能力的一种有效手段，它的基本思想是用多个处理器来协同求解同一问题，即将被求解的问题分成若干个部分，各部分均由一个独立的处理机来并行计算。并行计算系统既可以是专门设计的，含有多个处理器的超级计算机，也可以是以某种方式互连的若干台独立计算机构成的集群，通过并行计算集群完成数据的处理，再将处理的结果返回用户。

（1）并行计算的特点。由于在系统中利用并行计算是相对并行计算而言的，并行计算分为时间上的并行和空间上的并行。时间上的并行就是指流水线技术，而空间上的并行是指多个处理器并发的执行计算，而在云计算中对大数据的计算问题具有以下特点：①将大工作量分离成离散部分，有助于同时解决。②随时并及时地执行多个程序指令。③多计算资源下解决问题的耗时要少于单个计算资源下的耗时。

（2）并行计算与云计算的区别。云计算是在并行计算之后产生的概念，是由并行计算发展而来的，两者在很多方面有着共性，了解和学习并行计算对理解云计算有很大的帮助。但并行计算不等于云计算，两者的区别在于：①云计算萌芽于并行计算，云计算的萌芽应该从计算机的并行化开始，并行机的出现希望把多个计算机并联起来，从而获得更快的计算速度，这是一种很简单也很朴素的实现高速计算的方法。②在网络环境下使用并行计算是用于特定的科学领域，而传统的并行计算与网络计算的结合是用于高端科学和技术领域内的操作，需要很高的专业人员运营。③并行计算只追求高速计算，而云计算对于单节点的计算能力要求低，这是因为在并行计算的时代，人们为了极力追求高速计算，采用昂贵的服务器，各运营商不惜一切代价要在计算速度上超越别人，这样大型机群不断地更新换代，造成巨额投资无法收回；而云计算对于单节点的计算能力要求低，不再追求使用昂贵的服务器，而云中心的计算力和存储力可以随着需要逐步增加，云计算的基础架构支持这一动态的增加方法，这样高性能的计算机将在云计算时代成为耐用消费品。

（二）虚拟化技术是提高服务效率的最佳解决方案

虚拟化技术是指计算元件在虚拟的基础上而不是真实的基础上运行的，由于通过虚拟化技术可以实现软件应用与底层硬件的相互隔阂，所以它可以扩大硬件的容量，简化软件的重新配置过程，以及减少软件虚拟化相关的开销和支持更广泛的操作系统。

另外，虚拟化技术还包括将单个资源划分成多个虚拟资源的裂缝模式，因而虚拟化技术根据对象可分成存储虚拟化、计算虚拟化、网络虚拟化等，而计算虚拟化又分为系统级虚拟化、应用级虚拟化和桌面虚拟化。

在云计算实现中，计算系统虚拟化是一切建立在"云"上的服务与应用的基础，虚拟化技术主要应用在中央处理器（CPU）、操作系统、服务器等多个方面，是提高服务效率的最佳解决方案。

（三）分布式海量数据存储技术

云计算系统为了大量用户服务，由大量的服务器组成。因此云计算系统采用分布式存储数据，用冗余存储（重复配置存储器）的方式和集群计算，分布存储和冗余备用以保证数据的可靠性。采用冗余的方式通过任何分解和集群就可以用低配设备替代超级计算机的性能，以保证低成本。同时这种方式还可以保证分布式数据的高可用性、高可靠性和经济性，即为同一份数据可以存储多个副本。现在的云计算系统广泛使用的数据存储系统多为 Hadoop 分布式文件系统（HDFS）。

（四）海量数据管理技术

云计算需要对分布、海量的数据进行处理、分析。因此，数据管理技术必须能够高效地管理大量的数据。云计算系统中的数据管理技术，目前多采用开源数据管理模块 HBase。云数据存储管理形式不同于传统关系的数据库管理系统（RDBMS）的数据管理方式。

如何在巨大的分布式数据中找到特定的数据，也是云计算数据管理技术所必须解决的问题。同时，管理形式的不同造成传统的 SQL（结构化查询语言，它是一种数据库查询和程序设计语言，用于存取数据以及查询、更新和管理关系数据库系统）数据库接口无法直接移植到云管理系统中去，现已研究出为云数据管理提供的关系数据库管理系统（RDBMS）和 SQL 的接口。

另外，在数据管理方面，如何保证数据安全性和数据访问高效性也是目前研究关注的重点问题之一。

（五）编程方式

所谓编程就是计算机为解决某个问题而使用某种程序设计语言来编写程序的代码，并最终得到结果。为了使计算机能够理解人的意图，人类就必须将问题解决的思路、方法和手段以计算机能够理解的形式告诉计算机，使得计算机能够根据人的指令一步一步去工作，以完成某种特定的任务。这种人和计算机交流的过程就是编程。

由于云计算提供了分布式的计算模式，客观上就必须有分布式的编程模式。云计算采用了一种思想简洁的分布式并行编程模型 Map-Reduce。这种编程模型，一般用于大规模数据集（大于 1TB）的并行运算，其中的 Map 表示"映射"，Reduce 表示"归约"，其主要思想是从函数编程语言里借来的，并具有矢量编程语言的特性，它极大地方便了编程人员在不会分布式并行编程的情况下，将自己的程序运行在分布式系统上，用指定的 Map（映射）函数，把一组键值对映射成一组新的键值对，并发出 Reduce（归约）函数，用来保证所有映射的键值对的每一个共享相同的键值。也就是说，Map 函数中定义各节点上的分块数据的处理方法，而 Reduce 函数中定义中间结果的保存方法以及最终结果的归纳方法。

（六）云计算平台的管理技术——自动化、智能化手段

云计算的资源规模庞大，服务器数量众多并分布在不同的地点，同时运行着数百种应用，如何有效地管理这些服务器，保证整个系统不间断地服务是一个巨大的平台管理技术。怎样才能使大量的服务器协同工作，方便地进行业务部署和开通，并快速发现和恢复系统保障，只有通过自动化、智能化的技术手段才能实现大规模系统的可靠运营。

（七）可靠性和安全性

1. 安全性　云安全的策略构想是，使用者越多，每个使用者就越安全。因为如此庞大的用户群，足以覆盖互联网的每个角落，只要某个网站有某个新木马病毒出现，就会立刻被截获，在电子云系统中，通过网状的大量客户端对网络中软件行为异常进行检测，获取互联网中的木马恶意程序的最新信息，马上送到服务器进行自动分析和处理，再把病毒和木马的解决方案分发到每一个客户端。因而，使应用云计算比使用本地计算机更安全。

2. 可靠性　对于信息社会而言，信息是至关重要的。当然，在云计算中的数据对于数据所有者以外的其他云计算用户是保密的。但对提供云计算的商业机构而言确实毫无秘密可言。所以，这是一种潜在的危险，是一些保密单位和政府机构不得不考虑的重要问题。

四 云计算系统可提供的服务形式

在讲述云计算系统可提供的服务形式之前，需要说明一下在云计算系统中这些服务是通过什么方式提供的。在云计算系统中，它能提供的各种服务形式都是通过设置的串行外设总线接口 SPI（senal peripheral interface）来实现的。该接口是一种高速的、全双工、同步的通信总线，并且在芯片的管脚上只占用四根线。SPI 总线模式是通过一个简单的"读块"处理来获得寄存器里的内容的。

在云计算中有三大服务模式：基础设施服务（Iaas），平台服务（Paas）和软件服务（Saas）。这是目前被业界广泛认同的划分。这三种服务模式可直接通过服务接口向平台用户提供服务，也可以作为基础设施上的应用程序 Iaas 模式的支持平台间接地向最终用户服务。

（一）基础设施服务

消费者通过 Internet 可以从完善的计算机基础设施获得服务，这类服务称为基础设施服务（Iaas）。基于 Internet 的服务（如存储和数据库）只是 Iaas 的一部分。

Iaas 分为两种用法：即公共和私有，例如，亚马逊的弹性计算法（Amazon EC2）就是在基础设施云中使用的公共服务器池，它是一个让使用者可以租用云端电脑运行所需应用的系统。EC2 借用 Web

服务方式，让使用者可以弹性地运行自己的 Amazon 机器映像挡，使用者可以在这个虚拟机器上运行任何自己想要的软件或应用程序，提供可调整的云计算能力，这样可以使开发者的网络规模计算变得更加容易；而更加私有化的服务会使用单位内部的数据中心的一组公用或私用服务器池。如果在单位的数据中心环境下开发软件，那么上述的两种类型都能使用，而且使用一站式 IT 计算资源租赁服务（EC2）这种临用扩展资源的成本会更低。但是，Iaas 也存在安全漏洞，由于服务商提供的是一个共享的基础设施，也就是说一些组件，如 CPU 缓存。这样，CPU 对于该系统的使用者而言并不是完全隔离的，这样就会产生一个后果，即当一个攻击者得逞时，全部服务器都向攻击者敞开了大门，出现安全隐患。解决的办法是开发一个强大的分区和防御措施。

总之，Iaas 提供给消费者的服务是对所有设施的利用，包括处理、存储、网络和其他的计算资源。用户能够部署和运行任意软件，包括操作系统和应用程序。消费者不用管理或控制任何云计算的基础设施，但能控制操作系统的选择、储存空间、部署的应用，也有可能获得有限制的网络组件（防火墙、负载均衡器等）的控制。

（二）平台服务

1. 定义　平台服务（Paas）就是指云环境中的应用基础设施服务。Paas 平台在云架构中位于中间层，其上层是软件服务，下层是基础设施服务。在 Paas 服务中应用的基础设备包括应用服务器、数据库、企业服务总线（ESB）、业务流程管理（BMP）输入端（Porttol）、消息中间件、远程对象调用中间件等。对于 Paas 平台一般分为两类：一类是应用部署和运行平台（APaas）；另一类是集成平台（Ipaas），人们经常说的 Paas 平台是指 APaas。

2. 功能　Paas 是软件研发的平台，作为云技术的一种服务，并以 Saas 的模式提交给用户。因此，平台即服务模式也是软件即服务模式的一种应用，因为 Paas 能够提供企业进行定制化研发的中间平台，其中包括数据库和应用服务器等。同时，平台服务还能提高在互联网平台上利用资源的数量，如数据量、可视化、应用程序编程接口（API）。另外，平台服务开发的应用能更好地搭建基于面向服务的体系结构模式（SOA），将应用程序的不同功能单元通过 SOA 定义的接口和契约联系起来，进行整合实现交互应用。

此外，平台服务对于 Saas 的运营商来说，可以帮助他们进行产品多元化和产品定制化的服务。

3. 平台服务在云技术中的应用　Paas 能将现有的各种业务能力进行整合，如应用服务器、业务能力接入、业务引擎、业务开放平台；向下根据业务能力需要预测基础服务能力，通过 Iaas 提供的应用程序编程接口（API）调用硬件资源；向上提供业务调度服务中心，实时监控平台的各种资源，并将这些资源通过 API 开放给软件服务用户。归纳起来 Paas 服务具有以下的特点。

（1）Paas 平台是向外提供服务的基础：平台所提供的服务与其他服务的区别是，Paas 提供的是一个基础平台，而不是某种应用。Paas 平台由专门的平台服务提供商搭建和运营，并将该平台以服务的方式提供给应用系统运营商。

（2）Paas 运营商所需提供的服务不仅仅是单纯的基础平台，而且包括针对该平台的技术支持服务和针对该平台进行的应用系统开发、优化等服务。由于 Paas 的运营商最了解他们所运营的基础平台，所以由他们所提供的应用系统的优化和改进的建议是非常重要的。

（3）Paas 运营商对外提供的服务不同于其他的服务。这种服务的背后是强大而稳定的基础运营平台，以及专业的技术支持队伍。这种"平台级"的服务能够保证支撑 Saas 或其他软件服务提供商各种应用系统长时间、稳定地运行。

我们知道，Paas 的实质是将互联网的资源服务化为可编程的接口，为第三方开发者提供有商业价值的资源和服务平台。有了 Paas 平台的支持，云计算的开发者就获得了大量的可编程元素，这就为开发者带来了极大的方便，这样不但提高了开发效率，还节约了开发的成本。有了 Paas 平台的支持，互联网应用的开发将变得更加敏捷，从而提高了开发能力，最终给用户带来了利益。

（三）软件服务

Saas 的含义是软件服务，它中文名称为软件运营（软营），它是基于互联网提供软件服务的软件应用模式，因而 Saas 是软件科技发展的最新趋势。

1. 对 Saas 含义的说明　　随着互联网技术的发展和应用软件的成熟，Saas 是在 21 世纪兴起的一种完全创新的软件应用模式，与按需软件、托管软件、应用服务软件所具有的含义相似，它是一种通过 Internet 提供软件的模式。厂商将应用软件统一部署在自己的服务器上，客户可以根据自己的实际需求，通过互联网向厂商订购所需要的应用软件服务，按定购的服务多少和时间的长短向厂商支付费用，并通过互联网获得厂商提供的服务。用户不再购买软件，而改用向提供商租用基于 Web 的软件来管理企业经营活动，且无须对软件进行维护，而由服务的提供商会全权管理和维护软件。软件厂商在向客户提供互联网应用的同时，也会提供软件的离线操作和本地数据存储，让用户随时随地都可以使用其定购的软件和服务，这对许多中、小用户来说，Saas 是采用先进技术的最好途径，因为它消除了中、小用户购买、构建和维护基础设施和应用程序的需要。

所以 Saas 所代表的云计算，这种全新和领先的互联网应用支付模式终将走向未来，成为互联网的主流应用形态，并为互联网的移动化提供支持。

2. Saas 服务与传统软件应用在服务模式的比较

（1）Saas 服务较传统的软件应用在服务模式上的优势。

1）简化了服务模式与程序。Saas 服务模式和传统许可模式有很大的不同，Saas 服务具有很多独有的特征，Saas 不仅减少了或取消了传统软件的授权费用，而且厂商将应用软件部署在统一的服务器上，免除了最终用户的服务硬件的投资。客户不需要除了个人电脑和互联网连接之外的其他 IT 投资，只需通过互联网就可获得所需的软件和服务。

2）付费方式大大简化了。Saas 供应商通常是按照客户所租用的软件模块来进行收费的，因此用户可以根据需求订购软件的应用服务；而传统管理软件通常是买家一次支付一笔可观的费用才能正式启动。

3）软件的研发与实施时间大大减少了。对于应用软件，它的研发与实施比软件本身的功能、性能更重要，万一部署失败，所有的投入几乎全部白费；同时，一般的应用软件部署周期至少需 2 年以上的时间；而 Saas 模式的软件项目部署通常只占 1/5 的时间，而且用户无须在软件项目许可证和硬件方面进行投资。

4）Saas 在使用方式上的优势。传统软件在使用方式上受空间和地点的限制，必须在固定的设备上使用。同时，Saas 模式的软件项目可以在任何可接入互联网的地方与时间使用。同时，Saas 模式相对于传统软件在软件的升级、服务、数据安全、传输等方面都有很大的优势。

（2）Saas 服务在技术、投资与管理上的优势。在技术上企业无须再配备 IT 方面的专业技术人员，同时又能得到最新的技术，以满足企业对信息管理的需求。在投资上，由于企业只对相对低廉的月租方式投资，不用一次性投资到位，并不占用过多的营运资金，从而缓解了企业资金不足的压力，也不用考虑成本折旧问题，并能及时获得最新硬件平台及最佳解决方案。从维修和管理方面来看，由于企业采取租用的方式来进行物流业务管理，不需要专门的维修和管理人员，也不需要为维护和管理人员支付额外的费用，很大程度上缓解了企业在人力、财力上的压力，使其能够集中资金对核心业务进行有效的运营。

（3）Saas 在中国市场的发展现状。虽然 Saas 在中国的发展时间并不长，但是最新数据显示其发展已经具备了一定的规模，而且呈上升之势。当前，整个业务管理软件市场上，软件许可证收入在整个业务管理软件收入中所占比例逐年下滑，而咨询、集成、维修等服务费用有所上升，这说明服务在软件市场中的重要性不断提高。以集团企业、跨国企业为代表的高端用户更是如此。在高端客户中订制开发、行业知识等在软件中体现为广大高端软件厂商竞争的重要领域，系统改造升级成为集团企业适应环境变化来提高竞争力的有效手段。

国内近两年来涌现了不少后起之秀，这些厂商一般选择两类模式进入 Saas 市场：一类为专门提供某一类型 Saas 服务的厂商；另一类为提供较全面及按所需整合订制的 Saas 服务商。目前云取代 Saas 服务的软件将成为新的热点。

总地来讲，Saas 在我国的发展前景是值得肯定的，但是在发展过程中还需注意很多问题，要结合国内市场的特殊环境来制订商业化模式。

五、云服务发展的趋势

云计算在当今社会是一个很时尚的概念，实际它既不是一种技术，也不是一种理论，而是一种商业模式的体现方式。这种商业模式代表了一个时代的需求，反映了市场关系的变化，因为谁拥有庞大的数据规模，谁就可以提供更广泛更深刻的信息服务，而软件和硬件的影响就相对缩小。按照云计算最普通和最雄心勃勃的解释，它的目标是把一切都拿到网络上。

云就是网络，网络就是计算机，你的数据通过口令（密码）的保护，就像在本地网络上一样，在整个网络上通过第三方虚拟化计算机来完成。

云计算的使用由日益增长的 Linux 操作系统（一套免费使用和自由传播类的强大多用户、多种处理器架构的分时系统）、高性能计算机和虚拟化等有关技术来实现。也就是说，大型计算机的复苏和刀片式服务器（在标准高度的机架式机箱内插多个卡式的服务器单元，以实现高密度、低成本的服务器平台）的发展以及数据中心在能力、数据和处理器利用率方面已经使云计算成为现实。因而，现在 IT 行业和数据公司都把"云计算"和"移动"列为新兴技术中最重要的两项。

这几年云计算在云中或整个网络上的计算给人们带来了许多理论和实践上的优势，使人们过去认为舒适的和愚蠢的概念得到了合乎逻辑的结论，如随需应变的信息、软件服务、虚拟化、Web 服务、瘦客户机（云端桌面机属于小型行业专用机型，瘦客户没有可移除的部件，可以比普通 PC 机更加安全、更可靠的使用环境以及更低的功耗、更高的安全性）、SOA 模型（面向服务的体系结构组件模型，它将应用系统的不同功能单元，通过这些服务之间定义良好的接口和契约联系起来）等这些概念在当下或不久的将来在某种程度上都能够由计算机来管理。也就是说，云计算的现实就是进入电子云系统的用户，在客户机上所有的问题都能够通过浏览器来解决，而且你的数据和应用程序以及处理过程将保留在所有的地方，而且你的数据保存的地方是密封和安全的，并且根据需要随时进行访问，这就相当于每一个用户的手头都有一台潜在的超级计算机。

在云计算系统中只要能够访问网络，且有一台连接到网络的设备，你就不需要大型硬件。你就能够在任何时间，从任何地点访问你所要的数据。这样，你的成本将大大下降，因为你只要支付你需要东西的服务费用即可，没有基础设施或者资本的开支限制，而且云计算能够使用其他方法无法获得的计算能力。

云计算中心那里的团体、企业和个人就能够立即访问以前无法接触到的应用程序，从而极大地促进了这些中心所在地的技术和经济的发展。

第六节　医学影像科信息化管理的质量控制

医学影像科的信息管理包括：受检者信息和服务流程管理、医疗质量管理、教学和科研管理、设备资产管理、总务房产管理、消耗材料管理、收支统计、员工信息管理等多个方面，这些信息应电子化，利用计算机网络系统进行管理，逐步实现现代化网络高效管理。

一、受检者信息和医学影像服务流程管理

1. 受检者在 HIS 中已有信息的网络读取和信息回写　医学影像科信息系统必须与医院的 HIS 联网，

受检者在医院 HIS 服务器中的信息应该可以随时调取。所有设备产生的图像资料送入服务器，所有阅片、报告从数据库获得数据进行处理后，送回数据库储存，供使用者访问。实现与介入手术室、核医学、超声、内窥镜、病理等科室的联网和诊断报告、图像的相互参考。临床科室可以访问和调阅资料，检查费用直接以电子信息传送给 HIS，实现医学影像检查申请单的电子化和便捷调阅，电子化保存替代纸质申请单。

2. 登记和预约的功能要求　医学影像检查需要合理的电子化日程安排，建立登记预约的对话软件，实现联网操作和联网查看。在登记时，复诊或随访的受检者用原就诊卡登记电脑将自动识别，实现信息整合，受检者的影像检查号码应该统一，实现一人一号、号码唯一。门诊受检者已经缴费的收费条目、病房受检者的医嘱信息，可调阅查看和记录到 PACS/RIS 系统中。具备 1 天内多次检查、受检者性别和检查部位的一致性识别和提醒功能。具备检查类别的分组或特定学组进行分组划归的功能（为诊断报告分亚专业工作的基础功能）。有条件的单位可以实现网络化自助预约、自助获得检查前准备的注意事项的内容。

3. 检查流程中受检者的管理　在受检者的医学影像检查环节中，我们应该充分利用网络化优势给予良好的及时信息服务。电子申请单生成之后，应提醒受检者该项检查可能发生的费用，预约检查应该打印一张导诊单告知受检者何时、何地接受何种检查。

受检者检查机房时，机房门口的排队叫号电脑显示屏应该显示等待检查的受检者的就诊队列。检查完成之后应该告知受检者何时、何地可取诊断报告和影像载体介质（胶片、光盘等）。在受检者集中等候区域，应该设置诊断报告已经可取的信息提示大屏幕，以便受检者及时领取检查结果。建议有条件的单位应该短信通知受检者诊断报告已经处于完成可取状态。

4. 独立技师工作站软件的要求　技师工作站指技师在开始检查前利用 PACS/RIS 进行检查病例情况查询、检查情况记录的完整电脑对话软件系统。它可实现检查技师姓名（工号）、检查信息的电脑确认；可以录入检查时特殊情况的说明；可联网实现技师确认检查结束后的费用记账生效和门诊拒退费锁定；可实现机房排队的队列销号联动和信息自动更新。对于受检者基本信息和检查信息，从 PACS 到设备实现 Worklist 自动录入功能，可免除技师在设备上的手工输入。

5. 诊断报告处理和特殊受检者存储要求　诊断报告书写要实现便捷、快速的对话软件设计，报告医生只负责医学影像表现和医学影像诊断的书写，受检者的人文信息和检查信息应该自动显示在对话版面上供参考和修改。具备多种待诊断受检者查询的功能，如按照解剖学系统、特定学科组的分类查询以满足亚专业诊断工作需求。有一定智能识别报告错误的能力，如性别和器官的一致性，左右部位的一致性等。有报告模板库，待诊断列表中有急诊标志，书写报告有初诊和审核之别，报告书写版面实现所见即所得，报告单上显示统一号码、检查序号、检查时间、报告时间和审核时间，时间精确到分钟，报告医生要选择是否是传染病、肿瘤，属于阳性还是阴性。能够保存报告修改的痕迹，报告不同版本之间前后对照显示差别，实现报告的 pdf 格式转存。门诊受检者的报告完成后，在等候报告处有显示屏告知。病房受检者的诊断报告可直接由病房医师调阅或打印，急诊受检者的临时报告上自动打印醒目的急诊临时报告标识。

6. 图像调阅和处理的要求　PACS/RIS 中图像的获取、保存和调阅完全符合 DICOM 标准完整保存，至少 3 年在线，10 年在线或离线可查阅。医生诊断时可对图像进行窗宽窗位调节、缩放、切割、翻转、注释、不同序列图像对照显示等操作。诊断工作终端应该配置图像的常规后处理功能软件。PACS 要具备已存图像的胶片打印（图像排版）功能，并且将已排版胶片资料和注释进行完整保存，今后可供打印、调阅和质量控制评片，医生可对关键图像实现特别标注。图像还可以进行光盘刻录和转存，科室可采用专业的大显示屏或投影仪进行集体读片。

7. PACS/RIS 建设的硬件要求　PACS/RIS 建设的硬件要求较高，随着医院的影像设备增减而要求不同，但是功能状态要求达到基本的使用需求。要建立独立的 PACS 专用服务器，原始影像检查资料要安全备份。医学影像科医生工作时调阅图像全部采用专业显示器，用于 X 射线摄片或乳腺钼靶数字化摄片图像的调阅，其显示器数列矩阵不小于 3m。PACS/RIS 的传输网速不低于 100M，调阅任何一例资料时第 1 幅图像呈现耗时少于或等于 2s。完整获取 1000 幅图像的用时不超过 10s。

8. 诊断报告自动分发、集中打印和自助打印功能　1 次医学影像检查，包括技师的摄片或者扫描过程，图像的胶片排版过程，以及由医学影像科医师进行阅片分析和诊断报告书写过程。检查结果由诊断报告和影像介质（胶片、光盘等）组成，许多医院都可以利用 PACS 系统实现图像和诊断报告的全院自动定向传送和病房打印，门诊受检者也可以通过自助终端实现自助获取诊断报告和胶片、光盘等结果。

二、医疗质量管理

质量控制工作是医学影像科的长效管理机制，PACS/RIS 建设要将医学影像诊断质量控制管理的功能要求融入 PACS/RIS 中。

（1）可以将科室按月自查结果记录表进行 PACS/RIS 联网专人填写和数据库保存，可供全科室人员调阅。

（2）建立检查常规、规章制度、岗位职责的文档数据库，文档材料符合质量控制督查的要求，可在全科室的联网电脑上供全科室人员调阅。

（3）PACS/RIS 打印胶片的图像注释符合质量控制中心相关规定的统一要求。

（4）实现电子化胶片质量的盲法评级和统计，包括 X 射线、CT 和 MRI，质量评级可电子化统计，形成具体数据的表格及可视化图标显示优劣。

（5）实现诊断报告多级审核修改的全程多版本自动保存，可以电子化自动比对和自动记录修改者、修改时间等要素。

（6）医学影像科护士日常工作应有岗位职责、操作规范的文本材料，抢救车药品和抢救器械应定期检查、核对、更换过期药品。针对护士工作的质量，包括注射、护理和注射相关物品管理、检查前准备（肠道准备和衣服更换）、不良反应记录和处理、抢救车药品和器械管理等，要定期考核。

三、科研与教学的功能要求

（1）PACS/RIS 对教学和科研的支撑作用显著，在使用过程中要充分发挥其作用。要实现病例资料的关键字模糊检索功能，能够按诊断报告医师、描述中关键字段、结论中关键字段等多种查询功能，按时段查询后列表显示。

（2）对感兴趣病例可进行个性化存档和快速调阅，实现电子化教学片库功能。

（3）疑难或者手术病例的随访实现联网无纸化的电子随访单生成，手术、病理、其他检查等可以自动调阅和输入，医学影像检查结果、诊断报告医师的自动载入，正确性评价的记录，最终形成的随访报告符合诊断质量控制中心要求。

（4）实现网络化集体读片和教学功能。下级医师提出读片、会诊的请求，次日负责读片的医师可以清楚、便捷地调到申请读片的病例资料。读片时的参与人员、发言和意见的记录、最终结果的记录等，都要实现电子化保存。

（5）科研病例或者实验研究资料的电子化保存。这些资料应该另建数据库保存，以免被其他无关人员无意中损坏、删除，或者被有意拷贝、外传。

四、设备资产管理、总务房产管理、消耗材料管理

设备、总务房产、消耗材料都是医学影像科业务运行过程中的基础保障。应该建立数据库以便及时掌握具体情况，及时修理、更新、补充，应该具备网络请购申请、网上确认、费用告知、被使用信息查询等功能。科室的设备、固定资产，都应该建立数据库，分门别类记录名称、型号、医院资产编号、装备时间、修理过程记录、购置金额、许可证等，进行联网数据库保存以方便调阅。

五 统计与管理方面的要求

（1）设立 PACS/RIS 系统管理员，有 PACS/RIS 维护、维修和升级的电子化文档记录。

（2）登录 PACS/RIS 工作前，科室应该给每人都设定自己的登录名称和相应的密码，个人可以修改密码。PACS/RIS 有权限和岗位管理。

（3）对于机房和个人工作量、经济情况、质量指标等实现按时段统计。实现医保和非医保受检者的区分标注并进行医保人数、医保费用及人均医保费用的统计。

（4）实现科室质量控制核心指标的统计（主要包括一级片率、废片率、大型 X 射线设备和 CT/MRI 阳性率、定性和定位诊断正确率）。

（5）统计功能要有权限设置。

六 员工信息管理

（1）医学影像科的员工科室应该建立员工各种证书的电子化管理，将每位员工的各种证书扫描成电子版，存入数据库，实现网络化调阅和及时审核、更新。

（2）医学影像科的技师和医师，都有工作安排表，实现电子化自动载入 PACS/RIS 系统实现机房对应技师的自动工作量记录。

（3）科室员工的信息系统中的功能权限设定，要有专人管理和修改。

七 互联网医学影像质量控制规范

互联网医学影像应将目前各自为阵的 PACS、RIS 系统全部功能在云端实现。按照国家对医学信息要互联、互通的要求，云端 PACS、RIS 系统的出现，理论上应将区域内、省内或者全国影像学信息资料互联、互通，实现上下级单位医学影像检查和诊断同质化。

互联网医学影像的工作职能主要包括：远程撰写报告、远程审阅报告、远程专家会诊。在这个环节中，所有与医学影像有关的检查，如 X 射线检查，包括乳腺钼靶、胃肠造影、心血管造影、CT 检查、磁共振成像检查、核医学检查、超声检查等所获取的全部医学图像，还包括各种内窥镜检查和治疗的图像，眼科检查所获取的医学图像，部分皮肤检查所获取的医学图像，病理学检查所获取的医学影像，图形文件（如心电生理检查所获取的图像）应实现互联网管理。

针对互联网、物联网等新技术出现所带来医学影像学领域的进步，有必要对互联网影像技术的发展做出规范，以促进互联网医学影像新技术、新应用的发展。医学影像学信息作为重要数据之一，通过"省-地（市）-县-乡镇医疗机构多级在线模式"的数据中心管理，最终将数十万、百万、千万人口的医学影像学信息纳入国家、省内，或者区域医疗的数据管理中心，真正实现信息共享，为管理区域内"受检者与疾病的全程"提供依据。

以云端 PACS/RIS 为骨架，以三级甲等医院为核心，连同所属之县域医疗的影像学信息，最终将医学影像信息纳入区域医联体内的数据管理中心，实现对所有"大健康数据"进行分类、整理和机器学习，为本地居民疾病的防范、诊断、治疗、康复等提供客观依据。

互联网医学影像中心的含义是将目前各自为阵的 PACS、RIS 系统全部功能在云端实现。按互联、互通的要求，使区域内、省内，或者全国医学影像学信息资料的互联、互通成为现实。

互联网医学影像中心的构建需要满足：由政府或者医疗集团、医联体统一互联网医学中心建设标准。设置云端 PACS/RIS，在具有前置服务器的环境下，实现网上读片、会诊、教学等协同功能。

按照规范，制订医学影像科各个部位的各种检查设备的规范（各种检查方法、技术点、剂量、各种常规序列、特殊序列）。严格遵守所制定的扫描和检查规范，保证检查方法和技术点率先达到区域内的同质化。制订各类医学影像检查的报告撰写、审阅和会诊规范，从细节入手，分层描述征象，诊断用语要规范，诊断结论要准确客观。

（一）关于互联网医学影像质量控制

互联网构建起全新的联接方式包括：受检者→影像设备→技师→报告医师→审核医师→会诊医师等。

（二）互联网医学影像医疗业务链

互联网医学影像业务链"受检者→影像设备→技师→报告医师→审核医师→会诊医师等"中的每一个环节，都有可能影响医疗质量。因此有必要针对互联网医学影像链中的每一个环节建立质量控制点。

（三）互联网医学影像业务链的质量控制规范

1. 与 HIS 的连接规范　互联网医学影像的基础人口学信息来自于医院的 HIS 系统。除具有医院本身的 HIS 系统的 ID 外，受检者的就诊卡、身份证、联系方式等应为互联网唯一性主索引。

医院的 HIS 系统中受检者的 ID 与个人化身份 ID 必须绑定，以便于在集团内医院、区域或者跨区域的医疗协同中，具有与之相匹配的互联网受检者医疗服务的主索引（IPMID），即互联网开放环境中的核心索引。因此，互联网医学影像服务必须具有 IPMID 的支持能力。

2. 受检者结构化医学影像检查申请单的规范　从医疗数据质量控制角度出发，在长期的医疗服务中所沉淀的数据，具有二次开发和研究的价值。因此，有必要对不同医学影像学检查类型的规范化、结构化的申请单进行质量控制，包括检查类型、检查部位、检查方式、受检者情况描述等结构化内容。

3. 医疗服务类型的质量控制　在综合性医疗机构中，对包括常规体检、门诊检查、住院检查、急诊及匿名检查等，都需要有全面的质量控制。尤其对各类医疗服务在时间因素的控制上，需要有管理规范。

常规检查中的住院检查、门诊检查的时间范围要求（如 8h 出报告、24h 出报告）需要进行互联网时间质量控制管理。在时间管理上，所设计的软件应该具有超时提醒功能。对于急诊受检者应该有标签及时间紧急性的超时提醒功能，以确保检查结果的时效性。

对于匿名检查的受检者，互联网应该具有补单功能，以确保后续医疗信息的完整。互联网医学影像学平台，在设计上还需要具有时间标签的记录功能，以便用于时间标签的标记及后续的追溯性分析。

4. 多样化医学影像检查的时间轴展现　对于受检者在一家医疗机构、多家医疗机构不同时间完成的不同医学影像检查类型，理论上应该具有时间轴展现功能，可以从不同角度全面展现不同医学影像检查的结果以及病程的变化过程。

（四）互联网医学影像检查不同角色的质量控制

1. 医学影像技师的质量控制　医学影像技师的资质要求：具有医学、工学、理学或者生物医学工程背景，在省一级、三级甲等医院培训 3~6 个月及 6 个月以上者。在互联网条件之下，医学影像检查规范主要由技师完成。建立影响技师质量控制的要素，包括：

（1）受检者检查体位。

（2）扫描技术参数（如扫描条件、重建条件、不同序列等）。

（3）检查与存储协议（如检查方案、存储条件、传输条件的规范性）。

（4）设备质量（如设备的使用年限、设备完好率、功能使用率）。

对上述几个关键性因素，依次进行抽查，建立 5 分制不同角色的质量控制评分体系：5 分优秀，4 分好，3 分合格，2 分差，1 分很差。

对医学影像技师进行质量评分的人员包括：撰写报告的医师、审核医师、专家会诊医师、临床医师等。其中，设备质量代表的是设备的品质，其品质有可能影响影像诊断，或者治疗质量。从持续性改进和提升检查质量的角度出发，应该对设备进行有计划的定期保养和校正（如 CT 值校准、磁共振成像的匀场等），或者依据设备的使用年限、老化程度等做出正确的判断，以避免由于设备本身的质量问题或者保养问题而影响医学影像的诊断质量。应建立设备维修档案。

从规范检查的角度出发，互联网医学影像业务系统需要能够支持对医学影像技师进行统计、分析并对医学影像技师质量控制质量进行评分，并及时反馈给医学影像技师。在持续改善过程中，应该关注医学影像技师质量控制水平，以使医学影像技师的检查质量呈持续地动态改进与不断提升。

2. 医学影像诊断医师的质量控制 诊断医师的资质要求：具有医学背景，取得医师资格证和医师执业证，并在省一级、三级甲等医院培训6个月以上者。

医学影像诊断医师包括撰写报告的医师、审阅报告的医师、参与会诊的医师。

撰写报告的医师在出具诊断报告的环节中，其诊断的质量也应该能被后续审核医师、会诊专家及临床医师进行量化评估。诊断医师的质量控制点包括：①诊断描述的完整性；②疾病征象描述的准确性；③诊断用语的规范性；④诊断结果的正确性；⑤影像技术应用的合理性。

对医学影像诊断医师的质量控制也采用5分制评分体系：5分优秀，4分好，3分合格，2分差，1分很差。

互联网医学影像业务系统，需要能够支持医学影像诊断医师进行质量控制和量化评分，关注医学影像诊断医师的影像诊断质量，并能反馈给医学影像诊断医师，以持续提升医疗诊断质量。

报告已完成未审核者，医师可以自主修改；已审核者，需具有报告修改痕迹对比及标记功能，以提示报告之间内容的差异。

对于报告中部分内容的错误，在报告未发出或已经发出需要追回的，需要有原有报告的保留功能，以及具有类似"报告已更新"的功能，以示在原有报告的基础上，对报告进行了更新，即新报告（或者称为二次报告）。原有报告及新更正过的报告均需要保留，以便于追溯。

3. 审核报告医师的质量控制 无论是具有一审还是二审的互联网医学影像审核流程，都是为了确保撰写医学影像报告医师和审阅报告医师在互联网医学影像诊断模式下的工作质量。

除可进行医学影像技师和诊断医师的质量控制外，审核医师（无论一审还是二审）的审核质量，也可以被临床医师及会诊专家进行多因素量化评估。也采用5分制评分体系：5分优秀，4分好，3分合格，2分差，1分很差。

审核医师的质量控制点包括：①诊断描述的完整性；②诊断结果的正确性；③影像技术应用的合理性。对于报告中部分内容的错误，在报告未发出或已经发出需要追回的，需要有原有报告的保留功能及具有类似"报告已更新"的功能，以示在原有报告的基础上，对报告进行了更新，即新报告（或者称为二次报告）。原有报告及新更正过的报告均需要保留，以便于追溯。

4. 专家会诊质量控制 原则上，副高以上职称的医学影像科医师均具有专家会诊资格。由于我国幅员辽阔，东西部之间的专业技术人员存在较大差异，因此具体会诊专家的筛选和确定允许有所不同。

专家诊断是以互联网医学影像工作平台实现影像诊断的协同与会诊的。院外专家会诊的第二意见不作为质量控制来考核，仅限于发起医师与专家之间的交流。但是，可以通过互联网医学影像工作的协同平台，对专家的第二意见，做一些反馈，以便于在专家与医师间，形成积极的交流和互动机制，便于对疑难疾病的诊断形成有价值的讨论。医疗过程中的远程咨询不在质量控制范围以内。

（五）互联网医学影像平台功能对质量控制的影响

相比传统的院内PACS、RIS，互联网医学影像平台的影像处理能力应更强大、更全面、更方便，以避免在互联网跨时空的环境下，医学影像数据处理及分析功能不足而导致影像工作质量的受限或下降。

欲完成任何一次互联网报告撰写、诊断审阅和专家会诊等工作，对网络和后处理功能的要求就相对严格，不能因为图像显示缓慢，或者图像处理能力不足而导致工作质量的下降。影响互联网医学影像平台诊断质量的功能因素主要分为三类。

第一类：基本影像处理功能。在互联网环境下，医学影像应用的最基本功能，类似于院内传统PACS中的图像处理基本功能，包括缩放、移动、窗宽窗位（灰度）调整、长度-面积-角度测量功能等。这一类功能，主要是针对医学影像数据做基本的展现和最基本、原始性的测量与调整等。

第二类：增强型的影像处理功能。如针对 X 射线的均衡处理、针对乳腺钼靶的均衡性处理；针对 CT、MRI 的 MPR、MIP 及曲面重建；针对 CTA、MRA、DSA 的可视化重建功能等；针对核医学的图像融合功能等。

第三类：医学影像高级处理及分析功能。如血管自动分析、血管自动分割、冠状动脉树自动提取、灌注分析、肺分析、钙化积分分析、弥散分析、神经纤维成像及 3D 打印功能等。第三类是更为强大的医学影像处理及分析能力。

同传统 PACS，这三类功能也要经过国家食品药品监督管理总局（CFDA）认证，以确保影像质量的安全性、有效性。同时，以上三类功能也定义了互联网医学影像工作及协同平台的功能和等级。例如，互联网工作平台，要确保医学影像质量，不能因为互联网环境而对医学影像质量有可见性的折扣，应该以医学影像质量优先为原则，确保互联网医学影像的质量，进而确保医疗服务的质量。

（六）互联网医学影像应用的网络及终端质量控制因素

将医学影像业务运行在互联网环境中，连接的网络质量和应用终端将是医学影像医疗服务质量的因素。

当撰写医学影像报告的医师、审核医师、临床医师、会诊专家所使用的终端连接互联网时，网络质量（带宽及延时）对医疗质量控制的影响在于影像数据完整性与时间和诊断效率之间的矛盾。

互联网连接质量，应该满足包括门诊、住院及急诊检查的时效性质量控制要求，不能因为互联网连接能力的强弱而降低医学影像设备数据输出能力。

影像设备的大数据能力，与设备本身、网络传输、终端处理能力、数据分享速度有关，最重要的是以医学影像诊断质量优先关联。

互联网网络质量对医学影像业务支撑的质量控制因素评价采用 5 分制体系：5 分优秀，4 分好，3 分合格，2 分差，1 分很差。

互联网医学影像业务具有终端更多样性、环境更多样性及网络质量更多样性的特点。一般分为：桌面工作型、轻度桌面工作型和移动终端。所有互联网影像终端，除具备网络接入能力和影像业务计算能力之外，以终端应用为目的，对图像显示同样有质量控制要求。

1. 桌面工作型　除对环境光亮度有一定要求外，对显示器（单屏、双屏或三屏）的质量有基本要求：普放及乳腺钼靶，医用灰阶专用屏幕；CT、MRI、超声等，采用医用或专业级彩色屏；对于综合性影像应用，图像显示屏以彩色屏为主，亮度大约为 350cd/m^2（尼特），亮度对比度大于 1000。

2. 轻度桌面工作型　用于临床、会诊等非影像工作场合。以彩色屏幕为主，分辨力大于 1920×1080，亮度大于 250cd/m^2（尼特）。

3. 移动终端　移动终端包括平板及智能手机。除终端的亮度较高外，对移动终端应用环境的光强要特别注意：环境光不能过亮，以免造成强光环境下的影像灰度层次的识别能力降低。

8～13in 平板，可以作为医学影像审核、会诊工具，不作为常规医学影像诊断工具。

4～6in 手机，可作为医学影像数据内容辅助性展现、处理应用终端，仅供用于评论或会诊参考意见，而不能作为医学影像诊断和审核工具。

各个不同终端（从桌面、平板到智能手机）在功能、体验及应用场景上，可以分为 A 级和 B 级。

A 级：各个终端功能相同或相似，时效性体验相似，只是展现及应用场景不同。

B 级：各个终端功能相差大（大过一级），时效性体验差距大，在不同场景下展现内容差别大。

移动性和多终端性是互联网医学影像的特征之一。从质量控制角度看，互联网影像各种应用终端对数据承载能力、处理能力、时效性、影像质量展现能力的均质性及对称性，是确保互联网医学影像服务均质化的基础。

（七）报告模板、结构化报告等对互联网医学影像服务的质量控质因素

互联网医学影像工作及协作平台是数据平台。在日常工作、协作过程中的数据、规范、行为、报告等，都将产生数据价值，对单体医院、集团医院、区域性医疗及更广域的互联网医疗都具有重要的管理、

分析价值。所以，目前个别区域医学影像科已经可以采用区域性或更广域性的影像业务标准化模板、标准化标签、结构化报告等。

（八）网络安全性规范

互联网平台具有应用环境多样性、终端多样性、便携性等新特征，在互联网环境下，对医师的权限、用户账号管理等，也是互联网影像服务质量控制的一部分。

用户账号管理：医疗机构、技师、医师、会诊专家等均实行实名制注册，需要提供相应的证件如身份证、医师资格证、医师执业证、医师职称证等支持并在互联网平台上进行人工认证。

单点登录管理：互联网医学影像具有多终端性，故医师终端需要支持单点登录。

关于身份认证（CA认证）及电子签名：互联网平台，需要在诊断、审核的工作平台上，医院、集团医院、地市区域医学影像工作及协作平台上，支持医疗机构统一的CA认证体系。

定义安全管理体系：互联网平台支持定期的身份认证管理检查，以确保身份及账号的安全。

 医学影像科 PACS/RIS 信息安全管理制度

医学影像科PACS/RIS是保证医学影像科正常工作的重要系统，同时也关系到医院信息网络的安全。为确保医学影像科网络与信息安全，特制订医学影像科PACS/RIS信息安全管理制度。

（1）在医学影像科主任领导下，有专职或兼职工程技术人员维护和管理医学影像科PACS/RIS系统。定期与医院信息部门联系，发现问题及时协助信息部门处理。

（2）PACS/RIS信息运行要设置防火墙，安装防病毒软件，限制输出端口，拒绝外来的恶意攻击和病毒感染。

（3）对操作人员的权限严格按照岗位职责设定，设置不同的访问权限、相应的密码及口令。严禁操作人员泄露自己的口令。系统管理员定期检查操作人员权限。

（4）保护受检者个人隐私，不得随意公布和拷贝与受检者有关的资料，无关人员不得随意浏览工作电脑。完成工作或暂时离开时要及时关闭工作电脑，或设定延时自动关闭功能，防止信息外露和被盗。

（5）PACS机房建设要符合相关规定，应配备独立不间断电源、烟雾探测系统和消防系统。机房内保持合适的温度、湿度和环境整洁。无关人员不得进入机房，机房内严禁吸烟。定期进行电力、防火、防潮、防磁和防鼠检查。

（6）增强网络安全意识，自觉遵守信息安全管理有关法律、法规，不泄密、不制作和传播有害信息。

九 网络故障应急预案

目前医院和医学影像科信息化发展很快，一旦发生故障，将影响正常工作，必须做好应急预案。

（1）医学影像科PACS最好有系统双机热备份机制，一旦主系统遇到故障或受到攻击，保证备用系统能及时替换主系统提供服务。

（2）医学影像科PACS/RIS必须配有不间断电源（UPS），以防停电引起数据丢失。

（3）当PACS/RIS故障时，要采取措施，能够采用电脑单机登记并及时检查和出具诊断报告。也可采用手工登记和记账，及时检查和出具诊断报告。不能因为RIS、PACS发生故障而停止受检者的检查，尤其要优先保证急诊受检者的检查。RIS、PACS故障排除后，将手工记录的信息完整准确地输入计算机。

 受检者隐私保护的相关要求

（1）受检者隐私权属于医学伦理学的范畴，是指在不妨碍他人与社会利益的前提下，受检者个人内心与身体中存在的不愿让别人知晓的秘密，包括身体秘密、私人空间、个人事实、私人生活等多个方面的内容。保护受检者的隐私是医生的责任。

（2）与其他检查手段相比，影像学检查具有一定的特殊性，使其在临床应用中更容易侵犯受检者的隐私权。

1）医学影像检查中受检者不能穿戴金属饰品或高原子序数配件的衣物，否则会影响图像质量，有条件时受检者检查前需要更衣。

2）对于一些特殊部位的检查，为了获得高质量的图像，可能会用到特殊的检查方法，如输卵管造影，这需要受检者暴露身体的隐私部位，会对受检者的心理造成一定的压力和伤害。

3）医务人员掌握着受检者的个人信息，通常需要记录受检者的姓名、年龄、联系方式、家庭住址以及病史等个人信息。

（3）保护受检者隐私权的手段。

1）应当明确保护隐私权的重要性，保护受检者隐私不仅是对受检者人格的尊重，也是法律的要求。《医师执业法》《护士管理办法》《传染病防治法》及《侵权责任法》都明文规定了侵犯受检者隐私应当承担相应的责任，这些法律为保护受检者隐私提供了法律依据，医务人员应当了解相关规定，从思想上重视对受检者隐私权的保护。

2）医院应当建立完善的制度，加强对受检者信息的管理，例如，设置计算机及数据库的使用权限，定期汇总备份相关数据，避免信息的泄露。

3）医院设施的设计应当更加人性化，检查室应当配置相应的更衣室，并且注意保持更衣室的私密性。

4）在使用具有一定侵入性，或须暴露特殊检查部位时尤其要注意增加遮挡。

5）应当以保护受检者的利益为前提。当会议交流、发表论文需要使用受检者信息时，要注意采用技术手段，对图像进行匿名化处理。

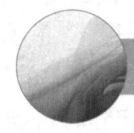

思考与练习

简答题

1. 简述 PACS 的原理与主要功能。
2. 简述 PACS 系统的基本构成。
3. 简述 DICOM 标准及应用。
4. 简述 RIS 系统特点与流程。
5. 简述 PACS 的优势与限度。
6. 简述数字云的基本概念与特点。
7. 简述受检者隐私保护的相关要求。

（王　骏　李萌萌）

参考文献

曹厚德. 2016. 现代医学影像技术学. 上海：上海科学技术出版社
顾本广. 2003. 医用加速器. 北京：科学出版社
郭万学. 2011. 超声医学. 第6版. 北京：人民军医出版社
胡逸民, 杨定宇. 1999. 肿瘤放射治疗技术. 北京：北京医科大学中国协和医科大学联合出版社
胡逸民. 1999. 肿瘤放射物理学. 北京：原子能出版社
黄继英, 梁星原. 1998. 磁共振成像原理. 西安：陕西科学技术出版社
黄泉荣. 2005. 医学影像成像原理. 北京：高等教育出版社
姜玉新, 王志刚. 2010. 医学超声影像学. 北京：人民卫生出版社
李月卿, 李萌. 2009. 医学影像成像原理. 第2版. 北京：人民卫生出版社
李月卿. 2010. 医学影像成像理论. 第2版. 北京：人民卫生出版社
刘贵栋, 沈毅, 王艳. 2004. 医学超声谐波成像技术研究进展. 哈尔滨工业大学学报, 36（5）
罗福成. 2001. 三维超声成像技术的基本原理及操作步骤. 人民军医, 44（6）
罗时石, 王泽港, 胡建伟, 等. 2003. 磁共振介入技术与原则. 医学影像学杂志, 13（12）
全国卫生专业技术资格考试用书编写专家委员会. 2017. 全国卫生专业技术资格考试指导：超声波医学技术. 北京：人民卫生出版社
石明国. 2013. 医用影像设备（CT/MR/DSA）成像原理与临床应用. 北京：人民卫生出版社
孙瑞超, 唐亚男, 李灵, 等. 2013. 实时超声弹性成像原理与方法. 中国医疗器械信息,（6）
孙希杰, 许乙凯, 全显跃. 2005. 分子水平磁共振影像学的研究及进展. 实用医学杂志, 21（19）
滕皋军, 崔莹. 2014. 磁共振分子影像学研究进展. 磁共振成像, 5（S1）
王丽娟, 刘玉波. 2010. 磁敏感加权成像原理概述. 磁共振成像, 1（3）
徐跃, 梁碧玲. 2010. 医学影像设备学. 第3版. 北京：人民卫生出版社
燕树林. 2005. 全国医用设备（CT、MRI、DSA）使用人员上岗考试指南. 北京：中国人口出版社
杨正汉, 冯逢, 王霄英. 2007. 磁共振成像技术指南：检查规范、临床策略及新技术应用. 北京：人民军医出版社
姚原. 2014. 放射治疗技术. 第3版. 北京：人民卫生出版社
翟栋材, 赵玉珍. 2002. 组织谐波成像及其临床应用. 中华超声影像学杂志. 11（4）
张晓康, 张卫萍. 2014. 医学影像成像原理. 第3版. 北京：人民卫生出版社
张晓康, 周晓东. 2017. 放射治疗技术. 北京：科学出版社
周进祝. 2014. 超声诊断学. 北京：人民卫生出版社